GTB
Gütersloher Taschenbücher
422

Die Denkschriften der Evangelischen Kirche in Deutschland

Herausgegeben vom Kirchenamt der
Evangelischen Kirche in Deutschland

Band 1
Frieden, Menschenrechte, Weltverantwortung
Teil 1 und 2

Band 2
Soziale Ordnung, Wirtschaft, Staat
Teil 1, 2, 3 und 4

Band 3
Ehe, Familie, Frauen und Männer
Teil 1

Band 4
Bildung, Information, Medien
Teil 1, 2 und 3

Die Denkschriften der Evangelischen Kirche
in Deutschland

Band 2/3

Soziale Ordnung
Wirtschaft
Staat

Gütersloher Verlagshaus
Gerd Mohn

Originalausgabe

Die Deutsche Bibliothek - CIP-Einheitsaufnahme

Evangelische Kirche in Deutschland:
Die Denkschriften der Evangelischen Kirche in Deutschland / hrsg. vom Kirchenamt der Evangelischen Kirche in Deutschland. - Orig.-Ausg. - Gütersloh:
Gütersloher Verl.-Haus Mohn.
(Gütersloher Taschenbücher)
Teilw. hrsg. von der Kirchenkanzlei der Evangelischen Kirche in Deutschland. -

Orig.-Ausg.
Bd. 2. Soziale Ordnung, Wirtschaft, Staat.
Teil 3. Zeiträume 1982 - 1984. - 1992
(Gütersloher Taschenbücher; 422)
ISBN 3-579-00422-0
NE: GT

ISBN 3-579-00422-0
© Gütersloher Verlagshaus Gerd Mohn, Gütersloh 1992

Das Werk einschließlich aller seiner Teile ist urheberrechtlich geschützt. Jede Verwertung außerhalb der engen Grenzen des Urheberrechtsgesetztes ist ohne Zustimmung des Verlages unzulässig und strafbar. Das gilt insbesondere für Vervielfältigungen, Übersetzungen, Mikroverfilmungen und die Einspeicherung und Verarbeitung in elektronischen Systemen.

Umschlagentwurf: Dieter Rehder, B-Kelmis
Gesamtherstellung: Clausen & Bosse, Leck
Printed in Germany

Inhalt

Band 2 / 1

Vorwort 7

Eberhard Müller: Entstehung und Zielsetzung der kirchlichen
Denkschriften zu Fragen der sozialen Ordnung 8

1. Eigentumsbildung in sozialer Verantwortung (1962) 19

2. Empfehlungen zur Eigentumspolitik (1964) 37

3. Die Neuordnung der Landwirtschaft in der Bundesrepublik
   Deutschland als gesellschaftliche Aufgabe (1965) 55

4. Sozialethische Erwägungen zur Mitbestimmung in der
   Wirtschaft der Bundesrepublik Deutschland (1968) 85

5. Die soziale Sicherung im Industriezeitalter (1973) 115
   Erklärung des Rates der EKD zur Denkschrift »Die soziale
   Sicherung im Industriezeitalter« (1973) 161

6. Soziale Ordnung des Baubodenrechts (1973) 167

7. Teilzeitarbeit von Frauen (1965) 195

Chronologische Übersicht 211

Literaturhinweise 213

Band 2/2

8. Sozialethische Überlegungen zum Öffentlichen Dienstrecht (1975) 7

9. Verantwortung für den Straßenverkehr (1977) 47

10. Sterben die Dörfer aus? (1977) 61

11. Bevölkerungspolitik und Rentenlast (1978) 75

12. Chancengleichheit für das Handwerk – Müssen die Kleinen aufgeben? (1978) 87

13. Leistung und Wettbewerb – Sozialethische Überlegungen zur Frage des Leistungsprinzips und der Wettbewerbsgesellschaft (1978) 107

14. Die Mechanismen der Anspruchsgesellschaft (1979) 175

15. Grundwerte und Gottes Gebot (1979) 197

16. Die Last der Nachtschichtarbeit (1980) 243

17. Chronisch Kranke – auf der Einbahnstraße ins Frührentner-Dasein? – Sozialethische Überlegungen zu Problemen der Langzeitkranken (1982) 267

Chronologische Übersicht 301

Band 2/3

18. Solidargemeinschaft von Arbeitenden und Arbeitslosen –
    Sozialethische Probleme der Arbeitslosigkeit (1982)   9

19. Landwirtschaft im Spannungsfeld zwischen Wachsen und
    Weichen, Ökologie und Ökonomie, Hunger und Überfluß
    (1984) 139

20. Menschengerechte Stadt – Aufforderung zur humanen und
    ökologischen Stadterneuerung (1984) 267

Chronologische Übersicht 443

18.
»Solidargemeinschaft von Arbeitenden und Arbeitslosen«

Sozialethische Probleme
der Arbeitslosigkeit
1982

Eine Studie der Kammer der Evangelischen Kirche
in Deutschland für soziale Ordnung

*Herausgegeben von der Kirchenkanzlei im Auftrage
des Rates der Evangelischen Kirche in Deutschland*

Inhalt

Vorwort 13

1. Problemskizze: die gegenwärtige Arbeitslosigkeit . 15
1.1 Die von Arbeitslosigkeit Betroffenen und ihre Lage . . . 15
1.2 Ursachen, die zum Entstehen und Fortdauern der Arbeitslosigkeit in der Bundesrepublik Deutschland führten 24
1.3 Längerfristige und zukünftige Strukturveränderungen in der Arbeitswelt 30

2. Arbeitslosigkeit – Herausforderung für unsere Verantwortung 35
2.1 Herausforderung für die Kirche 35
2.2 Die biblisch-anthropologische Dimension von Arbeit und Arbeitslosigkeit 37
2.3 Kriterien für die Sicherung einer menschenwürdigen Beschäftigung 43
2.4 Folgerung: Die »Solidargemeinschaft von Arbeitenden und Arbeitslosen« 45

3. Kurzfristige und weiterreichende Lösungsansätze . 48
3.1 Die Debatte um die verschiedenen Lösungsansätze der Beschäftigungspolitik 49
3.2 Kurzfristige Lösungsansätze – Forderungen und Erwartungen 57
   a) Erwartungen an Tarifparteien und Staat 59
   b) Spezielle Aufgabenfelder 64
3.3 Weiterreichende Problemzusammenhänge 72
3.4 Weiterreichende und einschneidende Lösungsansätze . . 82

- a) Gerechtere Verteilung der vorhandenen Arbeit 83
- b) »Zweiter Arbeitsmarkt« 85
- c) Konsequente und opferbereite Verwirklichung der solidarischen Gesellschaft 88

3.5 Aufgabe und Möglichkeiten der Kirche 90
- a) Die Kirchengemeinde 92
- b) Die Kirche als Arbeitgeber 95
- c) Die funktionalen Dienste der Kirche 97

Mitglieder und ständige Gäste der Kammer der EKD für soziale Ordnung 101

Stichwortverzeichnis 103

Anhang: Schaubilder und Dokumentation 109

- A. Ein Beispiel unmittelbarer Betroffenheit ... 109
- B. Sogenannte »Problemgruppen« unter den Arbeitslosen 111
- C. Menschliche Erfahrungen mit Arbeitslosigkeit 112
- D. Arbeitsmarktbilanz 1960–2000 113
- E. Arbeitslosigkeit in der Bundesrepublik Deutschland 117
- F. Zur Diskussion um die Kosten der Arbeitslosigkeit 118
- G. Neue Arbeitszeitpolitik und Modelle eines »Zweiten Arbeitsmarktes« 120
- H. Kundgebung der Synode der EKD zur Arbeitslosigkeit vom 10. Nov. 1977 135

Vorwort

Mehr als sieben Jahre schon ist die Arbeitslosigkeit in der Bundesrepublik ungewöhnlich hoch. In diesem Jahr erreichte sie einen neuen Höchststand. Haben wir uns an das Problem mittlerweile gewöhnt? Bei der Arbeitslosigkeit geht es um zwei Probleme: Zum einen um das soziale Schicksal, das Arbeitslose erleiden. Der Kreis der Betroffenen nimmt ständig zu. Zum anderen ist mit der Arbeitslosigkeit auch eine Krise in Gesellschaft und Wirtschaft verbunden: Unsere Gesellschaft spaltet sich in Arbeitslose und Arbeitende. Nicht selten ist die öffentliche Diskussion über die Ursachen der Arbeitslosigkeit und ihre Bewältigung von Vorurteilen, Unsachlichkeit und Eigennutz bestimmt. In dieser Situation wird es immer schwieriger, zu einem gesellschaftlichen Konsens und zu gemeinsamer Hilfe zu finden.
Mit der vorliegenden Studie der Kammer der Evangelischen Kirche in Deutschland für soziale Ordnung möchte sich die evangelische Kirche dieser Herausforderung stellen. Die Kammer setzt sich für eine »Solidargemeinschaft von Arbeitenden und Arbeitslosen« ein. Im Mittelpunkt ihrer Ausarbeitung stehen Vorschläge, wie die vorhandene Arbeit und zugleich auch die Lasten der Arbeitslosigkeit gerechter verteilt und besonders den Dauerarbeitslosen besser geholfen werden könnte. Wenn Arbeitslosigkeit wirklich eine Krise unserer gesamten Lebensbedingungen anzeigt, so werden die notwendigen Veränderungen einschneidende Opfer von allen verlangen. Darüber offen zu sprechen, scheint der evangelischen Kirche dringend geboten.
Kirche und Diakonie sehen in dieser Situation ihre Aufgaben. In vielen Bereichen unserer Kirche sind Initiativen entstanden, die versuchen, Arbeitslosen zu helfen. Freilich ist bisher noch zu wenigen bewußt, daß die Arbeitslosen unsere Gebete, unsere Hilfe und unseren Beitrag zu der Solidargemeinschaft von Arbeitenden und Arbeitslosen brauchen.
Die Studie wurde auch im Blick auf die bevorstehende Tagung der Synode der Evangelischen Kirche in Deutschland ausgearbeitet, die unter dem Schwerpunktthema »Sinn und Wandel der Arbeit in der Industriegesellschaft – Herausforderung für die Kirche« steht. Sie

will über menschliche, soziale und wirtschaftliche Zusammenhänge informieren und die Diskussion über die Arbeitslosigkeit anregen. Es bleibt zu hoffen, daß sie verständnisvolle, engagierte und konstruktiv-kritische Leser findet.

August 1982 *D. Eduard Lohse*
Vorsitzender des Rates der Evangelischen
Kirche in Deutschland

1. Problemskizze: die gegenwärtige Arbeitslosigkeit

1.1 Die von Arbeitslosigkeit Betroffenen und ihre Lage

besorgniserregende Situation

1. Die Arbeitslosigkeit hat in der Bundesrepublik ein besorgniserregendes Ausmaß angenommen. Niemals seit Beginn der 50er Jahre wurden mehr Arbeitslose gezählt als heute. Konkrete Anzeichen für eine grundlegende Besserung der Situation sind nicht in Sicht. Politische und wirtschaftliche Lösungsvorschläge und Maßnahmen, wie sie in der öffentlichen Diskussion erwogen werden, sind umstritten. Skepsis, Resignation und Beunruhigung machen sich breit.

materielle Not

2. Trotz dieser Lage ist die Arbeitslosigkeit bisher noch nicht Ausgangspunkt größerer sozialer Unruhen gewesen. Dazu hat u. a. sicherlich beigetragen, daß Arbeitslosigkeit nicht zwangsläufig auch materielle Not bedeuten muß. So konnten im Frühjahr 1980 rund 50% der von Arbeitslosigkeit betroffenen Haushalte über ein Nettoeinkommen von mehr als 1800,- DM verfügen, darunter die Hälfte über mehr als 2500,- DM. Immerhin ein knappes Viertel der Haushalte (zumeist Einzelhaushalte) mußte aber mit weniger als 1000,- DM auskommen. Inzwischen dürfte sich diese Situation verschlechtert haben.

Nach Berechnungen des Deutschen Instituts für Wirtschaftsforschung beziehen ¾ aller männlichen Arbeitslosen eine monatliche Arbeitslosenunterstützung zwischen 780,- und 1300,- DM. Bei den Frauen erhalten ⅔ ein Arbeitslosengeld zwischen 240,- und 960,-

DM. 32% aller Arbeitslosen leben mit einem Haushaltseinkommen, das unter dem Sozialhilfesatz liegt.

Spaltung
der
Gesellschaft

3. Ebenso bedeutsam wie der materielle Aspekt ist die desintegrierende Wirkung der Arbeitslosigkeit: Die Spaltung der Gesellschaft in solche, die Arbeit haben, und solche, die ohne Beschäftigung sind. Viele, die einer sicheren oder als sicher eingeschätzten Beschäftigung nachgehen, scheinen das Phänomen der Arbeitslosigkeit in unserer Mitte zu verdrängen. Oder man stempelt die Mehrzahl der Arbeitslosen als Drückeberger, Aussteiger oder arbeitsscheue Elemente ab und schafft sich auf diese Weise ein moralisches Alibi für passives Abseitsstehen.

Arbeitsunwillige?

4. Sicherlich gibt es einige wenige, in der offiziellen Statistik als Arbeitslose ausgewiesene Personen, denen ein wirklicher Arbeitswille und ein sozialfreundliches Verhalten gegenüber der Solidargemeinschaft aller Arbeitnehmer abzusprechen ist. Aber Verallgemeinerungen sind hier fehl am Platz. Sie schaffen ein Klima des Vorurteils in der Bevölkerung und belasten die Arbeitslosen sehr viel stärker, als sich das diejenigen vorstellen, die in vereinfachender Weise auf extreme Einzelfälle verweisen. Eine sachliche Diskussion und eine angemessene Hilfe werden dadurch erschwert. Die große Mehrzahl der Beschäftigungsuchenden sind zweifellos echte Arbeitslose. Für sie ist Arbeitslosigkeit vor allem ein schweres Schicksal. Auch wenn die Arbeitswelt ihre eigenen Probleme hat, so ist doch die Erwerbsarbeit ein wesentlicher Teil des Lebens in der Gemeinschaft, Aufgabe, Herausforderung und soziale Eingliederung. Nicht mehr für sich und seine Familie sorgen zu können,

kann eine erhebliche Minderung des Selbstwertgefühls bedeuten.

|subjektive Not| 5. Die Betroffenen empfinden sich in vielen Fällen als erfolglos, wertlos und unbrauchbar. Trotz materieller Unterstützung wird sozialer Abstieg befürchtet, der vor allem die sogenannten Problemgruppen selbst bei erheblichen eigenen Anstrengungen überdurchschnittlich häufig trifft. Nicht selten stellt sich eine allgemeine Angst vor der Zukunft ein. Selbstsicherheit und Selbstvertrauen schwinden. Das Spektrum der daraus erwachsenden Verhaltensweisen reicht von Selbstmitleid und Apathie bis zu Aggressivität.

Persönliche Probleme, die einzelne mit sich oder ihrer Umwelt haben, werden durch Dauerarbeitslosigkeit verstärkt.

Konflikte mit Mitmenschen

6. Von der durch eine langdauernde Arbeitslosigkeit veränderten Stimmungslage bleibt auch die unmittelbare Umwelt nicht verschont. Gerade das familiäre Klima kann darunter leiden. Das Gefühl, nicht mehr gebraucht zu werden, die Isolierung von Freunden und Kollegen beeinträchtigen das Selbstwertgefühl dessen, der seine Familie bisher ernährt hat. Konflikte mit dem Ehepartner und den Kindern, untätige Anwesenheit u. a. stellen sich ein. Solche Konflikte verstärken häufig vorhandene Mutlosigkeit und ersticken schließlich jegliche Eigeninitiative, aus der gegebenen Situation herauszufinden.

Anlässe, die zur Arbeitslosigkeit führen:

7. Jeder Arbeitnehmer und jede Arbeitnehmerin (mit Ausnahmen von beträchtlichen Teilen des Öffentlichen Dienstes) kann in eine solche Lage geraten. Es sind nicht nur die sogenannten »Problemgruppen«, die in Zeiten einer Krise der

Volkswirtschaft ihre Arbeit verlieren. Die beruhigende Einschätzung der vergleichsweise günstigen eigenen Position kann sich sehr schnell als fatales Trugbild herausstellen. Zu vielfältig und für die einzelnen oft unvorhersehbar sind die Mechanismen und Anlässe, die zur Arbeitslosigkeit führen oder ein Ende der Erwerbslosigkeit verhindern:

Probleme des Zugangs zum Arbeitsmarkt

8. Da sind jene, die, bevor sie im Erwerbsleben überhaupt Fuß gefaßt haben, bereits mit der sogenannten Zugangsarbeitslosigkeit konfrontiert werden.

– Jugendliche

Typisch hierfür sind Jugendliche ohne oder mit nur mäßigem Hauptschulabschluß, die in einer industriefernen oder strukturschwachen Region aufgewachsen sind, dort keinen Ausbildungsplatz finden und auch bei der Vermittlung als Ungelernte wenig Chancen haben. Für sie bleibt eigentlich nur die Abwanderung in eine günstigere Arbeitsmarktregion. Dies bedeutet aber auch die Lösung der Familienbande, die Aufgabe des bisherigen sozialen Bezugsfeldes.

9. Spezielle Zugangsprobleme haben ausländische Jugendliche, die erst spät – nach Abschluß der Schule (der ihnen durchaus Zukunftschancen eröffnet) – ins Bundesgebiet eingereist sind. Bei ihnen sind es vor allem die unzureichenden Sprachkenntnisse, die die Aufnahme einer qualifizierten Tätigkeit verhindern. Der Perspektivlosigkeit des Heimatlandes, welcher sie zu entfliehen suchten, folgt ein Leben im gesellschaftlichen Abseits in unserem Lande. Verbitterung, Aggression und eine Verweigerungshaltung gegenüber allen Integrationsversuchen können die Folgen sein.

10. Aber auch der junge Mensch, der nicht in der Lage ist, einen seiner Qualifikation entsprechenden Ausbildungsplatz zu finden, erlebt zu Beginn seines Berufslebens eine große Enttäuschung. So – um zwei Einzel-

beispiele zu nennen – der ausgebildete Lehrer, dem keine Aussicht auf Einstellung gemacht werden kann, oder der Soziologe, für den es nur geringe Beschäftigungschancen gibt. Für den Betroffenen ist es dann schwierig zu entscheiden, ob er in seinem Fach weiter nach einer Stelle suchen soll oder ob er eine weitere Berufsausbildung anschließen soll, was wiederum die Ungewißheit mit sich bringt, ob der neue Beruf wirklich Chancen eröffnet.

– Frauen

11. Das Problem der Zugangsarbeitslosigkeit erleben auch die Ehefrauen, die wegen der Erziehung der Kinder aus dem Erwerbsleben ausgeschieden sind und, nachdem die Kinder eine gewisse Selbständigkeit gewonnen haben, wieder eine Beschäftigung aufnehmen möchten. Sie sind häufig bereits in einem etwas fortgeschrittenen Alter; ihre beruflichen Kenntnisse entsprechen nicht mehr dem neuesten Stand; nicht selten plagen sie objektiv unbegründete Selbstzweifel an der eigenen Leistungsfähigkeit, und außerdem können sie sich wegen der Kinder und der anderen Familienpflichten keine langen und zeitraubenden Wege zur Arbeit leisten. Dies alles verursacht erhebliche Eingliederungsprobleme. Hinzu kommen die Probleme der Frauen und Mütter, die auf den Arbeitsmarkt drängen, um ihr vergleichsweise geringes Familieneinkommen zu ergänzen, und deshalb gleiche Chancen wie ihre männlichen Kollegen erwarten dürfen.

Probleme der Konjunktur und der Arbeitsmarktlage

12. Für andere Gruppen von Arbeitnehmern ist die aktuelle Konjunktur- und Arbeitsmarktlage das entscheidende Arbeitsplatzrisiko.

– besonders Gefährdete

Besonders gefährdet sind in der Regel die ungelernten Arbeitnehmer in der gewerblichen Wirtschaft, darunter in hohem Maße Frauen und Ausländer. Sie gehören in der Regel nicht zu der Kernbelegschaft der Betriebe, die, wenn immer möglich, auch in Zeiten schlechter Auftragslage gehalten wird. Teile der

Randbelegschaft werden dagegen mit Eintritt einer Nachfrageabschwächung entlassen.

Wenn der Personalbestand abgebaut werden muß und der Betrieb die Wahl hat, trennt man sich eher von den weniger Leistungsfähigen, den »Schwierigen«, von denen, die aus Krankheitsgründen häufig abwesend sind, sowie den Älteren.

Diese Auswahl hat zur Folge, daß sich die Wiedereingliederung dieser Personen in den Arbeitsprozeß besonders schwierig gestaltet. Entsprechend lang wird die Dauer der Arbeitslosigkeit.

– mehrfach Gefährdete

13. Beinahe aussichtslos sind bei der herrschenden Knappheit an Arbeitsplätzen die Wiederbeschäftigungsaussichten jener Arbeitslosen, die mehrere »Risikofaktoren« auf sich vereinigen, etwa: aus Gesundheitsgründen nur beschränkt einsatzfähig, ungelernt, weiblichen Geschlechts und in fortgeschrittenem Lebensalter stehend. Eine frühzeitige Verrentung wird hier häufig als »Ausweg« genutzt.

– Behinderte

14. Erhebliche Beschäftigungsprobleme haben auch die anerkannt Schwerbehinderten. Für sie ist in der Regel nicht die Entlassung das primäre Beschäftigungsrisiko, gegen das sie stärker als andere Arbeitnehmer abgesichert sind. Werden sie jedoch einmal aus unabweisbaren Gründen entlassen, ist die Chance der Wiederbeschäftigung äußerst gering. Dabei ist nicht zu übersehen, daß die Erweiterung des Kreises der Berechtigten dazu geführt hat, daß die der Beschäftigungspflicht unterliegenden Betriebe (Betriebe mit mehr als 16 Beschäftigten müssen 6% der Arbeitsplätze für Schwerbehinderte bereithalten oder bei Nichtbesetzung eine Ausgleichsabgabe leisten) die Pflichtplätze mehr und mehr aus ihrer Belegschaft heraus besetzen können. Entsprechend geringer werden die Chancen arbeitsloser Behinderter. Das »Drinnen-draußen-Problem« ist hier besonders ausgeprägt.

15. (In dem Aktuellen Kommentar Nr. 7 der Kammer für soziale Ordnung heißt es: »Ohne einer restriktiven

Handhabung des Anerkennungsverfahrens für Schwerbehinderte das Wort reden zu wollen, bleibt doch zu fragen, ob die große Zahl der Anerkennungen zum Schwerbehindertenstatus ... die Eingliederung bestimmter Gruppen von elementar Schwerstbetroffenen ... letztlich nicht erschwert, wenn man davon ausgeht, daß ein nicht unerheblicher Anteil der anerkannt Schwerbehinderten die gewährten Erleichterungen nicht dringend braucht. Damit werden von ihnen zugleich Hilfen absorbiert, die andere viel dringender benötigen.«)

– ständig unständig Beschäftigte

16. In Zeiten schwacher Konjunktur haben es auch die sogenannten »ständig unständig Beschäftigten« (Randständigbeschäftigte wie z. B. Aushilfen u. ä.) sehr schwer, ihren Lebensunterhalt zu verdienen. Hierbei handelt es sich nicht selten um eingeschränkt leistungsfähige Menschen, die nur in Zeiten der Hochkonjunktur Gelegenheit zu kurzfristigen Aushilfstätigkeiten erhalten. Bei schwachem Arbeitsmarkt werden nur wenige von ihnen gebraucht. Oft steht ihnen nur ein geringes Arbeitslosengeld zur Verfügung; dies ist rasch ausgeschöpft, materielle Not ist die Folge. Alkoholismus und Drogenabhängigkeit kommen dann nicht selten als weitere Probleme hinzu.

Probleme durch Rollenvorstellungen, Schutzbestimmungen

17. Andere Personen – wiederum besonders Frauen – bleiben deshalb arbeitslos, weil ihnen auf Grund geltender Rollenvorstellungen oder auf Grund gesetzlicher Schutzbestimmungen ganze Arbeitsmärkte verschlossen sind:

– Frauen (Beispiele)

So etwa die alleinerziehende Mutter, die dringend den Lebensunterhalt verdienen muß und sich bei dem arbeitskräftesuchenden Chemieunternehmen am Ort bewirbt; der Betrieb hätte sie auch eingestellt, wenn nicht – unter anderem – das strikte Nachtarbeitsverbot für Frauen ihre Einsatzfähigkeit beschränkt hätte. Oder die jugendliche Frau, die keinen Ausbildungsplatz in einem der typisch »weiblichen« Berufe sucht, sondern einen »Männerberuf« erlernen möchte. Ihre Wahlmöglichkeiten sind jedenfalls stark eingeengt.

Probleme bei Teilzeitarbeit

18. Die Tatsache, daß die Unternehmen Vollzeit-Arbeitskräfte in der Regel Teilzeitkräften vorziehen, führt zu Arbeitslosigkeit bei Personen, die nur einen Teil ihrer Zeit arbeiten wollen, besonders bei Frauen.

In der Denkschrift der EKD »Teilzeitarbeit von Frauen« wird darauf verwiesen, »daß viele Familien aus Gründen, die keineswegs nur in einem leichtfertigen Streben nach Komfort und Luxus begründet liegen, auf Mitverdienst der Frauen angewiesen sind.« Die Denkschrift betont, Teilzeitarbeit bilde »einen positiven Kompromiß, dessen Förderung sich alle diejenigen angelegen sein lassen sollten, die sich einerseits den Realitäten der modernen Arbeitswelt und den berechtigten Anliegen der jungen Familien nicht entziehen wollen und die doch andererseits darauf bedacht sind, daß Haushalt und Familie auch unter den veränderten industriellen und wirtschaftlichen Verhältnissen der Gegenwart ihren besonderen Platz behalten.«

Problem Wohnort

19. Ein Beschäftigungsrisiko eigener Art stellt auch die Tatsache dar, daß der Wohnort in einer ungünstigen Arbeitsmarktregion liegt.

Das Überwiegen konjunkturanfälliger Wirtschaftszweige oder der gerade sich vollziehende Strukturwandel in einer dominierenden Branche verursachen Arbeitslosigkeit, die bis tief in die Kernbelegschaften reichen kann. Gerade hier trifft es manchen, der sich absolut sicher wähnte. Angemessene Ersatzarbeitsplätze sind in der Region nicht vorhanden. So geraten manche plötzlich in eine Situation, die sie vorher niemals für möglich gehalten hätten, eine Situation, die ihnen ausweglos erscheint.

Desinteresse an Stellenangeboten

20. Neben diesen exemplarischen Fällen echter Arbeitslosigkeit gibt es jedoch auch Formen »registrierter Arbeitslosigkeit«, die kritischer zu beurteilen sind. Es ist eine Arbeitslosigkeit, die nur in Zeiten ausgeprägter Unterbeschäftigung in größerem Umfang entstehen kann. Nur in einer solchen Phase gelingt es nämlich bestimmten Personen, denen es nicht in erster Linie um die rasche Aufnahme einer beruflichen Tätigkeit, sondern um die Ausschöpfung der mit der Arbeitslosigkeit verbundenen Leistungen und Vergünstigungen geht, einer Vermittlung durch die Arbeitsbehörde auszuweichen, da diese keine oder nur wenige geeignete Arbeitsplätze anbieten kann. Sicherlich hängt diese »Mitnahmementalität« auch mit einem Wert- und Einstellungswandel in der Bevölkerung zusammen. Die gewandelte Einstellung zu Staat und Institutionen (denen man vielfach kritisch gegenübersteht), die Einschätzung der eigenen Chancen am Arbeitsmarkt (»Es hat ja doch keinen Sinn«), der Wertwandel der Arbeit und auch individuelle Schwächen (»Gesetz des geringsten Widerstandes«, Anspruchsdenken u. a. m.) mögen hier neben anderen Faktoren eine Rolle spielen.

21. Hier sind u. a. zu nennen:
- Arbeitslose, die einer Vermittlung bewußt ausweichen, sei es, um einer Schwarzarbeit nachzugehen, sei es, um seit längerem geplante Arbeiten am eigenen Anwesen durchzuführen, sei es aus anderen Gründen;
- Nebenerwerbslandwirte, die nach Absprache mit dem Betrieb ihre kurze Arbeitslosigkeit in die Erntezeit plazieren;
- Saisonarbeitslose, insbesondere wenn sie ausschließlich im eigenen Familienbetrieb arbeiten;
- Aussteiger, die gegebene Vorteile nutzen und versuchen, sich möglichst lange durch Arbeitslosengeld

oder über Arbeitsförderungsmittel unterhalten zu lassen;
- Personen, insbesondere Frauen, die freiwillig ihre regelmäßige und steuerpflichtige Erwerbstätigkeit aufgeben wollen, sich aber – gleichgültig, ob sie Leistungen beziehen oder nicht – als Arbeitslose registrieren lassen, um auf diese Weise Nachteile bei ihrem Rentenanspruch zu vermeiden.

Fazit: Vielschichtigkeit nicht unterschätzen

22. Wie diese kurze Darstellung zur Lage von Arbeitslosen andeutet, verbirgt sich hinter den nackten Zahlen der Arbeitslosenstatistik eine Vielzahl höchst komplexer und vielschichtiger Situationen, in denen sich persönliche Aspekte und gesamtgesellschaftliche sowie wirtschaftliche Faktoren auswirken.

1.2 Ursachen, die zum Entstehen und Fortdauern der Arbeitslosigkeit in der Bundesrepublik Deutschland führten

Abkehr von der Vollbeschäftigung

23. 1974 schlug die seit Beginn der sechziger Jahre andauernde Periode der Voll- und Überbeschäftigung in eine hartnäckige, bis heute nicht überwundene Unterbeschäftigungssituation um. In der kurzen Zeit von nur rund zwei Jahren (1974–1976) nahm die Zahl der Erwerbstätigen um ca. 1,6 Mill. ab, die Zahl der Arbeitslosen vervierfachte sich und überschritt die Millionengrenze.

Überraschung bei Verantwortlichen

24. Politische Entscheidungsträger, gesellschaftliche Gruppen und nicht zuletzt auch die einschlägige Wissenschaft fanden sich von einer Realität umgeben, die sie zuvor nicht einmal als pessimistische Variante eines Zukunftsszenarios hätten gelten lassen. Demgemäß fehlte es an allgemein akzeptierten Strategien und entschlosse-

nem politischen Handeln. Selbst die Diagnose der Ursachen des massiven Beschäftigungsumbruchs bereitete den bis dahin an Vollbeschäftigung gewöhnten und über die Beseitigung des Arbeitskräftemangels diskutierenden Akteuren erhebliche Schwierigkeiten.

Im folgenden: grundlegende Zusammenhänge	25. Zum besseren Verstehen der damaligen Vorgänge, deren Auswirkungen auch heute noch allgegenwärtig sind, sollen einige grundlegende Beziehungen zwischen Produktivitätsfortschritt, Wirtschaftswachstum und Beschäftigungsentwicklung aufgezeigt werden.
Veränderungsdruck in der Wirtschaft	26. Eine den Marktmechanismen unterliegende Wirtschaft ist einem ständigen Veränderungsdruck ausgesetzt. Neu entwickelte technische Verfahren zwingen zu Umstellungen. Nachfrageverschiebungen bewirken, daß bestimmte Bereiche der Wirtschaft schrumpfen, andere dagegen sich ausweiten. Die internationale Konkurrenz führt zu einer Konzentration auf jene Wirtschaftsbereiche, die die besten Wettbewerbsmöglichkeiten besitzen.
	27. Diese und weitere Anpassungsimpulse überlagern sich mit den wirtschaftlichen Auswirkungen des technischen Fortschritts, der es gestattet, eine bestimmte Produktionsmenge mit weniger Arbeitseinsatz herzustellen. Zugleich wird dafür (in der Regel) ein höherer Kapitaleinsatz notwendig.
Freisetzungen und Absorption	28. In der unmittelbaren Folge dieser Vorgänge kann es zu einem Abbau von Arbeitsplätzen (sog. »Freisetzung« von Arbeitskräften) kommen. Ob dies auch tatsächlich geschieht, hängt davon ab, in welchem Ausmaß die durch die hö-

here Effizienz des Wirtschaftens ermöglichten Einkommenssteigerungen und die erhöhte Produktion von Kapitalgütern (Maschinen, Geräte, Gebäude) zu einer Ausweitung der gesamtwirtschaftlichen Nachfrage führen.

Den Idealfall einer stetigen Wirtschaftsentwicklung bei Vollbeschäftigung würde die folgende Kombination darstellen: Ein hoher Produktivitätsfortschritt macht zwar – rechnerisch – eine große Zahl an Arbeitskräften zunächst überflüssig (»Freisetzungseffekt«); durch Produktionsausweitung auf Grund gestiegener Nachfrage nach Kapitalgütern und Endprodukten werden sie jedoch alsbald wieder aufgesogen (»Absorptionseffekt«). Das Ausmaß des Freisetzungs-/Absorptionsmechanismus ist beträchtlich. Man kann davon ausgehen, daß bei dem vorherrschenden Tempo des technischen Fortschritts nach Ablauf eines Jahrzehnts nur noch ¾ aller abhängig Beschäftigten benötigt würden, um die Höhe des Sozialproduktes (bei unveränderter Arbeitszeit) zu erzeugen, das zu Beginn dieser Periode ausgewiesen war.

Bedeutung des Wachstumsrückgangs	29. Bis in die frühen siebziger Jahre war die Wachstumsdynamik der deutschen Volkswirtschaft stets groß genug, um produktivitätsbedingte Freisetzungen zu vermeiden. In den Jahren 1974 bis 1976 war der Freisetzungseffekt dagegen größer als der Absorptionseffekt, und dies bei eher geringeren Wachstumsraten der Produktivität. Entsprechend hoch waren der Ausfall effektiver Nachfrage und der sich daraus ergebende Beschäftigungsrückgang. Die Ursache war die Bremsung des wirtschaftlichen Wachstums durch eine stärkere Umverteilung des Weltsozialprodukts zugunsten der Rohstoffländer und die mangelnde Bereitschaft, aus

den Veränderungen die notwendigen Konsequenzen zu ziehen.

30. Die von der Verschlechterung der realen Austauschverhältnisse getroffenen Industrieländer brachten es (mit Ausnahme von Japan) nicht fertig, diese reale Last in Form einer Verringerung der im Inland verfügbaren Güter auf sich zu nehmen, also den vorübergehend verringerten Lebensstandard zu akzeptieren, sondern wälzten diese Last durch Verringerung der Investitionen auf zukünftige Generationen ab. Dies führte zu einer Verringerung der Wachstumsrate. In die gleiche Richtung wirkten eine zunehmende Industrie- und Fortschrittsfeindlichkeit u. a. m.

31. Ein Auslöser für den Abfall der Wachstumsrate des Sozialprodukts waren sicherlich die enormen Ölpreissteigerungen von 1973. Doch wäre es gerade für die Bundesrepublik Deutschland zu einfach, die Tiefe und Dauer des Beschäftigungseinbruchs allein mit diesem Ereignis erklären zu wollen. Immerhin gehörte die Bundesrepublik noch eine Reihe von Jahren zu den wenigen Ländern, die dank der Aufwertung der DM sich dem Druck erhöhter Energiepreise eine Zeitlang entziehen konnten und so ohne ölpreisbedingte außenwirtschaftliche Schwierigkeiten »über die Runden« kamen. Von größerer Bedeutung dürfte vielmehr gewesen sein, daß es an effizienten Impulsen in Richtung auf ein beschäftigungsfreundliches Konsum- und Investitionsverhalten fehlte. Die Bundesrepublik büßte an Attraktivität als Industriestandort ein. Es zeigte sich, daß es vor diesem Hintergrund nur schwerlich möglich ist, reales Einkommensniveau und Vollbeschäftigung aufrecht zu erhalten.

**Arbeitsplatz-
defizit wird
ungenügend
abgebaut**

32. Aus der Sicht des Arbeitsmarktes kann der oben geschilderte Prozeß auch wie folgt beschrieben werden: Jahr für Jahr kommt es in der deutschen Volkswirtschaft zu rund 5 bis 6 Mill. Entlassungen bzw. freiwilligen Aufkündigungen des Arbeitsverhältnisses. Gleichzeitig wird eine etwa ebenso große Zahl an Arbeitsplätzen neu begründet. In einer Periode der 70er Jahre jedoch – von 1974 bis 1976 – war die Bilanz stark defizitär, wodurch sich die Zahl der Beschäftigten um rund 1,6 Mill. verringerte. Dieses Defizit konnte trotz des anschließenden Anstiegs der Beschäftigung um gut 1 Mill. nicht ausreichend abgebaut werden, zumal geburtenstarke Jahrgänge neu auf den Arbeitsmarkt drängten. Der Konjunktureinbruch des Jahres 1981, der von Anbeginn mit der Hypothek einer hohen Arbeitslosenrate belastet war, hat die zwischenzeitlichen Beschäftigungserfolge teilweise wieder zunichte gemacht.

Siebeffekt

33. Der größte Teil des beschriebenen Prozesses vollzieht sich ohne Inanspruchnahme der Bundesanstalt für Arbeit. Nur in den Fällen, in denen sich Erwerbspersonen arbeitslos oder arbeitsuchend melden, wird die Bundesanstalt für Arbeit eingeschaltet. Wenn es nun nach einem Beschäftigungseinbruch nicht gelingt, die Arbeitslosigkeit rasch wieder abzubauen, kommt es zu einer typischen Umstrukturierung des Arbeitslosenbestandes. Zwar kann die Masse der neu zugehenden Arbeitslosen oder Arbeitsuchenden auch bei weniger guter Konjunktur nach relativ kurzer Zeit wieder vermittelt werden. Ein gewisser Teil der Neuzugänge bleibt jedoch für längere Zeit oder auf Dauer im »Sieb« der Arbeitsverwaltung zurück. Trotz aller Bemühungen der Arbeitsvermittlung handelt es

sich dabei immer wieder um Personen, die man zu den Problemgruppen des Arbeitsmarktes zählt.

Selektions-prozeß

34. Im Laufe der Zeit erhöht dieser Selektionsprozeß die absolute Zahl und den Anteil dieser Gruppen am Gesamtbestand der Arbeitslosen. Die Struktur des Arbeitslosenbestandes entfernt sich damit im Laufe der Zeit immer mehr von der Struktur der aktiv Beschäftigten. So stieg zwischen 1975 und 1980 der Anteil der Arbeitslosen mit gesundheitlichen Einschränkungen von 20,2% auf 32,2%, der Anteil der Älteren (55 Jahre und älter) von 10,2% auf 15,5% und derjenigen der Teilzeitarbeitsuchenden von 16,3% auf 19,8%. Dies und die bedenkliche Zunahme des Anteils der längerfristig Arbeitslosen (1 Jahr und mehr) von 9,6% auf 17,0% zeigen deutlich, daß sich die innere Struktur des Arbeitslosenbestandes zunehmend verschlechtert hat. Die andere Seite dieser »Aussiebung« ist, daß die Unternehmer das Leistungsniveau ihrer Belegschaft damit laufend erhöhen konnten.

vielfältige Maßnahmen nötig

35. Die dargelegten Tatbestände und Entwicklungen machen deutlich, daß eine Ausweitung der gesamtwirtschaftlichen Nachfrage die entscheidende, jedoch keine voll hinreichende Voraussetzung für einen alle Gruppen erfassenden Abbau einer so strukturierten Arbeitslosigkeit ist. Hierzu bedarf es vielfältiger flankierender Aktivitäten und Maßnahmen der Betriebe und der Arbeitsmarktpolitik, die sich nicht allein an den ökonomischen Erfordernissen und am zahlenmäßigen Erfolg für den Arbeitsmarkt orientieren, sondern auch sozialtherapeutische Aspekte (Beispiel: Schicksal der sogenannten Problemgruppen und Schwervermittelbaren)

mit im Blick haben. Darauf wird in Kap. 3 der Studie noch näher eingegangen.

1.3 Längerfristige und zukünftige Strukturveränderungen in der Arbeitswelt

Wandel zur Dienstleistungsgesellschaft

36. Die schnellste Wandlung in der Beschäftigungsstruktur vollzog sich von 1950 bis 1960. Die Zahl der Selbständigen ging drastisch zurück. Die Bundesrepublik wurde zur »Arbeitnehmergesellschaft«. In dieser Periode begann auch die Umschichtung vom primären in den tertiären Wirtschaftssektor (d. h. von Landwirtschaft, Bergbau u. a. zu den Dienstleistungen). Viele sehen darin ein Zeichen, daß die Bundesrepublik wie vor ihr die USA auf dem Wege in die Dienstleistungsgesellschaft ist. Daniel Bell etwa prognostizierte und beschrieb die »postindustrielle Gesellschaft«. Es gibt allerdings begründete Zweifel an dieser These: Das produzierende Gewerbe hat sich bisher als relativ stabil erwiesen. Dennoch hat sich – gemessen an der Bruttowertschöpfung – der Schwerpunkt unserer Volkswirtschaft seit 1950 vom sekundären (d. h. dem produzierenden) in den tertiären (Dienstleistungs-)Sektor verlagert.

Auswirkungen des technischen Wandels

37. Der technische Fortschritt zeigt sich verständlicherweise vorwiegend im industriellen Sektor der Wirtschaft. Dort steigt dann auch die Arbeitsproduktivität. Ähnliches gilt aber auch für den primären Sektor. Dort führte die Mechanisierung geradezu zu einer Explosion der Produktivität und zu einer starken Verminderung der Arbeitsplätze. In Land- und Forstwirtschaft, aber auch in der Industrie verloren in den letzten 20 Jahren rd. 3 Mill. Erwerbstätige ihre

Arbeitsplätze. Der arbeitsintensive Dienstleistungsbereich absorbierte weitgehend die Freisetzungswelle. Die internationale Arbeitsteilung nahm zu und wirkte sich auf die Beschäftigungssituation im Inland aus.

38. Aus dem primären Sektor werden in Zukunft nicht mehr viele Erwerbstätige ausscheiden, doch wird sich der Rationalisierungsdruck im produzierenden Gewerbe verstärken. Um ein stabiles Beschäftigungsniveau zu gewährleisten, müßte der Dienstleistungsbereich die anderwärts ausgeschiedenen Arbeitskräfte aufnehmen können. Dazu ist der tertiäre Sektor aber unter anderem deshalb nicht mehr in der Lage, weil er selbst einem Rationalisierungsdruck unterliegt. Schon in den letzten zwei Jahrzehnten erfolgte die Ausweitung überwiegend im Bereich des Öffentlichen Dienstes, dessen Aufnahmemöglichkeiten inzwischen auch deutlich zurückgegangen sind.

Mikro-
elektronik

39. Auch wenn es schwer ist, mit den heute verfügbaren Methoden und statistischen Materialien den Einfluß des technischen Wandels auf Wachstum und Beschäftigung definitiv vorauszusagen, so steht doch außer Frage, daß wir uns in der Phase der Durchsetzung und Einführung einer Basis-Innovation in Form der Mikroelektronik befinden. Sie wird auf lange Sicht die Art der Beschäftigung in unserer Gesellschaft möglicherweise so tiefgreifend beeinflussen, daß man von einer »dritten industriellen Revolution« nach der Einführung der Dampfmaschine seit dem Ende des 18. Jahrhunderts und der des Elektromotors seit dem Ende des 19. Jahrhunderts sprechen kann. Durch die Verwendung von hochintegrierten Halbleiterschaltkreisen in

Rechen- und Steuerungsgeräten für die Fabrik wie für das Büro werden für sehr viele Menschen Arbeitsplätze verschwinden. Daraus ergeben sich erhebliche Probleme bei der Weiterbeschäftigung der zunächst freiwerdenden Arbeitskräfte. Die 80er Jahre werden von diesem technologischen Schub geprägt sein. Auf die Bewältigung seiner negativen Auswirkungen müssen wir uns ebenso einstellen, wie wir auch die positiven Aspekte fördern müssen.

Doppelgesicht des technischen Wandels

40. Angesichts dieser Perspektive zeigt sich das Doppelgesicht des technischen Wandels. Zum einen entlastet der technische Wandel den Menschen von schwerer und eintöniger Arbeit, erhöht den allgemeinen Wohlstand und die soziale Sicherheit und ist unabdingbare Voraussetzung zur Aufrechterhaltung und Steigerung des materiellen Wohlstandes und der sozialen Sicherheit. Andererseits bedroht er aber auch den Arbeitnehmer mit der Entwertung von Kenntnissen und Fertigkeiten, schlimmstenfalls mit dem Verlust des Arbeitsplatzes. Die gesamte Gesellschaft und besonders die Gewerkschaften werden durch den Wandel vor ein Dilemma gestellt. Einerseits können sie sich den humanisierenden Wirkungen im Arbeitsprozeß, den produktivitätsfördernden, wettbewerbsstärkenden und letztlich allein einkommensverbessernden Effekten des technischen Fortschritts nicht widersetzen. Andererseits müssen sie ihre genuine Schutzfunktion für die bedrohten Arbeitnehmer wahrnehmen. Ein Ausweichen vor dem technischen Wandel erweist sich letztlich als unmöglich. Die Unternehmen können sich dem Anpassungsdruck schwerlich entziehen, wenn sie nicht aus dem Wettbewerb ausscheiden wollen. Ein simples Abkoppeln von den allgemeinen Trends

aus Gründen der Selbstgenügsamkeit oder als Ausdruck eines Ausweichens vor Belastungen und Beschwernissen führt nicht weiter, im Gegenteil. Auf diese Weise werden mit Sicherheit Arbeitsplätze gefährdet. Versuche, sich durch Absperrung vom Weltmarkt den Umstellungsnotwendigkeiten zu entziehen, würden in kurzer Zeit zu katastrophalen Zuständen führen, in denen es nicht mehr darum geht, Wohlstand, sondern Armut möglichst gerecht zu verteilen.

Arbeitskräftepotential

41. Auch von der Altersstruktur der Bevölkerung gehen starke Wirkungen auf Beschäftigung und Arbeitsmarkt aus. Bezogen auf das Jahr 1980 wird die Altersgruppe der bis 19jährigen bis zum Jahre 1990 um rund 25% abnehmen. Die Gruppe der im erwerbsfähigen Alter von 19 bis 60 Jahren Stehenden wird in der gleichen Zeit um rund 4% wachsen, das sind etwa 1,3 Mill. Menschen. Für sie sollten also zusätzliche Arbeitsplätze geschaffen werden. Auch wenn diese Rechnungen angesichts des Ausländerproblems, angesichts des offenen EG-Arbeitsmarkts und angesichts anderer Faktoren stark vereinfacht sind, lassen sie doch das Ausmaß des vor uns liegenden Problems deutlich erkennen. Geht man von der Annahme aus, daß das Bruttosozialprodukt in den kommenden Jahren jahresdurchschnittlich um etwa 3,5% wächst, so ist im Jahre 1990 mit einer beträchtlichen Lücke zwischen Erwerbspotential (Arbeitskräfteangebot: etwa 27,6 Mill.) und Arbeitskräftebedarf (Arbeitskräftenachfrage: rd. 25,5 Mill.) zu rechnen. Ob freilich diese Wachstumsrate erreicht werden kann, ist zweifelhaft. Geht man deshalb von der wahrscheinlicheren Annahme aus, daß mit etwa 2,5% realem Wachstum des Bruttosozialproduktes gerechnet werden kann, so ist mit

einer noch deutlich höheren Zahl von Arbeitslosen zu rechnen. (Problematisch bleibt dabei, in welchem Ausmaß mit einer »stillen Reserve« und ihrer Mobilisierbarkeit gerechnet werden kann.) In all diesen Annahmen und Modellrechnungen sind die positiven Auswirkungen des Strukturwandels (beispielsweise in der Investitionsgüterindustrie) bereits berücksichtigt. Sie zeigen jedenfalls deutlich die Bedeutung des Wachstums für den Arbeitsmarkt.

»Schattenwirtschaft«

42. Diese einigermaßen voraussehbaren Probleme könnten durch gewisse, teilweise erst in Ansätzen erkennbare Entwicklungen verschärft werden. Zu denken ist zum Beispiel an das Anwachsen der Schwarzarbeit und damit die Ausweitung der sogenannten »Schattenwirtschaft«. Sie ist Ausdruck für das verbreitete Bedürfnis, den immer drückender empfundenen Belastungen von Steuern und Sozialabgaben zu entgehen. Auch die Eigenarbeit im häuslichen Bereich wird zweifellos weiter zunehmen. Dieser Trend, der durch eine weitere (wie auch immer bedingte) Verkürzung der Arbeitszeit, durch hohe Arbeitskosten sowie durch eine breite und günstige Angebotspalette der Heimwerkermärkte gefördert wird, kann letztlich viele »offizielle« Arbeitsplätze kosten. Schließlich ist auch die trotz des Anwerbestopps und trotz sonstiger Kontrollen starke Zuwanderung von Ausländern ein negativer Faktor für die Beschäftigungslage.

Fazit

43. Wie man die verfügbaren Daten auch dreht und wendet, wie man auch positive und negative Trends kombiniert und extrapoliert – das Beschäftigungsproblem bleibt bis zum Ende dieses Jahrhunderts und möglicherweise darüber hinaus bestehen.

2. Arbeitslosigkeit — Herausforderung für unsere Verantwortung

2.1 Herausforderung für die Kirche

Menschenwürde und Grundwerte angetastet	44. Ausmaß und Dauer der Arbeitslosigkeit in der Bundesrepublik und in vielen anderen Staaten werfen grundsätzliche Fragen auf, die die Situation der Arbeit und die des arbeitenden Menschen sowie die gegenwärtige und zukünftige Organisation der Arbeit in unserer Gesellschaft betreffen. Menschen, die von Arbeitslosigkeit betroffen sind, machen Erfahrungen, die nicht nur ihre äußeren Lebensbedingungen, sondern auch ihre Persönlichkeit, ihr Selbstverständnis in Frage stellen. Die Würde des Menschen und Grundsätze der sozialen Gerechtigkeit, auf die sich unser gesellschaftliches Zusammenleben gründet, werden dadurch angetastet.
unsere Verantwortung	45. Arbeitslosigkeit kann in der Perspektive christlicher Ethik nicht einfach als schicksalhaftes Geschehen hingenommen werden. In der ökonomischen Organisation unserer Gesellschaft wird Arbeitslosigkeit vor allem durch wirtschaftliches oder politisches Verhalten verursacht. Arbeitslosigkeit ist also kein »Naturereignis«, sondern etwas, wofür Menschen verantwortlich sind. Arbeitslosigkeit ist deshalb eine Herausforderung für unsere Verantwortung.
besondere Herausforderung gerade der Kirche	46. Wenn es auch viele Arbeitslose gibt, die mit ihrem Schicksal vergleichsweise gut zurechtkommen, so muß man jedoch zugleich auch feststellen, daß Arbeitslose und ihre Familien in aller Regel gefährdete Glieder der Gesellschaft sind. Die Lebens- und Sinnkrise, die Ehe- und

Familienkrise sowie die soziale Krise, die viele Arbeitslose durchmachen, zeigen, was Arbeitslosigkeit konkret für uns als Kirche bedeutet. Besonders die längerfristige Arbeitslosigkeit kann zu einer »Grenzsituation« im Leben der Betroffenen werden, der die Kirche nicht allein diakonisch, sondern vor allem existentiell begegnen muß. Für die Kirche geht es darum, mitzuleiden mit den durch das Schicksal der Arbeitslosigkeit Angefochtenen, die beinahe alle nominell der Kirche angehören und die alle von Christus gerufen werden. Es geht darum, mitzutragen an ihrer Last und vor allem miteinzutreten für eine Besserung und Änderung ihrer Situation. Die Kirche ist zusammen mit anderen Kräften in Staat und Gesellschaft aufgerufen, ihren Beitrag zur Klärung und Bewältigung der Situation zu leisten und Mitverantwortung für das Leben von Arbeitslosen und für die Minderung von Arbeitslosigkeit zu übernehmen.

Mensch wichtiger als Arbeit

47. Die Aufgabe der Kirche ist dabei scheinbar paradox: Einerseits geht es ihr darum, Menschen nicht zu vertrösten, sondern ihnen aus einer Situation zu helfen, die für sie einen teilweisen Ausschluß aus der Arbeitsgesellschaft bedeutet, einer Gemeinschaft, die von Erwerb, Kontakt- und Entfaltungsmöglichkeiten sowie sozialen Chancen gekennzeichnet ist. Andererseits jedoch muß die Kirche auch deutlich machen, daß der Mensch mehr ist als die Arbeit, und daß der modernen »Arbeitsreligion«, die die Vorstellung von der Selbstverwirklichung des Menschen durch Arbeit vertritt, energisch zu widersprechen ist.

Arbeit ist ein hohes Gut, für das jeder, der seinen Platz in der Welt der Arbeit und der Verantwortung hat, dankbar sein wird. Dennoch sollte sich auch der, der von Leistung und beruflichem Erfolg ausgeschlossen ist, nicht mit einem Makel behaftet empfinden. Wer sich auf Grund seiner Situation nicht durch Erfolge seiner Arbeit ausweisen kann und sich deshalb nicht selten einem inneren Vorwurf (Selbstvorwurf) und einem äußeren Vorwurf (Verurteilung durch die Mitmenschen) ausgesetzt sieht, müßte in einer solidarischen Gesellschaft in dem Bewußtsein leben können, angenommen zu sein. Damit ist nicht allein die Befreiung vom Vorwurf, sondern auch die Befreiung zu neuer Hoffnung, Zuversicht und Freude an neuen Tätigkeiten gemeint.

2.2 Die biblisch-anthropologische Dimension von Arbeit und Arbeitslosigkeit

moderne Erwerbsarbeit

48. Der biblische und reformatorische Arbeits- (und Berufs-)begriff und die in dieses Umfeld gehörenden anthropologischen und ethischen Aussagen können nicht direkt auf die modernen Verhältnisse der arbeitsteiligen Industriegesellschaft übertragen werden. Das gegenwärtige Verständnis von Erwerbsarbeit unterscheidet sich in vielem von dem, was in der abendländischen Überlieferung und im biblischen Zusammenhang über die Arbeit ausgesagt wird. Ein Vergleich zwischen moderner Erwerbsarbeit und Aussagen der Bibel über die Arbeit muß deshalb diese Unterschiede stets berücksichtigen.

Erfahrungen aus der Bibel

49. Bei aller Differenz ergeben sich doch wichtige Grunderkenntnisse aus den biblischen Aussagen über die menschliche Arbeit. Wenn wir

uns im folgenden auf die Bibel beziehen, geht es darum, den Zuspruch und Anspruch Gottes auf einen Lebensbereich deutlich zu machen, in dem sich der Mensch um seine Existenzsicherung müht und sein Dasein verantwortlich gestaltet. Christen betrachten die Fragen der modernen Erwerbsarbeit, die mit elementaren Grunddaten des menschlichen Lebens zu tun haben, und Fragen der Arbeitslosigkeit nicht als »wertfrei«, sondern sie sehen die Probleme mit den Augen derer, die von der befreienden Botschaft Gottes in Jesus Christus motiviert sind.

Arbeitslosigkeit als soziales Schicksal

50. Im folgenden geht es nicht um die menschliche Arbeit oder Erwerbsarbeit an sich, auch nicht um die »Stellenlosigkeit« an sich, sondern um die Darstellung und Bewältigung eines sozialen Schicksals (!) bzw. einer Lebenssituation, die Arbeitslosigkeit heißt. Arbeitslosigkeit ist keine »Freizeit von besonderer Art«, sondern eine bedrückende Lebenssituation von Menschen, die die Vertröstung auf Möglichkeiten einer »schöpferischen Arbeitslosigkeit« als zynisch empfinden, ein Schicksal, bei dem sich viele Betroffene mit Grundfragen des menschlichen Lebens konfrontiert sehen. Der besondere Schwerpunkt der folgenden Überlegungen liegt also bei der Erwerbsarbeit, das heißt der »gesellschaftlich verwerteten Arbeit« (lebenslange kontinuierliche berufliche Beschäftigung während einer festen Arbeitszeit an einem definierten Arbeitsort und zu einem fixierten Einkommen) und dem Schicksal ihres Verlusts.

Doppelgesichtigkeit der Arbeit

51. Die Bibel beschreibt die Arbeitswirklichkeit nüchtern und realistisch. Die menschliche Arbeit bedeutet nicht nur Freude, sondern auch Mühe und Daseinskampf. Sie kann von »Ent-

fremdung« bestimmt sein, wenn sie fremdbestimmte, nicht sinnvoll empfundene Tätigkeit ist. Menschliche Arbeit geschieht nicht nur im Zeichen des Erfolgs, der Hoffnung und des Dienstes, sie ist zugleich auch von Konflikten zwischen den Menschen und von Sinnlosigkeit bedroht. Schwierigkeiten der Existenzsicherung und der Arbeitslosigkeit gehören in der Bibel mit zur harten Realität der Arbeit. In der Denkschrift der EKD »Leistung und Wettbewerb« heißt es: »Arbeit ist Leid und Freude, Gegenstand von Klage und Dank zugleich. Sie kann Erfolgserlebnisse vermitteln, aber auch zutiefst bedrücken.« Dies kennzeichnet die Doppelgesichtigkeit der menschlichen Arbeit. Mitten in der gefährdeten Wirklichkeit der menschlichen Arbeit begegnet Gott den Menschen. Gerade hier werden Versöhnungs- und Befreiungsinitiativen von Gott konkret, die das menschliche Leben in seinen grundlegenden Bedürfnissen und seiner humanen Qualität sichern wollen. Nach Gottes Willen sollen Menschen das, was sie zum Leben brauchen, erhalten bzw. auf menschenwürdige Art erwerben können.

Pervertierung der Arbeit, Schuld

52. Menschliche Arbeit ist in der Bibel nicht zuletzt deshalb als Mühe und Beschwernis beschrieben, weil die Menschen ihrer ursprünglichen Verantwortung von Anfang an nicht gerecht werden. Es kommt zu einem konkurrenzhaften, feindseligen Gegeneinander in der Arbeit. Geltungs- und Besitzansprüche werden mit der Arbeit verbunden. Die menschliche Arbeit kann in ein übertriebenes, sinnloses Tun abgleiten. Das vom Menschen im Mißbrauch seiner Freiheit produzierte Verderben belastet ihn und mit ihm die Mitkreatur.

Gott weiß um die Not der Menschen. Sein Heilshandeln will menschliches Leben sichern und Hoffnungsperspektiven eröffnen. Erzählungen und Gleichnisse der Bibel machen deutlich, daß Gott von Sklavenarbeit befreien will, daß nach Gottes Willen jeder Mensch die Möglichkeit zu einer tätigen Existenz erhalten soll, in der er verantwortlich wirken und sich und seine Familie ernähren kann. Dieses sorgende Bemühen Gottes ist auch die Grundlage für die Brotbitte des Vaterunser (Matth. 6, 11). Arbeit ist so kein Selbstzweck, wohl aber ein notwendiges Mittel, den Bedarf des einzelnen Menschen, der Familie und der Gemeinschaft zu sichern.

humane Bestimmung der Arbeit

53. Die humane Bestimmung der menschlichen Arbeit ist im Schöpfungs- und Versöhnungswirken Gottes begründet. Biblische Texte entfalten dies in einer personalen und zugleich mitmenschlichen Dimension:

– Gottebenbildlichkeit

Die Arbeit des Menschen gehört zum Menschsein, das von der Gottebenbildlichkeit bestimmt ist. Alle Menschen zusammen haben den Auftrag Gottes, diese Erde mitmenschlich und in Verantwortung vor den anderen Kreaturen zu gestalten. Jeder Mensch, Mann und Frau, ist gewürdigt und verpflichtet, am göttlichen Schaffen, das unsere Welt erhält und hervorbringt, mit seinem Handeln und Wirken teilzunehmen. In diesem Sinn ist Arbeit tätige Bejahung des von Gott geschenkten menschlichen und kreatürlichen Daseins in der Welt. An diesem weiten Arbeitsbegriff, an dieser schöpfungsgemäßen und menschenwürdigen Ausrichtung von Arbeit muß sich auch die erwerbswirtschaftliche Arbeit im engeren Sinn kritisch messen lassen. Die organisierten Arbeitsprozesse sind immer daraufhin zu prüfen, ob sie für die einzelnen und im ganzen menschenwürdig eingerichtet und auf menschenwürdige Ziele hin angelegt sind, und ob sie das Lebensrecht der gesamten Schöpfung und das Gestaltungsrecht der folgenden Generationen gebührend achten.

– Mitmenschlichkeit, Gemeinschaftlichkeit

54. Einen weiteren Akzent hat die Humanität der Arbeit in der Mitmenschlichkeit von Arbeit. Diese ist begründet im Schöpfungsauftrag, der an alle Menschen gleichermaßen ergeht und für dessen Erfüllung alle Menschen auf ihre gemeinsame Verantwortung hin angesprochen sind. Die Gemeinschaftlichkeit gehört zur Arbeit von ihrem Ursprung her. Diese Gemeinschaftlichkeit läßt das Zusammenwirken der Gaben von Männern und Frauen, Alten und Jungen, Starken und Schwachen zur Geltung kommen. – Mitmenschlichkeit von Arbeit äußert sich biblisch unter anderem in der Zweckbestimmung von Arbeit. Hier gilt es, in der Spannung der gegensätzlichen Interessen, zwischen ökonomischen Notwendigkeiten und Humanbedürfnissen standzuhalten, und das Sachgerechte und Menschengerechte zugleich zu verwirklichen. Ebenso hat die Mitmenschlichkeit von Arbeit zu tun mit der Verantwortung der Gemeinschaft, für alle Menschen, die arbeiten können, Arbeitsplätze sicherzustellen bzw. zu vermitteln.

– Pflicht und Anrecht

55. In der frühen Christenheit wurde gefordert, nicht willentlich auf Arbeit zu verzichten und auf Kosten anderer zu leben. Statt dessen sah man die Berufung des Christen darin, anderen zu dienen, d. h. auch jenen die Früchte ihrer Arbeit zukommen zu lassen, die für sich selbst nicht aufkommen konnten. Man sah eine Verantwortung der Gemeinschaft für die Verteilung der Arbeit und die Aufgabe, dafür zu sorgen, daß niemand ohne Arbeit leben mußte. In der ältesten christlichen Gemeindeordnung heißt es deshalb ganz selbstverständlich: »Jeder, der im Namen des Herrn kommt, soll aufgenommen werden... Ist der Ankömmling ein Wegfahrender, so helft ihm, soviel ihr vermögt... Wenn er sich aber dauernd niederlassen will, so soll er arbeiten und sich dadurch ernähren.

Wenn er sein Handwerk versteht, sollt ihr nach bestem Wissen und Gewissen Vorsorge treffen, wie es gemacht werden kann, daß unter euch kein Christ arbeitslos sein muß« (Didache XII, 1-3). Die Arbeit wird hier nicht nur als Pflicht verstanden, sondern auch bereits als etwas, worauf im Grunde jeder, der in der Gemeinde lebt, ein Anrecht hat. Die Konsequenzen solcher Grundsätze gilt es heute voll zu erkennen.

Zusammenfassung	56. Zusammenfassend kann für das biblisch-christliche Arbeitsverständnis folgendes gelten: In der Christenheit wurde die Arbeit ursprünglich als Auftrag und Dienst verstanden, der den eigenen wie den Lebensunterhalt anderer, soweit sie bedürftig sind, sichern und die Welt menschenwürdig gestalten soll. Zu diesem Dienst ist jedermann verpflichtet – zugleich haben alle ein Anrecht, in diesem Dienst zu wirken. In diesem Sinn ist Arbeit ein Dienst am Nächsten und damit auch ein Dienst vor Gott. Diese Arbeit erfährt ihren Sinn und ihre Grenze im dritten Gebot: Gott selbst arbeitet – und ruht am siebten Tag, er relativiert damit die Arbeit und eröffnet neue Hoffnungshorizonte. Arbeit und Muße sind dabei als die beiden Pole zu verstehen, um die sich das Leben der Menschen abspielen soll.
Abgrenzungen	57. Dieses biblische Verständnis bedeutet eine Umwertung der antiken Haltung zur Arbeit. Nach damaligem Verständnis war die Lebensweise der körperlich Arbeitenden mit bürgerlicher Bildung und Tugend unvereinbar. Die Reformation hat aber auch die mittelalterliche Deutung zurückgewiesen, derzufolge die sittliche Vollkommenheit nur in einem geistlichen Leben erlangt werden kann. Gegen das einseitige mönchische Ideal wird dem Leben in jedem sinnvollen weltlichen Beruf eine vollkommene und geistliche Bedeutung zugesprochen. (Unter »Beruf« verstand die Reformation auch solche Tätigkeiten, die wir heute nicht zur Erwerbsarbeit im engeren Sinn rechnen.)

58. Dem Arbeitsverständnis in biblischer Tradition ist aber ebenso auch jede Form der Arbeitsreligion fremd, die sich auf dem Boden des »säkularistischen Protestantismus« entwickelt hat, eine Arbeitsreligion, in der die individuelle Arbeitsleistung, die Qualität und der Erfolg der Arbeit zum alleinigen Lebenszweck erklärt werden. Die eigene Arbeit bzw. Leistung soll nicht das alleinige und entscheidende Maß des Menschen sein. Auch die Vorstellung des jungen Marx, daß der Mensch durch Arbeit sich selbst hervorbringe, gleichsam erschaffe und durch Arbeit sich die Menschheit zu Vollkommenheit und Glück emporsteigere, ist dem christlichen Verständnis fremd, das den Menschen als Geschöpf Gottes und als ein Wesen sieht, das in seinen Grenzen verantwortlich ist.

2.3 Kriterien für die Sicherung einer menschenwürdigen Beschäftigung

Verantwortung
– Entfaltung in Kriterien:

59. Dem in 2.2 entfalteten Verständnis von Arbeit entspricht ein Leitbild, das die Verantwortung für Arbeitslosigkeit und bedrohte Menschlichkeit in der Arbeitswelt in den Gesamtrahmen von Schöpfungsgemäßheit und Humanität stellt. Diese Verantwortung wird entfaltet: als Sicherung der Lebensfähigkeit, als Verwirklichung von Freiheit, Teilhabe, Solidarität, Gerechtigkeit und Lebensmöglichkeit künftiger Generationen.

– Freiheit

60. Trotz der Zwänge, die mit Arbeit verbunden sind, ist die Freiheit der Person ein wesentliches Kriterium für die Gestaltung der Arbeitswirklichkeit. Es muß gelingen, die Arbeit so zu gestalten, daß die Entfaltung der Persönlichkeit des Arbeitenden nicht behindert wird. Nur wer diese Entwicklungen, die das eigene Leben, die eigene Arbeit betreffen, bei Einsicht und Akzep-

tierung der grundlegenden Situation dieser Welt und der Menschheit selbst mitgestaltend erlebt, kann bewußt Sinnhaftigkeit in seinem eigenen Dasein verwirklichen und überhaupt erst auf seine Verantwortung im Vollsinn angesprochen werden. Aus diesem Grund dürfen die Probleme der Arbeitslosigkeit nicht auf Kosten der Humanisierungsbemühungen gelöst werden.

– Teilhabe

61. Die Verwirklichung von Freiheit setzt in der Arbeitswelt Rahmenbedingungen voraus, die für Teilhabe offen sein müssen. Da die heutige Lebenswirklichkeit weitgehend durch die Form der industriellen Produktion, der erwerbswirtschaftlichen Arbeit gestaltet wird, ist Teilhabe und Mitwirkung in diesem Bereich für die dort beschäftigten Menschen wesentlich.

– Solidarität

62. Die Mitmenschlichkeit von Arbeit findet ihren Ausdruck im Kriterium der Solidarität. Damit ist eine Gestaltung der Arbeitswirklichkeit gemeint, die nicht nur die partikularen Interessen und Bedürfnisse von einzelnen und einzelnen Gruppen wahrt, sondern die Bereitschaft zum Teilen und den Dienst für andere einschließt. Arbeitslosigkeit fordert in besonderem Maß diese Solidarität heraus.

– Gerechtigkeit

63. Das Kriterium der Gerechtigkeit schließlich stellt die Frage nach dem richtigen Maß. Damit verweist es auf den notwendigen Verständigungsprozeß über die Frage, was individuell und sozial angemessen ist und in der jeweiligen geschichtlichen Situation als vorläufiger Kompromiß angestrebt werden soll.

– Lebensmöglichkeit

64. Das letzte hier betrachtete Kriterium betrifft die Lebensmöglichkeit zukünftiger Generatio-

nen von Menschen und das heißt der Schöpfung in ihrer Gesamtheit. Dies meint einerseits einen schonungsvollen Umgang mit den natürlichen Ressourcen und zwar sowohl mit den Rohstoffen als auch der belebten Umwelt. Die längerfristigen Grundlagen von Leben dürfen nicht durch kurzsichtige Ausbeutung und Raubbau oder einfache Mißachtung aufs Spiel gesetzt werden. Sicherung der Lebensfähigkeit heißt auch, daß das Lebensnotwendige für alle Menschen bereitgestellt werden muß. In einer weltweit verflochtenen Menschheit ist hier nicht nur an die Bürger des eigenen Landes zu denken, sondern an alle Menschen.

Aufgabe der christlichen Ethik

Die christliche Ethik kann zu einer Verständigung in den Auseinandersetzungen über die Bewältigung der Beschäftigungskrisen und zur Hilfe für die Menschen in dieser Krise beitragen: Sie erinnert an das biblisch-christliche Verständnis von Arbeit und hilft dazu, verantwortliche, humane Lösungen zu finden.

2.4 Folgerung: die »Solidargemeinschaft von Arbeitenden und Arbeitslosen«

Recht auf Arbeit

65. Arbeitslosigkeit, insbesondere längerfristige Arbeitslosigkeit, muß als eine ernste Bedrohung der Humanität in der modernen Industriegesellschaft bezeichnet werden. Zwar enthält das Grundgesetz kein »Recht auf Arbeit« als Programm oder gar als vollzugsreife Norm. Es hat Politik und Gesetzgebung jedoch durch das in Art. 20 und 28 niedergelegte Bekenntnis zur Sozialstaatlichkeit und in der Gemeinwohlbindung des Eigentums (Art. 14, 2) zwingend und unwiderruflich darauf verpflichtet, alles zu tun,

um der Humanität und der sozialen Gerechtigkeit in der Wirtschafts- und Sozialordnung Geltung zu verschaffen. Außerdem ist die Bundesrepublik den beiden UN-Menschenrechtskonventionen von 1966 beigetreten und hat die Europäische Sozialcharta unterzeichnet. In diesen Konventionen wird das Recht auf Arbeit zur Zielbestimmung für staatliches Handeln erklärt. Parlament und Regierung haben dem Rechnung getragen in Form einer auf Stabilität und Wachstum ausgerichteten Wirtschafts- und Sozialpolitik, der das Ziel eines hohen Beschäftigungsstandes gesetzt ist. Sosehr diese Politik den Auftrag des Grundgesetzes durch viele Jahre erfüllt hat, heute wird dieses Ziel so einfach nicht mehr erreicht.

solidarische Verpflichtung

66. Dies führt zu notwendigen gesellschaftlichen und politischen Auseinandersetzungen darüber, wie die gegenwärtigen Beschäftigungsschwierigkeiten überwunden werden können. Gleichzeitig geht es darum, effizientere Mittel zu finden, die die wirklich Bedürftigen erreichen und die Verpflichtung der Rechtsgemeinschaft zu einer Wahrung des Rechts auf Arbeit in die Tat umsetzen. – Für die christliche Ethik kommt es in diesem Verständigungsprozeß darauf an, daß die Gesetzgebung sowie die politische Willensbildung an der Verpflichtung zur Solidargemeinschaft von Arbeitenden und Arbeitslosen orientiert bleibt.

Rechte und Pflichten

67. Im Umgang mit Arbeitslosen soll deutlich werden, daß Arbeitslosigkeit kein persönlicher Makel ist. Von Arbeitslosen kann, wenn soziale Pflicht zur Arbeit und Recht auf Arbeit zusammengehören, erwartet werden, daß sie sich selbst um Arbeit bemühen und sich und anderen

Rechenschaft über ihre Situation abgeben. Mit anderen zusammen (mit Arbeitsamt, Arbeitsloseninitiativen u. a.) sollten sie an die Aufarbeitung von Enttäuschungen und an die ganzheitliche Bewältigung ihrer Lage herangehen. Eine Bereitschaft zum (Um-)Lernen kann, wie auch die Erfahrungen von Arbeitsloseninitiativen u. a. aufweisen, durchaus erwartet bzw. gefördert werden. Gewisse Gehaltseinbußen bei der Wiederbeschäftigung müssen unter Umständen hingenommen werden.

68. In diesem Zusammenhang gilt es für diejenigen, die Arbeit haben, zu erkennen, daß daraus auch Pflichten folgen. Diejenigen, die Arbeit haben, tragen im Rahmen der erwähnten Solidargemeinschaft die Verantwortung mit für diejenigen, die arbeitslos sind. Dabei werden heute von denjenigen, die arbeiten können, erhebliche Opfer gegenüber den Arbeitslosen gefordert. Es geht hier mittel- und längerfristig nicht nur um materielle Unterstützung. Vielmehr handelt es sich um die Teilung (Aufteilung) vorhandener und die Neuschaffung zusätzlicher Arbeitsplätze, was vielfach nur durch Opfer der bereits Beschäftigten möglich ist. Eine »gerechtere Verteilung« der vorhandenen Arbeitsplätze wird zugleich eine entsprechende Korrektur der Arbeitseinkommen erforderlich machen, wenn sie beschäftigungswirksam sein soll.

Notwendigkeit gemeinsamer Anstrengungen

69. Wenn die gegenwärtigen Schwierigkeiten der Beschäftigung in einer Solidargemeinschaft von Arbeitenden und Arbeitslosen bewältigt werden sollen, so bedarf dies einer großen gemeinsamen Anstrengung. Diese mitzuerbringen sind alle – je an ihrem Ort und in ihren Möglichkeiten – aufgerufen. Besondere Möglichkeiten

und Aufgaben ergeben sich für die Verantwortungsträger im Staat und in den Parteien, wie in der Arbeitgeberschaft und in den Gewerkschaften (vgl. 3.2) und für die Kirche.

3. Kurzfristige und weiterreichende Lösungsansätze

Vorbemerkung: kurzfristigere und weitergehende Strategien

70. Um die angemessenen beschäftigungspolitischen Strategien, welche kurz- und mittelfristig die Beschäftigungsschwierigkeiten überwinden könnten, ist ein Streit zwischen verschiedenen Auffassungen entbrannt. Überwiegend marktwirtschaftlich orientierten Konzepten stehen andere Entwürfe mit mehr lenkungswirtschaftlichen Elementen gegenüber. Manche betonen die Notwendigkeit raschen und entschlossenen Handelns, andere befürchten, daß derartige Interventionen nur ein schnell verglühendes »Strohfeuer« entfachen würden und setzen statt dessen auf langfristige, mehr an den konstitutiven Rahmenbedingungen einsetzende Konzepte. Der Laie, der in dieser Debatte eine Vielzahl von Lösungsmöglichkeiten angeboten sieht, erkennt nicht gleich, wie grundlegend unterschiedlich die Ausgangspunkte bei der Diskussion sein können, wie gegensätzlich die Interessen, die hier eine Rolle spielen, und wie verschieden die vorgeschlagenen Wege sind. In der Tat steht die Diskussion in der Gefahr, sich auf die Positionen bestimmter »Schulen« bzw. »Auffassungen« festzufahren. Damit ist auch die Gefahr verbunden, daß man über die Debatte über kurzfristige Lösungsansätze nicht

hinauskommt und längerfristige Handlungsperspektiven aus dem Auge verliert.

71. Im folgenden soll der sachliche Gehalt der gegenwärtigen Diskussion herausgearbeitet werden. Daraus sollen die entsprechenden Schlußfolgerungen für unsere sozialverpflichtete Marktwirtschaft gezogen und kurzfristige Forderungen aufgezeigt werden. Im Anschluß daran werden die weiterführenden Handlungsperspektiven aufgezeigt, die dem Ausmaß der neuen sozialen« Frage »Arbeitslosigkeit« Rechnung tragen und ggf. sehr viel einschneidendere Veränderungen nötig machen.

3.1 Die Debatte um die verschiedenen Lösungsansätze der Beschäftigungspolitik

Streit der unterschiedlichen Schulen

72. Zwar vertritt keine der bedeutenderen politischen Kräfte in der Bundesrepublik, die das Konzept der sozialen Marktwirtschaft mehr oder weniger nachdrücklich bejahen, ausschließlich eine der beiden idealtypischen Auffassungen. Sie tragen damit der Realität einer »gemischten Wirtschaftsordnung« Rechnung. Dennoch ist der Streit um den rechten Weg in der Beschäftigungspolitik nicht verstummt.

unterschiedliche Beurteilung der Ursachen

73. Lösungsvorschläge für die Überwindung der Beschäftigungsschwierigkeiten hängen weitgehend von der Beurteilung der Ursachen ab. Weitgehende Einigkeit besteht darüber, daß der Unterbeschäftigungslage durch eine mindestens mittelfristig ansetzende Beschäftigungspolitik begegnet werden muß. Auch in der Beurteilung der Möglichkeiten der Arbeitsmarktpolitik, soweit sie im Arbeitsförderungsgesetz (ASG) an-

gesprochen ist, gibt es – aufs Ganze gesehen – nur geringfügige Differenzen zwischen den verschiedenen Standpunkten.

74. Diese Arbeitsmarktpolitik, wie sie im Arbeitsförderungsgesetz formuliert ist, ist auf die Verhinderung des Entstehens von Arbeitslosigkeit (nicht zuletzt durch Förderung der beruflichen und regionalen Mobilität) ausgerichtet. Durch das Ausmaß der Arbeitslosigkeit und durch haushaltsbedingte Einschränkungen wesentlicher Elemente der aktiv gestaltenden Arbeitsförderung kann sie diese Aufgabe nicht mehr mit der gewünschten Intensität erfüllen. Demgemäß muß sie sich in zunehmendem Maß darauf beschränken, durch soziale Sicherung die Folgen für die von der Arbeitslosigkeit Betroffenen zu mildern und in begrenztem Umfang Einkommensschwankungen auszugleichen.

75. Grundlegende Meinungsunterschiede bestehen bei den Vorschlägen zur Verminderung der Arbeitslosigkeit. Auf zwei Typen vereinfacht können die Argumentationen als überwiegend marktwirtschaftlich (d. h. eher am Funktionieren der marktwirtschaftlichen Mechanismen orientiert) bzw. als stärker interventionistisch (dh. h. eher an der antizyklischen Nachfragesteuerung mit gezielten Eingriffen orientiert) bezeichnet werden.

Ursachen-
marktwirt-
schaftlich

76. Die stärker marktwirtschaftlich Orientierten nennen als wesentliche Ursachen der gegenwärtigen Arbeitslosigkeit:
– die zurückgehenden Unternehmensträge als Folge steigender Kosten (Arbeitskosten einschließlich der damit verbundenen Sozial-

kosten sowie Rohstoff- und Energiekosten und nicht zuletzt Kapitalkosten) und die ungünstigen Ertragsaussichten; die erhebliche Verschlechterung der Erträge (z. B. schwächere Ertragsmöglichkeiten als im Ausland, schlechtere Erträge des haftenden Kapitals im Vergleich zum nicht haftenden Kapital);
- die Erhöhung des Anstellungsrisikos durch das Sozial- und Arbeitsrecht (Kündigungsschutz u. ä. m.);
- die Produktionsbelastungen durch behördliche Vorschriften (z. B. Bau-, Umweltvorschriften);
- den Wegfall der Wettbewerbsvorteile auf dem Weltmarkt durch die Überbewertung der DM bis 1973 (seitdem zeitweise eher Unterbewertung);
- die Verunsicherung der Unternehmer durch einen Trend der Einschränkung der Freiheit des unternehmerischen Handelns.

77. Insgesamt ergibt sich nach dieser Auffassung eine im Vergleich zu den 50er und 60er Jahren erhebliche Beeinträchtigung der Investitionsfähigkeit und -bereitschaft. Fähigkeit und Bereitschaft haben es in jener Zeit ermöglicht, unter – wenn auch andersartig – schwierigen Verhältnissen eine beträchtlich größere Zunahme der Erwerbsbevölkerung zu bewältigen und praktisch Vollbeschäftigung – ja Überbeschäftigung zu erreichen.

Ursachen
- interventionistisch

78. Stärker interventionistisch Ausgerichtete nehmen ebenfalls einen Teil der oben genannten Ursachen an, wie:
- gestiegene Rohstoff- und Energiekosten;
- Belastung durch zuviel Bürokratie;

- Wegfall des Wettbewerbsvorteils durch Unterbewertung der DM.

Sie sehen die eigentlichen Ursachen für die Beschäftigungsschwierigkeiten jedoch in:
- einer Schwäche der privaten Nachfrage, vor allem des aus dem Masseneinkommen gespeisten privaten Verbrauchs;
- einer allgemeinen Überproduktion bei schrumpfenden zahlungskräftigen Märkten;
- einem unzureichenden Tätigwerden der öffentlichen Hand;
- einer Geldpolitik, die das Geldwert-Stabilitätsziel dem Beschäftigungsziel überordnet.

unterschiedliche Forderungen

79. Wesentliche Streitpunkte zwischen den beiden Auffassungen dürften daher die Geld- und Haushaltspolitik (s. unten die verschiedenen vorgeschlagenen Maßnahmen) und die Bedeutung der Kosten, insbesondere der Arbeitskosten, für den Ausgleich von Angebot und Nachfrage auf dem Arbeitsmarkt sein. – Nach Auffassung der eher marktwirtschaftlich Orientierten gibt es kein festes Volumen zu verteilender Arbeit, sondern eine variable, vom jeweiligen Preis, d. h. von den Arbeitskosten abhängige Nachfrage nach Arbeitsleistungen. Hohe Löhne bewirken demnach Arbeitslosigkeit. Nicht beeinflußbare Kostensteigerungen, z. B. durch steigende Ölpreise, müssen bei den beeinflußbaren Kostensteigerungen (Löhne, staatlich festgesetzte Lasten usw.) berücksichtigt werden. – Dieser Auffassung steht jene von der »umzuverteilenden Arbeit« entgegen, nach der eine Entlastung des Arbeitsmarktes u. a. durch Arbeitszeitverkürzungen möglich wäre. Die Frage des Lohnausgleichs wird hier als strittig angesehen.

Forderungen
– interventio-
nistisch

80. **Von den eher interventionistisch Ausgerichteten wird neben einer** Verkürzung der Arbeitszeit im wesentlichen vorgeschlagen:
– längerfristig ansetzende Investitionsprogramme, die neben der Förderung eines hinreichenden quantitativen Wachstums auch dem qualitativen Aspekt und der notwendigen Strukturanpassung der Wirtschaft dienen. – So hat z. B. der Deutsche Gewerkschaftsbund ein Investitionsprogramm mit einem Volumen von 50 Milliarden DM (verteilt über 5 Jahre) vorgeschlagen; es soll im wesentlichen durch Einsparung sonst entstehender Kosten für Arbeitslosigkeit, durch Abbau von Subventionen, durch eine Einkommensteuerergänzungsabgabe für Höherverdienende und eine Arbeitsmarktabgabe für Selbständige und Beamte finanziert werden.
Es wird darauf hingewiesen, daß die von solchen Programmen ausgehenden Anstöße zu einem sich selbst tragenden Aufschwung führen würden, wodurch zumindest ein Teil der benötigten Finanzierungsmittel in Form höherer Einnahmen und geringerer Ausgaben für Sozialleistungen wieder zurückfließen würde;
– arbeitsmarktpolitische Maßnahmen zur Schaffung von Arbeitsplätzen;
– Entlastung des Arbeitsmarkts durch verstärkte bildungspolitische Maßnahmen. Für die Finanzierung solcher Maßnahmen bestehen verschiedene Vorstellungen: Einsparungen bei anderen Budgetposten, Steuererhöhungen, Abgaben (z. B. Arbeitsmarktabgabe);
– entschiedene Schritte zur Arbeitszeitverkürzung. Sie erscheinen den Vertretern dieser Ansicht unumgänglich;

- Senkung der hohen Zinsen, um die Geldversorgung der Wirtschaft zu erleichtern.

**Forderungen
– marktwirtschaftlich**

81. Die überwiegend marktwirtschaftlich Orientierten sind dagegen der Auffassung, daß ohne eine Verbesserung der in den letzten Jahren erheblich verschlechterten Rahmenbedingungen für die Unternehmungen eine dauerhafte Verbesserung der Beschäftigungslage nicht zu erreichen ist. Dazu gehören:
- Berücksichtigung der nationalen und internationalen Marktlage und Marktentwicklung bei der (national) beeinflußbaren Kostengestaltung (Löhne, Sozialabgaben; staatliche Auflagen für die Produktion usw.);
- Beseitigung von Verwaltungsschwierigkeiten, insbesondere durch Straffung der Rechtsverfahren (durch Nutzung des Rechtsweges können Investitionsentscheidungen über Jahre verzögert werden);
- Verzicht auf interventionistische Maßnahmen, die zwar den augenblicklichen Anpassungsdruck mildern, aber eine nachhaltige Verbesserung eher erschweren;
- eindeutige Willensäußerungen der politisch maßgeblichen Kräfte zum Bestand der Wirtschaftsordnung;
- Begrenzung der staatlichen Regulierungen. Eine unmittelbare, über die Gestaltung der Rahmenbedingungen hinausgehende staatliche Aktivität wird nur so weit befürwortet, als sie in Bereichen mit privatwirtschaftlich nicht mehr beherrschbaren Risiken (z. B. Kernenergieforschung) stattfindet oder zeitlich begrenzt als Hilfe bei Pionierarbeit nötig ist;
- eine Geldpolitik, die die Inflationsrate möglichst klein hält und damit eine sichere Grundlage für die langfristige Investitionskalkulation schafft.

Elemente beider Positionen berücksichtigen

82. Diese dargestellten Positionen sind als Hervorhebung typischer Elemente zu verstehen. Im praktisch-politischen Vollzug wird man immer Elemente beider Positionen berücksichtigen. Bei der Auseinandersetzung zwischen diesen Positionen handelt es sich nicht um einen Streit der Theoretiker (gleichsam im »luftleeren Raum«), sondern um ein Ringen um den rechten Weg, um die konkreten Beschäftigungsprobleme im Sinne des Sozialstaatsgebotes des Grundgesetzes zu überwinden. Dabei wäre es grundsätzlich falsch, die Lösung von selbstheilenden Kräften oder von Staatsinterventionen allein zu erwarten. Es müssen in einer koordinierten Weise alle Kräfte im Wirtschaftsgeschehen berücksichtigt werden. Dort, wo die Rahmenbedingungen für Markt und Wettbewerb zu ungünstig gestaltet wurden, müssen Korrekturen angebracht werden. Bis dies gelingt, müssen alle am Entscheidungsprozeß Beteiligten, angefangen vom Staat über Arbeitgeber und Gewerkschaften bis hin zu den Arbeitnehmern und Arbeitslosen, ihren Teil an den notwendigen Anstrengungen tragen. Dabei ist es auch erforderlich, daß die Vertreter der einzelnen oben dargestellten Auffassungen von ihren verfestigten Positionen abrücken, aufeinander zugehen und – wie unten (Kap. 3.2) angedeutet – versuchen, zu einem gemeinsamen Handeln zu kommen.

Einigkeit im Ziel nötig

83. So notwendig die sachliche Auseinandersetzung über den rechten Weg und die angemessenen Mittel ist, ausschlaggebend ist, daß sich alle am politischen Entscheidungsprozeß Beteiligten am Ziel der Bekämpfung der Arbeitslosigkeit bzw. der Wiedererlangung eines hohen Beschäftigungsstandes orientieren.

koordinierte Maßnahmen

84. In diesem Zusammenhang wird diskutiert, ob es nicht möglich und hilfreich sei, eine Größe zur Markierung von Vollbeschäftigung zu benennen; eine Arbeitslosigkeit von 1 bis 1,5 % wäre demnach z. B. als »Friktions- und Sucharbeitslosigkeit« in einem gewissen Sinne tragbar; erst darüber liegende Prozentzahlen wären unter den gegebenen Bedingungen volkswirtschaftlich, gesellschaftlich und politisch alarmierend und würden dann Notmaßnahmen und grundlegende Eingriffe rechtfertigen. Dabei muß aber daran erinnert werden, daß eine feste Zahl keineswegs das menschliche Leid noch die ökonomischen Probleme richtig beschreiben kann. Bei Arbeitslosigkeit in nennenswertem Umfang müssen in den Bereichen der Wirtschafts-, Finanz- und Geldpolitik auf jeden Fall koordinierte Anstrengungen zur Bekämpfung der Arbeitslosigkeit vorgenommen werden. Hinzutreten muß eine sektorale und regionale Strukturpolitik, um dem Marktprozeß Rahmendaten zu setzen, woran dann die dezentralen Wirtschaftseinheiten ihre marktorientierten Entscheidungen treffen. Auch die Verteilungspolitik muß in den Dienst der Beschäftigungspolitik gestellt werden. Dabei müssen die Nichtlohneinkommen ebenso einbezogen werden wie die Löhne und Gehälter; Lohnzurückhaltung muß zur Schaffung von neuen Arbeitsplätzen führen.

aktive, vorbeugende Arbeitsmarktpolitik

85. Auch die Arbeitsmarktpolitik trägt zur Bekämpfung der Arbeitslosigkeit bei, da sie im Gegensatz zur Wirtschaftspolitik beim einzelnen Arbeitnehmer ansetzt und zur Überwindung seiner speziellen Beschäftigungsschwierigkeiten beiträgt. Bei der Arbeitsmarktpolitik liegt die Aufgabe, die Voraussetzungen für ein möglichst

reibungsloses Funktionieren der vielfältigen Umschichtungsvorgänge zwischen den Betrieben und den verschiedenen Teilarbeitsmärkten zu schaffen. Das Entstehen ausgewogener räumlicher und beruflicher Teilarbeitsmärkte muß gefördert werden. Dabei sollten im Rahmen einer planmäßig gestaltenden Strukturpolitik alle Instrumente des AFG genutzt werden. Aktive Arbeitsmarktpolitik muß vorbeugend betrieben werden, nicht nur reaktiv und kompensatorisch. Sie hat ihre besondere Bedeutung neben der allgemeinen Wirtschaftspolitik, der Sozialpolitik, der Bildungspolitik und der Raumordnungspolitik. In allen diesen Wirkungsbereichen der Politik ist auf die Beschäftigungswirkung der Maßnahmen zu achten. Hierbei ergeben sich zum Teil erhebliche Konflikte zwischen verschiedenen Zielsetzungen. In der jetzigen Situation jedoch hat das Vollbeschäftigungsziel mit an oberster Stelle zu stehen.

3.2 Kurzfristige Lösungsansätze – Forderungen und Erwartungen

Zusammenwirken aller, Gesamtverantwortung

86. Angesichts der hohen und lang andauernden Arbeitslosigkeit kann die Verantwortung für die Eindämmung des Problems nicht nur einer gesellschaftlichen Gruppe, nicht einfach nur dem Staat nicht einfach nur einer Seite zugemutet werden. Arbeitende und Arbeitslose, Staat und Gesellschaft, Arbeitgeber und Gewerkschaften sind gehalten, an der Gesamtverantwortung mitzutragen und ihren Teil zu einer Minderung der Krise beizutragen. Dabei muß allen Beteiligten klar sein, daß eine Lösung der anstehenden Probleme nur möglich ist, wenn sie bereit sind, zusammenzuwirken. Wenn Arbeitslosigkeit ein ge-

samtgesellschaftliches Problem ist, ihre Ursachen nicht nur im wirtschaftlichen Bereich liegen und ihre Folgen nicht nur die unmittelbar Betroffenen belasten, dann muß der entsprechende Verantwortungsbereich sehr weit gefaßt werden.

Bereitschaft zum Einlenken

87. Erfolge werden allerdings nur dann zu erzielen sein, wenn dabei von liebgewordenen Argumenten und verfestigten Auffassungen abgerückt wird. Dazu gehört auch eine bessere Abstimmung zwischen betrieblicher und öffentlicher Beschäftigungspolitik und tarifpolitischen Maßnahmen. Zugleich ist aber auch zu fordern, daß alle Maßnahmen, die dazu beitragen sollen, daß der Wille zur Wiedereingliederung in den Arbeitsprozeß nicht erlahmt, nicht immer gleich mit dem Vorwurf der sozialen Demontage blockiert werden.

Solidarität mit den Arbeitslosen

88. Andererseits darf die Behauptung, daß die beste Wirtschaftspolitik noch immer die beste Sozialpolitik – zumindest in Bezug auf die Beschäftigungslage – ist, nicht dazu führen, daß die nachteiligen Folgen des schwankenden Konjunkturverlaufs in seinen rezessiven Phasen vor allem von einer Gruppe getragen werden müssen. Auch die Haltung der Solidargemeinschaft in Form der Arbeitslosenunterstützung kann nicht darüber hinwegtäuschen, daß es darüber hinaus so gut wie keine Solidarität zwischen den Arbeitbesitzenden und Arbeitslosen gibt. Es darf nicht dazu kommen, daß der Graben zwischen diesen beiden Gruppen vertieft wird. Mehr Verstehen, ein stärkeres praktisches Eingehen auf die Probleme des Schwächeren sind erforderlich. Dazu gehört insbesondere, daß diejenigen, die mit ihrem Handeln oder Unter-

lassen Daten für den Umfang der Beschäftigung setzen, stets auch die Auswirkungen auf das Schicksal der Menschen ohne Arbeit berücksichtigen.

a) Erwartungen an Tarifvertragsparteien und Staat

Staat nimmt Verantwortung nicht ab	89. Die vom Staat mit seinem Gesetz zur Förderung des Wachstums und der Stabilität übernommene Verpflichtung zur Vollbeschäftigung darf nicht dazu führen, die Tarifparteien aus ihrer Verantwortung zu entlassen.
Möglichkeiten der Arbeitgeber	90. Hier ist auf die Möglichkeiten und die Verantwortung der Arbeitgeber hinzuweisen. Da die Arbeitgeber einen nicht unwesentlichen (allerdings durch arbeitsrechtliche Bestimmungen begrenzten) Entscheidungsspielraum bei der Einrichtung bzw. beim Abbau von Arbeitsplätzen haben, fällt ihnen bei der Lösung des Problems der Arbeitslosigkeit auch eine besondere Verantwortung zu. Zwar kann nicht übersehen werden, daß neben dem steigenden Zins- und Lohndruck in unserer vom Wettbewerb bestimmten Wirtschaft ein steigender Rationalisierungsdruck besteht. Bei aller Anerkennung dieses Drucks sollten die Unternehmen jedoch gerade in Rezessionsphasen nur in allerletzter Konsequenz zu Entlassungen schreiten und zuvor alle Möglichkeiten der Weiterbeschäftigung ihrer Belegschaft nutzen. Dazu gehört auch eine angemessene Nutzung der staatlichen Arbeitsförderung. Wenn wirklich entlassen werden muß, sollten nicht vornehmlich die Problemfälle freigesetzt werden, da diese kaum Wiederbeschäftigungschancen haben. Würde eine solche Grundhaltung vorherrschen, so könnte eher darüber diskutiert werden, inwieweit einige der

von den Arbeitgebern besonders kritisierten und als Einstellungshemmnisse eingestuften Arbeits- und Kündigungsvorschriften in einem beschäftigungsfreundlichen Sinne umgestaltet werden könnten ohne dabei ihre Schutzaufgabe einzuschränken. Darüber hinaus sollten freilich auch die Tarifvertragspartner im Rahmen der »sozialen Symmetrie« Verantwortung wahrnehmen, die von der Zurückhaltung in der Preisgestaltung bis hin zur Schaffung besonderer Arbeitsplätze für Behinderte reicht.

91. Es ist auch zu überlegen, inwieweit bei der Kalkulation von Rationalisierungsmaßnahmen, die um der Produktivitätssteigerungen willen unabdingbar notwendig und um der Verbesserung der Einkommen der Arbeitnehmer willen durchaus wünschenswert sind, nicht auch die volkswirtschaftlichen Kosten berücksichtigt werden müssen, die beim Abbau von Arbeitsplätzen entstehen. Es ist jedoch kaum oder doch nur sehr schwer möglich, eine einigermaßen stichhaltige Kostenrechnung aufzumachen, die einerseits die Rationalisierungsvorteile enthält und andererseits die Kosten für die Umsetzung auf neu zu schaffende Arbeitsplätze, wie sie bei struktureller Arbeitslosigkeit erforderlich sind. Nichtsdestoweniger sollten weiterhin Überlegungen angestellt werden, mit welchen geeigneten Mitteln ein solcher Ausgleich bewerkstelligt werden kann.

Forderungen

92. Darüber hinaus sind folgende Forderungen an die Unternehmen zu richten:
- eine mittelfristig orientierte Personalpolitik zu betreiben, die (wie z. B. in Japan) nicht jede Anpassungsmöglichkeit an die rückläufige Konjunktur voll ausschöpft,

- mehr Ausbildungsplätze zur Verfügung zu stellen und durch Weiterbildungsmaßnahmen Qualifikationen zu fördern, um auf diese Weise das Entlassungsrisiko für die betreffenden Arbeitnehmer nach Möglichkeit zu verringern,
- den Gewerkschaften im Falle von Lohnverzicht durch Ausgleichsmaßnahmen – z. B. bei den Bemühungen um eine Arbeitszeitverkürzung – entgegenzukommen, damit eine bessere Verteilung des vorhandenen Arbeitsvolumens erreicht werden kann (siehe dazu Kap. 3.4),
- mit den Arbeitsämtern stärker zusammenzuarbeiten (z. B. Meldung freier Stellen),
- in der Arbeitszeitgestaltung flexibler zu sein (ohne damit freilich gleichzeitig die Belastungen zu steigern) bis hin zu unkonventionellen Regelungen, z. B.
  = Einrichtung von Teilzeitarbeitsplätzen, die z. Z. von ca. 235 000 Arbeitslosen gesucht werden (dabei sollte sichergestellt werden, daß dies nicht zu Lasten der Vollarbeitsstellen geht);
  = Erprobung eines job-sharing, das nicht auf Kosten des vorhandenen Arbeitsvolumens geht; es ist zu versuchen, ob damit tatsächlich ein Abbau von Vollarbeitsplätzen verbunden ist;
  = besondere Arbeitsplätze für das Wochenende bei vollkontinuierlichem Betrieb anzubieten, also die Zwei-Tage-Woche bei 50 % des Wochenlohnes einzurichten; hier muß allerdings die Gefahr einer vermehrten Schichtarbeit bedacht werden.

Möglichkeiten der Gewerkschaften

93. Auch von den Gewerkschaften muß ein entsprechender Beitrag erwartet werden. Schon die Tatsache, daß die Bruttoeinkommen aus unselb-

ständiger Arbeit einen wesentlichen Anteil des Volkseinkommens ausmachen, zeigt die zentrale Bedeutung der Tarifpolitik auch im Hinblick auf die Beschäftigungslage und damit die Bedeutung der Gewerkschaften für das Beschäftigungsproblem. Dies darf jedoch nicht dazu führen, Erwartungshaltungen an die Gewerkschaften heranzutragen, denen sie nicht gerecht werden können. Gleichwohl muß festgehalten werden, daß die Gewerkschaften nicht nur Verantwortung gegenüber den arbeitenden Menschen tragen, sondern auch gegenüber denen, die keine Arbeit mehr oder noch keine haben. Einkommensverbesserungen und soziale Maßnahmen sollten sich daher in einem Rahmen halten, der bestehende Arbeitsplätze oder mögliche Neueinstellungen nicht gefährdet.

94. Die Gewerkschaften wenden sich – verständlicherweise – dagegen, daß ihre Lohnpolitik in der Rezession die volle Last der Anpassung tragen soll, zumal sie ihre Aufgabe darin sehen, zu verhindern, daß ein Absinken der Massenkaufkraft durch den Rückgang der Realeinkommen zu einer weiteren Verschlechterung der Binnenkonjunktur führt. Es ist jedoch zumutbar, daß sich in Zeiten größerer Arbeitslosigkeit und wirtschaftlicher Stagnation die gewerkschaftliche Lohnpolitik höchstens auf den Ausgleich des Kaufkraftverlustes richtet. Unter Umständen können Einbußen beim Einkommen in Kauf genommen werden, wenn dies die Solidarität erfordert und wenn gewährleistet ist, daß damit tatsächlich Arbeitsplätze geschaffen werden. Vor allem sollte sich das Bestreben der Gewerkschaften darauf richten, eine dauerhafte Spaltung der Arbeitnehmerschaft in Arbeitbesit-

zende und Arbeitslose zu verhindern (vgl. dazu 3.4 c).

– Forderungen

95. Im einzelnen ist zu fordern:
- bei den Tarifauseinandersetzungen sich nicht auf Einkommenszuwachs zu fixieren, sondern die Arbeitslosigkeitsproblematik entscheidend miteinzubeziehen,
- eine differenzierte Lohnpolitik nach Branchen und Regionen zu betreiben,
- sich für Maßnahmen zur Wahrung der Leistungsfähigkeit und Leistungsbereitschaft einzusetzen, insbesondere auch dafür, daß durch Ausbildung und Umschulung und entsprechende Motivation die Voraussetzung zur Wiedereingliederung in den Arbeitsprozeß geschaffen wird,
- einen entsprechenden Beitrag im Zusammenhang mit der Verkürzung der Arbeitszeit mit dem Ziel einer besseren Verteilung des vorhandenen Arbeitsvolumens zu leisten. Hierbei ist die problematische Forderung nach vollem Lohnausgleich zu überdenken.

Erwartungen
an Staat und
Parteien

96. Eine entscheidende Aufgabe bei den Bemühungen um die Eindämmung der Arbeitslosigkeit liegt vor allem auch beim Staat. Die Wiedereingliederung der Arbeitslosen und die Aufnahme der geburtenstarken Jahrgänge in den Arbeitsprozeß läßt sich nicht mit einer Politik, die auf Null-Wachstum ausgerichtet ist, lösen, da unter den gegenwärtigen Bedingungen der Beschäftigungsstand in hohem Maß vom Wirtschaftswachstum abhängig ist. Um unsere Beschäftigungsprobleme zu mildern, wäre im Grunde ein reales Wachstum (von ca. 4%) mit mittelfristigen Perspektiven erforderlich. Dem Beschäftigungsaspekt muß hier die Priorität zu-

kommen. Bei kurzfristigen Maßnahmen ist zu prüfen, ob sie in absehbarer Zeit nicht wieder die gleichen Probleme hervorrufen. Das ist auch der Sinn der Forderungen der Synode der EKD von 1977, alle Anstrengungen auf beschäftigungspolitisch wirksame und gleichzeitig sozial wünschenswerte Investitionen zu richten, u. a. auf Gemeinschaftsaufgaben, soziale Dienste, Raumordnung, Umweltschutz und Bildung.

weitere Aufgaben des Staates

97. Zu den staatlichen Aufgaben gehören ferner:
- Maßnahmen zur Verbesserung der Ertragslage der Unternehmen und zur Sicherung der innovativen Kraft der Wirschaft,
- der Abbau von Investitionshemmnissen,
- Maßnahmen gegen Schwarzarbeit und illegale Beschäftigung sowie Maßnahmen zur besseren Eingrenzung der Leiharbeit,
- Sicherung und Verbesserung der Effizienz der sozialen Vorsorge, auch um ungerechtfertigte Mitnahmen und Fehlnutzungen zu verhindern, die nur zu Lasten einer angemessenen Nutzung durch die besonders Bedürftigen gehen.

b) Spezielle Aufgabenfelder

internationale Arbeitsteilung

98. Arbeitslosigkeit im Inland einzudämmen darf nicht bedeuten, grundlegende Forderungen der Solidarität mit den Menschen in der Dritten Welt zu vergessen und Arbeitsmarktpolitik im Sinne nationaler Eigeninteressen zu betreiben. Entwicklungshilfe und Maßnahmen zur Erhaltung von Arbeitsplätzen im Inland müssen sich nicht grundsätzlich ausschließen. So ist es durchaus möglich, im Rahmen einer fairen internationalen Arbeitsteilung den Anteil der we-

niger entwickelten Länder und den dazu notwendigen Zutritt zu den Märkten der Industrieländer als Beitrag zur Entwicklungshilfe und als geeigneten Weg zur Verminderung des wirtschaftlichen Nord-Süd-Gefälles spürbar zu erhöhen. Folgen für bestimmte Branchen des inländischen Arbeitsmarktes sind durch entsprechende Maßnahmen aufzufangen.

99. Eine aktive und vorbeugend ausgerichtete Strukturpolitik muß dazu beitragen, daß in den Problemgebieten rechtzeitig dauerhafte Ersatzarbeitsplätze in Zukunftsbranchen zur Verfügung stehen. Den betroffenen Arbeitnehmern müssen alle erforderlichen Hilfen gewährt werden, sich den neuen beruflichen und qualifikatorischen Anforderungen anzupassen.

Ausländer

100. Die hohe Zahl von Ausländern ist für die deutsche Bevölkerung und die politischen Entscheidungsträger eine gesellschaftliche, politische sowie kulturelle Herausforderung und Bewährungsprobe zugleich. Auch bei ungünstiger Arbeitsmarktlage und einer eher pessimistischen Zukunftsperspektive muß den hier legal lebenden Ausländern eine faire Chance zur Teilnahme am Erwerbsleben gegeben werden. Die Bemühungen, den Ausländern die Eingliederung in unsere Gesellschaft zu erleichtern, dürfen nicht erlahmen.

101. Die wirtschaftliche Rezession zeigt bei den ausländischen Arbeitnehmern besonders nachhaltige Auswirkungen. Ihre Arbeitslosenquote lag Ende Februar 1982 bei 12,1 % und war damit wesentlich höher als die Gesamtquote (8,1 %). Die Hauptursachen für die besonders schwierige Beschäftigungssituation der Ausländer sind neben der starken Zuwanderung vor

allem in ihrer vergleichsweise niedrigen beruflichen Qualifikation und ihrer Konzentration auf die konjunkturanfälligen Branchen der gewerblichen Wirtschaft zu sehen.

102. Trotz erheblicher Bemühungen ist es nicht gelungen, den Ausländeranteil an der Bevölkerung der Bundesrepublik zu konsolidieren und die zugereisten Ausländer zu integrieren. Der Anwerbestopp im November 1973 leitete zwar eine Konsolidierungsphase im Ausländerbereich ein. Die Zahl der beschäftigten Ausländer nahm durch freiwillige Rückwanderung ab, die Zahl der ausländischen Wohnbevölkerung blieb mit rd. 4 Mill. in etwa konstant. Diese Konstellation hatte bis 1978 Bestand. Anschließend kam es jedoch zu einem die freiwillige Rückkehr weit übertreffenden raschen Anstieg der ausländischen Wohnbevölkerung. Ende September 1981 wurden im Bundesgebiet 4,63 Mill. Ausländer registriert. Hinzu kommt eine unbekannte, wahrscheinlich erhebliche Zahl illegal hier lebender Ausländer.

– stärkere Integrationsanstrengungen

103. Integration kann jedoch nicht verordnet werden. Sie geschieht in der Bevölkerung und durch die Bevölkerung. Eine grundlegende Bereitschaft der einheimischen Bevölkerung hierzu ist Voraussetzung für den Erfolg aller offiziellen Integrationsanstrengungen.

104. Die Aufnahmebereitschaft der deutschen Bevölkerung scheint derzeit nicht mehr so groß zu sein wie noch vor einigen Jahren. Die Ausländerfeindlichkeit nimmt zu. Seitdem die Arbeitslosigkeit auch die industriellen Ballungsgebiete, in denen sich die Ausländer konzentrieren, ergriffen hat, werden diese häufiger als Konkurrenten um die knappen Arbeitsplätze angesehen. Auch auf dem engen Markt für preisgünstige Wohnungen kollidieren die Wünsche der Ausländer und bestimmter Gruppen in der deutschen Bevölkerung. Die Toleranz deutscher Eltern, eine zunehmende »Überfremdung« der Schulen, die neue schuli-

sche und auch menschliche Probleme aufwirft, hinzunehmen, nimmt ab. Hier werden Grenzen der Integrationsbereitschaft in der Bundesrepublik sichtbar.

– Regelung des Zuzugs

105. Um den hier lebenden Ausländern ein Höchstmaß an politischen und beruflichen Entfaltungsmöglichkeiten zu geben, sollte
- aus sozialpolitischen Gründen dem weiteren Zuzug Grenzen gesetzt werden,
- sorgfältig geprüft werden, wie dem Grundgedanken des Familiennachzugs in der Praxis angemessener Rechnung getragen werden kann,
- geprüft werden, ob nicht »derjenige, der im Besitz einer unbefristeten Arbeitserlaubnis sowie einer unbefristeten Aufenthaltserlaubnis oder -berechtigung ist, das Recht haben soll, für eine längere Frist in sein Heimatland zurückkehren zu können, ohne daß seine Rechte hier auslöschen.« (Förderung der Rückkehrwilligkeit; Zitat aus den »Gesichtspunkten des Rates der EKD zur Ausländerproblematik« vom 6. Mai 1982).

Nur derartige Bemühungen lassen es möglich erscheinen, daß die erheblichen Integrations- und Beschäftigungsprobleme gelöst werden können.

Erfordernisse bei Zugangsproblemen

106. Wenn bei gesamtwirtschaftlich schrumpfendem Arbeitsvolumen die Betriebe Entlassungen vornehmen oder ihre Belegschaft »über den natürlichen Abgang« hinaus reduzieren, ist es besonders schwer, von außen kommend auf dem Arbeitsmarkt (womöglich erstmals) Fuß zu fassen. Derartige Zugangsprobleme stellen sich, wie oben bereits dargestellt wurde, vor allem für die Jugendlichen und Frauen, die insbesondere wegen familiärer Verpflichtungen zeitweilig aus dem Erwerbsprozeß ausgeschieden sind.

– Jugendliche

107. Für den Jugendlichen, der den ersten Schritt in Selbständigkeit und Eigenverantwortung tun will, bedeutet die Erfahrung, daß seine Fähigkeiten, seine Bereitschaft zur Übernahme von Pflichten, letztlich er selbst als Person nicht gefragt wird, nicht selten einen Schock, dessen Nachwirkungen sich nicht so leicht verdrängen lassen. Resignation oder Aggression können die Folge sein. Zwar ist es der Bundesrepublik Deutschland bisher besser als fast allen anderen westlichen Industriestaaten gelungen, die Jugendarbeitslosigkeit in Grenzen zu halten. Dazu hat maßgeblich das duale berufliche Bildungssystem beigetragen, das gleichsam eine »Spezialpforte« für den Zugang zum Arbeitsmarkt darstellt. Gleichwohl bleiben immer noch zu viele Jugendliche zu lange ausgeschlossen, unter ihnen vornehmlich solche, die einen berufsqualifizierenden Abschluß einer allgemeinbildenden Schule nicht nachweisen können.
Im Blick auf die Jugendlichen sind die Unternehmen, aber auch die öffentliche Hand aufgerufen, quantitativ und qualitativ (!) angemessene Ausbildungskapazitäten zu schaffen, um den Jugendlichen auf diese Weise Hilfen bei der Eingliederung in die Welt der Erwachsenen zu geben.

– Frauen

108. Was die Zugangsprobleme der Frauen zum Arbeitsmarkt anlangt, so sollten Wirtschaft und Verwaltung die für viele Frauen typische Entscheidungssituation zwischen Familie und Beruf stärker berücksichtigen und Arbeitsplätze anbieten, die eine konfliktfreie Bewältigung möglich machen. Häufig sind es nur Bequemlichkeit und mangelnde Phantasie in den Betrieben, die den Handlungsspielraum der Frauen einengen. Die vielfach vorgetragenen Kostenar-

gumente, die unterstellen, daß zwei Teilzeitarbeitsplätze teurer sind als ein entsprechender Vollzeitarbeitsplatz, halten, wie wissenschaftliche Untersuchungen bewiesen haben, einer kritischen Prüfung nicht stand.

|ältere und behinderte Arbeitnehmer|109. Ältere, behinderte oder chronisch kranke Arbeitnehmer sind, obwohl sie durch Gesetz oder Tarifvertrag gegen Kündigungen besonders geschützt sind, weit überdurchschnittlich von Arbeitslosigkeit betroffen.|

Das Beschäftigungsrisiko ist hier jedoch nicht in erster Linie ein Entlassungsrisiko; die eigentliche Ursache für ihre Situation sind vielmehr die stark eingeschränkten Wiederbeschäftigungsmöglichkeiten der einmal arbeitslos gewordenen Arbeitnehmer. Auf Grund dieser Erfahrung wird nicht selten gefordert, daß diese Arbeitnehmer bei der derzeitigen Arbeitsmarktlage im Grunde nicht mehr zum aktiven oder aktivierbaren Erwerbspersonenpotential zu zählen seien. Wichtiger als ohnehin vergebliche Wiedereingliederungsbemühungen sei die Schaffung von Regelungen, die ein endgültiges Ausscheiden aus dem Arbeitsprozeß erleichtern. Hier ist zu fragen, ob man es sich auf diese Weise nicht doch zu leicht macht. Solidarische Beschäftigungspolitik kann durchaus die Herabsetzung der Altersgrenze als Beitrag zu einer Arbeitsumverteilung befürworten (vgl. Ziff. 133), dies darf aber nicht in einen rigiden Abschiebungsmechanismus einmünden.

– gezielte Eingliederungsbeihilfen

110. Hier fordern wir, daß die Älteren und Behinderten auch in der derzeitigen Beschäftigungslage Herr ihrer Entscheidungen bleiben können.
 – Erscheint ihre Position am Arbeitsmarkt aussichtslos und kommen sie selbst zu der Erkenntnis, daß ihnen faktisch nur noch der

Rückzug offensteht, sollte dies unter erleichterten Bedingungen vor sich gehen können.
- Andererseits sollte denjenigen, die weiterarbeiten wollen oder müssen, dies nicht verwehrt werden. Für arbeitslose Schwerbehinderte könnte an eine besondere Eingliederungsbeihilfe gedacht werden. Diese Hilfen jedoch sollten so gezielt gewählt werden, damit den wirklich Bedürftigen geholfen wird, weil man sonst rasch an Finanzierungsgrenzen stoßen würde.

Bildungs- und Beschäftigungssystem

111. Die bei schlechter Arbeitsmarktlage besonders häufige und traurige Erfahrung von Jugendlichen, trotz ihrer Ausbildung keine Arbeit zu finden, sollte dazu veranlassen, Bildungs- und Beschäftigungssystem besser aufeinander abzustimmen.

Wissen wird nicht nur oder nicht in erster Linie im Hinblick auf berufliche Verwertbarkeit erworben, sondern formt als Allgemeinbildung die menschliche Persönlichkeit. Dennoch ist für die meisten Menschen Bildung zu einem erheblichen Teil Voraussetzung und Fundament für ihre berufliche und gesellschaftliche Position. Eine abstrakte Diskussion über das »Recht auf Bildung« hilft deshalb nicht weiter, sondern kann zu falschen Bildungsentscheidungen und enttäuschenden Irrwegen führen, wenn der Bezug zum Beschäftigungssystem verlorengeht. An die Stelle einer allgemeinen »Theoretisierung« im Bildungssystem sollten Bestrebungen treten, die berufs- und praxisbetonte Elemente der Bildungsangebote verstärken. Damit ist nicht zwangsläufig eine Verengung des Bildungsbegriffs und der Bildungsziele verbunden. Auch berufliche Bildung muß heute angesichts des raschen technischen Wandels auf eine hinreichende Breite abstellen. Die gezielte Ausbildung für Spezialberufe mag kurzfristig ökonomisch erscheinen, doch ist die Anpassung an die Erfordernisse veränderter Berufsanforderungen für die Träger von solchen engen Qualifikationen besonders schwierig, langwierig und letztlich auch volkswirtschaftlich kostspielig.

– breitere Grundbildung

112. Die jeweilige Umorientierung auf zukunftsweisende Berufe wäre leichter, wenn die berufliche Bildung auf allen Qualifikationsebenen eine breit angelegte, die Einzelberufe übergreifende theoretische und praktische Grundbildung vermittelte. Sie bildet die Basis für die anschließende Ausbildung für einen Spezialberuf. Auf diese Weise werden die Beschäftigten in die Lage versetzt, sich rasch und ohne größere Friktion den durch technisch-strukturelle Vorgänge hervorgerufenen Änderungen des Qualifikationsbedarfs anzupassen.

– Verbesserung der Fortbildung und Umschulung

113. Als ergänzendes Angebot muß ein hinreichend ausgebautes System der Fortbildung und Umschulung eingerichtet werden. Umschulung und Förderung bei strukturell bedingtem Verlust des Arbeitsplatzes zur Verhinderung von Dauerarbeitslosigkeit sind unabdingbar.
Auf diese Weise könnte die Bildungspolitik einen wesentlichen Beitrag zu größeren Berufschancen und zur Entfaltung der Persönlichkeit leisten.

Verbesserung der Dienste der Arbeitsverwaltung

114. Für manche Unzulänglichkeiten und Schwierigkeiten bei der Stellensuche und Stellenvermittlung wird verschiedentlich die Arbeitsverwaltung verantwortlich gemacht. Beklagt wird vor allem, daß die Arbeitsverwaltung sich zu wenig um Einzelfälle kümmert und sich – beim gegenwärtigen Personalstand – auch nicht kümmern kann.

115. Daher fordern wir:
- höhere Personalausstattung der Ämter; mehr Verantwortung der Ämter vor Ort (Außendienste!),
- mehr Transparenz der für den einzelnen maßgeblichen regionalen und beruflichen Teilarbeitsmärkte,
- intensivere persönliche Beratung,
- bessere Betreuung der Langzeitarbeitslosen,
- bessere Zusammenarbeit mit kirchlichen Stellen und Initiativen, die Arbeitslose begleiten, betreuen und wieder in Arbeit bringen wollen,
- Behutsamkeit bei der Herabqualifizierung von Arbeitslosen, sofern passende Arbeitsangebote nicht unterbreitet werden können,
- bessere Kontakte zu den Arbeitsplätze anbietenden Unternehmen,
- Reduktion des Aufwandes der Arbeitsverwaltung für die Statistik,
- Honorieren der Mobilität von Arbeitslosen.

3.3 Weiterreichende Problemzusammenhänge

internationale Verflechtung und Arbeitsteilung

116. Seit die verschiedenen Aufwertungen der Deutschen Mark und steigende Arbeits-, Material- und Energiekosten die Bundesrepublik Deutschland zu einem »teuren« Produktionsstandort gemacht haben und gleichzeitig in einer Reihe weniger entwickelter Länder leistungsstarke und exportorientierte Industrien – zum Teil unter Einsatz von Kapital aus den westlichen Industriestaaten – entstanden sind, gerät eine zunehmende Zahl wichtiger Branchen unter einen immer stärker werdenden Konkurrenzdruck. Alteingesessene Betriebe müssen schließen, und in den verbleibenden Un-

ternehmen fallen ehemals stabile Arbeitsplätze dem Rationalisierungszwang zum Opfer.

117. Die Bundesrepublik Deutschland als offenes und außenhandelsintensives Land hat sich – nicht zuletzt im eigenen Interesse – immer zum Prinzip einer fairen internationalen Arbeitsteilung bekannt. Dies schließt, wie oben bereits erwähnt (vgl. Ziff. 98), die Erhöhung des Anteils der weniger entwickelten Länder am internationalen Warenaustausch und damit eine Zunahme des internationalen Wettbewerbs ein.

Anpassungs-druck	118. Dies bedeutet, daß die heimischen Arbeitnehmer bestimmter Branchen einem erheblichen Anpassungsdruck ausgesetzt sind. In Zeiten der Hochkonjunktur, in denen die Wachstumsbranchen den betroffenen Arbeitnehmern genügend Ausweichmöglichkeiten bieten, vollzieht sich dieser Umstrukturierungsprozeß der Wirtschaft verhältnismäßig reibungslos, auch wenn man berücksichtigt, daß es in vielen einzelnen Fällen zu erheblichen persönlichen Umstellungsschwierigkeiten kommen kann.
Wahrung der internationalen Solidarität	119. In einer Situation allgemeiner Unterbeschäftigung trifft dieser Strukturwandel viele Betroffene dagegen in einem ihre wirtschaftliche Existenz bedrohenden Ausmaß. Überdies liegen die schrumpfenden Branchen nicht selten in ohnehin schlechten Arbeitsmarktregionen, was die Wiederbeschäftigungsmöglichkeiten einengt. Den politischen Entscheidungsträgern
Zielkonflikt	stellen sich hier nur schwer zu beantwortende Fragen: Sollen sie zum Schutz der heimischen Arbeitnehmer eine stärkere Abschirmung der Inlandsmärkte befürworten mit der Konsequenz, daß die Beschäftigung weniger gefährdet

wird? Sind nicht zumindest in den Fällen, in denen der Wettbewerbsvorteil der ausländischen Konkurrenten durch massive Staatssubventionen und künstliches Niedrighalten von Löhnen erreicht werden konnte, Sanktionen legitim? Ist es nicht gerechtfertigt, jene Unternehmen öffentlich zu kritisieren, die ihre Auslandsinvestitionen verstärken und die inländischen Produktionsstätten allmählich »austrocknen« lassen? Hier kollidieren die Prinzipien der internationalen Solidarität und Humanität mit der Verpflichtung, den Menschen im eigenen Lande Arbeit und Verdienst zu ermöglichen. Es ist eine der wichtigsten Aufgaben, die von allen Kräften des politischen Gemeinwesens zu lösen ist, nicht eine Verpflichtung auf Kosten der anderen wahrzunehmen. Langfristig wird sich internationale Solidarität auch auf die Entwicklung der wirtschaftlichen Binnenstruktur positiv auswirken.

In Zeiten hoher Beschäftigungslosigkeit mehren sich die Stimmen, die einen Schutz der einheimischen Arbeitsplätze durch Abwehr von Importen fordern. In der Tat kann nicht übersehen werden, daß es Branchen in der Bundesrepublik gibt, die von Niedrigpreisimporten aus Entwicklungsländern hart betroffen sind, während der Handelsaustausch anderen eine höhere Beschäftigung sichert. Durch solche Abwehrmaßnahmen jedoch würde die internationale Arbeitsteilung gefährdet; mittel- und langfristig würden die Arbeitsplätze im Inland nicht sicherer, sondern unsicherer.
Abgesehen von diesem Argument wirtschaftspolitischer Vernunft gibt es eine wirtschaftsethische Verpflichtung gegenüber den Entwicklungsländern, ihnen den Zugang zu unseren Märkten nicht zu erschweren. Die Industrieländer haben ihnen geraten, an der weltwirtschaftlichen Arbeitsteilung zu partizipieren, und müßten erhebliche wirtschaftliche Rückschläge der

Entwicklungsländer mit verantworten, wenn der Handelsaustausch wegen vermeintlicher Eigeninteressen behindert wird. Ferner ist zu bedenken, daß die Entwicklungsländer wegen der hohen Zinsbelastungen und der Verteuerung der Ölimporte mehr denn je darauf angewiesen sind, Devisen durch Exporte zu verdienen, wenn sie Katastrophen größeren Ausmaßes vermeiden wollen.

Wenn die Industrieländer auch in Zeiten großer Beschäftigungsschwierigkeiten eine relativ liberale Importpolitik durchhalten, dann geschieht das sowohl im eigenen Interesse wie auch im Interesse der Entwicklungsländer.

Wachstum

120. Es ist unbestritten, daß es ohne ausreichendes Wirtschaftswachstum – selbst bei einer gewissen Kürzung der Arbeitszeit – in diesem Jahrzehnt nicht gelingen wird, die Arbeitslosigkeit durchgreifend abzubauen. Wie aber soll ein solches Wachstum erreicht werden? Wachstum ohne Rücksicht auf Umwelt und Humanität kommt nicht in Betracht. Ein Ausweichen auf Exportmärkte kann einer der Auswege sein. Wir müssen alles daransetzen, unseren Anteil an den vorhandenen Exportmärkten zur Deckung des eigenen Bedarfs zu halten. Angesichts einer wachsenden Weltbevölkerung und angesichts eines zunehmenden Bedarfs der Entwicklungsländer ist es sogar notwendig, diesen Anteil unserer Wirtschaft (freilich nicht mit einer aggressiven Exportpolitik) noch zu steigern. Allerdings erheben sich hier auch schwierige Finanzierungsprobleme; manche Länder haben die Grenze ihrer Auslandsverschuldung erreicht.

Wachstum nötig, wohl aber kaum möglich

121. Weitere Schwierigkeiten kommen freilich hinzu: Alle uns vorliegenden Untersuchungen zeigen, daß sich im Zuge der voraussehbaren Wirtschaftsentwicklung der Bestand der Be-

schäftigten laufend vermindert. Diese Tendenz wird durch die fortschreitende Technisierung und Rationalisierung noch verstärkt. Durch ein höheres Wachstum könnte in der Tat diese Verminderung an Arbeitsplätzen aufgefangen werden. Dies jedoch setzt voraus, daß die dauerhafte Wachstumsrate – gemessen an den heutigen Verhältnissen – sehr hoch (s. Ziff. 96: ca. 4%) ist, so hoch jedenfalls, wie dies aller Voraussicht nach nicht erreicht werden kann. Deshalb muß bereits als Erfolg gewertet werden, wenn die Wachstumsrate wenigstens so hoch ist, daß die laufenden Freisetzungen damit kompensiert werden. Zugleich gilt, daß die Bedeutung des Wachstums für die Beschäftigungssituation abnimmt. Dies besagt jedoch nicht, daß Wachstum überhaupt indifferent für die Beschäftigungspolitik ist; man muß jedoch stärker als in früheren Zeiten in Rechnung stellen, daß noch viele andere (tiefgreifende) Maßnahmen als nur die Förderung des Wirtschaftswachstums für die Eindämmung der Beschäftigungsschwierigkeiten notwendig sind.

122. Es stellt sich mithin die Frage, ob – bei den heute üblichen Arbeitszeiten – in Zukunft überhaupt noch eine so hohe Zahl von Beschäftigten in der Wirtschaft unterzubringen ist. Es stellt sich weiter die Frage, ob wir uns nicht in Zukunft auf grundlegend veränderte Arbeitsmarktbedingungen einstellen müssen. Unter Umständen muß damit gerechnet werden, daß Arbeitslosigkeit im heutigen Sinn selbst bei größerem Wirtschaftswachstum längerfristig nicht beseitigt werden kann. Damit stellt sich die Frage nach neuen, sehr viel weiter reichenden Handlungsperspektiven (S. dazu Kapitel 3.4).

»qualitatives Wachstum«	123. Was die Zielsetzung des Wachstums anlangt, ist festzuhalten: Es könnte ein Wirtschaftswachstum angestrebt werden, das unter Wahrung der internationalen Wettbewerbsfähigkeit der eigenen Wirtschaft besonders die Verbesserung der Lebensqualität bewirkt und gleichzeitig positive Beschäftigungseffekte erbringt. Dies freilich hat auch Konsequenzen im Blick auf den Reallohn. Einkommenszuwächse müssen hier verstärkt für gesellschaftliche Aufgaben aufgewandt werden und kommen nicht dem privaten Konsum zugute. Für ein solches »qualitatives Wachstum« haben verschiedene Wissenschaftler und Institute Wachstumsbereiche benannt, die durch private und öffentliche Investitionen bzw. durch öffentliche Investitionsanreize erschlossen werden könnten: Verbesserung der Energieanwendung (Energiesparen) und Entwicklung regenerativer Energien; Sanierung und Verbesserung der Umweltsituation; Wohnungs- und Siedlungssanierung; Förderung bzw. Aufbau einer praxisbezogenen Aus- und Weiterbildung; gezielte Anwendung von Informationstechnologien und ähnliches mehr. In diesen Bereichen könnten – und dies ist hier das Entscheidende – neue Arbeitsplätze entstehen. Sie könnten möglicherweise die Funktionen des traditionellen Aufnahmebereichs, des Dienstleistungssektors übernehmen. (Vgl. dazu Kap. 3.4 b: »Zweiter Arbeitsmarkt«).
technischer Wandel	124. Die Beschäftigungspolitik ist heute eng verzahnt mit den Problemen des technischen Wandels und darf nicht ausgespielt werden gegen die Aufgabe einer Humanisierung der Arbeitswelt. Besonders nachhaltig wird, wie in der Bestandsaufnahme in 1.3 angedeutet ist, der technische Wandel, insbesondere der von der Mikroelek-

tronik ausgehende Innovationsschub, auf die wirtschaftliche und gesellschaftliche Entwicklung einwirken. Nach den vorliegenden Erkenntnissen wird befürchtet, daß die Umstellung auf die neue Technologie die Nachfrage nach Tätigkeiten im mittleren Qualifikationsbereich stark abschwächen wird. Dem entspricht eine Polarisierung der Belegschaft in relativ wenige Beschäftigte, die in gehobene und höhere Funktionen aufsteigen, und in andere, die in einem Zuge oder stufenweise nach unten abgedrängt werden. Viele werden ihren Arbeitsplatz durch Rationalisierung nicht nur vorübergehend verlieren. Ob in der gegenwärtigen Wirtschaftslage gleichzeitig in anderen Bereichen genügend neue Arbeitsplätze entstehen, ist fraglich. – Die Betriebe sollten dort, wo sie dem technischen Fortschritt folgen, sowohl das technologische Wissen als auch die Erkenntnisse aus dem Bereich der Humanisierung der Arbeit (Beachtung der Verträglichkeit für den Menschen), die vorliegen, nutzen. Hierbei geht es um einen bewußten und mitgestaltenden Vollzug des Wandels in Arbeitswelt und Gesellschaft, der Voraussetzung für eine gesunde zukünftige Fortentwicklung ist.

Humanisierung

125. Trotz großer Fortschritte in den Arbeitswissenschaften und trotz verschärfter Bestimmungen für Arbeitsschutz und Arbeitssicherheit gibt es noch viele alte und auch neue Arbeitsplätze, die nach den heutigen und den zukünftig zu setzenden Maßstäben nicht menschengerecht sind. Es versteht sich, daß sich die Betroffenen gegen Arbeitsbedingungen wehren, die sie als schlecht empfinden und die oft auch tatsächlich objektiv schlecht sind. Allzu lange hat man sich nicht ausreichend darum gekümmert, ob und in-

wieweit die technischen Neuerungen von den Arbeitnehmern angenommen werden konnten. Verdrossenheit und Widerstand aus Entfremdung von der Arbeit tragen wesentlich zum Einstellungswandel gegenüber der industriellen Arbeit bei. Daraus resultieren in den Betrieben hohe Fluktuationen, hohe Fehlzeiten und verbreitete Mißstimmung, welche die Arbeitsproduktivität mindern. Auch bei allgemeinen Beschäftigungsschwierigkeiten dürfen die Bemühungen um eine Humanisierung der Arbeitswelt nicht vernachlässigt werden. Sie müssen gerade auch bei der Einführung neuer Technologien eine Rolle spielen und mit den Betroffenen selbst und ihren Organisationen besprochen und geregelt werden.

Einstellungs- und Wertwandel

126. Gegenüber der Arbeit hat in den letzten Jahren ein deutlich registrierbarer Einstellungs- und Wertwandel stattgefunden. Die gegenwärtige Beschäftigungskrise zwingt auch hier zu Bestandsaufnahme und Klärung. Eigene Erwerbsarbeit ist für viele Menschen die hauptsächliche Quelle des Lebensunterhaltes des eigenen Haushalts. Sie gewährt als solche eine finanzielle Unabhängigkeit von fremden Zuwendungen und bestimmt wesentlich die Stellung in der Gesellschaft. Im Rahmen dieser Grundbedeutung aber gibt es ein breites Spektrum von Einstellungen. Dabei ist Arbeit für die einen im Extrem z. B. nichts weiter als ein Job, eine Geldquelle, wobei sie auf die Qualität des Arbeitsplatzes oder auf den technischen Wandel verweisen, der ihrer Meinung nach die eigenen Berufsaussichten zerstört und manche Fähigkeiten überflüssig gemacht hat. Im Gegensatz dazu sehen andere in der Arbeit einen »Beruf« im Dienst der Gesellschaft. Sie berufen sich dabei auf Traditionen

protestantischer Ethik. Andere wiederum erwarten, daß ihre Arbeit den menschlichen Bedürfnissen entsprechend kommunikativ und zukunftsweisend sei und ein hohes Maß an Selbstentfaltung, Selbstdarstellung und Identitätsfindung (»Eigenarbeit«) ermögliche. Wie Arbeitsplätze in einer entfalteten Industriewirtschaft nach dieser letzteren Arbeitsauffassung gestaltet werden könnten, ist allerdings umstritten und erst in kleinen Ansätzen und Modellen in Erprobung.

Hierbei ist freilich zu bedenken, daß ein großer Teil der Menschen, die in der industriellen Wirtschaft eine Arbeit leisten, die den oben genannten Erwartungen nicht gerecht wird, dennoch mit ihrem Los zufrieden sind und im Blick auf ihre Tätigkeit auch durchaus Stolz empfinden. Dennoch sollte eine Auseinandersetzung um den richtigen Wert der Arbeit unter anderem mit diesen Ansätzen erfolgen, einerseits weil sie Eigenarbeit allgemein – und damit auch unentbehrliche Tätigkeiten im häuslichen und nachbarschaftlichen Bereich – aufwertet und die Arbeitenden andererseits wieder zu einer größeren Identifikation mit ihrer Beschäftigung führen will.

alternatives
Wirtschaften

127. Wer sich um die Bewältigung der gegenwärtigen Beschäftigungsschwierigkeiten bemüht und sich über die Situation des Menschen in der modernen Arbeitswelt Gedanken macht, wird auch Konzepte und Versuche »alternativen Wirtschaftens« nicht aus den Augen verlieren. Der Begriff »alternatives Wirtschaften« ist schwer zu definieren, da die unterschiedlichsten Vorstellungen damit verbunden werden. Im großen und ganzen läßt sich sagen, daß alternatives Wirtschaften kleine, überschaubare Betriebsfor-

men anstrebt, die sich durch reichen menschlichen Kontakt, eigene Gestaltungsmöglichkeiten, Umweltfreundlichkeit und Verzicht auf Wettbewerbsvorteile sowie Gewinnmaximierung auszeichnen. Arbeit wird hier mehr als ein soziales Tun verstanden, als ein Teil der sozialen Integration. Nach Meinung der Vertreter dieser Richtung soll die Arbeit nicht nur der Befriedigung der materiellen, sondern auch der Befriedigung der sozialen Bedürfnisse dienen.

128. Formen »alternativen Wirtschaftens« erscheinen für die Größenordnung einer hochtechnisierten industriellen Wirtschaft heute kaum unmittelbar praktikabel. Wie weit sie herkömmliche Formen der Arbeit in Einzelbereichen der Industriewirtschaft ablösen können, ist vorerst ungeklärt. Gegenüber den vorherrschenden Formen des Wirtschaftens in der Bundesrepublik ist alternatives Wirtschaften lediglich als eine gewisse Ergänzung unseres Wirtschaftssystems mit seinen Freiräumen denkbar. Die hochtechnisierte industrielle Wirtschaft ist von bestimmten Größenordnungen abhängig, d. h. sie kann auf ihre Großtechnologie nicht grundsätzlich verzichten, wie dies Vertreter alternativen Wirtschaftens teilweise fordern.

129. Die Freiräume einer sozialen Marktwirtschaft können für die Erprobung derartiger neuer Arbeits- und Betriebsformen von denen, die dieses Wagnis auf sich nehmen, durchaus genutzt werden. Es muß freilich sichergestellt sein, daß sich alternatives Wirtschaften selbst trägt und nicht letztlich von den Überschüssen der Marktwirtschaft lebt. Die Nutzung der Freiräume in der vom Grundgedanken der Freiheit bestimmten Marktwirtschaft kann vor allen

Dingen auch Möglichkeiten für die Menschen eröffnen, die ansonsten Schwierigkeiten haben, in der hochtechnisierten Wirtschaft Fuß zu fassen. Wie gewisse Erfolge gerade in diesem Bereich belegen, könnte alternatives Wirtschaften Beiträge zu einer humanen Beschäftigungspolitik (z. B. im Blick auf einen sogenannten »Zweiten Arbeitsmarkt« vgl. 3.4 b u. ä.) leisten. Hierbei muß eingerechnet werden, daß aus der Möglichkeit, Freiräume für alternatives Wirtschaften zu nutzen, nicht ein Anspruch hergeleitet werden kann, solche Freiräume in größerem Umfang zur Verfügung gestellt zu bekommen. Alternatives Wirtschaften trägt den Charakter der Pionierarbeit; deshalb muß auch das Risiko einer solchen Pionierarbeit (wie bei jeder unternehmerischen Tätigkeit in der Volkswirtschaft) derjenige auf sich nehmen, der den Versuch wagt.

3.4 Weiterreichende und einschneidende Lösungsansätze

Voraussetzung für einschneidende Änderungen

130. Die nachfolgenden Empfehlungen gehen von der Annahme (!) aus, daß das für einen ausreichenden Beschäftigungsstand notwendige reale Wirtschaftswachstum auf absehbare Zeit nicht erreicht werden kann und die Zunahme der Produktivität die enormen Freisetzungen an Arbeitskräften nicht mehr in ausreichendem Maß auffangen kann. Die Empfehlungen stellen für diesen Fall tiefergehende Eingriffe im Bereich der Wirtschafts- und Sozialpolitik in den Vordergrund, die gewichtige Opfer notwendig machen.

a) Gerechtere Verteilung der vorhandenen Arbeit

Verteilung auf Grund solidarischer Verzichtsleistungen

131. Die Einschätzung, daß die gesamtwirtschaftliche Unterbeschäftigungssituation noch für längere Zeit fortbestehen wird, hat zu Überlegungen geführt, das knappe Angebot an Arbeitsmöglichkeiten gerechter zu verteilen. Der voll arbeitende Teil der Gesellschaft soll durch solidarische Verzichtsleistungen die Teilhabe der nicht oder unzureichend Beschäftigten ermöglichen.

132. Dabei ist freilich zu bedenken, daß eine weitgehende Umverteilung der vorhandenen Arbeit kein Patentrezept ist, das die schwierigen Beschäftigungsprobleme auf einfache Weise lösen könnte. Nicht jede Arbeit läßt sich teilen (je weniger qualifiziert, desto leichter), nicht in jedem Bereich ist zu erwarten, daß etwa nach einer Verkürzung der Arbeitszeit in ausreichendem Maße zusätzliche qualifizierte Kräfte nachkommen oder wirklich mehr Arbeitsplätze zur Verfügung gestellt werden. Vereinfacht gesprochen: Je nach Funktion und Aufgabe muß im einzelnen Betrieb der eine länger, der andere kürzer arbeiten. Diese Probleme sind jedoch nicht grundsätzlich unlösbar. Bei einer differenzierten und wirtschaftlich verantwortlichen Handhabung kann die Arbeitsumverteilung in vielen Bereichen durchaus zu einer Verbesserung der Beschäftigungssituation führen ohne zugleich zu unzumutbaren Belastungen für Volkswirtschaft und Betrieb zu werden.

Arbeitszeitverkürzung

133. Bei der Empfehlung einer Arbeitsumverteilung ist an folgende Maßnahmen gedacht:
- an die Verkürzung der Arbeitszeit. Hierbei geht es derzeit vor allem um die Herabset-

zung der Altersgrenze (Verkürzung der Lebensarbeitszeit; vgl. dazu jedoch Ziff. 110 und Anhang). Hinzu kommen weitere Maßnahmen, die insgesamt zu einer Verkürzung der Arbeitszeit und besseren Verteilung der vorhandenen Arbeit beitragen: Verlängerung des Jahresurlaubs, Verkürzung der Wochenarbeitszeit, Bildungsurlaub, Verlängerung der Schulpflicht.

Derartige Maßnahmen der Arbeitszeitverkürzung, die auf eine Verbesserung der Beschäftigungssituation zielen, sind jedoch nur wirksam, wenn sie im Endeffekt weitgehend kostenneutral sind, d. h. ohne vollen Lohnausgleich erfolgen, und wenn sie reversibel sind (d. h. die Möglichkeit, Entscheidungen in einer veränderten Arbeitsmarktsituation und einer veränderten demographischen Situation rückgängig zu machen).

Teilzeitarbeitsplätze vermehren

134.
– an die Erweiterung des Angebots an Teilzeitarbeitsplätzen (vgl. Anhang). Dies hat Rückwirkungen auf die Einkommen (bei halber Arbeitszeit nur das entsprechende Einkommen) sowie auf den Stellenwert und das Verständnis der Erwerbsarbeit in der Gesellschaft überhaupt (Ausweitung der Freizeit, neue Formen der Lebensplanung und Rollenverteilung in Ehe und Familie). Bisher doppelt verdienende Ehepaare mit Kindern können sich dann, wenn beide einer Teilzeitbeschäftigung nachgehen, besser die Erwerbs- und Familienpflichten teilen. Keinesfalls darf die Erweiterung des Angebots an Teilzeitarbeitsplätzen ausschließlich auf Frauen abstellen, die damit endgültig zur konjunkturellen

Einsatzreserve der Wirtschaft degradiert würden.

Eindämmung der illegalen Beschäftigung

135.
- an ein schärferes Vorgehen gegen illegale Beschäftigung. Die aus vielerlei Gründen wahrscheinlich zunehmende illegale Beschäftigung (Schwarzarbeit, illegale Leiharbeit, illegale Ausländerbeschäftigung) gefährdet neben anderen negativen Begleiterscheinungen die Beschäftigungsmöglichkeiten von Arbeitnehmern mit ordnungsgemäßen Arbeitsverträgen. Die Bekämpfung dieses Mißstandes kann somit auch zu einer gerechteren Verteilung der vorhandenen Arbeit führen.

b) »Zweiter Arbeitsmarkt«

Schaffung von Arbeitsmöglichkeiten für Dauerarbeitslose

136. Die Bekämpfung der Arbeitslosigkeit kann nicht allein darauf abzielen, alle Arbeitslosen in den normalen Arbeitsmarkt zu reintegrieren. Dieses Ziel wird sich kaum erreichen lassen, da selbst dann, wenn ein ausreichender Bedarf an Arbeitskräften besteht, Angebot und spezifischer Bedarf nie in genügender Weise übereinstimmen. Darunter leiden nicht nur die durchaus qualifizierten Arbeitslosen, sondern vor allem auch diejenigen Arbeitnehmer, die eingeschränkt leistungsfähig sind und sich ohnehin schwer in den Arbeitsmarkt integrieren lassen. Um ihnen zu helfen, sollte neben den Arbeitsmarkt ein sogenannter »Zweiter Arbeitsmarkt« ergänzend hinzutreten, der denjenigen eine Erwerbstätigkeit ermöglicht, die sonst längerfristig arbeitslos, schwer vermittelbar und damit weitgehend unterstützungsbedürftig wären. Arbeitslose sollen hier die Möglichkeit haben, einer gesellschaftlich sinnvollen und anerkannten

Tätigkeit nachzugehen, die ihrer Lebenssituation, ihrem Leistungsvermögen und ihrer Befähigung entspricht.

Der Gedanke eines »Zweiten Arbeitsmarktes« schließt sowohl Modelle ein, die auf eingeschränkt Leistungsfähige abheben (vgl. dazu im folgenden die ersten beiden Beispiele) als auch Modelle, die voll leistungsfähige Arbeitslose mit einschließen (vgl. dazu das dritte der folgenden Beispiele). Als mögliche Formen der Beschäftigung kommen in Betracht:

Firmen für Arbeitslose

137.
– Die Beschäftigung in eigenen, weitgehend sich selbst tragenden Firmen nach dem Modell »Neue Arbeit GmbH« des Diakonischen Werks. Die finanziellen Mittel sind im Rahmen der konsumtiven Ausgaben der Bundesanstalt für Arbeit vorhanden, um Subventionen für die einmaligen Investitionskosten und, falls gar nicht anders möglich, auch für die laufenden Lohnkosten zu erbringen. Letztlich aber tragen sich diese Firmen durch die Produkte, die sie erstellen, und durch die Leistungen, die sie erbringen, selbst. Ausdrücklich muß hier allerdings vor Arbeitsangeboten gewarnt werden, die Arbeit nicht zu den üblichen tarifvertraglichen Bedingungen anbieten.

Arbeitsplätze für Behinderte

138.
– Die Beschäftigung von arbeitslosen Behinderten in einer beschützenden Einrichtung oder an einem geeigneten Arbeitsplatz auf der Grundlage einer Teildeckung der Kosten aus einem speziellen Lohnkostenzuschuß (eigenständiger, aus der Behinderung abgeleiteter Daueranspruch auf Lebensunterhalt). Im Zentrum der Förderung steht hier nicht die

Institution, sondern der Behinderte selbst. Die Verwaltungskosten können hier niedrig gehalten werden (Erstfeststellung und Überprüfung nur in großen Abständen, ob sich der Beschäftigungsgrad geändert hat). Dieser Zuschuß wäre ggf. so zu kalkulieren, daß daraus auch mit der Beschäftigung der Behinderten zusammenhängende Zusatzaufwendungen des Betriebes finanziert werden könnten.

Arbeitsplätze im Bereich gemeinnütziger Tätigkeiten

139.
- Die Beschäftigung voll leistungsfähiger und leistungswilliger Arbeitsloser im Rahmen sozialer Dienste vor Ort. Modelle dieser Art werden international diskutiert (vgl. Anhang). Danach werden soziale Tätigkeiten in den Kommunen durch eigene örtliche Arbeitsausschüsse vermittelt, die den entsprechenden Bedarf ausfindig machen und Arbeitslose am Ort individuell vermitteln. Die Vermittlung erfolgt dabei nicht bei sogenannten Sucharbeitslosen und solchen Arbeitslosen, die vor oder in der Umschulung stehen. Die vermittelten Arbeitslosen erhalten für die von ihnen geleisteten sozialen Dienste eine Vergütung, die an die Stelle einer bloßen Arbeitslosenunterstützung tritt. Grundsätzlich Arbeitsunwillige erhalten nach diesem Modell keine Unterstützung der Solidargemeinschaft. Vermittelt werden Tätigkeiten wie Dienstleistungen und einfache Hilfsleistungen für körperlich und geistig Behinderte, für Sucht- und Rauschmittelgefährdete, Dienstleistungen zur Resozialisation, Dienstleistungen für alte Menschen, Leistungen im Bereich der sozialen und medizinischen Prävention, soziale Dienstleistungen für Jugend, Familie und Schule, soziale Dienstleistungen im Ar-

beits- und Berufsbereich sowie Tätigkeiten zur Verbesserung der Wohnqualität der Städte und Siedlungen.

c) *Konsequente und opferbereite Verwirklichung der solidarischen Gesellschaft*

hohe Kosten machen Opfer unabdingbar

140. Eine solidarische Gesellschaft, in der eine bessere Verteilung des Arbeitsvolumens und der Arbeitslosigkeit, eine bessere Verteilung der Lasten sowie ein solidarisches Mittragen der Schwächeren und Gefährdeteren erfolgt, läßt sich letztlich nur auf der Grundlage von gewichtigen Opfern aller verwirklichen. Dies ist erforderlich, da die Kosten für die jetzt schon bestehende Arbeitslosigkeit Dimensionen angenommen haben, die zu grundlegenden Alternativen geradezu herausfordern. Die hohen Mittel (ca. 18 Mrd. DM; durchschnittliche Aufwendungen der Solidargemeinschaft für einen Arbeitslosen in Höhe von ca. 24 000,- DM jährlich), die für die Arbeitslosenunterstützung jetzt schon aufgewandt werden, nötigen zu grundlegend neuen Schritten, bedeuten zu gleicher Zeit aber auch eine Chance, im Zuge einer besseren Nutzung effizienter für neue Arbeitsformen und soziale Dienste eingesetzt zu werden.

Einbußen nötig

141. Zu der konsequenten und opferbereiten Verwirklichung der Solidargemeinschaft gehört:
– wenn notwendig der Verzicht auf einen Zuwachs bei den Arbeitseinkommen und entsprechend eine Inkaufnahme von Gehaltseinbußen, die denen, die keine Arbeit haben, sowie denen, deren Arbeitsplatz gefährdet ist, wirklich (!) zugute kommen. Weite Teile des Öffentlichen Dienstes müssen in diesem Sinn

stärker in den Solidarbeitrag einbezogen werden.

Sozialpolitik ohne falsche Privilegien

142.
- ein grundlegendes Umdenken im Bereich der Sozialpolitik, das die Solidargemeinschaft in die Lage versetzt, den wirklich Bedürftigen bzw. den Bedürftigeren gezielter, flexibler und nachhaltiger zu helfen. Das soziale Netz muß von bleiernen Hypotheken und tabuisierten Anspruchsberechtigungen befreit werden, um seiner Perversion zu entgehen. Nur so kann seine Leistungsfähigkeit sichergestellt werden. Die Sozialpolitik der solidarischen Gesellschaft muß sich, um den Arbeitslosen besser helfen zu können, verstärkt an folgenden Grundsätzen orientieren: Verzicht auf ein Wachstumsdenken bei den Einkommen; Abbau von Privilegien in Einzelbereichen, die angesichts einer veränderten gesamtgesellschaftlichen Situation nicht mehr gerechtfertigt sind; keine Besitzstandswahrung um jeden Preis, vor allem dann nicht, wenn dadurch die Hilfsmöglichkeiten für andere beeinträchtigt werden; gezieltere (!) Förderung und Bezuschussung von Leistungsberechtigten, Verminderung von Mitnahmeeffekten und Fehlsteuerungen von Hilfen der Solidargemeinschaft; verstärkte Förderung der Eigenleistungen (»Eigendienstleistungen«, Übernahme von unbezahlten und unbezahlbaren persönlichen Dienstleistungen, Selbsthilfe und Selbsthilfeinitiativen, Nachbarschaftshilfe sowie ehrenamtliche Tätigkeit).

3.5 Aufgabe und Möglichkeiten der Kirche

Mitverantwortung der Kirche

143. Die Arbeitslosigkeit und die Belastung der Menschen in der Arbeit selbst betreffen mit der ganzen Gesellschaft auch die Kirche. Die Kirche sieht sich in der Mitverantwortung für wichtige Entscheidungsfragen im Leben der Gesellschaft und leistet mit dem Hinweis auf Grundsätze des biblischen Offenbarungszeugnisses einen eigenen Beitrag zur Erkenntnis und Verwirklichung menschlicher Lebensbedingungen. »Sie erinnert an Gottes Reich, an Gottes Gebot und Gerechtigkeit und damit an die Verantwortung der Regierenden und Regierten. Sie vertraut und gehorcht der Kraft des Wortes, durch das Gott alle Dinge trägt« (5. These der Barmer Theologischen Erklärung).

Mitdenken und Mittragen

144. Dabei geht es der Kirche nicht um eine »Belehrung« der Welt, sondern um ein problembewußtes Mitdenken und Mittragen. Die Kirche hat, weil ihre Hoffnung »nicht von dieser Welt« ist, die Chance, die Fragen des modernen Menschen von besonderer Warte aus zu sehen und neue, eigene Anstöße zu vermitteln.

Art des Engagements

145. In Verkündigung, Diakonie, Seelsorge und Bildungsarbeit kommt die Kirche mit den besonderen menschlichen und gesellschaftlichen Problemen in Kontakt und ist insofern zusätzlich motiviert, politische Mitverantwortung wahrzunehmen. Als diakonische und seelsorgerliche Institution steht die Kirche den Problemen der unmittelbar Betroffenen auf Grund ihres Auftrages und auf Grund ihres sehr umfänglichen sozialen Engagements in Form der Diakonie in besonderer Weise nahe. Von der Kirche muß deshalb Verständnis und Engagement für

diejenigen erwartet werden, die »mühselig und beladen sind« (Mat. 11, 28), nämlich für die Minderheiten, Randgruppen, Problemfälle und (in der jetzigen Situation) für die Arbeitslosen. So gesehen liegt der Schwerpunkt ihres Interesses an den Fragen, die Arbeitswelt und Arbeitslosigkeit betreffen, bei wichtigen Grundfragen des Menschen in der industriellen Gesellschaft und bei Fragen der persönlichen Begleitung und Hilfe.

Heil Gottes bezogen auf die konkrete Lebenssituation	146. Der Auftrag der Kirche, das Heil Gottes in Jesus Christus zu verkündigen, wird in der aktuellen Situation der gesellschaftlichen und individuellen Not zu einem konkreten Anliegen, sich dieser Not mit Lernbereitschaft und Aufmerksamkeit zuzuwenden und sich ihr in verschiedener Form zu widmen. Dies findet seinen Niederschlag im alltäglichen gemeindlichen Leben der Kirche und in ihrem Handeln als Institution und Großgruppe ebenso wie in den Fachgremien und funktionalen Diensten (s. u.). Die Kirche sieht hier die Möglichkeit, die verbreitete Entfremdung von Kirche und Lebenswirklichkeit des arbeitenden Menschen zu verringern. Sie weiß, daß das Evangelium von Jesus Christus in die gesamte Lebenswirklichkeit des einzelnen und der Gesellschaft hineinwirken will und kann – gerade auch in Krisen.
Mittragen am Konflikt	147. Wenn sich aktive Gruppen der Kirche hier besonders einsetzen, wird es nicht ausbleiben, daß sich etwas von den Konflikten in der Gesellschaft um die Bewältigung der aktuellen Krise bis in die Kirche hinein auswirkt und spürbar wird. Die Kirche trägt auf diese Weise mit an den Gegensätzen in der Gesellschaft. Dies kann etwa dann der Fall sein, wenn kirchliche Stel-

lungnahmen kritische Anfragen an herrschende Überzeugungen, bestehende Praxis und bestehende Verhältnisse richten und auf eine gerechtere Verteilung der Chancen und Lasten, auf eine bessere Verteilung des vorhandenen Arbeitsvolumens und der tätigen Verantwortung für den Arbeitslosen drängen. Spürbar kann der gesellschaftliche Konflikt für die Kirche auch dann werden, wenn sie unmißverständlich die Stimme von besonders betroffenen Arbeitslosengruppen zu Gehör bringt und die Gesellschaft zu notwendigen Einsichten und zur Übernahme rechter Verantwortung drängt.

Solidarität

148. Letztlich geht es beim Engagement der Kirche für die Arbeitslosen darum, den kirchlichen Dienst an der Welt zu bewähren und aufbrechende innerkirchliche Auseinandersetzungen in dem einen, seit jeher spannungsvollen Leib der Kirche zu ertragen und fruchtbar zu machen. Auch in ihm muß der Gedanke der Solidarität zwischen Arbeitenden und Arbeitslosen stärker zum Tragen kommen.

a) Die Kirchengemeinde

Berücksichtigung der Lebenswirklichkeit der Christen

149. Es ist für die Kirchengemeinde von entscheidender Bedeutung zu erkennen, daß Arbeitswelt und Arbeitslosigkeit nicht »Schwerpunktthemen« sind, mit denen sich gleichsam »Sonderveranstaltungen« der Gemeinde befassen sollen, sondern daß es hierbei um ein Stück christlich motivierter Bewältigung der Lebenswirklichkeit ihrer Glieder geht. Mit der Trennung von Familie und Arbeitswelt in der Industriegesellschaft ist die kirchliche Gemeinde, die sich weiterhin auf die Familie konzentriert hat, ohne es zu wollen zu einer »Freizeitgemeinde«

(ohne erkennbaren Bezug zur Arbeitswelt) geworden. Die Fragen der Arbeitswelt und der Arbeitslosigkeit werden in der Gemeinde deshalb zumeist als Themen für die funktionalen kirchlichen Dienste und für die kirchlichen Spezialisten verstanden. Die Kirchengemeinde muß erkennen, daß Christen, die sich in ihrer Freizeit zu Gottesdiensten und Gemeinschaftsveranstaltungen treffen, zumeist Menschen sind, die in der Arbeitswelt stehen, die auch Nachbarn und Freunde von Arbeitslosen sind, Menschen mit besonderer beruflicher und öffentlicher Verantwortung, die die Grundsätze ihres Glaubens in ihrem beruflichen Alltag nicht außer acht lassen können. In der Gemeinde versammeln sich Christen aus der Arbeitswelt und Christen, die keine Möglichkeit haben, einer Erwerbsarbeit nachzugehen. Wenn sie Gott um das tägliche Brot bitten, dann schließt diese Bitte auch die Fürbitte und das Engagement für diejenigen ein, die das Alltägliche und Normale nicht haben. Diese Bitte ist nicht nur von der christlichen Hoffnung motiviert, sondern zugleich auch vom »Hunger«, d. h. von der uns beunruhigenden gesellschaftlichen Not der Arbeitslosigkeit.

Kirche hat bereits viele Möglichkeiten:	150. Die Kirchengemeinde braucht im Grunde kein besonderes »Veranstaltungsprogramm« zum Thema Arbeit und Arbeitslosigkeit, denn sie hat ohnehin viele bestehende Möglichkeiten, um die Nöte der Arbeitenden und der Arbeitslosen aufzugreifen:
– besondere Gottesdienste	151. – In Gottesdienst und Predigt, in Unterricht und gemeindlicher Erwachsenenbildung kann die Bedeutung des biblischen Zeugnisses für

die ganze heutige Lebenswelt, mithin für die Probleme der Beschäftigung und der Humanisierung der Arbeitswelt, verdeutlicht werden. Gottesdienste nach dem Vorbild der Familiengottesdienste, die der Arbeit des Menschen bzw. der Arbeitswelt gewidmet sind, spezifische Kollekten u. ä. sind weitere Mittel des gottesdienstlichen Lebens, um auf die Verantwortung der Christen und Gemeinden aufmerksam zu machen.

– Gesprächsangebote

152.
– Neben die Einzelseelsorge, die vom Pastor, der Pastorin, von gemeindlichen und diakonischen Mitarbeitern geleistet wird, können (selbst im Rahmen der bestehenden gemeindediakonischen Arbeit) Gesprächsangebote für Arbeitende und Arbeitslose treten, in denen die je spezifische Lage der Beteiligten und ihre Hintergründe angesprochen und gemeinsam aufgearbeitet werden.

– gemeindediakonische Maßnahmen

153.
– Ohne die Grenzen des in der Gemeinde Möglichen zu überschreiten, können sich die Gemeindeglieder darüber verständigen, welche Maßnahmen ihnen und in der Gemeinde möglich sind, »daß unter euch kein Christ (heute: kein Mensch) arbeitslos sein muß« (Didache XII, 1–3).

– Jugendarbeit

154.
– Im Konfirmandenunterricht und in der Jugendarbeit sollte die Aufmerksamkeit besonders auch jenen Jugendlichen gelten, die schlechte Beschäftigungsaussichten haben oder die ohne Arbeit sind. Daß diese Arbeit mit Jugendlichen nicht gerade einfach ist,

sollte die Kirchengemeinde nicht davon abhalten.

– Räume, Einrichtungen	155. – Schließlich kann die Gemeinde in ihren Räumen und mit ihren Einrichtungen auch unabhängigen Initiativen (Arbeitsloseninitiativen) Gastrecht und praktische Hilfe gewähren und mit ihnen Austausch und Kontakte pflegen.

Hier ließe sich ein umfangreicher Katalog gemeindlicher Initiativen nennen, der aufzeigt, was in den letzten Jahren in vielen Kirchengemeinden tatsächlich auf diesem Gebiet vorbildhaft getan wurde.

b) Die Kirche als Arbeitgeber

Möglichkeiten der Kirche	156. Die Rolle der Kirche als Arbeitgeber darf nicht unterschätzt werden, arbeiten doch mehr als 550 000 Personen im Dienst der beiden großen Kirchen und ihrer diakonischen Einrichtungen in der Bundesrepublik. Was die Kirche also an Maßnahmen zur Bewältigung der Beschäftigungsschwierigkeiten und zur Humanisierung der Arbeitswelt vorschlägt, gilt in besonderem Maße auch für sie selbst als Arbeitgeber. Nur wenn die Kirche und ihre Diakonie dies erkennt, kann sie ernstlich einen Beitrag zur Beseitigung der Arbeitslosigkeit und zur Humanisierung des gesellschaftlichen Lebens leisten. Allzuleicht neigt der kirchliche Arbeitgeber jedoch dazu, die Arbeitssituation und die Möglichkeiten der Gestaltung der kirchlichen Arbeitswelt an der Arbeitssituation der Pastoren zu messen und dabei die besonderen Probleme derer zu unterschätzen, die anderen Arbeitsbedingungen beim (indirekten) Dienst an Verkündigung und

Diakonie unterliegen. Im einzelnen sollten die Kirche und ihre Diakonie bei folgenden Maßnahmen vorangehen:

– flexible Arbeitszeit

157.
– Fortschrittliche Regelungen der Arbeitsbedingungen, wie Teilzeitarbeit, job-sharing, temporäre Beurlaubungen und andere Formen flexibler Arbeitszeitgestaltung, könnten exemplarisch erprobt und Versuche mit Soziallohnsystemen durchgeführt werden.

– freiwillige Fonds

158.
– Die Bereitschaft, über eine Verteilung des Arbeitsvolumens auf mehr Arbeitskräfte und in diesem Zusammenhang über Veränderungen im Lohngefüge nachzudenken, kann von den in Kirche und Diakonie Beschäftigten grundsätzlich erwartet werden. Freiwillige Fonds, wie sie in anderen Ländern als Ausgleichsfonds mit unterprivilegierten kirchlichen Mitarbeitern in Randregionen bestehen und zum Teil auch schon im Bereich der Gliedkirchen der EKD praktiziert werden, können Zeichen setzen.

– angemessene Leistungsstandards

159.
– Die Bereitschaft und die Möglichkeit, schwache und belastete Mitarbeiter im kirchlichen Arbeitsalltag mitzutragen, sollte mehr Raum finden. In manchen Bereichen von Kirche und Diakonie brauchen Leistungsstandards, wie sie in anderen Arbeitsbereichen (z. B. in der Industrie) gelten, nicht immer unbedingt durchgesetzt werden.

– Kontakte zu Arbeitnehmerorganisationen

160.
– Für das kirchliche Engagement in der Arbeitswelt und insbesondere in Fragen der Arbeits-

losigkeit sind gute und fruchtbare Kontakte zu den Arbeitnehmerorganisationen wichtig. Kirchliche Mitarbeiter, die in diesem Bereich einen Aufgabenschwerpunkt haben, sehen hier eine nicht unwesentliche Erleichterung ihrer Arbeit. Sie bedürfen in der Kontaktpflege der Unterstützung durch Gemeinde und Kirchenleitung. Im Bereich der Gliedkirchen der EKD gibt es hier positive und zukunftsweisende Ansätze, die verstärkt werden sollten und auf deren Basis weitergearbeitet werden sollte. Die Kontakte der Kirche mit den Arbeitnehmerorganisationen sollten deutlich erkennbar von dem besonderen Auftrag der Kirche für den Menschen geprägt sein. Vorurteile in der Kirche gegen die Arbeitnehmerorganisationen sind hier ebenso beschwerlich wie bloßes Parteigängertum kirchlicher Mitarbeiter.

c) *Die funktionalen Dienste der Kirche*

fester Bestandteil der Kirche

161. Die funktionalen Dienste der Kirche sind in Fragen, die ein besonderes Maß an Fachkenntnissen, Erfahrungen, Vorbildung, Kontakten und kirchlicher Integrationsfähigkeit erfordern, gewissermaßen eine »Vorhut« der Kirche. Die funktionalen Dienste, die sich den Menschen in der Arbeitswelt widmen, sind kein Anhängsel, auf das die Kirche nötigenfalls auch verzichten kann. Sie sind vielmehr fester Bestandteil der von der Parochie geprägten Kirche. Die Lebenswirklichkeit der Gemeinde schließt unabweislich das mit ein, was besonderer Auftrag der funktionalen Dienste ist. Diese Dienste erleichtern und ermöglichen der Kirche den Bezug zur Welt der Arbeitenden und der Arbeitslosen und bewahren die Gemeinden vor

dem Schicksal der bloßen »Freizeitgemeinde«. Im Blick auf die Realisierung der Solidargemeinschaft von Arbeitenden und Arbeitslosen kommt diesen Diensten eine besondere Verantwortung zu:

Aufgaben
– Vermittlung von Erfahrung

162.
– Es ist wichtig, daß die funktionalen Dienste der sozialen Diakonie ihre Erfahrungen auch in der Kirche vermitteln und zusammen mit den Betroffenen – Arbeitslosen und Arbeitenden – der »Stimme der Stummen« in der Öffentlichkeit Gehör verschaffen.

– kirchliche Initiativen für Arbeitslose

163.
– Um die Verantwortung der Betroffenen nicht zu schmälern, helfen die kirchlichen Dienste in der Arbeitswelt dabei, kirchliche Initiativen für Arbeitslose aufzubauen, die individuell orientierte Beratungs- und Betreuungsangebote vorsehen und damit Arbeitslosen die Möglichkeit geben, ihre Probleme auszusprechen und gemeinsam zu bewältigen. Diese Dienste bemühen sich um die schwerintegrierbaren Arbeitslosen ebenso wie um die, die zu Schwerintegrierbaren werden könnten. Hier zeigt sich, daß die Kirche in einer Zeit anhaltend hoher Arbeitslosigkeit Funktionen bekommen hat, die sie früher in dieser Form nicht besaß. Deshalb sollten – wie dies z. T. schon geschehen ist – ganz gezielt auch staatliche Gelder in diese Funktionen gelenkt werden. Es ist zweifellos wichtiger, Mittel für Arbeitsbeschaffungsmaßnahmen für kirchliche Mitarbeiter diesem Arbeitsbereich zur Verfügung zu stellen als diese Gelder grundsätzlich nur im herkömmlichen Sinn zu verwenden. Bei dieser Arbeit können die kirchlichen

Dienste für Arbeitslose auf die Unterstützung der Kommunen, der Länder und des Bundes keinesfalls verzichten. Es ist besonders belastend, daß gerade angesichts der jetzt steigenden Arbeitslosigkeit und der Zunahme der Problemfälle der Staat diesen Diensten die bisher geleistete Unterstützung versagt.

– besondere Projekte

164.
– In der Absicht, die Probleme der gegenwärtigen Beschäftigungslage zu lösen, wurden an verschiedenen Orten wichtige Anstrengungen unternommen. Als Beispiele seien nur genannt: Projekte mit und für jugendliche Arbeitslose, die Trägerschaft für Arbeitsloseninitiativen, Gesprächswochen für arbeitslose Frauen u. a. m. Die Etablierung eines Ideen- und Erfahrungsaustausches über solche Versuche – auch mit Kirchengemeinden – ist wichtig.

– diakonische Hilfe durch Arbeitsangebote

165.
– Verstärkt werden müssen die Bestrebungen, der Gesellschaft modellhaft Hinweise zu geben, wie das Problem der fehlenden Arbeitsplätze anders zu lösen ist, als das bisher versucht wurde; vielleicht gelingt es so, eine neue Arbeitsmarktpolitik für Teilbereiche einzuleiten.
Geglückte Versuche der »Neue-Arbeit-GmbH« u. ä. könnten dafür wegweisend sein; Neue-Arbeit-GmbH und ähnliche Initiativen sind Beispiele, wie Arbeitsangebote für die wachsende Zahl der Menschen aussehen können, die den durch Rationalisierung und Arbeitsintensivierung geprägten Anforderungen im allgemeinen Arbeitsmarkt nicht mehr entsprechen können bzw. nach deren Arbeits-

kraft nicht mehr gefragt wird (vgl. hierzu 3.4b).

Beitrag zur Verwirklichung der Solidargemeinschaft

166. Aus den Erfahrungen der kirchlichen Dienste in der Arbeitswelt erwachsen Postulate, welche die Kirche im Blick auf die Solidargemeinschaft von Arbeitenden und Arbeitslosen zu einer Stimme der Arbeitslosen nach innen machen könnten:
- Die Kirche sollte der oft unsachlichen und pauschalen Kritik von Teilen der Gesellschaft gegenüber Aussteigern, Arbeitslosen und »Nichtseßhaften« entgegentreten und differenziert auf ihre Erfahrungen bei der Betreuung und Begleitung dieser Menschen hinweisen.
- Die Kirche muß angesichts des Wertwandels der Arbeit Stellung beziehen.
- Die Kirche sollte sich angesichts der technologischen Umbruchsituation für eine möglichst umweltverträgliche und sozialverträgliche Technologie wie auch für eine größere »Verteilungsgerechtigkeit« hinsichtlich der vorhandenen Arbeitsmöglichkeiten einsetzen.

167. Mit dieser Stellungnahme kann die Kirche in der Auseinandersetzung um die Bewältigung der Beschäftigungsschwierigkeiten und der Krise der Humanität der Arbeit alle Seiten an ihre Verantwortung erinnern und dazu beitragen, daß eine Solidargemeinschaft von Arbeitenden und Arbeitslosen entsteht.

Mitglieder und ständige Gäste der Kammer der EKD für soziale Ordnung:

Professor Dr. Dr. Theodor Strohm, Heidelberg (Vorsitzender)
Professor Dr. Wilhelm Krelle, Bonn (Stellv. Vorsitzender)
Pfarrer Michael Bartelt, Bochum
Dr. Philipp von Bismarck, Bonn
Dr. Monika Böhme-Koch, Hannover
Professor Dr. Günter Brakelmann, Bochum
Oberkirchenrat Dr. Joachim Gaertner, Bonn
Personaldirektor Wilfried Geißler, Mülheim
Landwirt Karl Otto Hoffmeister, Kneitlingen
Dipl.-Psychologe Dr. phil. habil. Antoon Houben, München
Privatdozent Dr. med. Wolfgang Huber, Heidelberg
Dipl.-Päd. Dr. Jörg Knoll, Tutzing
Regierungsdirektor Dr. Ernst Kreuzaler, Bonn
Redakteur Robert Leicht, München
Professor Dr. Rainer Mackensen, Berlin
Dr. Heinz Markmann, Düsseldorf
Pastorin Dr. Christel Meyers-Herwartz, Düsseldorf
Landeskirchenrat Herbert Rösener, Bielefeld
Dr. Walter Sohn, Mülheim
Ministerialrat Werner Steinjan, Bonn
Dipl.-Volkswirt Fritz-Joachim Steinmeyer, Stuttgart
Rechtsanwalt Eduard Thormann, Hamburg
Dr. Dr. Harald Uhl, Bonn
Günter Volkmar, Düsseldorf
Dr. Lothar Wiedemann, Friedewald
Oberkirchenrat Tilman Winkler, Hannover (Geschäftsführung)

Stichwortregister

Die Zahlen bezeichnen die bezifferten Abschnitte. Schräg stehende Zahlen bedeuten: Der Abschnitt handelt überwiegend von der mit dem Stichwort bezeichneten Sache.

Absorption (von Freisetzungen) 28, 37f., 121
ältere Arbeitnehmer 12, *109f.*
Alkoholismus 16
alternatives Wirtschaften *127ff.*
Altersstruktur der Bevölkerung 41
Anpassungsdruck 27, 40, *118*
Anstellungsrisiko 76
Arbeit
- alternative Arbeit *127ff.*
- antike Abwertung *57*
- Begriff 50
- biblisch 48f., *51ff.*
- als Dienst 62
- Eigenarbeit 126
- Hausarbeit 126
- humane Bestimmung *53ff.*
- Nachbarschaftshilfe 126
- Pervertierung 52
- Sinn 51f.
Arbeitgeber *90ff.*
Arbeitnehmerorganisationen 160
Arbeitsamt s. Arbeitsverwaltung
Arbeitsbeschaffungsmaßnahmen 80
Arbeitsförderung 21, 74
Arbeitsförderungsgesetz 73, 85
Arbeitskosten 42, 76, 79
Arbeitskräftebedarf 41
Arbeitskräftepotential *41*
Arbeitslose
- ältere 34
- besonders Gefährdete *12*
- Dauerarbeitslose 34
- Firmen für *137*, 165

- materielle Not *1*
- Mehrfachgefährdete *13*
- Mobilität 115
- Situation *1ff.*
- Struktur des Arbeitslosenbestandes *34*, 36
- subjektive Not 4, 5
Arbeitslosengeld s. Arbeitslosenunterstützung
Arbeitsloseninitiativen 67, 163
Arbeitsloseninitiativen s. a. kirchliche Stellen für Arbeitslose
Arbeitslosenhilfe s. Arbeitslosenunterstützung
Arbeitslosenunterstützung 2, 16, 20f., 140
Arbeitslosigkeit
- Anlässe *7ff.*
- biblisch 48ff.
- Definition 50
- Entwicklung *23f.*, 31, 43
- Familie 6, 11, 46
- Kosten 91, 140
- Makel 67
- Orientierungsgröße *84*
- schöpferische 50
- Stand 1, *23f.*
- subjektive Not 67
- Ursachen s. a. Arbeitslosigkeit - Anlässe
- Ursachen *23ff.*, 45, *73ff.*
- zukünftige Entwicklung 122
Arbeitsmarktpolitik 73ff., 85
Arbeitsplatzdefizit 32

Arbeitsplatzteilung 132
Arbeitsreligion 47, *58*
Arbeitsschutzgesetz 17
Arbeitsteilung s. a. internationale Arbeitsteilung
Arbeitsunwillige 3, *4*, 20
Arbeitsvermittlung 33
Arbeitsverwaltung 67, 92, 114
Arbeitszeit s. a. flexible Arbeitszeit
Arbeitszeitverkürzung 42, 80, 92, 95, *133*
Arbeitszeitverkürzung
- Lohnausgleich 95, 133
Aufwertung der DM 31, 116
Ausbildungsplätze 8, 10, 17, 92, 107
Ausländer 12, 41, 42, *100ff.*, 135
Ausländer
- Familiennachzug 105
- Förderung der Rückkehrwilligkeit 105
- Integration 9, 100, *103ff.*
- jugendliche 9
- Zuzugsstopp 102, 105
Aussteiger 21, 166
Befreiung 47
Behinderte *14f.*, *109f.*, 138
Behinderte
- Eingliederungsbeihilfe 110
Beruf 57, 126
Berufsausbildung 107, 112
Beschäftigte s. a. ständig unständig Beschäftigte
Beschäftigung s. a. illegale Beschäftigung
beschäftigungsfreundliches Klima 31
Beschäftigungspflicht 14
Beschäftigungspolitik 73
Beschäftigungsprogramm 80
Beschäftigungsrisiken *13*
Beschäftigungsstruktur

- Entwicklung 36
Besitzstandswahrung 142
Betroffene s. Arbeitslose
Bildung *111ff.*
Bildungspolitik 80
Bildungssystem s. a. Duales Bildungssystem
Bildungs- und Beschäftigungssystem 111
Bildungsurlaub 133
Bürokratie 78
Bundesanstalt für Arbeit 33
christliche Ethik
- Aufgabe 64
chronisch Kranke 109
Dienstleistungsbereich 36ff.
Dienstleistungsgesellschaft *36*
Doppelgesichtigkeit
- Arbeit 51
- technischer Wandel 40
Doppelverdiener 134
Dritte industrielle Revolution 39
Drogenabhängigkeit 16
Drückeberger s. Arbeitsunwillige
Duales Berufsbildungssystem 107
Eigenarbeit 126
Eigenleistungen 142
eingeschränkt Leistungsfähige 12, 16, 34, 136
Eingliederungsprobleme 8ff.
Einkommenseinbußen 94, 123, *141*, 142
Energiekosten 78
Entfaltung s. a. Selbstentfaltung
Entfaltung der Persönlichkeit 60
Entfremdung 51
Entlassungsverhalten 90
Entwicklungshilfe 98
Erwerbsarbeit 48ff., 53, 126
Erwerbsbevölkerung 77
Ethik s. christliche Ethik

Europäische Sozialcharta 65
Export 120
Exportpolitik 120
Familie 108, 134, 149
Familie
- Familienbetrieb 21
- Familie s. a. Arbeitslosigkeit-Familie
flexible Arbeitszeit 92, *157*
Forderungen *71ff.*
Fortbildung 113
Fortschritt 39ff.
Fortschrittsfeindlichkeit 30
Freiheit 60
Freiheit
- unternehmerische 76
Freisetzungen *28*, 32, 121
Freizeit 134
Freizeit
- »Freizeitgemeinde« 149
Frau
- Hausfrau 18, 108
- Mutter 17
Frauen *11*, 12, *17f.*, *108*, 134
geburtenstarke Jahrgänge 32, 96
Gehaltseinbußen 67
Geldpolitik 78, 79, 81
gemeinnützige Tätigkeiten *139*
gemeinsames Handeln 82
Gemeinschaftlichkeit 54, 62
»gemischte Wirtschaftsordnung« 7
gerechte Verteilung s. Verteilung
Gerechtigkeit 63
Gerechtigkeit s. a. soziale Gerechtigkeit
Gesamtverantwortung 86
gesetzliche Schutzbestimmungen *1*
Gewerkschaften *93ff*, *160*
Gewinne 76, 97
gezielte Sozialpolitik 97, *142*
Gottebenbildlichkeit *53*

Gottesdienst 149
Großtechnologie 128
Grundgesetz 65
Grundwerte 44
Handeln s. a. gemeinsames Handeln
Handlungsperspektiven *70ff.*
Heil Gottes 45, 52
Hochkonjunktur 118
Hoffnung 52
Humanisierung 40, 124, *125*
illegale Beschäftigung 97, 135
Integration s. schwer Integrierbare
internationale Arbeitsteilung 37, *98*, *117*
internationale Solidarität *119*
internationaler Wettbewerb 26, 76, *116*
interventionistische Maßnahmen 81
interventionistisch Orientierte 78, 80
Investitionen 30f., 77, 80, 96
Investitionen
- Auslandsinvestitionen 119
Investitionsanreize 123
Investitionsbereitschaft 77
Investitionshemmnisse 97
Jahrgänge s. a. geburtenstarke Jahrgänge
Job 126
job-sharing 192
Jugendarbeit der Kirche 154
Jugendarbeitslosigkeit *8f.*, *107*
Jugendliche *8f.*, *107*
Kirche
- als Arbeitgeber *156ff.*
- Arbeitswelt *149ff.*
- Gemeinde *149ff.*
- funktionale Dienste *161*
- gesellschaftlicher und diakonischer Auftrag *143ff.*

- Mitverantwortung *143*
kirchliche Stellen für Arbeitslose 115, *163*
kleine Wirtschaftsformen 127
Konflikte mit Mitmenschen 6
Konjunkturprobleme *12ff.*, 16
koordinierte Maßnahmen 82, 86
Kostendruck 42
Kranke s. a. chronisch Kranke
Kriterien 5*9ff.*
Kündigungen 32
Kündigungsschutz 109
Landwirte 21
Lebensmöglichkeit *64*
Leiharbeit 97, 135
Leistung 34
Leistungsfähige s. eingeschränkt Leistungsfähige
Leistungsstandards 159
Lohnpolitik 79
Lohnzurückhaltung 84, 92, 94f.
Lösungsansätze *70ff.*
marktwirtschaftlich Orientierte 76f., 81
K. Marx 56
Maßnahmen 35
Maßnahmen s. a. interventionistische Maßnahmen
s. a. koordinierte Maßnahmen
Menschenwürde 44, 53
Mikroelektronik 39ff., 124
Mitmenschlichkeit 54
Motivationsmaßnahmen 95
Nachtarbeit 17
Nebenerwerbslandwirte 21
Neue Arbeit GmbH. 137, *165*
Neue Technik s. technischer Wandel
Öffentlicher Dienst 38, 141
Ölpreisverteuerung 31, 78, 79
Opfer 67f., 130, *140ff.*

Opfer
- freiwillige Fonds 158
- solidarische Verzichtsleistungen 131
Personalabbau 12
Personalpolitik 92
Pflichten der Solidargemeinschaft 68
Pflicht zur Arbeit 55f., 67
Polarisierung der Qualifikationen 124
postindustrielle Gesellschaft 36
Preiszurückhaltung 90
Problemgruppen 7, 136
Produktivität 28, 37, 121
Protektionismus 119
qualitatives Wachstum 96, *123*
Randständigbeschäftigte 16
Rationalisierung 26ff., 38, 90f., 116, 121, 124
Recht auf Arbeit 55f., 61, 6*5ff.*
Reversibilität 133, 142
Rollenvorstellungen *17*
Ruhegebot 56
Sabbatgebot 56
Saisonarbeitslose 21
»Schattenwirtschaft« *42*
Schichtarbeit 92
Schöpfung 51
Schöpfungsauftrag Gottes 53
Schuld 52
Schutzbestimmungen s. a. gesetzliche Schutzbestimmungen
Schwerbehinderte *14*
schwer Integrierbare 12
Schwarzarbeit 21, 42, 97, 135
Seelsorge 152
Selbstentfaltung 126
Selbstentfaltung s. a. Entfaltung der Persönlichkeit
Selektion *34*, 109

Siebeffekt *33*
Sinnerfahrung *51*, 60
Sinnkrise 46
Sklavenarbeit 52
Solidargemeinschaft 6 *5ff.*, *140ff.*, 166f.
Solidarität *62*, 88, *148*
Solidarität s. a. internationale Solidarität
Sozialcharta s. Europäische Sozialcharta
soziale Dienste *139*
soziale Gerechtigkeit 44
Sozialpolitik s. a. gezielte Sozialpolitik
Spaltung der Gesellschaft *3*, 88, 94
Staat 89, *96f.*
Staatssubventionen 119
ständig unständig Beschäftigte *16*
»stille Reserve« 41
Stellenvermittlung 20, 139
Streit der unterschiedlichen »Schulen« *72ff.*
Strukturpolitik 99
strukturschwache Gebiete 8, 19, 99
Strukturveränderungen *26*
Strukturwandel der Wirtschaft 118
Tarifpolitik 93f.
Tarifvertragsparteien 89ff.
technischer Wandel 26, 37, *124*, 166
Technisierung 121
Teilhabe *61*
Teilzeitarbeit *18*, 92, 108, *132*, *134*
Überbeschäftigung 77
Überproduktion 78
Überversorgung 141
Umschulung 95, *113*
Umwelt 64, 76, 127
UN-Menschenrechtskonventionen 65

Vaterunser 52, 149
Verantwortung 45, 59
Veränderungsdruck in der Wirtschaft *26ff.*
Verkürzung der Lebensarbeitszeit 133
Versöhnung 51, 53
Verteilung s. a. gerechte Verteilung
Verteilung der Chancen und Lasten 147
Verteilung der vorhandenen Arbeit 68, 79, 95, 131ff.
Vielschichtigkeit 22
Vollbeschäftigungsverpflichtung 89
Wachstum 41, 96, *120ff.*, 130
Wachstum
- Null-Wachstum 96
- Rückgang *29ff.*
Wachstum s. a. qualitatives Wachstum
Weiterbildungsmaßnahmen 92
Wert des Menschen 47
Wertwandel 20, *126*
Wettbewerb 26, 40
Wettbewerb s. a. internationaler Wettbewerb
Wiedereingliederung 95f., 109
Wirtschaftsformen s. kleine Wirtschaftsformen
Wirtschaftsordnung s. gemischte Wirtschaftsordnung
Wohnortprobleme *19*
Zinssenkung 80
Zugangsarbeitslosigkeit 8ff., 106
Zugangsprobleme 106
Zukunftsbranchen 99
Zumutbarkeitsanordnung 115
»Zweiter Arbeitsmarkt« *136ff.*, 164

Anhang:
Schaubilder und Dokumentation

Vorbemerkung: Die folgenden Erfahrungsberichte Betroffener, die Schaubilder über Einzelaspekte der Arbeitslosigkeit, die Beschreibung einiger beschäftigungspolitischer Instrumente sollen der Veranschaulichung dienen und die Willensbildung anregen. Sie können keineswegs einen vollständigen Überblick über die Probleme der Arbeitslosigkeit vermitteln. Wichtige Informationen hat dankenswerter Weise das Institut für Arbeitsmarkt- und Berufsforschung der Bundesanstalt für Arbeit in Nürnberg zur Verfügung gestellt.

A. Ein Beispiel unmittelbarer Betroffenheit

Industriekaufmann K. – arbeitslos

K., 51 Jahre alt, ist seit dreieinhalb Jahren arbeitslos. Vorher war er in einem kleinen Betrieb der Feinmechanik beschäftigt, bis der eines Tages zumachen mußte. Schwerwiegende Fehler des Managements, hieß es damals. Man hatte sich nicht rechtzeitig auf modernere Produkte umgestellt.
Die Folgen treffen nun vor allem die Belegschaft. Die Facharbeiter bekamen schnell neue Stellen, wenigstens die jüngeren. Auf der Strecke blieben die Angestellten – v. a. Frauen – und die Angestellten aus der Verwaltung. K. war schnell in eine sechsmonatige Fortbildungsmaßnahme des Arbeitsamtes hineingekommen und hatte zunächst gehofft, mit dieser Zusatzqualifikation bald wieder in einem anderen Betrieb Arbeit zu finden. Aber daraus wurde nichts. Anfangs hieß es bei den Bewerbungen: »Ist ja schön, daß sie sich weiterqualifiziert haben, aber Ihnen fehlt auf dem neuen Gebiet jede Praxiserfahrung.« Nur viel geringer bezahlte Stellen hätte er bekommen können, aber da lag er schon mit seiner Arbeitslosenunterstützung höher.
Nach einem Dreivierteljahr änderten sich dann die Begründungen,

wenn er überhaupt noch eine Antwort auf seine Bewerbungen bekam. Sobald K. sagte, wie lange er schon arbeitslos war, gingen die Rolläden herunter. »Wir haben keinen Bedarf«, hieß es dann, oder »Wir sind hier ein junges Team, mit Ihrem Alter würden Sie da nicht hineinpassen.« Schließlich hätte K. auch eine schlechter bezahlte Tätigkeit genommen, wenn ihm überhaupt noch eine angeboten worden wäre. Auch wenn er natürlich weiß, daß man als Neuer bei der nächsten Rationalisierungsmaßnahme als erster wieder auf der Straße steht und dann das Arbeitslosengeld wesentlich niedriger liegt als zuvor. Aber inzwischen ist er ja sowieso in der Arbeitslosenhilfe.
Eine Zeitlang war K. völlig verzweifelt. Zigmal beworben und meist noch nicht einmal eine Antwort. Nicht nur hier, wo er wohnt, seine Familie und sein Reihenhaus hat, sondern auch in anderen Gegenden. Auch im Arbeitsamt konnten sie ihm nicht helfen. Er hat den Eindruck, daß ihm heute gar keiner mehr richtig zuhört, wenn er nach Arbeit fragt.
Als er den Antrag auf Arbeitslosenhilfe stellen mußte, sollte er auch die Einkommens- und Vermögensverhältnisse seines Sohnes offenlegen, der Facharbeiter ist und eine junge Familie zu versorgen hat. Er muß nun zum Unterhalt seines Vaters beitragen. Das belastet K. sehr. Gewiß, die Schwiegertochter verliert darüber kein Wort, aber K. spürt doch ganz genau, was sie denkt, wenn man sich einmal sieht: Lebt sich's gut auf unsere Kosten? K. verkriecht sich dann am liebsten in seiner Bude. Mit den Nachbarn hat er auch nicht mehr so enge Kontakte. Es wird eben doch so manches geredet, wenn einer keine Arbeit hat. Da müssen doch wohl andere besser gewesen sein als der! Wer Arbeit sucht, der findet auch welche! – Klar, früher hat K. auch so gedacht. Aber heute, wo es ihn selbst erwischt hat, da sieht alles ganz anders aus.
Finanziell hat K. heute große Probleme. Da sind vor allem die hohen Schulden für die Baudarlehen. Mehr als die Hälfte der Arbeitslosenhilfe geht da immer gleich für die hohen Zinsen drauf. Ob K. sein Haus überhaupt noch halten kann, ist sehr fraglich.
Seit einem Jahr trifft sich K. mit anderen Leidensgenossen in einer Arbeitslosen-Selbsthilfegruppe. Die meisten sind »Ältere« wie er. Auch Ingenieure sind dabei, die doch angeblich überall Mangelware sind. Aber wenn einer erst einmal über 45 ist, gehört er zum

alten Eisen. Es ist komisch, aber es hilft einem schon, wenn man sieht, daß es anderen genauso schlecht geht wie dir. Manchen sogar noch schlechter. Einer aus der Gruppe schilderte neulich – und das fiel ihm sehr schwer –, wie er einmal vor einem Waffengeschäft stand, in das Schaufenster starrte und dachte: Da gehst du jetzt rein, kaufst dir so ein Ding und machst Schluß! – Da muß dann in der Gruppe der eine für den anderen fast zum Pastor werden. Wäre überhaupt gut, wenn der Pastor einmal mitkriegte, wie es uns in der Gruppe so geht.
Manchmal denkt K.: Eigentlich haben die jungen Leute doch recht, die sich auf diesen ganzen Laden erst gar nicht mehr einlassen, sondern irgendwo am Rand der Gesellschaft ihre alternative Kommune aufbauen. Auch wenn man sie Schmarotzer nennt. Ihn nennen sie inzwischen ja wohl genauso: einen, der von anderer Leute Beiträge lebt. – Wie es mit ihm weitergehen soll, kann sich K. selbst nicht vorstellen. Viel Hoffnung hat er nicht.

B. Sogenannte »Problemgruppen« unter den Arbeitslosen

Auch wenn die Folgen der schwachen Kräftenachfrage mittlerweile alle Personengruppen treffen, so haben sich die Chancen auf Wiederbeschäftigung für Arbeitslose mit gesundheitlichen Einschränkungen sowie über 55jährige, die im Jahre 1980 mit 32,2% bzw. 13,8% den Sockel der Arbeitslosenschaft ausmachten, weiter verschlechtert.
Problematischer als für andere Arbeitslose bleibt es für gesundheitlich eingeschränkte Arbeitnehmer – einmal arbeitslos geworden – wieder eine Arbeit zu finden. Das zeigt die deutlich längere Dauer der Arbeitslosigkeit im Vergleich zu den Arbeitslosen ohne gesundheitliche Einschränkungen. Fast ein Drittel der Arbeitslosen mit gesundheitlichen Einschränkungen war Ende September 1980 bereits länger als ein Jahr ohne Beschäftigung, bei den Arbeitslosen ohne gesundheitliche Einschränkungen dagegen nur 10,5%.
Die höchste Arbeitslosenquote weist – wie seit längerem – die Al-

tersgruppe der über 55 Jahre alten Arbeitnehmer auf (Ende Sept. 1980 fast 14%). Auch diese Quote wird weniger durch hohe Zugänge in Arbeitslosigkeit als vielmehr durch eine weit überdurchschnittliche Verweildauer in der Arbeitslosigkeit bestimmt.

Sich überschneidende „Problemgruppen" unter den Arbeitslosen
Stand: Sept.1980 (Sept.1978)

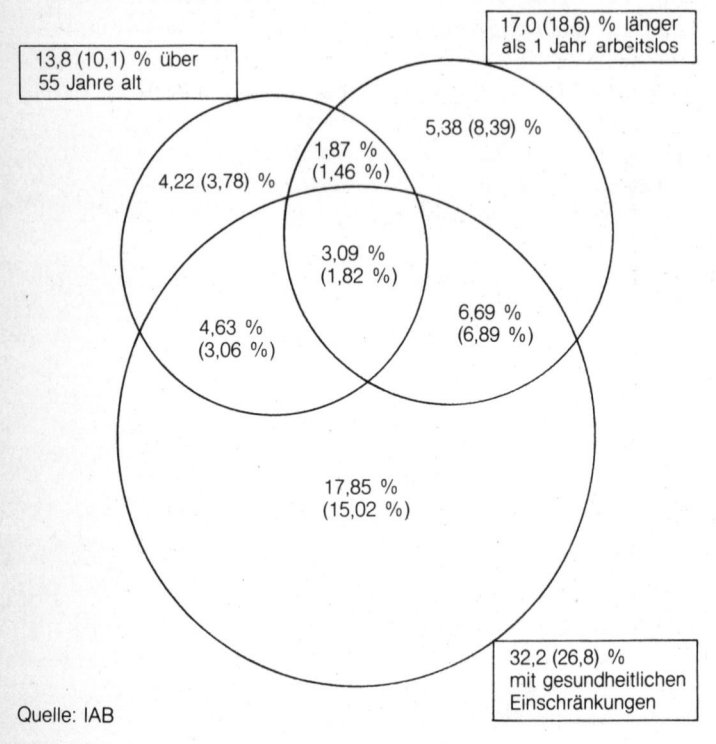

- 13,8 (10,1) % über 55 Jahre alt
- 17,0 (18,6) % länger als 1 Jahr arbeitslos
- 32,2 (26,8) % mit gesundheitlichen Einschränkungen

4,22 (3,78) %
1,87 % (1,46 %)
5,38 (8,39) %
3,09 % (1,82 %)
4,63 % (3,06 %)
6,69 % (6,89 %)
17,85 % (15,02 %)

Quelle: IAB

C. Menschliche Erfahrungen mit Arbeitslosigkeit

Das Schaubild deutet in sehr groben Zügen die menschliche Erfahrung mit Arbeitslosigkeit an. Es zeigt, daß der von der Arbeitslosigkeit Betroffene sich in einer ersten Phase, die einen Zeitraum von einem Jahr umfassen kann, bemüht, mit Energie und Optimismus aus der Lage zu befreien. Allerdings setzen nach ca. 1 Jahr Mechanismen ein, die den Arbeitslosen in tiefe Mutlosigkeit und Pessimismus versetzen, so daß die Wahrscheinlichkeit, nach einer über ein Jahr wesentlich hinausgehenden Arbeitslosigkeit aus eigener Kraft die Wiedereingliederung in den Arbeitsprozeß selbst dann zu erreichen, wenn Arbeitsplätze vorhanden wären, sich außerordentlich vermindert. Gezielte beschäftigungspolitische Maßnahmen müssen daher auf derartige psychische Abläufe Rücksicht nehmen.

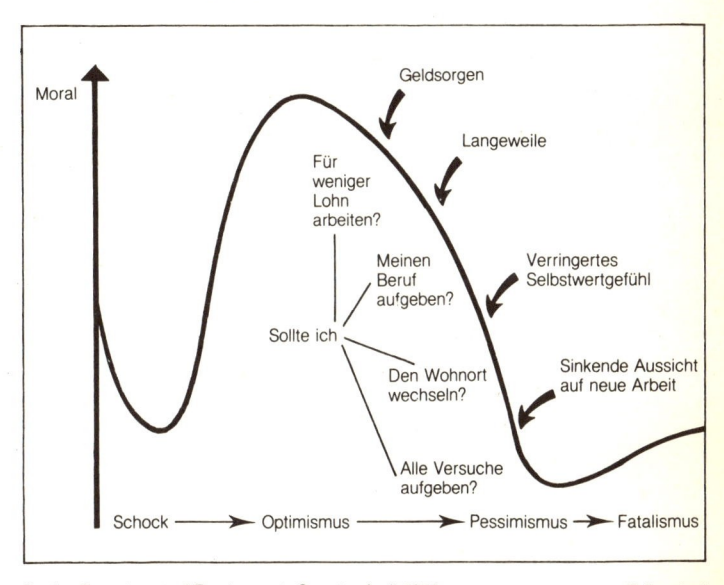

Quelle: Department of Employment, Gazette, April 1976 — Zeitverlauf

D. Arbeitsmarktbilanz 1960-2000

I. Arbeitsmarktbilanz 1960-1981

Die Tabelle zeigt, daß die Arbeitsmarktbilanz bis 1972 durch die Anwerbung von ausländischen Arbeitskräften ungefähr ausgeglichen wurde. Um 1974 entstand eine starke Disproportion zwischen dem Bedarf an Arbeitskräften und dem Potential an Erwerbspersonen.

Der seit 1979 wieder angeschwollene Ausländerzustrom könnte in den 80er Jahren zu einem schwächeren Rückgang des insgesamt im Inland vorhandenen Potentials an Erwerbspersonen (Deutsche und Ausländer) führen als bisher angenommen. Zudem hat die im Gefolge der zweiten »Ölpreisexplosion« entstandene neuerliche weltweite Rezession die Unsicherheit über den zukünftigen Pfad des Wirtschaftswachstums erhöht. Erwerbspersonenpotential und Arbeitskräftebedarf stellen daher große Arbeitsmarktrisiken für die künftige Entwicklung dar.

Die in der dann folgenden Grafik »Arbeitsmarktbilanz 1965–2000« skizzierten alternativen Modellrechnungen des IAB berücksichtigen die neue Arbeitsmarktkonstellation und dehnen den Zeithorizont auf das Jahr 2000 aus.

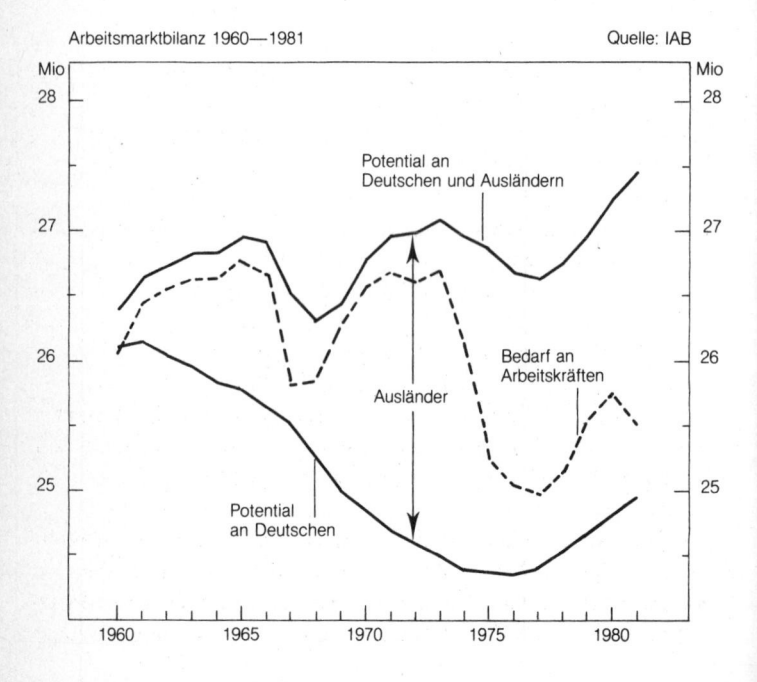

Arbeitsmarktbilanz 1960—1981   Quelle: IAB

II. Arbeitsmarktbilanz 1965-2000

Erwerbspersonenpotential: Bis gegen 1990 wird sich das in der Bundesrepublik verfügbare Angebot an Arbeitskräften (Deutsche und Ausländer) stark erhöhen, nach 1990 dagegen wieder vermindern. Das Ausmaß des Anstiegs bzw. des Rückgangs hängt insbesondere ab von der zukünftigen Nettowanderung der Ausländer.
Selbst bei konstanter Ausländerzahl (2,5 Mio. ab 1981) wird das Erwerbspersonenpotential frühestens 1996 das Niveau von 1980 wieder erreichen.
Bei ausgeglichenem Wanderungssaldo (± 0 pro Jahr) ist mit einem niedrigeren Arbeitskräfte-Angebot als 1980 erst ab 2000 zu rechnen. Nach der Zuwanderungsvariante von + 55 000 pro Jahr (zusätzlich + 30 000 pro Jahr infolge der Öffnung des EG-Arbeitsmarktes für Griechenland und wahrscheinlich auch Spanien und Portugal für die Jahre 1988-1992) wäre auch im Jahre 2000 das Erwerbspersonenpotential noch um rund 600 000 Personen größer als 1980.

Bedarf an Arbeitskräften: Der künftige Bedarf an Arbeitskräften hängt primär vom Wirtschaftswachstum ab.
Bei einem Wirtschaftswachstum von durchschnittlich jährlich
3-3,5 % bleibt die Gesamtzahl der Arbeitsplätze weitgehend konstant
2-2,5 % verringert sich die Gesamtzahl der Arbeitsplätze
im Zeitraum 1980/1990 um rd. 1,1 Mio.
1990/2000 um rd. 0,6 Mio.
4-4,5 % steigt die Gesamtzahl der Arbeitsplätze
im Zeitraum 1980/1990 um rd. 1,1 Mio.
1990/2000 um rd. 1,3 Mio.
Eine kräftige Erhöhung des Arbeitsplatzangebots wäre also erst bei einem Wirtschaftswachstum von merklich mehr als 3,5 % pro Jahr zu erwarten. Vorläufige bzw. geschätzte Effektivwerte liegen für die Jahre 1981/1982 bei ± 0,0 % bzw. + 0,7 %.
Die Arbeitsmarktbilanz des IAB zeigt deutlich, daß ohne Rückkehr zu einem hohen Wirtschaftswachstum und/oder andere den Arbeitsmarkt entlastende Maßnahmen die Gefahr hoher Arbeitslosigkeit noch bis weit in die 90er Jahre hinein besteht, womöglich sogar

noch über das Jahr 2000 hinaus. Bei schwachem Wirtschaftswachstum und zugleich anhaltendem Ausländerzustrom würde sich die Schere zwischen Angebot und Bedarf an Arbeitskräften sogar noch bis zur Mitte der 90er Jahre weiter öffnen. Eine weitere Unsicherheit besteht nicht nur in der Gefahr eines stagnierenden Wachstums, sondern auch in der Tatsache, daß Wirtschaftswachstum, Produktivitätszuwachs und Bedarf an Arbeitskräften im Zuge der »dritten industriellen Revolution« (Mikroelektronik) immer weniger korrelieren. Damit erhöht sich die Gefahr wachsender struktureller Arbeitslosigkeit.

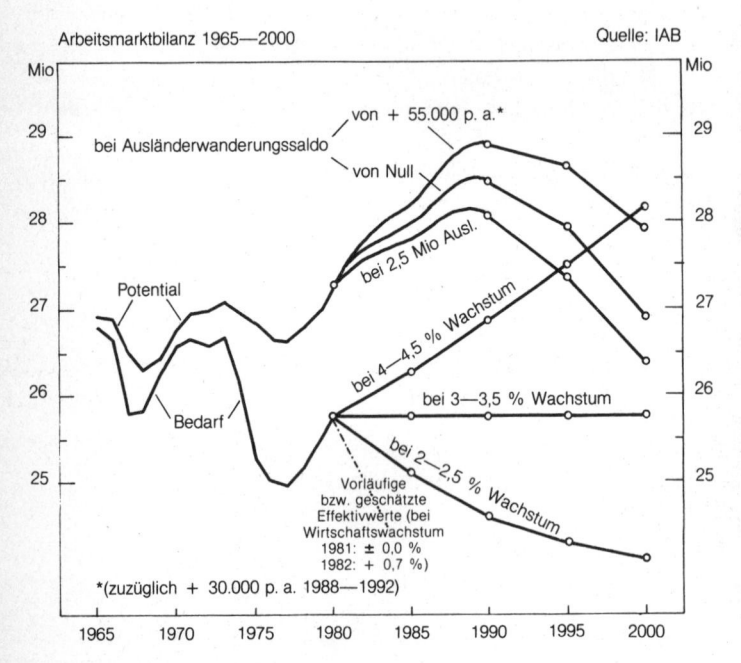

Arbeitsmarktbilanz 1965—2000   Quelle: IAB

bei Ausländerwanderungssaldo von + 55.000 p. a.*
von Null
bei 2,5 Mio Ausl.
Potential
bei 4—4,5 % Wachstum
Bedarf
bei 3—3,5 % Wachstum
bei 2—2,5 % Wachstum
Vorläufige bzw. geschätzte Effektivwerte (bei Wirtschaftswachstum 1981: ± 0,0 % 1982: + 0,7 %)
*(zuzüglich + 30.000 p. a. 1988—1992)

E. Arbeitslosigkeit in der Bundesrepublik Deutschland
einschließlich Berlin (West)

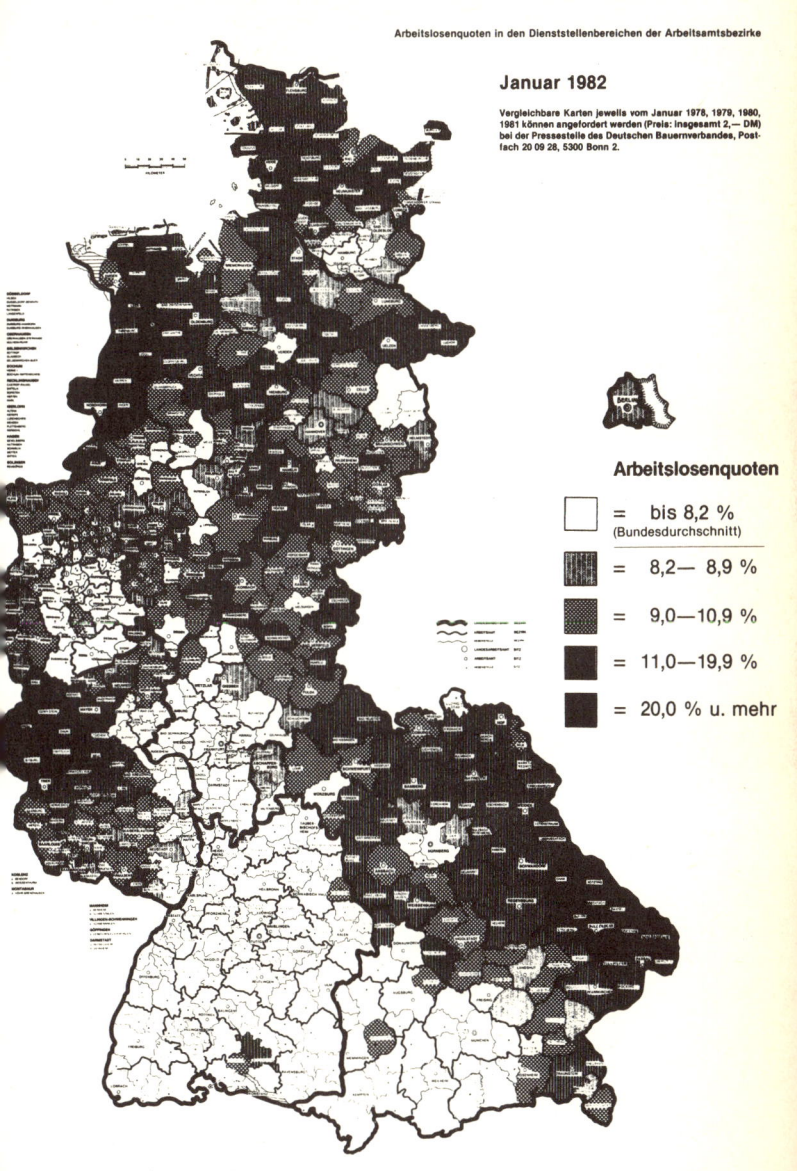

Arbeitslosenquoten in den Dienststellenbereichen der Arbeitsamtsbezirke

Januar 1982

Vergleichbare Karten jeweils vom Januar 1978, 1979, 1980, 1981 können angefordert werden (Preis: insgesamt 2,— DM) bei der Pressestelle des Deutschen Bauernverbandes, Postfach 20 09 28, 5300 Bonn 2.

Arbeitslosenquoten

- = bis 8,2 % (Bundesdurchschnitt)
- = 8,2 — 8,9 %
- = 9,0 — 10,9 %
- = 11,0 — 19,9 %
- = 20,0 % u. mehr

Daten: Bundesanstalt für Arbeit; zusammengestellt von Martin Mailach, Deutscher Bauernverband, Referat 25

F. Zur Diskussion um die Kosten der Arbeitslosigkeit

In der Diskussion um Kosten und Finanzierung beschäftigungspolitischer Aktivitäten dürfen die hohen Kosten der Unterbeschäftigung nicht übersehen werden, die bei den Trägern der Sozialversicherung wie auch bei allen Haushalten der Gebietskörperschaften immer spürbarer werden. Dies sind vor allem: Mindereinnahmen bei Einkommen- und Verbrauchssteuern, Ausgaben für Arbeitslosen-, Renten- und Krankenversicherung.

Empfänger von Arbeitslosengeld »kosten« durchschnittlich bei allen Haushalten zusammengenommen jährlich je etwa 29 000 DM, Empfänger von Arbeitslosenhilfe je rund 27 000 DM. Für Personen, die keine Leistungen als Arbeitslose beziehen, errechnet sich eine Belastung in Höhe von ca. 20 000 DM, die hauptsächlich in Einnahmeverlusten der Sozialversicherung und Steuerausfällen besteht. Im Durchschnitt kostet ein Nichtbeschäftigter rund 24 000 DM.

Hinzu treten andere Kostenarten, die noch gar nicht ins öffentliche Blickfeld gerückt worden sind: die möglichen medizinischen und sozialen Folgelasten der Arbeitslosigkeit.

Unter großzügigen Abschlägen für einen »Sockel« von nicht beschäftigten Erwerbspersonen, die unter den registrierten Arbeitslosen und der Stillen Reserve nicht rasch wieder beschäftigt werden können, verbleiben für eine Wiedereingliederung im Durchschnitt des Jahres 1982 rund 2 Millionen Personen. Bei einer Brutto-Durchschnittsproduktivität von rund 55 000 DM pro Jahr würden dem Bruttoinlandsprodukt rund 110 Milliarden DM durch die Unterbeschäftigung entgehen. Dies sind rund 7% des gesamten Sozialprodukts. Diese gesamtwirtschaftliche Größe gibt den rechnerischen Wert an für den Verlust an gesellschaftlicher Wohlfahrt, ausgedrückt als Verlust an zusätzlich verteilbaren Gütern, der durch Unterbeschäftigung verursacht wird.

Kosten der Arbeitslosigkeit pro Jahr
(Stand 1982)

1. Fiskalische Kosten (direkte Ausgaben + Einnahmeausfälle) pro Kopf
   a) Empfänger von Arbeitslosengeld
      (ca. 40% der nichtbeschäftigten Erwerbspersonen)   ca. 29 000 DM
      Das Arbeitslosengeld macht nur etwa 40% dieses Betrages aus, der Rest entfällt auf Ausfall an Steuern und Ausgaben der BA an die Sozialversicherung (auch die Verluste der Beitragseinnahmen der BA sind darin enthalten)
   b) Empfänger von Arbeitslosenhilfe
      (ca. 10% der nichtbeschäftigten Erwerbspersonen)   ca. 27 000 DM
   c) Erwerbslose ohne Anspruch auf Arbeitslosengeld bzw. -hilfe
      (ca. 50% der nichtbeschäftigten Erwerbspersonen; ein Teil von ihnen zählt jedoch zu den Empfängern von Sozialhilfe)   ca. 20 000 DM
      Dieser Betrag beruht im wesentlichen auf Einnahmeverlusten der Sozialversicherung und auf Steuerausfällen
   d) Durchschnittliche Kosten   ca. 24 000 DM

2. Fiskalische Gesamtkosten
   (2 Mio × 24 000 DM)   ca. 48 Mrd
   davon: entgangene Steuereinnahmen
   (über 35%)   ca. 18 Mrd
   Einnahmeverluste der Kranken- und Rentenversicherung (ca. 20%)
       ca. 10 Mrd
   Ausgaben der BA (über 40%)
       ca. 20 Mrd

3. Gesamtwirtschaftliche Opportunitätskosten ca. 110 Mrd
(= entgangenes Volumen am Bruttoinlandsprodukt durch die Nichtbeschäftigung von rd. 2 Mio Personen (Arbeitslose + Stille Reserve) und einer Brutto-Durchschnittsproduktivität von rd. 55 000 DM pro Jahr) (ca. 7% des BIP)

Nicht berücksichtigt sind hierbei die möglichen medizinischen und sozialen Folgelasten der Arbeitslosigkeit.

Quelle: Autorengemeinschaft: Der Arbeitsmarkt in der Bundesrepublik Deutschland im Jahre 1982, MittAB 1, 1982.

G. Neue Arbeitszeitpolitik und Modelle eines »Zweiten Arbeitsmarktes«

Beiträge zum Abbau längerfristiger Arbeitslosigkeit

Während die traditionelle Arbeitsmarktpolitik sich mit der Dauer und Lage standardisierter Arbeitszeiten befaßt, ist der Gegenstand der »neuen« Arbeitszeitpolitik die Ausdehnung individueller Spielräume bei der Entscheidung über Dauer und Lage der Arbeitszeit. Wesentliche Aktionsfelder »neuer Arbeitszeitpolitik« sind die Erweiterung der Wahlmöglichkeiten für ältere Arbeitnehmer durch die Herabsetzung der flexiblen Altersgrenze und das Angebot des Teilruhestands (»gleitender Ruhestand«) wie auch die Erweiterung der Teilzeitarbeitschancen (vgl. Abschn. I, II). Für alle diese Aktionsfelder gibt es erhebliche Arbeitnehmerpräferenzen: Für eine Herabsetzung der flexiblen Altersgrenze votieren über ein Drittel (für die Möglichkeit des Teilruhestands sogar über 70%) und für erweiterte Teilzeitchancen – vor allem im Bereich zwischen 30-40 Wochenstunden – über die Hälfte der Arbeitnehmer. Ließe sich jeweils ein Teil dieser Präferenzen in einem Teil der Betriebe befriedigen, so könnten gleichzeitig mit der Anhebung der individuellen

Wohlfahrt auch arbeitsmarktpolitische Effekte erzielt werden, die denen standardisierter Arbeitszeitverkürzungen vergleichbar sind und die Arbeitslosenquote beachtlich (vielleicht auf Dauer um 1%) senken könnten. Dabei sind traditionelle und »neue« Arbeitszeitpolitik nicht als Alternativen zu sehen. Sie entwickeln sich vielmehr parallel und ergänzen einander.

Mittel- bis langfristige Prognosen wirtschaftlicher Entwicklung mit dem Ergebnis, daß die Arbeitslosigkeit bis zum Jahre 1990 und eventuell auch darüber hinaus auf einem relativ hohen Niveau verharren wird und möglicherweise sogar eine steigende Tendenz aufweisen kann, waren Anlaß und Ausgangspunkt zweier in jüngster Zeit unabhängig voneinander entstandenen Studien, die in Teil III dargestellt werden. Die zentrale Zwecksetzung beider Untersuchungen besteht darin, gesellschaftlich sinnvolle und gesamtwirtschaftlich rentable Handlungsfelder für die Sozial- und Wirtschaftspolitik der 80er und 90er Jahre aufzuzeigen. Dabei legen die Ergebnisse die Vermutung nahe, daß ein erhöhtes Angebot an sozialen Dienstleistungen im Bereich eines »zweiten« Arbeitsmarktes ein entscheidender Beitrag zum Abbau der längerfristigen Arbeitslosigkeit sein kann und längerfristig über alle Sektoren der Wirtschaft ca. 500 000 zusätzliche Arbeitsplätze erfordern wird.

I. Die Erweiterung der flexiblen Altersgrenze als beschäftigungspolitisches Instrument

In jüngster Zeit nimmt in der arbeitsmarktpolitischen Diskussion die Herabsetzung der flexiblen Altersgrenze oder die Einführung einer »Tarifrente« zur Entlastung des Arbeitsmarktes einen immer breiteren Raum ein. Den fast gleichlautenden Resultaten einer »Stern«-Erhebung[1] und der EG-Untersuchung[2] zufolge wäre für mindestens jeden dritten Arbeitnehmer eine Erweiterung seiner

---

1. »Stern« 33/78. Erhebungsumfang: 200 Personen über 16 Jahre. Die Arbeitszeitfragen wurden nur an Berufstätige gestellt.
2. EG-Dokument 467/78. »Die Erwerbspersonen und die Perspektiven des Ruhestandes«. Brüssel 1978. Erhebungsumfang in jedem Mitgliedsland ca. 1 000 Personen (erwachsene Bevölkerung).

Wahlfreiheit im Alter erwünscht. Dies verwundert nicht, wenn man beobachtet, welch hoher Prozentsatz (über 80%) der Berechtigten schon heute zum frühestmöglichen Zeitpunkt von seinem Recht, »die Rente zu wählen«, Gebrauch macht, und daß über die Hälfte der männlichen Arbeiter beispielsweise durch Tod (rund 25%) oder Invalidität (rund 25%) das Rentenalter gar nicht erreicht.

Im folgenden werden die neuesten Vorschläge zur Erweiterung des flexiblen Ruhestandalters der im Bundestag vertretenen Parteien CDU, SPD und FDP sowie der Gewerkschaft »Nahrung, Genuß, Gaststätten« dargestellt. Sie wurden vom Institut für Arbeitsmarkt- und Berufsforschung der Bundesanstalt für Arbeit in ihrem IAB-Kurzbericht vom 5. 2. 1982 wie folgt zusammengefaßt:

1. Der Vorschlag der CDU
Den Arbeitnehmern wird angeboten, schon mit 60 Jahren in den Ruhestand zu treten. Nach Schätzung der Abteilung »Wirtschaftspolitik« der Partei werden jährlich etwa 50 000-100 000 Arbeitnehmer von diesem Angebot Gebrauch machen. Grundsätzlich soll die Frührente um einen versicherungsmathematisch berechneten Abschlag gekürzt werden, der gegenüber der Rente ab 63 Jahren auf etwa 20% beziffert wird. Da dieser Abschlag als »beschäftigungspolitisch restriktiv« angesehen wird, plädiert die CDU für Ausgleichszahlungen, um das Angebot attraktiv zu halten.

Es werden zwei Möglichkeiten vorgeschlagen:
1. Das Unternehmen, das den Rentenwilligen beschäftigt, übernimmt für drei Jahre die Zahlung der Beiträge an die Rentenversicherung, so daß sich vom 63. Jahr an eine Rente ohne Abschlag ergibt. Die Arbeitgeber hätten bei diesem Modell mit Beitragskosten von rund 5 800 DM je Jahr und Frührentner zu rechnen.
2. Die Bundesanstalt für Arbeit oder der Bund zahlen drei Jahre lang eine »Überbrückungsrente« an den Frührentner oder die Rentenversicherungsträger, um die Höhe der flexiblen Altersgrenze ohne Abschlag zu erreichen. Wenn 50 000 Arbeitnehmer von dem Rentenangebot Gebrauch machen, ergeben sich Beitragskosten für die Unternehmen in Höhe von rund 290 Mio. DM oder Aufwendungen für die Überbrückungsrente in Höhe von 300 Mio. DM. Beide Lösungen sind nach Ansicht der CDU billiger als die dauernde Unterhaltung von Arbeitslosen.

2. Der Vorschlag der SPD
Den Arbeitnehmern wird angeboten, schon mit 58 Jahren in den Ruhestand zu treten. Man schätzt, daß damit bis zu 500 000 Arbeitsplätze für Arbeitslose freigemacht werden können. Die Arbeitnehmer sollen, wenn sie vorzei-

tig auf ihren Arbeitsplatz verzichten, 68% ihres jährlich steigenden Nettolohnes erhalten. Davon sollen je 50% der Arbeitgeber und die Arbeitslosenversicherung zahlen. Auch die Beiträge zur Renten- und Krankenversicherung, die sich nach dem früheren Bruttolohn richten, sollen Arbeitgeber und Arbeitslosenversicherung je zur Hälfte finanzieren.

Voraussetzung für die 50%ige Finanzierung des vorzeitigen Ruhestandes durch die Arbeitslosenversicherung ist die Bereitschaft des Arbeitgebers, den freiwerdenden Arbeitsplatz mit Arbeitslosen zu besetzen. Deswegen wird eine Kontrolle durch den Betriebsrat vorgeschlagen. Mit zusätzlichen Kosten für die Arbeitslosenversicherung rechnet man nicht, weil die Zahlungen für die Arbeitslosen entfallen. Die Arbeitgeber müßten dagegen eine Erhöhung der Lohnsumme um 0,9% einkalkulieren.

Die SPD favorisiert nicht die gesetzliche Lösung des vorzeitigen Ruhestands, sondern Regelungen durch Tarifverträge, Betriebsvereinbarungen oder durch Einzelarbeitsverträge. Die Schätzung der Entlastungswirkung für den Arbeitsmarkt geht im einzelnen von folgenden Zahlen aus: Rund 900 000 beschäftigte Arbeitnehmer ab 59 Jahren gibt es derzeit in der Bundesrepublik, davon sind 550 000 im Alter von 58 und 59 Jahren und 360 000 zwischen 60 bis 65 Jahre alt. Bei den 58- und 59jährigen rechnet man mit einer Aussteigerquote von 50% und bei den älteren Arbeitnehmern von 66%.

3. Der Vorschlag der FDP
Ähnlich wie die CDU schlägt auch die FDP vor, daß Arbeitnehmer freiwillig und unter Inkaufnahme eines versicherungsmathematischen Abschlags (er betrüge etwa 7% pro Jahr) vorzeitig aus dem Erwerbsleben ausscheiden können, so daß beispielsweise ein Beschäftigter bereits mit 60 Jahren in den Ruhestand treten könnte, wenn er bereit ist, dafür eine (um ca. 21%) geringere Rente als beim Ausscheiden mit 63 Jahren in Kauf zu nehmen. Um das Angebot der früheren Verrentung attraktiver zu gestalten, werden die Tarifpartner aufgefordert, für ältere Arbeitnehmer Lohnausgleichsangebote bei vorgezogenem Rentenbezug zu vereinbaren.

Älteren Arbeitnehmern sollte nach den Vorstellungen der FDP aber auch die Möglichkeit gegeben werden, eine Teilrente mit entsprechenden Abschlägen zu beziehen und gleichzeitig einer Teilzeitarbeit nachzugehen. Eine solche Regelung kommt nach Meinung der FDP sowohl den Bedürfnissen der Arbeitnehmer als auch denen der Betriebe entgegen. Auch in diesem Fall sollten auf tarifvertraglicher oder betrieblicher Basis zusätzliche Lohnausgleichszahlungen vereinbart werden.

4. Der Vorschlag der Gewerkschaft »Nahrung, Genuß, Gaststätten«
Die Gewerkschaft »Nahrung, Genuß, Gaststätten«, die bereits mit ihren Vereinbarungen bezüglich der schrittweisen Verringerung der wöchentli-

chen Arbeitszeit für ältere Arbeitnehmer (insbesondere in der Zigarettenindustrie) oder der zusätzlichen Gewährung von Urlaubstagen ab dem 60. Lebensjahr (insbesondere im Brauereiwesen) weitgehend Neuland betreten hatte, hat nunmehr auch im Hinblick auf eine generelle Herabsetzung des Beginns der flexiblen Altersgrenze neue Überlegungen vorgelegt. Danach sollen ältere Arbeitnehmer, die vorzeitig auf ihren Arbeitsplatz verzichten, 75% ihres früheren Einkommens (Nettoeinkommen einschl. Sozialversicherungsbeiträge) weiterbezahlt bekommen. Die freiwerdenden Arbeitsplätze sollen anschließend neu mit Arbeitslosen besetzt werden, d. h. es muß ein Austausch stattfinden.

Eine solche Regelung soll nur begrenzt gelten, und zwar so lange, wie dies wirtschaftliche Verhältnisse erforderlich machen.

Die Finanzierung soll folgendermaßen gestaltet werden:
50% des Nettoeinkommens und die anteiligen Sozialversicherungsbeiträge sollen von der Bundesanstalt für Arbeit, und 25% des Nettoeinkommens und die anteiligen Sozialversicherungsbeiträge sollen von den Tarifpartnern übernommen werden. Da während der Übergangszahlung geringere Beitragszahlungen an die Rentenversicherung als bei entsprechender Erwerbstätigkeit anfallen, kann sich die Höhe der späteren Rente etwas vermindern.

In den Berechnungen zu den finanziellen Auswirkungen dieses Planes wird davon ausgegangen, daß sich die Übergangszahlungen unterhalb des Produktivitätszuwachses bewegen, so daß für den Arbeitgeber keine »negativen Gewinnauswirkungen« entstehen. Auch für die Bundesanstalt für Arbeit entstünden keine Mehrkosten, eher Ersparnisse, wenn die freigewordenen Arbeitsplätze mit Arbeitslosen besetzt werden. Ein Ausgleich sei auch beim Beitragsaufkommen und den Ausgaben der Rentenversicherungs- und Krankenversicherungsträger im Zeitablauf zu erwarten.

Soweit die Zusammenfassung des IAB.
Diese Vorschläge zeigen, daß sich ein relativ breiter Konsensus in der grundsätzlichen Fragestellung erkennen läßt. Allerdings differieren die einzelnen Vorschläge erheblich. Die eine Grundrichtung bevorzugt das allmähliche Hineingleiten in die Rente bei sukzessiver Herabsetzung der Arbeitszeit, die andere Position befürwortet eine wahlweise Reduzierung der flexiblen Altersgrenze auf festgelegte Altersstufen. Unter sozialethischen Aspekten verdienen die Vorschläge und Erfahrungen der Gewerkschaft »Nahrung, Genuß, Gaststätten« besondere Beachtung. Dies spiegelt sich auch im Grad der Inanspruchnahme dieser Option in der deutschen Zigarettenindustrie wider: Von den über 60 Jahre alten Arbeitnehmern, die seit

1977 zwischen vorzeitiger Verrentung oder Halbzeitarbeit (bei vollem Lohn) wählen können, entscheiden sich etwa 90% für die »Gleitregelung«. Ein Indiz dafür, daß diese Lösung eher die Bedürfnisse der Arbeitnehmer trifft als die reine Herabsetzung der Altersgrenze.

II. Flexible Arbeitszeitregelungen in der neueren arbeitspolitischen Diskussion

1. Am Arbeitsmarkt für Teilzeitbeschäftigungen herrscht ein ausgeprägtes Ungleichgewicht. Neben der seit langem bestehenden Kluft zwischen registrierten Teilzeitsuchenden bzw. -arbeitslosen und offenen Stellen weisen neuere Befragungen zu den Arbeitszeitpräferenzen der erwerbstätigen Bevölkerung auch auf einen steigenden Bedarf an Teilzeitarbeitsplätzen hin.

Der Überhang der Nachfrage nach Teilzeitplätzen über die offenen Teilzeitstellen liegt am Teilzeitarbeitsmarkt wesentlich höher als der auf dem Vollzeitarbeitsmarkt: Im Dezember 1981 (November 1980) betrug die Zahl der offenen Teilzeitstellen 10 202 (13 181). Im gleichen Zeitraum schwankte die Zahl der Teilzeitarbeitslosen um 235 000 (178 000), die der Teilzeitsuchenden um 283 000 (222 000)[1].
Neben diesem ausgeprägten sichtbaren existiert auch ein latentes Ungleichgewicht, denn ein Teil der vollzeitbeschäftigten Erwerbstätigen würde – selbst bei entsprechender Einkommensverringerung – gerne eine Teilzeit-Beschäftigung ausüben. Mehrere Repräsentativbefragungen haben gezeigt, daß sich die Arbeitszeitwünsche nicht auf die konventionelle Form der Teilzeitarbeit, die Halbtagsarbeit konzentrieren. Ein erheblicher Teil der Befragten würde eine Arbeitszeit bevorzugen, die zwischen Halb- und Ganztagstätigkeit liegt.
15,6% der vollzeitbeschäftigten Arbeitnehmer würden z. B. eine Wochenarbeitszeit von 25–35 Stunden vorziehen (Männer 11,8%, Frauen 28,1%). Noch größer – rund 20% – ist dieser Anteil bei den Personen, die zwar berufstätig sein möchten, aber zum Zeitpunkt ihrer Befragung keiner Erwerbstätigkeit nachgingen[2].

---

1. Amtliche Nachrichten der Bundesanstalt für Arbeit (ANBA). Nürnberg 1981; 1982.
2. Vgl. C. BRINKMANN, Veränderung des Arbeitsvolumenangebots bei

Da aus heutiger Sicht die voraussichtliche Entwicklung der Arbeitsnachfrage und der Beschäftigung auf mittlere Frist allgemein zurückhaltend eingeschätzt wird, werden u. a. Strategien diskutiert, die auf eine andere Verteilung des Arbeitsvolumens abzielen. Zunehmend an Bedeutung gewinnen in dieser Debatte Vorschläge zu flexiblen Arbeitszeitregelungen – in Form der Aufspaltung von Vollzeitplätzen bis hin zur Mehrfachbesetzung eines Arbeitsplatzes in der Form des Job Sharing.

2. Was sind flexible Arbeitszeitregelungen?

Unter flexiblen Arbeitszeiten werden solche verstanden, die von der tariflichen Regelarbeitszeit dem Umfang nach abweichen und/oder hierin sowie in bezug auf die Arbeitszeitlage Selbstbestimmungsmöglichkeiten aufweisen. Dem einzelnen Arbeitnehmer bringen sie nach Auffassung ihrer Fürsprecher vor allem folgende Vorteile:

- Sie vergrößern die individuelle Freiheit und das Mitspracherecht des einzelnen bei der Gestaltung seines Lebens. Das von B. TERIET in die Diskussion eingebrachte Schlagwort »Zeitsouveränität« faßt diesen Aspekt zugleich als anstrebenswerte Zielvorstellung.
- Sie erlauben eine bessere Vereinbarung von Arbeit und Nichtarbeit in den verschiedenen Lebensphasen, die auch unter arbeitsmedizinischen Gesichtspunkten günstig ist.
- Indirekt profitieren die Arbeitnehmer von der Entlastung der Infrastruktur durch die Entzerrung von Verkehrsströmen als Folge flexibler Arbeitszeiten, wodurch sich die Wegezeiten verkürzen.
- Darüber hinaus sollen sie zu einer Entlastung des Arbeitsmarktes beitragen.

In der Bundesrepublik sind die beiden »Grenzoptionen« flexibler Arbeitszeitregelungen, Teilzeitarbeit und gleitende Arbeitszeit, die jeweils nur eine ihrer Dimensionen erschließen, besonders seit Ende der sechziger Jahre in recht erheblichem Ausmaß eingeführt worden. Andere, aus diesen Grundformen kombinierte Modelle wie der Jahresarbeitszeitvertrag und das Job Sharing sind dagegen nur vereinzelt realisiert worden.

Realisierung der Arbeitszeitwünsche: Befragungsergebnisse und Modellrechnungen. In: Probleme der Messung und Vorausschätzung des Frauenerwerbpotentials. BeitrAB 56, 1981, S. 147ff.

3. Die Teilbarkeit von Arbeitsplätzen

Die Möglichkeiten zur Ausdehnung der Teilzeitangebote sind nach zwei großen Arbeitgeberbefragungen ganz beträchtlich. Eine gemeinsame Erhebung des IAB und des ifo-Instituts erbrachte für die verarbeitende Industrie und das Baugewerbe allein ein Potential von über 800 000 Teilzeitarbeitsplätzen, die sich aus teilbaren, heute mit Vollzeitkräften besetzten Plätzen herstellen ließen, sofern man der Einfachheit halber davon ausgeht, daß ein teilbarer Vollzeitarbeitsplatz zwei Teilzeitplätzen entspricht (was nicht immer sein muß, wenn man an den erwünschten größeren Variantenreichtum denkt)[3]. Das sind fast 10% der Beschäftigungsverhältnisse.

Bei einer Erhebung des rheinland-pfälzischen Sozialministers über die Teilbarkeit von Arbeitsplätzen ergab sich, daß sogar 60% der Vollzeitarbeitsplätze ohne Schwierigkeiten in eine Vor- und Nachmittagsschicht teilbar sind; 75% können danach gesplittet werden, wenn die Schichten tage- oder wochenweise wechseln[4]. Hier zeigen sich auch nennenswerte Möglichkeiten für Job-Sharing-Modelle, d. h. für die gemeinsame Wahrnehmung der Aufgaben eines Vollzeitarbeitsplatzes durch mehrere Personen nach eigener Vereinbarung.

4. Stellungnahmen von Seiten der Arbeitgeberverbände und Gewerkschaften

Sowohl von seiten der Arbeitgeberverbände wie von seiten der Gewerkschaften liegen publizierte Stellungnahmen zu flexiblen Arbeitszeitregelungen vor.

Betrachtet man stellvertretend für die Position der Arbeitgeberverbände diejenige der Bundesvereinigung der deutschen Arbeitgeberverbände (BDA), so zeigt sich hier eine stabile, positive Grundeinstellung zur Teilzeitarbeit.

---

3. W. FRIEDRICH/G. NERB/L. REYHER/E. SPITZNAGEL, Zu den Beschäftigungserwartungen, den Arbeitsplatzreserven und zum Potential an zusätzlichen Teilzeitarbeitsplätzen in der verarbeitenden Industrie und im Bauhauptgewerbe. In: MittAB 2/1978, 247.
4. Ministerium für Soziales, Gesundheit und Sport von Rheinland-Pfalz, Möglichkeiten der Teilzeitbeschäftigung in der Wirtschaft. Mainz 1978. Erhebungsumfang: 9000 Arbeitsplätze in 13 Unternehmen aus 12 Branchen.

Außer aus familienpolitischen Gründen wird – auch qualifizierte – Teilzeitarbeit von der BDA noch als eine speziell für ältere Arbeitnehmer, die in den Ruhestand »gleiten« wollen, und für Leistungsgeminderte geeignete Arbeitsform angesehen und gefördert. Damit die Möglichkeiten flexibler Arbeitszeitregelungen ausgeschöpft werden können, wird zum einen ein Entgegenkommen der Teilzeitkräfte in bezug auf Dauer und Lage der Arbeitszeit für notwendig gehalten, zum anderen werden die Betriebe aufgefordert, durch geeignete Arbeitszeitangebote ein flexibleres Verhalten auf der Arbeitnehmerseite auszulösen[5].

Diesen Impuls hat im Herbst 1980 der Arbeitsring der Arbeitgeberverbände der Deutschen Chemischen Industrie aufgegriffen und ist mit einem Mustervertrag für einen »Job-Sharing-Arbeitsvertrag« an die Öffentlichkeit getreten[6]. Dieser stellt den ersten Versuch in der Bundesrepublik dar, zu einer allgemeineren Regelung einer Form der flexiblen Arbeitsgestaltung, die über die gleitende Arbeitszeit hinausgeht, zu kommen.

Die arbeitsrechtliche Ausgestaltung des Job-Sharing in dem Mustervertrag des Arbeitsringes hat z. T. heftige Kritik hervorgerufen, die am prononciertesten in den gewerkschaftlichen Stellungnahmen zum Ausdruck kommt. Im Mittelpunkt stehen dabei die Regelungen der Besetzung des geteilten Arbeitsplatzes während der gesamten betriebsüblichen Arbeitszeit (»Zwangsvertretungen«), zum anderen die vermutete Einführung eines weiteren Kündigungsgrundes, der »partnerbedingten« Kündigung.

Der im Juli 1981 der Öffentlichkeit vorgestellte Modellentwurf der CDU-Frauenvereinigung setzt an den Hauptschwächen des Arbeitsring-Vertrages an und berücksichtigt dadurch indirekt auch die hauptsächlichen arbeitsrechtlichen Bedenken der gewerkschaftlichen Kritik[7]. Insbesondere werden die »Zwangsvertretungen« und die »partnerbedingte« Kündigung herausgenommen. In einer ersten Stellungnahme des Deutschen Gewerkschaftsbundes (DGB) wird darum zunächst auch anerkannt, daß der CDU-Modellvertrag die vom DGB geübte Kritik »zumindest formal berücksichtigt«. Der DGB »sieht jedoch auch weiterhin die Gefahr, daß die am Job-Sharing-System beteiligten Arbeitnehmer beim praktischen Vollzug eines derartigen

---

5. Bundesvereinigung der deutschen Arbeitgeberverbände (BDA), Jahresbericht der BDA. Bonn-Bad Godesberg 1980, 121.
6. Arbeitsring Chemie, Der Job-Sharing-Arbeitsvertrag. Eine besondere Form des Teilzeitarbeitsvertrages. Mustervertrag und Erläuterungen des Arbeitsrings Chemie. Wiesbaden 1980.
7. CDU/CSU: Modell-Vertrag »Job-Sharing«. Mustervertrag und Erläuterungen der CDU/CSU-Bundestagsfraktion. Ms. Bonn 1981.

Arbeitsvertrages dem Zwang einer Abrufbereitschaft ohne Entgelt im Falle des Ausfalls eines anderen Arbeitnehmerpartners ausgesetzt sind«[8].
Es gibt jedoch Möglichkeiten, die Arbeitsplatzteilung rechtlich so zu regeln, daß die von den Gewerkschaften angesprochenen Nachteile vermieden werden, ohne daß dadurch die Vorteile für den einzelnen Arbeitnehmer verloren gehen. Hierzu hat A. HOFF vom Wissenschaftszentrum Berlin einen »Entwurf einer ›Job-Sharing-Rahmenvereinbarung‹ zur Einfügung in Tarifverträge bzw. als Gegenstand von Betriebsvereinbarungen« vorgelegt[9]. Dieser basiert auf dem Prinzip der kollektiven Regelung individualisierter Arbeitszeiten. Damit wird es möglich, die Vorteile der traditionellen Arbeitszeitpolitik – vor allem den einheitlichen Schutz aller Arbeitnehmer – mit einer Arbeitszeitregelung zu kombinieren, die den individuellen Bedürfnissen besser angepaßt ist.

III. Soziale Dienste als Träger potentiellen Wachstums und ihr Beitrag zum Abbau der längerfristigen Arbeitslosigkeit

Mittel- bis langfristige Prognosen wirtschaftlicher Entwicklung kommen zu dem Ergebnis, daß die Arbeitslosigkeit bis zum Jahre 1990 und eventuell auch darüber hinaus auf einem relativ hohen Niveau verharren wird und möglicherweise sogar eine steigende Tendenz aufweisen kann. Sie waren Anlaß und Ausgangspunkt zweier in jüngster Zeit entstandenen Studien, deren zentrale Zwecksetzung darin besteht, gesellschaftlich sinnvolle und gesamtwirtschaftlich rentable Handlungsfelder für die Sozial- und Wirtschaftspolitik der 80er und 90er Jahre aufzuzeigen[1].

---

8. Deutscher Gewerkschaftsbund (DGB), »Job-Sharing« bringt keinen arbeitsmarktpolitischen Erfolg. DGB-Nachrichten-Dienst 149 vom 20. 7. 1981.
9. A. HOFF, Job-Sharing als arbeitsmarktpolitisches Instrument: Wirkungspotential und arbeitsrechtliche Gestaltung. Discussion paper IIM/LMP 81-17 des Wissenschaftszentrums Berlin. Berlin 1981.

1. Vgl. I. LINDEMANS: The Belgian Case for a Genuine »Third Sector« of Permanent Employment to do away with Long-Term Unemployment. Masch.-schriftlich vervielfältigt. Kopenhagen 1982.
PROGNOS AG (Hg.): Soziale Dienste als Träger potentiellen Wachstums und ihr Beitrag zum Abbau der längerfristigen Arbeitslosigkeit.

Folgt man den Überlegungen der Prognos-Studie, so ist das Ziel der Untersuchung, auf der Grundlage von Gedankenmodellen und verfügbaren Daten die Frage zu prüfen, in welchem Umfang und unter welchen Bedingungen soziale Dienste als Träger qualitativen Wachstums geeignet sein könnten, und welcher Beitrag zum Abbau der längerfristigen Arbeitslosigkeit dadurch gewonnen werden könnte[2].

1. Verschiedene Teilbereiche sozialer Dienstleistungen wie
- körperliche, geistige und seelische Behinderungen
- Sucht- und Rauschmittelgebrauch
- Kriminalität bzw. sozial-abweichendes Verhalten
- Altersprobleme
- Dienstleistungen im Gesundheitswesen
- Dienstleistungen für Jugend und Familie
- Dienstleistungen im Arbeits- und Berufsbereich

sind in nachstehender Tabelle aufgezeigt. Für viele dieser Bereiche gibt es keine oder nur unzureichende Wirkungsforschungen der positiven und negativen volkswirtschaftlichen Folgewirkungen (Erträge und Kosten). Unter diesen Bedingungen mußte sich die Untersuchung im quantitativen Teil auf nur wenige Merkmale (Indikatoren) beschränken. Um die nicht erfaßten gesellschaftlichen Erträge zumindest anzudeuten, wurden diese in der Tabelle stichwortartig aufgeführt.

Siehe Tabelle, Seiten 122 und 123

2. Bei den quantifizierbaren Indikatoren ergibt sich für die sozialen Dienstleistungen folgendes Gesamtergebnis:
- Ein erhöhtes Angebot wird längerfristig über alle Sektoren der Wirtschaft ca. 500 000 zusätzliche Arbeitsplätze erfordern. Da-

---

Basel 1980. Vgl. auch »Potentielle Beschäftigungseffekte durch Erschließung neuer Bedarfsfelder« – unveröffentlichter Bericht –, Untersuchung der PROGNOS AG im Auftrag des Bundesministers für Arbeit und Sozialordnung, Basel, Juli 1980.

2. Dabei sollen soziale Dienste, in welchem Bedarfsfeld sie auch immer ansetzen, den Dienstleistungsempfänger derart unterstützen, daß er in der Lage ist, seine Lebensprobleme auf Dauer selbst zu lösen (»Hilfe zur Selbsthilfe«).

von entfallen ca. 155 000 auf sekundäre Wirkungen (Folgewirkungen der volkswirtschaftlichen Verflechtung des Sektors Soziale Dienstleistungen) und ca. 341 000 Arbeitsplätze auf den unmittelbaren Bereich sozialer Dienstleistungen. Eine Aufteilung dieser Arbeitsplatzzahlen auf die Teilsektoren findet sich in der Tabelle.
- Der Saldo der volkswirtschaftlichen Kosten und Erträge (Spalte III) beträgt insgesamt plus 7,0-9,0 Mrd. DM pro Jahr. Das heißt, bei den hier verwendeten Indikatoren ergibt sich für die Gesamtheit der sieben Dienstleistungssektoren ein volkswirtschaftlicher Nettoertrag von 7,0-9,0 Mrd. DM pro Jahr. Dieses positive Ergebnis ist vor allen Dingen auf die Ertragsschätzungen bei den Dienstleistungen im Gesundheitswesen zurückzuführen.

Die Schätzungen basieren auf der Voraussetzung, daß 80% bis 90% der sozialen Dienstleistungen ambulant und auf der organisatorischen Basis eines offenen Teamkonzepts angeboten werden, nicht-professionelle Leistungen und Privatinitiativen gezielt gefördert und in großem Umfang Teilzeitarbeitsplätze angeboten werden.

3. Im Bereich nicht-quantifizierbarer Erträge kann durch ein erhöhtes Angebot an sozialen Dienstleistungen mit folgenden Effekten gerechnet werden:
- Generell dürfte die Angst vor sozialen Notlagen abgebaut und damit die Voraussetzung für ein zunehmendes Wohlbefinden und ein Anwachsen positiver Lebensgefühle gegeben werden.
- Die Stigmatisierung und Tabuisierung sozialer und psychologischer Probleme und Notsituationen wird durch soziale Dienstleistungen reduziert und damit die Voraussetzung für eine entspanntere Lebenshaltung geschaffen.
- Soziale Dienstleistungen bedingen aber auch wachsendes Selbstbewußtsein, weil sie Hilfe zur Selbsthilfe anbieten und damit die Voraussetzungen für ein »Selbstverständnis« und ein »Selbstbewußtsein« im wahrsten Sinne des Wortes schaffen.

Diese generellen nicht-quantifizierbaren gesellschaftlichen Erträge sind für die Teilsektoren der sozialen Dienstleistungen in der Tabelle spezifiziert.

Gesamtübersicht der gesellschaftlichen (volkswirtschaftlichen) Erträge und Kosten eines erhöhten Angebotes an sozialen Dienstleistungen*.

Quelle: PROGNOS 1980

GESCHÄTZTE WIRKUNGEN TEIL- SEKTOREN SOZIALER DIENST- LEISTUNGEN	I. Kalkulierte volkswirtschaftliche *Kosten* pro Jahr in Mrd. DM[3]	II. Kalkulierte volkswirtschaftliche *Erträge* pro Jahr in Mrd. DM[3]	III. Volkswirtschaft. Finanzierungsdefizit auf der Basis der hier verwend. Indikatoren in Mrd. DM[3]	IV. Zahl der zusätzlich erforderlichen Arbeitsplätze in 1000		
				primär	sekundär	insgesamt
1. KÖRPERLICHE, GEISTIGE UND SEELISCHE BEHINDERUNGEN	2,1	1,7	–0,4	30	36	66
				und ca. 133 Arbeitsplätze für Behinderte		
2. SUCHT- UND RAUSCHMITTELGEBRAUCH	3,5	2,7	–0,8	30	30	60
3. KRIMINALITÄT BZW. SOZIALABWEICHENDES VERHALTEN	1,1	1,9	+0,8	24	8	32
4. ALTERSPROBLEME	1,9	1,6	–0,3	63	16	79
5. DIENSTLEISTUNGEN IM GESUNDHEITSWESEN	7,2	3,3[2] +13,0 bis 16,0 +16,3 bis 19,3	+9,1 bis 12,1	120	47	167
6. DIENSTLEISTUNGEN FÜR JUGEND UND FAMILIE	3,1	2,5	–0,6	66	38	104
7. DIENSTLEISTUNGEN IM ARBEITS- UND BERUFSBEREICH	1,9	1,1	–0,8	39	15	54

* Ca. 80–90% dieser Dienstleistungen können in ambulanter Form auf der organisatorischen Basis eines offenen Teamkonzepts und unter Einbeziehung nicht professioneller Leistungen und Teilarbeitsplätzen erbracht werden.

V. Heute noch nicht quantifizierbare gesellschaftliche Erträge der sozialen Dienstleistungen

---

a) Höheres persönliches Wohlbefinden von Behinderten und deren Angehörigen
b) Höhere Lebenserwartung der Behinderten
c) Bessere Eigenbewältigung von Lebensproblemen
d) Wachsender Eigenbeitrag zum ökonomischen Lebensunterhalt bis hin zur Selbstversorgung

---

a) Höheres persönliches Wohlbefinden der Betroffenen und ihrer Familien
b) Verbesserte Gesundheitssituation der Betroffenen und sinkende Kosten im Gesundheitswesen
c) Bessere Eigenbewältigung von Lebensproblemen
d) Wachsender Eigenbeitrag zum ökonomischen Lebensunterhalt

---

a) Höheres Wohlbefinden der Betroffenen und deren Familienangehörigen
b) Bessere Eigenbewältigung von Lebensproblemen und Eigenbeitrag zum ökonomischen Lebensunterhalt
c) Abnehmende Stigmatisierung und Diskriminierung Krimineller
d) Wachsendes allg. Sicherheitsgefühl aufgrund sinkender Kriminalität

---

a) Höheres Wohlbefinden und größere Lebensfreude der Betroffenen und ihrer Familien
b) Bessere Eigenbewältigung von Lebensproblemen
c) Abnehmende Stigmatisierung und Diskriminierung älterer Menschen

---

a) Höheres Wohlbefinden der Betroffenen und ihrer Familien
b) Wachsende Sensibilisierung gegenüber sozialen und psychologischen Ursachen von Krankheiten und geringere Tabuisierung und Verdrängung sozialer und psychologischer Probleme

---

a) Höheres Wohlbefinden der Betroffenen und ihrer Familien
b) Verhinderung von Kriminalität, Sucht und bestimmte Formen der Behinderung
c) Entschärfung des Generationenkonfliktes
d) Verbesserung der Gesundheitssituation durch Reduzierung familiärer Stressfaktoren

---

a) Höheres Wohlbefinden der Betroffenen und ihrer Familien
b) Verbesserte Gesundheitssituation und leichtere Bewältigung von beruflichen Veränderungen und frühzeitige Vorbereitung auf Pensionierung
c) Höhere Arbeitsproduktivität und Arbeitsfreude
d) Abnehmende Ängste in der Arbeitssituation

4. Anliegen der PROGNOS-Studie konnte es nicht sein, endgültige Zahlenwerte zu liefern. Hauptzielrichtung war es vielmehr, den grundsätzlichen Nachweis zu erbringen, daß volkswirtschaftliche Ausgaben für soziale Dienstleistungen sich langfristig volkswirtschaftlich amortisieren können (z. B. durch geringere Krankheitshäufigkeit, geringere Rückfallkriminalität, höhere Arbeitsproduktivität etc.).

5. Vom »European Centre for Work and Society« wurde anläßlich eines Seminars über »Employment Generation in Europe« im Juni 1982 ein »Belgisches Modell für einen sog. ›Dritten Sektor‹ an dauerhafter Beschäftigung, um der langfristigen Arbeitslosigkeit Abhilfe zu verschaffen«, zur Diskussion gestellt. Das nach dem Verfasser I. Lindemans genannte Modell geht davon aus, daß für die wachsende Gruppe derer, die von »struktureller Arbeitslosigkeit« betroffen sind, ein dritter Sektor öffentlicher Arbeit neben dem »öffentlichen Dienst« und den auf dem freien Arbeitsmarkt vermittelten Erwerbstätigen geschaffen werden muß. Man könnte diesen Sektor auch »Zweiten Arbeitsmarkt« nennen. »Das Recht auf Arbeit« wird in einem permanenten Beschäftigungssektor denjenigen garantiert, die mehr als 2 Jahre arbeitslos waren oder die insgesamt 2 Jahre innerhalb eines Zeitraums von 4 Jahren ohne Arbeit gewesen sind: Es sind die »strukturell bedingten Arbeitslosen«. In einer solidarischen Gesellschaft sollte es eine politische Aufgabe sein, »diesen Arbeitslosen das Recht auf eine ehrbare, sozial nützliche und dauerhafte Beschäftigung (an verschiedenen Projekten innerhalb eines permanenten und organisierten Dritten Sektors der Beschäftigung) zu geben. Falls die Gemeinschaft ihnen das Recht auf Arbeit gewährt, ist es ihre Pflicht, einen annehmbaren Job anzunehmen.«

Beispiele für mögliche Projekte:
- Einzel-Job-Dienste für die weniger Leistungsfähigen (z. B. ältere Bürger)
- Essen auf Rädern etc.
- Verkehrs-Aufsicht an kritischen Punkten, Informationsdienst etc.
- Hilfen für weniger Begünstigte (z. B. Gastarbeiter)
- Hilfe für Arbeitslose

- Projekte in Schulen
- Informationsdienste über wichtige gesellschaftliche Fragen
- Verbesserung der Umwelt
- Verbesserung der Ortschaften zur Tourismusförderung
- Spezielle administrative Arbeiten (Archive etc.)
- Grüne Projekte

Diese in der Vorbereitung und Durchführung aufwendigen Projekte lassen sich nur angemessen verwirklichen, wenn die lokale Kompetenz und Ausstattung der Arbeitsverwaltung erweitert wird und in Analogie zu den »Wohlfahrtsausschüssen« »Arbeitsausschüsse« gebildet werden, denen neben den öffentlichen auch die freien bzw. privaten Träger angehören.

6. Die Ergebnisse der PROGNOS-Studie wie auch die des LINDE-MANS-Modells legen die Vermutung nahe, daß der Ausbau der sozialen Dienstleistungen für die mittel- bis langfristige Umorientierung und Stabilisierung der Wirtschafts- und Gesellschaftspolitik auf qualitativ neuen und sinnvollen Handlungsfeldern ein Beitrag zum Abbau der längerfristigen Arbeitslosigkeit sein kann. Infolge der zu erwartenden relativ großen volkswirtschaftlichen Mitteleinsparungen (volkswirtschaftlicher Rationalisierungseffekt), muß der Ausbau der sozialen Dienstleistungen a priori eine Erhöhung der Staatsquote bedeuten. Wie sich diese entwickeln würde, hängt sehr davon ab, mit welcher Handlungsstrategie an die Erschließung der hier aufgezeigten Entwicklungspotentiale herangegangen wird.

H. Kundgebung der Synode der Evangelischen Kirche in Deutschland zur Arbeitslosigkeit vom 10. Nov. 1977

Die 5. Synode der Evangelischen Kirche in Deutschland hat auf ihrer 6. Tagung folgende Kundgebung beschlossen:

Die Synode der Evangelischen Kirche in Deutschland ist auf ihrer Tagung in Saarbrücken von der wirtschaftlichen Entwicklung im Saarland unterrichtet worden. Sie versichert allen von der Arbeitslosigkeit Betroffenen und ihren Angehörigen ihre Anteilnahme und erhofft, daß die Bemühungen in Bund, Ländern und Gemeinden, auch in den Kirchen, Hilfen für sie bringen werden.

I.

Die Synode der EKD ist über die gegenwärtige Arbeitslosigkeit und besonders über ihre Folgen für die einzelnen Menschen betroffen.

Der Verlust des Arbeitsplatzes und der erworbenen sozialen Stellung ist nicht nur ein wirtschaftliches Problem für den Betroffenen und seine Familie, sondern auch eine seelische Belastung. Gestört werden das Selbstbewußtsein, der Kontakt am Arbeitsplatz, die Stellung in der Gesellschaft. Die Kluft zwischen Betroffenen und Nichtbetroffenen machen Rat und Trost selbst bei gutem Willen oft schwer oder gar unmöglich (Hiob 16.2.).

Während die Heilige Schrift oft von der Mühe der Arbeit (Gen 3,17f; Ps 90,10; Pred 4,4) und ihrer Notwendigkeit zur Lebenserhaltung (2. Thess 3,10) spricht, enthüllt sich im Verlust plötzlich ein eigener Wert der Arbeit. Sie erweist sich als der geheime Maßstab unserer Leistungs- und Konsumgesellschaft. In aller Selbstverständlichkeit messen viele danach den Nutzen und die Würde eines Menschen. Wer selbst so urteilt, weiß, daß er auch von anderen so beurteilt wird.

Angesichts solcher oft schmerzlicher Erfahrungen vieler einzelner unter uns werden wir uns alle vom Wort Gottes daran erinnern lassen: die Würde des Menschen vor Gott und daher auch vor Menschen liegt nicht in dem, was wir tun, sondern in dem, was Gott an uns tut. Er hat uns ursprünglich zu seinem Bild geschaffen (Gen 1,26.27) und uns durch Christus von der Versklavung unter die Prinzipien dieser Welt befreit (Gal 4,1-5; Kol 2,20f.).

Es ist die besondere Aufgabe der christlichen Gemeinde, sich daran zu halten, dies in der Verkündigung zu bezeugen und in der Seelsorge zuzusprechen.

II.

Arbeit ist eine Möglichkeit der Teilhabe am gemeinschaftlichen Leben. Sie stärkt die mitmenschlichen Bezüge und ist ein Mittel zur Sicherung unserer Existenz. Darin sind das Recht auf Arbeit und die Verpflichtung zur Arbeit begründet.

Das Recht auf Arbeit kann nicht als einklagbarer individueller Anspruch mißverstanden werden, zu jeder Zeit und an jedem Ort die Art von Arbeit mit der Bezahlung zu finden, die man sich wünscht. Es begründet vielmehr eine Verpflichtung des Staates und der gesellschaftlichen Gruppen, alles zu tun, um wirtschaftliche und soziale Zustände herbeizuführen, in denen jeder eine angemessene Arbeit finden kann. Dieser Verpflichtung muß konkret Rechnung getragen werden durch Maßnahmen, mit denen der Arbeitslosigkeit, insbesondere unter den Jugendlichen, weiblichen Arbeitnehmern, Älteren und Behinderten sowie bereits längere Zeit Arbeitslosen abgeholfen werden kann.

III.
Die Synode ermutigt alle, die auf die Beschäftigungslage Einfluß haben, ihre Verantwortung wahrzunehmen. Dabei darf keine Gruppe oder Institution die Last der Entscheidung auf die andere abzuwälzen versuchen. Nur gemeinsame Anstrengungen und Opfer haben Erfolg. Dafür sind koordinierende Planungen erforderlich.

1. Die Synode begrüßt alle Anstrengungen von Bund, Ländern und Gemeinden, beschäftigungspolitisch möglichst wirksame und gleichzeitig sozial wünschenswerte Investitionen vorzunehmen. Dies gilt insbesondere für Gemeinschaftsaufgaben, z. B. vor allem in der Raumordnung, des Umweltschutzes, des Bildungssystems, insbesondere des Berufsbildungssystems, der Forschung und der Entwicklung der innerstädtischen Sanierung, der Verkehrssysteme sowie der Entwicklungshilfe. Die beschäftigungswirksamen Maßnahmen müssen besonders in den Bereichen der sozialen Dienste ausgeweitet werden. Die öffentliche Förderung von Privatinvestitionen muß so ausgestaltet werden, daß dadurch eine Vermehrung der Arbeitsplätze eintritt.
2. Die Tarifvertragsparteien tragen mit Verantwortung für die Überwindung der jetzigen Situation. Die Einkommenssteigerung aller Gruppen sollte sich für eine begrenzte Zeit als Beitrag zur Behebung der Arbeitslosigkeit am Inflationsausgleich orientieren. Darin würde sich ihre Solidarität mit den Arbeitslosen zeigen. Die Unternehmer sollten dadurch verfügbar werdende finanzielle Mittel insbesondere für Neuinvestitionen, für Neueinstellungen oder verstärkte berufliche Ausbildung verwenden. Die

Gewerkschaften sollten diese verfügbar werdenden Mittel bei den Firmen nicht durch Erzwingung von Lohnerhöhungen ausschließlich den bereits Beschäftigten zukommen lassen, sondern langsamer steigende Löhne tolerieren. Eine solche Lohnpolitik soll zur Schaffung neuer Arbeitsplätze führen. Dies muß notfalls durch Vereinbarungen sichergestellt werden. Arbeitszeitverkürzungen in ihren verschiedenen Formen können ebenfalls beschäftigungssteigernd wirken.

3. Die Arbeitslosen könnten durch Bereitschaft zur Aufnahme von zumutbarer Arbeit, auch anderer als der gewohnten, durch einen vertretbaren Ortswechsel und durch Umschulung ihren Teil zur Rückkehr in den Arbeitsprozeß beitragen. Die Synode weiß, daß die Arbeitslosen dabei vor großen Schwierigkeiten stehen. Alle Beteiligten müssen sich bemühen, ihnen dabei behilflich zu sein.
4. Die Synode bittet die Kirchengemeinden, Arbeitsformen zu entwickeln, die den Arbeitslosen das geben, was sie in ihrer Situation brauchen: Verständnis, Gesprächsbereitschaft und Gemeinschaft.
5. Die Synode bittet die Landeskirchen, die kirchlichen Werke, die Gemeinden und alle Mitarbeiter dazu beizutragen, daß die für die kommenden Jahre zu erwartende hohe Nachfrage nach Arbeitsplätzen im kirchlichen Bereich aufgefangen werden kann. Sie alle werden aufgerufen, dafür Vorschläge zu machen und ihren Anteil zu deren Verwirklichung zu leisten.

Saarbrücken, den 10. November 1977

*Der Präses der Synode
der Evangelischen Kirche in Deutschland
Cornelius A. von Heyl*

19.
Landwirtschaft im Spannungsfeld

zwischen
Wachsen und Weichen
Ökologie und Ökonomie
Hunger und Überfluß
1984

*Eine Denkschrift der Kammer der
Evangelischen Kirche
in Deutschland für soziale Ordnung*

*Herausgegeben vom Kirchenamt
im Auftrage des Rates
der Evangelischen Kirche in Deutschland*

Inhalt

Vorwort 143

1. *Einleitung:* Agrarische, ökologische und entwicklungspolitische Probleme der Gegenwart – eine Herausforderung an alle Gruppen der Gesellschaft . . 145

1.1. Tiefgreifende Strukturveränderungen 145
1.2. Zuspitzung der Situation landwirtschaftlicher Betriebe . . 147
1.3. Zuspitzung der ökologischen Probleme 148
1.4. Verschärfung der Hunger-Überfluß-Problematik im Weltmaßstab 150
1.5. Herausforderung für alle Gruppen der Gesellschaft 152
1.6. Beitrag der Kirche 153

2. Agrarentwicklung – Entstehung der Probleme und Suche nach neuer Ziel- und Wertorientierung . . 157

2.1. Bäuerliche Wirtschaftsweise in vorindustrieller Zeit . . . 157
2.2. Probleme der Anpassung im Industrialisierungsprozeß . . 159
2.3. Agrarentwicklung nach dem Zweiten Weltkrieg 160
2.4. Einkommenspolitische und soziale Probleme bäuerlicher Familien 163
2.5. Struktur- und umweltgefährdete ländliche Regionen . . . 167
2.6. Europäische und weltweite Zusammenhänge in der Agrarentwicklung 168
2.7. Suche nach neuer Ziel- und Wertorientierung 171

3. Landwirtschaft im Spannungsfeld zwischen Wachsen und Weichen – Ziele zukünftiger Struktur- und Agrarentwicklung 173

3.1. Theologische Perspektiven und ethische Kriterien . . . 173
3.2. Ziele zukünftiger Agrarpolitik und die Leistungsfähigkeit einer bäuerlich geprägten Landwirtschaft . . . 175
3.3. Perspektiven der Sozialverträglichkeit für landwirtschaftliche Problembetriebe 179
3.4. Grundpositionen in der EG-Agrarreformpolitik 181
3.5. Auswirkungen der Reformvorschläge 183
3.6. Empfehlungen für flankierende Maßnahmen 188

4. Landwirtschaft im Spannungsfeld zwischen
   Ökologie und Ökonomie – Zielkonflikte und
   Lösungsversuche 192

4.1. Das Verhältnis des Menschen zur Natur 192
4.2. Landwirtschaftsstrukturen, Landbewirtschaftung
     und Artenschutz 199
4.3. Tierhaltung 203
4.4. Düngung und Pflanzenschutz 205
4.5. Kreislauf-Wirtschaft und Alternativen im Landbau 212
4.6. Empfehlungen für die Landwirte, Verbraucher,
     Agrarpolitiker und die Forschung 214

5. Landwirtschaft im Spannungsfeld von Hunger
   und Überfluß – Wechselwirkungen zwischen
   Entwicklungspolitik und Agrarpolitik 219

5.1. Hunger und Unterentwicklung als Herausforderung ... 219
5.2. Verschiedene Ursachen des Hungers 221
5.3. Auswirkungen von Agrarexporten 229
5.4. Weltweite Solidargemeinschaft 235

6. Agrarische, ökologische und entwicklungspolitische Anliegen der Denkschrift –
   Zusammenfassung der Grundforderungen 236

6.1. Grundprobleme 236
6.2. Grundforderungen 237

7. Kirchliche Arbeit auf dem Lande –
   Herausforderungen und Konsequenzen 245

7.1. Mitverantwortung und Dienst der Kirche im
     Strukturwandel des Dorfes 245
7.2. Gottesdienst, Seelsorge und gesellschaftspolitisches
     Engagement 249

Mitglieder und ständige Gäste der Kammer der EKD
für soziale Ordnung 255

Anhang: Ausgewählte Schaubilder 257

Vorwort

Auf die Landwirtschaft kommen heute neue Herausforderungen durch bedrängende gesellschaftliche, politische und wirtschaftliche Fragen zu. Die großen Problembereiche unserer Zeit finden nicht zuletzt auch in den Zukunftssorgen der Landwirte ihren Niederschlag: Die Beschäftigungskrise, die Gefährdung der natürlichen Umwelt und der Nord-Süd-Konflikt. So fragt eine wachsende Zahl von Menschen quer durch alle Berufe besorgt: Werden die neuen Technologien zu weiteren Rationalisierungen und zugleich auch zur Verschlechterung der Chancen am Arbeitsmarkt führen? Können sich die Industriegesellschaften weiter entwickeln wie bisher, ohne daß Wälder und Seen, Tiere und Pflanzen, letztlich auch der Mensch bedroht werden? Wie kann vermieden werden, daß der Abstand zwischen den reichen und den armen Nationen dieser Erde trotz mancher Teilerfolge in einigen Entwicklungsländern dennoch immer größer wird? Die Fragen der in der Landwirtschaft tätigen Menschen lautet ähnlich: Wie sieht die Zukunft unserer Landwirtschaft aus im Spannungsfeld zwischen Wachsen und Weichen, Ökonomie und Ökologie, Hunger in der Dritten Welt und Überfluß bei uns?

Vornehmlich auf diese drei Themenbereiche konzentriert sich diese Denkschrift. Sie wendet sich nicht nur an die Landwirte, ihre Verbände und an die Agrarpolitiker, sondern auch an die Verbraucher und engagierte Umweltschützer. Sie alle verbindet das gemeinsame Interesse, unsere Landwirtschaft zu erhalten, Natur und Landschaft zu schützen und den Menschen in der Dritten Welt zu helfen. Mit welchen Schritten aber diese Ziele erreicht werden können, darüber gibt es unterschiedliche Ansichten und Vorschläge, Wert- und Interessenkonflikte sowie eine heftige und kontroverse Diskussion mit mancher Unsachlichkeit und festgefahrenen Fronten. Diese Denkschrift will einen Beitrag zur Versachlichung und Vertiefung der Diskussion leisten und Orientierungshilfen geben. Sie ist entstanden aus der Erfahrung, daß die Kirche nicht nur in gesellschaftliche Konflikte, Spannungen und Sorgen mit eingebunden ist, sondern daß der christliche Glaube den Auftrag zum rechten Umgang mit der Schöpfung und zur solidarischen Hilfe für die notleidenden Mitmenschen dieser Erde einschließt.

Ich hoffe, daß diese Denkschrift einen fruchtbaren Beitrag dazu leistet, die Gewissen zu schärfen, gegenseitiges Verständnis in der Diskussion zu wekken und Entscheidungshilfen für die großen Herausforderungen zu geben.

D. Eduard Lohse
Landesbischof
Vorsitzender des
Rates der Evangelischen
Kirche in Deutschland

1. *Einleitung:* Agrarische, ökologische und entwicklungspolitische Probleme der Gegenwart – eine Herausforderung an alle Gruppen der Gesellschaft

1.1 Tiefgreifende Strukturveränderungen

Kirche begleitet Probleme der Landwirtschaft

(1) Die evangelische Kirche hat die tiefgreifenden Strukturveränderungen der Landwirtschaft in der Bundesrepublik nach dem Kriege mit Aufmerksamkeit begleitet. Im Jahre 1965 brachte der Rat der Evangelischen Kirche in Deutschland eine viel beachtete Denkschrift zur »Neuordnung der Landwirtschaft als gesellschaftliche Aufgabe« heraus. Mitte der 70er Jahre folgte eine Verlautbarung zu der Situation der strukturschwachen ländlichen Gebiete mit dem Titel »Sterben die Dörfer aus?«. Die Landwirtschaft mußte in diesem Zeitraum von fast 20 Jahren mit schwierigen Entwicklungen fertig werden. Dabei hat sie eine große Flexibilität, Anpassungs- und Umstellungsbereitschaft gezeigt.

(2) Mit wenigen Zahlen läßt sich der tiefgreifende Strukturwandel kennzeichnen:

tiefgreifender Strukturwandel

– Der Anteil der Erwerbstätigen in der Landwirtschaft an der Gesamtzahl der Erwerbstätigen betrug vor 100 Jahren noch 40%, er sank auf 14% im Jahre 1950, 10% im Jahre 1965 und knapp 5% heute. Rechnet man alle Arbeitskräfte landwirtschaftlicher Betriebe auf Vollarbeitskräfte um, dann arbeiteten beim Erscheinen der ersten Landwirtschaftsdenkschrift 1965 rd. 1,8 Mio. Vollarbeitskräfte in der Landwirtschaft. Heute beträgt die Zahl der Vollarbeitskräfte nur noch rd. 900 000. Die Verminderungsrate belief sich also in 20 Jahren auf 50%.

– Obwohl sich die Anzahl der Vollarbeitskräfte

in der Landwirtschaft seit 1949 insgesamt auf rd. ein Viertel verminderte, ist die Nahrungsmittelproduktion im gleichen Zeitraum auf das Doppelte gewachsen. Die große Steigerung der Agrarproduktion bei gleichzeitiger erheblicher Verminderung der Arbeitskräfte bedeutet, daß die Arbeitsproduktivität enorm zugenommen hat. Eine landwirtschaftliche Arbeitskraft versorgte 1949 zwölf Personen, heute dagegen 62 mit Nahrungsmitteln, allerdings unter Einschaltung von immer mehr vor- und nachgelagerten gewerblichen Bereichen.

– Die Zahl der landwirtschaftlichen Betriebe mit mehr als 1 ha landwirtschaftlicher Nutzfläche betrug 1949 noch rd. 1,6 Mio., bis zum Jahre 1965 sank die Zahl auf rd. 1,2 Mio. – davon rd. 500 000 Vollerwerbsbetriebe – und gegenwärtig existieren noch rd. 750 000 Betriebe. Rund die Hälfte davon werden im Vollerwerb bewirtschaftet, rd. 40% im Nebenerwerb und rd. 10% im Zuerwerb. In jedem zweiten landwirtschaftlichen Betrieb sind demnach die Inhaber in teilweise beachtlichem Umfang außerbetrieblich erwerbstätig und ergänzen so das betriebliche Einkommen.

große Leistungen und Opfer

(3) Der rasche und tiefgreifende Strukturwandel war in vielen Einzelfällen mit menschlichen Problemen, persönlichen Opfern und sozialen Härten verbunden. Für viele Betroffene hatte er auch positive Auswirkungen. Nicht wenige Menschen haben außerhalb der Landwirtschaft eine befriedigende berufliche Existenz gefunden und können

positive und negative Auswirkungen

weiterhin in ihrer vertrauten ländlichen Umgebung wohnen. In der Landwirtschaft sind durch die technischen Entwicklungen viele Arbeitserleichterungen erzielt worden. Dadurch verminderte sich die körperliche Belastung. Andererseits erfuhr der einzelne eine fortdauernde Anspannung und Hektik, da mit immer weniger Arbeitskräften mehr produziert werden mußte. Weil aus politischen und sozialen Gründen die Nahrungsmittelpreise relativ stabil gehalten wurden, die Flächenausstattung je Betrieb bei der kleinteiligen Agrarstruktur in der Bundesrepublik Deutschland aber nur wenig vergrößert werden konnte, blieb den Landwirten unter den gegebenen Rahmenbedingungen keine andere Wahl, als durch Rationalisierungen und Produktionssteigerungen mit Hilfe von Technik, Chemie und aufgekauften Futtermitteln ein befriedigendes Einkommen anzustreben.

1.2 Zuspitzung der Situation landwirtschaftlicher Betriebe

Probleme der kleineren und mittleren Betriebe

(4) Besonders schwer haben es heute die rd. 100 000 Landwirte, deren Einkommen zum unteren Viertel der Einkommenskala zählt. Um es zu verbessern, müßten sie ihre Betriebe erweitern. Dazu fehlt jedoch oft das Kapital. Flächenaufstockungen sind meist ebenso wenig möglich wie der Übergang zum Zu- oder Nebenerwerb, da die außerlandwirtschaftlichen Arbeitsplatzangebote immer rarer werden. Also sind sie weiter ausschließlich auf das Einkommen aus der Landwirtschaft angewiesen und leisten großen Arbeitseinsatz ohne mittel- und langfristige Zukunftsperspektiven. Überdies wirkt der sich verstärkende Verdrängungswettbewerb innerhalb der Landwirtschaft nicht selten belastend auf die Dorfgemeinschaft.

Aber auch die Landwirte mit ausreichendem Einkommen sehen sich vor Problemen. Sie fragen, ob sie die Erträge bei immer größerem Einsatz von chemischen und pharmazeutischen Mitteln noch weiter steigern sollen. Viele, die ihre Betriebe oft nach eingehender Beratung mit erheblichem Fremdkapital erweitert haben, befürchten bei der verschlechterten gesamtwirtschaftlichen und haushaltspolitischen Lage und der Überschüsse in der Europäischen Gemeinschaft eine Senkung ihres Realeinkommens, so daß sie den Schuldendienst nicht mehr finanzieren können. Inhaber mittelgroßer Betriebe fragen, ob sie zu denen gehören, die trotz aller Rationalisierung und Spezialisierung in Zukunft noch existenzfähig sein werden.

1.3 Zuspitzung der ökologischen Probleme

Kritik an der Landwirtschaft

(5) In dieser spannungsvollen, von Belastungen und Gegensätzen gekennzeichneten Situation sieht sich die Landwirtschaft dazu noch wachsender öffentlicher Kritik ausgesetzt. Sie setzt bei der Subventionspolitik des Staates und der Europäischen Gemeinschaft an, bei der Überschußproduktion, bei der Verdrängung der kleinen und immer mehr auch der mittleren bäuerlichen Betriebe mit ihren, wie man meint, vielfach umweltfreundlicheren Arbeits- und Produktionsverfahren. Während man in den 60er Jahren den Bauern nicht selten Rückständigkeit vorwarf und von ihnen eine noch schnellere Anpassung an die Erfordernisse einer modernen Industriegesellschaft mit rationellen Produktionsverfahren verlangte, wird nicht selten Kritik daran geübt, daß die Landwirtschaft diesen Umstellungs- und Anpassungsprozeß geleistet hat. Sie wird mitverantwortlich gemacht für Grundwasserverunreinigungen, Schädigungen von Boden und Landschaft, Belastungen der Nahrungsmittel mit Fremdstoffen, Verringerung der Artenvielfalt und bedenkliche Methoden in der Tierhaltung.

verengte Blickwinkel bei vielen

(6) Hierbei ist der Blickwinkel von Kritik und Gegenkritik oft verengt. So lassen Natur- und Tierschützer häufig außer acht, daß die Landwirte im europäischen Wettbewerb ein angemessenes Ein-

kommen erwirtschaften müssen. Vor allem auf lokaler Ebene übersehen sie allzu leicht, daß nicht wenige der betroffenen Bauern Existenzsorgen haben. Agrarpolitiker, Produzenten und berufsständische Vertreter erkennen oft noch ungenügend, daß es mit den Interessen der Landwirte durchaus vereinbar sein kann, wenn der Spielraum für die Nutzung technisch-ökonomischer Möglichkeiten durch Forderungen von Ökologie und Tierschutz eingeengt wird. Verbraucher verkennen oft, daß man nicht beides gleichzeitig haben kann: Immer preiswertere und zugleich rückstandsfreiere Nahrungsmittel. So sieht jeder sein einseitiges Interesse, anstatt ökologische Notwendigkeiten und ökonomische Erfordernisse in ihrer unauflöslichen Verbindung zu sehen.

bedrohte Natur-, Pflanzen- und Tierwelt	(7) Dabei drängt die Zeit, wenn Natur und Landschaft für kommende Generationen funktionsfähig erhalten bleiben sollen. – Über ein Drittel der 7,5 Mio. ha Wald der Bundesrepublik ist durch verschiedenste Umwelteinflüsse geschädigt; 100 000 ha des Waldbestandes sind krank oder schon tot; 1,8 Mio. ha zeigen erste Anzeichen von Umweltschäden. Was den Bäumen schadet, schadet auf längere Sicht auch den Pflanzen, den Tieren und den Menschen, ganz zu schweigen von den möglichen langfristigen Klimaauswirkungen. – Viele Pflanzen- und Tierarten sind schon ausgestorben, andere höchst gefährdet. Nach Schätzungen des Bundeslandwirtschaftsministeriums sind zwischen 30% und 50% der gesamten Flora und Fauna in ihrem Fortbestand bedroht, also fast jede zweite Tier- und Pflanzenart.
Schadstoffbelastung	– Die Schadstoffbelastung des Bodens, der Gewässer und des Grundwassers nimmt aus unterschiedlichen Ursachen in bestimmten Regionen

(Industrienähe, Intensivanbaugebiete, durchlässiger Boden usw.) solche Ausmaße an, daß wirksame Gegenmaßnahmen nicht mehr lange auf sich warten lassen dürfen.
– In der Geflügelhaltung ist die Produktion schon fast ganz in Großbetriebe abgewandert. Die öffentliche Kritik an einer zu wenig artgerechten Tierhaltung nimmt immer mehr zu.

Landwirtschaft durch Umweltschäden betroffen

(8) Der Landwirtschaft ist keineswegs allein die Gefährdung der Umwelt anzulasten. Durch Industrie, Haushalt und Autoverkehr wird eine Vielzahl von Schadstoffen in die Umwelt abgegeben und teilweise in der Luft über weite Strecken verbreitet. Die Landwirtschaft ist so auf vielfältige Weise selber durch Umweltschäden betroffen. Das gilt nicht nur für die 100 000 Waldbauern. Auswirkungen des »sauren Regens« sind auch für die landwirtschaftlichen Böden und die Nutzpflanzen zu befürchten. Aber auch unersetzliche Biotope und Landschaften gehen z. B. durch die zunehmende Verstädterung, durch neue Industrieanlagen und den Straßenbau verloren. So nahm nach Angaben des Statistischen Bundesamtes die landwirtschaftlich genutzte Fläche in der Bundesrepublik täglich um 186 ha ab, insgesamt waren das 68 000 ha im Jahr.

1.4 Verschärfung der Hunger-Überfluß-Problematik im Weltmaßstab

Einkommensverteilung zu Lasten der Armen

(9) Obwohl auf der Welt genügend Nahrungsmittel zur Verfügung stehen, nimmt die Zahl der hungernden Menschen zu: Dieser Satz kennzeichnet brennpunktartig die gegenwärtige Situation, die von massiven Widersprüchen bestimmt ist. Die Nahrungsmittelproduktion insgesamt gesehen ist in der Welt so groß, daß jedem Menschen die täglich notwendigen Kalorien für eine ausreichende

Ernährung zur Verfügung stehen könnten, aber die oft zitierte Angabe der Weltbank, daß 800 Mio. Menschen in absoluter Armut bzw. unterhalb des Existenzminimums leben und täglich hungern, beweist, daß Nahrung für alle keine Realität ist.

Zwar sind mehr als 30 Jahre Entwicklungsbemühungen nicht ohne Erfolg gewesen – in manchen »Schwellenländern« ist das Lebensniveau im Durchschnitt beachtlich gestiegen – aber oft ist die Situation großer Bevölkerungsgruppen in diesen Ländern keineswegs verbessert. Im ganzen hat sich vielmehr die Einkommensverteilung zu Lasten der Armen verschlechtert. Die groteske Situation, die sich heute aus der unterschiedlichen Verteilung und Nutzung der Naturgüter ergibt, läßt sich wie folgt charakterisieren:

Hunger und Überfluß

(10) *Einerseits:*
– werden die Agrarüberschüsse in der EG (Milchpulver, Butter, Rindfleisch, Wein) immer größer und sind kaum noch finanzierbar;
– übersteigen die Ausgaben der Überschußfinanzierung bei weitem die Ausgaben europäischer Entwicklungshilfe;
– werden die Folgekosten unseres Ernährungsüberflusses für den Gesundheitsbereich auf 20 Mrd. DM geschätzt;

andererseits:
– verhungern in der Dritten Welt täglich 40 000 Kinder, und 300 Mio. Kinder – das sind ein Viertel aller Kinder in der Dritten Welt – leiden an Mangel- und Fehlernährung;
– gibt es in mehr als 40 Entwicklungsländern unter anderem infolge der Bevölkerungsentwicklung heute weniger Lebensmittel als vor zehn Jahren.

Hunger als soziale Frage

(11) Für diesen gegenwärtigen Zustand der Einkommensverteilung und Ressourcennutzung auf

dieser Erde kann es keine Rechtfertigung geben. Wir sind gesellschaftlich, politisch und wirtschaftlich ein Teil dieser Welt. Vieles ist miteinander verknüpft, auch wenn dies nur sehr unvollkommen wahrnehmbar ist. Das Bibelwort »wenn ein Glied leidet, so leiden alle anderen Glieder mit« gilt auch im Weltmaßstab für das Leben der Völker. Unser künftiges Schicksal ist untrennbar mit dem der Menschen in den Entwicklungsländern verbunden. Die reichen Industrienationen verdanken ihren Wohlstand und Fortschritt zu einem Teil den bestehenden Austauschbeziehungen mit den Entwicklungsländern (z. B. dem Import von billigen Rohstoffen aus diesen Ländern oder den Beschäftigungswirkungen, die von Exporten in die Entwicklungsländer ausgehen).

Aus der vielfältigen Verknüpfung agrarpolitischer und entwicklungspolitischer Probleme ergibt sich als unabweisbare Konsequenz: Wir sind mitverantwortlich für die Lösung der sozialen Frage dieses Jahrhunderts. Diese Frage lautet: Wie können genügend Nahrungsmittel für alle Menschen in der Welt erzeugt und gerechter verteilt und der Welthandel so organisiert werden, daß nicht die einen immer mehr in Armut und Hunger versinken und die anderen mit den Überflußproblemen nicht fertig werden?

1.5 Herausforderung für alle Gruppen der Gesellschaft

gesamte Gesellschaft mitbetroffen

(12) All diese Probleme sind keineswegs Anfragen allein an unsere Landwirtschaft. In der gegenwärtigen Diskussion wird vielfach zu wenig erkannt, wie sehr alle Gruppen unserer Gesellschaft von den angesprochenen Problemen betroffen sind. So erfahren sie etwa einerseits die Umweltbelastungen als immer bedrohlicher und tragen zugleich andererseits selbst erheblich zu Umweltbelastungen

bei. Auch die Landwirtschaft leistet in vielerlei Hinsicht einen großen Beitrag zur Pflege und Erhaltung der Umwelt bis hinauf in hohe Bergregionen. Zugleich leidet sie auch selbst in besonderem Maße an Belastungen durch die moderne Industriegesellschaft. Nicht nur die politischen und wirtschaftlichen Rahmenbedingungen, sondern auch die Verbraucherwünsche bestimmen mit, wie und was ein Landwirt heute produziert und welche Produkte in starkem Maße importiert werden. Die Bauern können auf Dauer nur das nach Menge und Qualität herstellen, was von den Verbrauchern nachgefragt wird und wozu die Landwirte durch politische Maßnahmen angeregt werden. Sie können nicht allein die Rahmenbedingungen unseres Wirtschaftssystems verändern. Sie können nicht in besonderer Weise die Natur schützen, während weite Teile der Bevölkerung in ihrem Verhalten die Natur- und Umweltbelastung unberücksichtigt lassen. Ebenso kann man von der Landwirtschaft aus entwicklungspolitischen Gründen keine Produktionsbeschränkungen fordern, wenn man selbst nicht bereit ist, die eigenen Ernährungsgewohnheiten zu verändern. Alle Gruppen unserer Gesellschaft müssen hier umdenken. Die Politik sollte entsprechende Rahmenbedingungen schaffen.

1.6 Beitrag der Kirche

herausfordernde Fragen

(13) Die Kirche weiß sich von diesen Problemen mitbetroffen. Sie versucht deshalb, sich solidarisch an der gemeinsamen Suche nach Lösungsansätzen zu beteiligen. Sie sieht ihre wesentliche Aufgabe darin, herausfordernde Fragen zu stellen und Lösungsansätze anzudeuten: Wie kann es gelingen,
– die technisch-industrielle Entwicklung besser an die ökologischen Erfordernisse anzupassen?

- unser Wirtschaften und Konsumverhalten auf Erhaltung und sparsamen Umgang mit den natürlichen Ressourcen auszurichten?
- zu erreichen, daß jeder Berufs- und Wirtschaftszweig beim Wahrnehmen der eigenen Interessen zugleich auch auf die Interessen der anderen, besonders jedoch auf die Lebensrechte der Natur, einschließlich der Tierwelt, Rücksicht nimmt?
- das Problem der Intensivierung der Landwirtschaft so zu lösen, daß die Boden-, Wasser- und Nahrungsmittelqualität sowie die Schonung der Landschaft gewährleistet werden und dennoch die Landwirte ein angemessenes Einkommen erwirtschaften?
- zu erreichen, daß die Tierhaltung den verhaltensbedingten Bedürfnissen der Tiere besser gerecht wird als die häufig nicht artgerechten intensiven Haltungsverfahren? Wie können rentable Produktionsverfahren für bäuerlich geprägte Betriebe entwickelt und gefördert werden, die eine artgerechtere Tierhaltung ermöglichen?
- den Strukturwandel in der Landwirtschaft so zu beeinflussen, daß wettbewerbsfähige Betriebe markt- und umweltgerecht produzieren können? Wie kann andererseits sichergestellt werden, daß die kleinen und mittelbäuerlichen Betriebe überleben und ihre Inhaber nicht arbeitslos werden?
- die Überschußproduktion abzubauen? Wie kann gleichzeitig vermieden werden, daß die kleineren und mittelbäuerlichen Betriebe durch diese Maßnahmen am härtesten getroffen werden?
- die Teilung der Welt in reiche und arme Regionen, in einen hungernden und einen überernährten Teil, in hochverschuldete Länder und Gläu-

biger-Länder, in stark von Rohstoffexporten und Exporten landwirtschaftlicher Produkte abhängige und hochindustrialisierte Volkswirtschaften schrittweise zu überwinden?
– einen Umdenkungsprozeß einzuleiten und eine Verhaltensänderung bei allen Beteiligten zu bewirken? Wie können einseitige Schuldvorwürfe abgebaut werden? Wie kann zu einem besseren Zusammenwirken zwischen Landwirten und Verbrauchern, zwischen Produzenten und Natur-, Tier- und Umweltschützern, zwischen den Ländern der EG und den Ländern der Dritten Welt beigetragen werden?
Niemand, auch nicht die Kirche, kann auf solche Fragen letztgültige Antworten geben. Alle diese Fragen lassen sich auch nicht mit wenigen Sätzen beantworten. Die von ethischen Gesichtspunkten geleiteten Erörterungen, Ratschläge und Empfehlungen dieser Denkschrift sollen als Diskussionsbeitrag und Orientierungshilfe verstanden werden.

Sorgen ernst nehmen

(14) Angesichts der großen Herausforderungen der Gegenwart sind Christen in ihrer Verantwortung zur Hoffnung berufen. Dies hat seine Auswirkungen bis in die Seelsorge, die sich mit den konkreten Ängsten und Problemen der Menschen auseinandersetzt. Sie sieht die Existenzprobleme vieler Landwirte ebenso wie die Sorgen der ökologisch und entwicklungspolitisch Engagierten, die fürchten, die Lebensgrundlagen unserer Erde könnten durch weiteren Raubbau, durch Belastungen der Luft und durch die Verunreinigung des Wassers zerstört und das Hungerproblem nicht bewältigt werden. Weil viele Besorgnisse und Befürchtungen heute konkrete Ursachen und Anhaltspunkte haben, dürfen sie nicht einfach verdrängt werden. Andererseits darf die Kirche nicht selbst dazu bei-

zur Hoffnung ermutigen	tragen, ungerechtfertigte Ängste zu verstärken. Ihre Aufgabe ist es, zu verantwortlichem Handeln zu ermutigen, damit die Ursachen vermindert werden, die schwerwiegende ökonomische, ökologische und gesellschaftspolitische Befürchtungen auslösen. Gott gibt seine Schöpfung nicht auf: »Solange die Erde steht, sollen nicht aufhören Saat und Ernte, Frost und Hitze, Sommer und Winter, Tag und Nacht« (1. Mose 9). Diese Gewißheit vermag Resignation zu vertreiben und Verantwortungsbereitschaft zu wecken, um nach Wegen aus bedrohlichen Gefahren und Ängsten zu suchen.
christliche Schöpfungs- und Weltverantwortung	(15) Die Kirche kann dazu beitragen, die Gewissen zu schärfen, Umkehrbereitschaft zu wecken und neue Handlungsimpulse zu geben. Sie verkündet den Glauben an Gott, den Schöpfer und Erhalter dieser Welt, der den Menschen als sein Ebenbild beauftragt hat, die Erde zu bebauen und zu bewahren und nicht nur zu eigenen Zwecken zu nutzen. Die Bibel sagt: »Gott der Herr nahm den Menschen und setzte ihn in den Garten Eden, daß er ihn bebaue und bewahre« (1. Mose 2). In unserer Zeit des technischen Fortschritts ist oft zu einseitig das »Bebauen« und zu wenig das »Bewahren« herausgestellt worden. Dadurch wurde einer technisch-ökonomischen Naturbeherrschung Vorschub geleistet, die die Gesamtzusammenhänge zu wenig beachtete. Im Glauben an Gott den Schöpfer gilt es jedoch, die doppelte menschliche Verantwortung neu zur Sprache zu bringen, die durch die Gottebenbildlichkeit und durch die Mitgeschöpflichkeit des Menschen gegeben ist. Verantwortung vor Gott schließt auch die Bereitschaft zur weltweiten Solidargemeinschaft ein.

(16) Der Glaube an Gott den Schöpfer, an die weltgestaltende Kraft der Liebe und die Hoffnung

umfassende Sach- auf den Beistand des Heiligen Geistes befreien zur
kunde erforder- Verantwortung und zum Dienst am Schwachen.
lich Damit ist die Verpflichtung eingeschlossen, daß
wir uns umfassend sachkundig machen.

Es gilt, zunächst darüber nachzudenken, wie es zu der heutigen Agrarentwicklung mit ihren positiven und bedenklichen Folgen kam und welche Ziel- und Wertkonflikte damit verbunden sind. Danach ist mit Kriterien der christlichen Ethik nach Lösungsansätzen in den drei Problembereichen Wachsen und Weichen, Ökologie und Ökonomie, Hunger und Überfluß zu fragen sowie nach Folgerungen, die sich daraus für Politik, Gesellschaft und Kirche ergeben.

2. Agrarentwicklung – Entstehung der Probleme und Suche nach neuer Ziel- und Wertorientierung

2.1 Bäuerliche Wirtschaftsweise in vorindustrieller Zeit

der Kampf mit der (17) Das Verhältnis des Menschen zur Natur war
Natur schon immer zwiespältig. Eingebunden in die Gesetzmäßigkeiten und natürlichen Kreisläufe mußte der Mensch die Natur nicht nur hegen und pflegen, sondern gleichzeitig auch immer mitgestalten und umgestalten. In seinem Kampf gegen Naturkatastrophen, Dürrezeiten, Schädlingsplagen und Hungersnöte hatte der Mensch der Natur nicht nur Nahrung, sondern auch Schutz, Zukunftssicherheit und Entfaltungsmöglichkeiten für sein gefährdetes Leben abzuringen.

(18) Gerade der Bauer hat durch die Jahrhunderte hindurch immer wieder erfahren, wie abhängig er von der Natur ist. Um genügend Nahrungsmittel zu

der Beitrag der Landwirtschaft zur Natur-/Kulturlandschaft

erzeugen, galt es, die natürlichen Kreisläufe und die Regenerationsfähigkeit des Bodens zu beachten. Der Landwirt war ebenso immer wieder gezwungen, in diese Natur umgestaltend einzugreifen. Sich selbst überlassene Natur ist nicht nur wohltätige Natur. Vieles von dem, was heute an unserer Naturlandschaft gerühmt und oft zu Recht aus ökologischen Gründen als erhaltungsnotwendig hingestellt wird, ist von Menschen gestaltete Natur-/Kulturlandschaft. Die bäuerliche Nutzung von Natur und Landschaft – Nutzung heißt immer Eingriff – hat auch in früheren Zeiten schon Schäden und Fehlentwicklungen verursacht. Übersehen wird heute aber oft, daß sie auch viele unerwartet ökologisch positive Folgen hatte. So hat der Ackerbau landschaftsökologische und ästhetische Bereicherungen in die mitteleuropäische Waldlandschaft hineingebracht. Eine große Zahl von Pflanzen- und Tierarten, die vorher nur geringe oder gar keine Lebensmöglichkeiten hatten, konnte sich dadurch neu ansiedeln und ausbreiten. Gerade unsere Landschaft zeichnete sich aus durch eine Vielfalt beim Anbau der Nutzpflanzen und bei der Tierhaltung, der Fruchtfolgen, der Raumstrukturen, der Biotope, der Ökosysteme und der Übergänge vom Natürlichen zum Künstlichen. Das Ziel der bäuerlichen Landwirtschaft war Nahrungserzeugung und ausreichende wirtschaftliche Existenz. Als Ergebnis dieses Handelns schuf sie aber auch eine große Landschaftsbereicherung. Der Intensivierung waren Schranken gesetzt, weil die nötige Energie nur im eigenen Betrieb erzeugt werden konnte. Brachen (Pausen im Fruchtwechsel) wurden eingeschaltet. Alle landwirtschaftlichen Abfälle, vor allem die tierischen Exkremente wurden weiterverwandt. Die Kombination von Ackerbau und Viehhaltung war ökologisch gesehen eine besonders günstige Wirtschaftsform.

Gegen Ende der vorindustriellen Zeit hat die bäuerliche Landwirtschaft eine an Zahl und Ansprüchen wachsende nichtbäuerliche Bevölkerung zu ernähren. Eine Auswanderung großen Umfangs setzte ein.

2.2 Probleme der Anpassung im Industrialisierungsprozeß

Revolutionierung des Ackerbaus

(19) Mit der Anwendung der Dampfkraft hielt die moderne Technik Einzug in die Landwirtschaft und revolutionierte Schritt für Schritt den Ackerbau. Darüber hinaus sorgten die Moor- und Ödlandkultivierung und die Umwandlung der Wirtschafts- und Anbausysteme (Übergang von der Drei-Felder- zur Fruchtwechsel-Wirtschaft) für einen anhaltenden Aufschwung der Produktion. Wesentlichen Anteil an diesem Prozeß der Intensivierung hatten nicht zuletzt die Entwicklung einer ökonomisch-rationellen Landwirtschaft im Sinne einer »angewandten Wissenschaft« und die Umsetzung naturwissenschaftlicher Forschung seit Justus von Liebigs bahnbrechenden Studien über den Nährstoffhaushalt der Pflanzen und deren Nährstoffversorgung. Mit diesem Eindringen der Chemie in die Landwirtschaft entfaltete sich eine rasch expandierende Düngemittelindustrie.

Schattenseiten

(20) Neben unbestreitbaren Erfolgen dürfen freilich die Schattenseiten nicht übersehen werden. Mit der Entstehung eines Weltagrarmarktes in der zweiten Hälfte des 19. Jahrhunderts zeigte sich immer deutlicher, daß die deutsche intensiv und kapitalaufwendig betriebene Getreideproduktion der extensiv und kostengünstig wirtschaftenden überseeischen Konkurrenz nicht standzuhalten vermochte. Besonders fühlbar wurde dies in der Phase großer Depressionen zwischen 1880 und 1890 und

30 Jahre später während der Weltwirtschaftskrise. Auf die weitere Entwicklung zwischen den beiden Weltkriegen mit der ideologischen Aufwertung des Bauernstandes und den »Ernährungsschlachten« im Dritten Reich kann hier nicht näher eingegangen werden.

2.3 Agrarentwicklung nach dem Zweiten Weltkrieg

(21) In den Hungerjahren nach dem Zweiten Weltkrieg galt es, unter erschwerten Bedingungen – nicht wenige Bauern waren gefallen, vermißt oder in Kriegsgefangenschaft – sehr viel mehr Menschen infolge des Flüchtlingsstromes zu ernähren. Heimatvertriebene Bauern waren einzugliedern. Die Dorfgemeinschaft stand vor einer neuen Bewährungsprobe. Gleichzeitig mußten die Höfe modernisiert werden. Die Technisierung und Rationalisierung begann und damit der erwähnte tiefgreifende Strukturwandel. Als wichtige Bestimmungsfaktoren dieses Strukturwandels sind anzusehen:

Bestimmungsfaktoren der Agrarentwicklung

- die erheblich erweiterten Möglichkeiten im biologischen und im mechanisch-technischen Bereich. Sie hatten eine kaum erwartete Produktionssteigerung in der Landwirtschaft zur Folge. Gleichzeitig wurde bei langsam wachsender Nachfrage in beträchtlichem Umfang Arbeit durch Kapital ersetzt;
- ein zügiges, allgemeines wirtschaftliches Wachstum ließ die Einkommen und den Lebensstandard der Bevölkerung in einem bis dahin nicht gekannten Ausmaß ansteigen;
- eine Übernahme der allgemeinen Wert- und Zielvorstellungen durch die bäuerliche Bevölkerung hatte zur Folge, daß u. a. das Einkommenswachstum der anderen Wirtschaftsbereiche als Orientierungsgröße für die eigenen beruflichen und betrieblichen Entscheidungen angesehen

wurde. Diese Entwicklung wurde durch die Europäische Gemeinschaft wesentlich mitbestimmt.

Strukturwandel in der Hochkonjunktur

(22) Seit der zweiten Hälfte der 50er Jahre hat die staatliche Agrarpolitik den sozialen und strukturellen Anpassungsprozeß der Landwirtschaft durch gezielte Förderungsmaßnahmen aktiv unterstützt. Damit wurde vor allem das Ziel verfolgt, die Konkurrenzfähigkeit bäuerlicher Betriebe im europäischen Agrarmarkt zu stärken und die Einkommen an die außerlandwirtschaftliche Einkommensentwicklung anzugleichen. Der dadurch hervorgerufene Wachstumsdruck auf die landwirtschaftlichen Betriebe konnte in der wirtschaftlichen Hochkonjunktur größtenteils aufgefangen werden, weil es auch in ländlichen Gebieten von der regionalen Wirtschaftspolitik geförderte außerlandwirtschaftliche und außerbetriebliche Beschäftigungsmöglichkeiten in zumutbaren Entfernungen gab. Die Inhaber von Höfen ohne ausreichende Entwicklungschancen haben sich vielfach für einen Berufswechsel entschieden. Diese (für die Betroffenen) schwierige Entscheidung wurde durch sozioökonomische Beratungshilfen und durch gezielte staatliche Förderungsmaßnahmen unterstützt. In den meisten Fällen ist der landwirtschaftliche Betrieb mit dem Berufswechsel des Inhabers nicht aufgegeben, sondern zum Nebenerwerb umgestellt und als solcher weiter bewirtschaftet worden.

Chancen für Berufswechsel und betriebliches Wachstum

(23) In der Mehrzahl der Betriebe erfolgte die Aufgabe der hauptberuflichen Bewirtschaftung im Zuge des Generationswechsels. Mit der Einführung des Gesetzes über die Altershilfe für Landwirte im Jahre 1957 und durch weitere agrarsoziale Ergänzungsmaßnahmen ist die Gewährung von Altersgeld und anderen Leistungen (Landabgaben-

rente, Verpachtungsprämien u. a.) an die Hof- oder Landabgabe gebunden worden. Das hat vielen Betriebsleitern die Entscheidung erleichtert, in den Ruhestand zu gehen, auch wenn kein geeigneter Hofnachfolger zur Verfügung stand. Die ungünstigen Zukunftsaussichten insbesondere für die klein- und mittelbäuerlichen Betriebe haben überdies zahlreiche Hoferben schon frühzeitig zu einer außerlandwirtschaftlichen beruflichen Ausbildung veranlaßt. Die familiäre, wirtschaftliche und soziale Situation hat sich bei vielen dadurch entscheidend verbessert. Das war auch der Grund, warum die kirchliche Landwirtschaftsdenkschrift 1965 zur Abwanderung aus Betrieben mit unbefriedigendem Einkommen und schlechten Chancen für eine zukünftige Entwicklung ermutigte. Andere Landwirte erhielten so die Möglichkeit, ihre Betriebe zu vergrößern. Auf die Agrarstruktur wirkte sich das insgesamt positiv aus. Die durchschnittliche Betriebsgröße einschließlich Pachtland stieg von 9 ha im Jahre 1965 auf 16 ha heute an.

Verlangsamung des Strukturwandels durch verschlechterte Arbeitsmarktlage

(24) Diese relativ günstigen gesamtwirtschaftlichen Bedingungen sind inzwischen nicht mehr vorhanden. Insbesondere die verschlechterte Arbeitsmarktlage hat die Voraussetzungen für den landwirtschaftlichen Strukturwandel seit Mitte der 70er Jahre grundlegend verändert. Der Berufswechsel von Landwirten ist fast völlig zum Erliegen gekommen. Die Zahl der landwirtschaftlichen Erwerbstätigen vermindert sich daher im wesentlichen nur noch in dem Maße, in dem altersbedingt ausscheidende Familienarbeitskräfte nicht durch Hofnachfolger und ihre Angehörigen ersetzt werden. Die jährliche Verminderungsrate der landwirtschaftlichen Arbeitskräfte hat sich seither halbiert: von 4% bis 5% in den 60er und beginnenden 70er Jahren auf 2–3% in den beginnenden 80er Jahren.

Diese verringerte Abwanderung aus der Landwirtschaft entlastet zwar den Arbeitsmarkt in ländlichen Räumen, gleichzeitig bildet sich eine Form von »versteckter Arbeitslosigkeit« in den klein- und mittelbäuerlichen Betrieben heraus, die solche Familien vor wachsende soziale Probleme stellt.

2.4 Einkommenspolitische und soziale Probleme bäuerlicher Familien

einkommenspolitische Ziele nicht erreicht

(25) Die mit der Agrarpolitik in den vergangenen Jahrzehnten angestrebten Ziele konnten bisher nur teilweise erreicht werden. Dank des stetigen landwirtschaftlichen Produktivitätsfortschrittes ist es zwar gelungen, den Preisanstieg für Nahrungsmittel (im Vergleich zu den allgemeinen Lebenshaltungskosten) zu verlangsamen. Die struktur- und einkommenspolitischen Ziele der Landwirtschaft wurden jedoch nur bedingt erreicht. Bei aller Problematik von Einkommensvergleichen ist festzustellen: Der Einkommensabstand zu den außerlandwirtschaftlichen Wirtschaftsbereichen verringerte sich ebenso wenig wie das Einkommensgefälle innerhalb der Landwirtschaft. So ist das durchschnittliche Pro-Kopf-Einkommen beim oberen Viertel der Einkommensgruppe etwa sechsmal so hoch wie beim unteren Viertel der Vollerwerbsbetriebe. Das entspricht in etwa den Einkommensunterschieden in der übrigen freiberuflichen Wirtschaft, allerdings z. T. mit erheblich unterschiedlichem Niveau.

Ursachen

(26) Diese Unterschiede sind durch vielfältige Ursachen bedingt: Betriebswirtschaftliche (z. B. Kapitalausstattung, Verschuldung), natürliche (z. B. Bodengüter, Klima), agrarstrukturelle (z. B. Betriebsgrößen sowie Größe und Lage der Teilflä-

chen), persönliche Qualifikation des Betriebsleiters, familiäre Situation u. a. Auch die Agrarpolitik hat zu den erheblichen Einkommensunterschieden beigetragen. Die EG-Preispolitik kam vor allem den größeren, standortbegünstigten und gut wirtschaftenden Betrieben zugute. Auch die Agrarstrukturpolitik zielte teilweise in dieselbe Richtung, um wettbewerbsfähige Betriebe zu schaffen. Bei den Inhabern vieler kleinerer Betriebe hat die Aufnahme einer außerlandwirtschaftlichen Erwerbstätigkeit zur wesentlichen Verbesserung der Einkommenssituation geführt. Heute liegt das durchschnittliche Pro-Kopf-Einkommen in den Nebenerwerbsbetrieben deutlich über dem durchschnittlichen Pro-Kopf-Einkommen aller Vollerwerbsbetriebe.

(27) Daher konzentrieren sich die Einkommensprobleme in der Landwirtschaft heute auf die Gruppe der kleinen Voll- und Zuerwerbsbetriebe. Der Gewinn je Familienarbeitskraft als Maßstab des Durchschnittseinkommens ist für das untere Viertel der landwirtschaftlichen Vollerwerbsbetriebe ist nach Angaben des Agrarberichtes 1984 in den letzten 15 Jahren stets unter 10000,- DM jährlich oder rund 800,- DM pro Monat geblieben. Das bedeutet, daß ein hoher Anteil dieser Familien nicht einmal den Sozialhilfesatz erreicht. Auch wenn man berücksichtigt, daß sie für Wohnung und Nahrung nicht so viel Geld auszugeben brauchen und die Arbeit auf dem Hof mit nicht verrechenbaren immateriellen Werten verbunden ist, so leben diese Familien doch in einer schwierigen finanziellen und psychischen Situation.
Viele dieser kleineren und mittleren Betriebe, oft auf ungünstigen Standorten, konnten sich im Zuge des Strukturwandels nicht so entwickeln, daß sie im Wettbewerb auf dem europäischen Agrarmarkt

mithalten können. Ohne den Strukturwandel wäre allerdings die Situation noch bedrückender. Da aber heute keine ausreichenden Erwerbsalternativen für aufgabewillige Landwirte vorhanden sind, ist mit einer weiteren Verschärfung der Konkurrenzsituation innerhalb der Landwirtschaft zu rechnen. Schon heute ist die Alternative »Wachsen oder Weichen« für viele Betriebsleiter kein demagogisches Schlagwort mehr, sondern existenzbedrohende Wirklichkeit.

hunderttausend Problembetriebe

Wenn sich die ungünstigen Rahmenbedingungen nicht ändern, werden in den nächsten Jahren etwa 100 000 bäuerliche Familien als Folge der gesamtwirtschaftlichen Wachstums- und Beschäftigungsprobleme in eine sozial noch schwierigere Lage geraten. Unter dieser realen Gefahr leiden schon heute viele Familien, die, ähnlich wie die Arbeitslosen aus anderen Wirtschaftsbereichen, ihre Lebensansprüche erheblich eingeschränkt haben und teilweise von der Substanz ihrer Betriebe leben. Die Zahl derer, die Bauland – womöglich noch in Stadtnähe – verkaufen können, ist sehr gering. Die wirtschaftliche Not hat dabei nicht selten soziale Schwierigkeiten im Dorf und psychische Belastungen in der Familie zur Folge.

Jugendliche

(28) Die ungünstigen wirtschaftlichen Entwicklungschancen haben schwerwiegende Auswirkungen auf die Zukunft der Jugendlichen auf dem Lande. Das gilt sowohl für die Mehrzahl der Hofnachfolger als auch für einen großen Teil der weichenden Erben. Der Hoferbe muß im allgemeinen seine Entscheidung zur Übernahme des Betriebes zu einem Zeitpunkt treffen, in dem die betriebliche Existenzfähigkeit langfristig noch nicht sicher beurteilt werden kann. Fehlentscheidungen konnten in der Vergangenheit durch die Aufnahme einer außerlandwirtschaftlichen Tätigkeit korrigiert

werden. Diese Möglichkeit dürfte auf absehbare Zeit nicht mehr so leicht gegeben sein. Außerdem wird angesichts des überdurchschnittlich großen Mangels an außerlandwirtschaftlichen Ausbildungsplätzen im ländlichen Bereich vielen weichenden Erben ebenso wie anderen Jugendlichen in Stadt und Land der Eintritt ins Erwerbsleben erheblich erschwert.

Altenteiler

(29) Wachsende Schwierigkeiten kommen auch auf die ältere Bevölkerung in Landgemeinden zu, die nicht mehr im Familienverband leben kann. Überwiegend handelt es sich dabei um Altenteiler aus kleineren Betrieben, die von der nächsten Generation nicht weitergeführt werden. Sofern mögliche Hoferben vorhanden waren, haben sie einen anderen Beruf erlernt und sind fortgezogen. Die Betriebsflächen wurden vielfach verpachtet, und die Altenteiler blieben auf sich selbst gestellt, mehr oder weniger einsam auf der verbliebenen Hofstelle. Die Folgen von Isolation und Vereinsamung lassen sich nur in solchen Dörfern abschwächen, in denen noch ein lebendiges Gemeinschaftsleben vorhanden ist.

Landfrauen

(30) Trotz der erheblichen Belastungen, denen die in der Landwirtschaft tätigen Frauen ausgesetzt sind, beurteilen sie ihre Situation selbst überwiegend positiv. Vor allem die Einheit von Wohnung und Arbeitsplatz und die Möglichkeit für die Bäuerin, ihre Arbeit selbst zu bestimmen und einzuteilen, werden positiv bewertet. Als besonders vorteilhaft gilt die Möglichkeit, neben Haushaltsführung sowie Kinder- und Altenbetreuung in Form von »Teilzeitarbeit« im landwirtschaftlichen Betrieb mitzuarbeiten. In vielen Fällen hat die Frau des Betriebsleiters dabei einen Teilbereich der betrieblichen Arbeit selbständig und eigenverant-

wortlich übernommen. Bei der Betriebsaufgabe verliert dann nicht nur der Betriebsleiter seinen Arbeitsplatz, sondern auch die Ehefrau diese Möglichkeit der Teilzeitbeschäftigung. Im übrigen werden über 60 000 landwirtschaftliche Betriebe von Frauen als Betriebsleiterinnen bewirtschaftet.

familienfremde Arbeitskräfte

(31) Die Anzahl der familienfremden Arbeitskräfte (Lohnarbeitskräfte) ist im Zuge des Strukturwandels drastisch zurückgegangen. Nach dem Agrarbericht liegt sie z. Z. einschließlich Garten- und Weinbau bei rund 98 000 Personen. Das bedeutet, daß nur etwa 8 % des Arbeitseinsatzes in der Landwirtschaft von Lohnarbeitskräften erbracht wird. Nur noch in rund 41 000 Betrieben sind Lohnarbeitskräfte tätig, davon in 30 000 Betrieben als vollbeschäftigte Arbeitnehmer. Die berufliche Anforderung an Lohnarbeitskräfte ist heute hoch. Dem wurde weitgehend durch eine qualifizierte Fachausbildung Rechnung getragen. Bei weiterer Rationalisierung werden in der Landwirtschaft auch Arbeitsplätze für familienfremde Arbeitskräfte verlorengehen. Dabei haben ältere Arbeitnehmer kaum berufliche Alternativen.

2.5 Struktur- und umweltgefährdete ländliche Regionen

strukturgefährdete ländliche Räume

(32) Neben den beruflich-betrieblichen und sozialen Folgewirkungen haben weniger der landwirtschaftliche Strukturwandel als das weithin unzureichende Angebot an zukunftsträchtigen Arbeitsplätzen mit Aufstiegschancen außerhalb der Landwirtschaft, der allgemeine Rückgang des Handwerks und der Rückzug gewerblicher Industrie zur Entleerung von Teilen des ländlichen Raumes geführt, noch verschärft durch den Geburtenrückgang und die teilweise negativen Folgen der Verwaltungsreform und der Zentralisierung von Bil-

dungs- und Kultureinrichtungen. Durch diese Entleerung wird die Erhaltung der Infrastruktur und der Daseinsvorsorge für die verbleibende Bevölkerung erschwert. Funktionsgefährdete ländliche Räume können aber nicht allein durch agrarpolitische Maßnahmen gesichert werden. Dieses ist vielmehr Aufgabe einer umfassenden Regionalpolitik, auf die hier nicht näher eingegangen werden kann. Das gilt in gleicher Weise auch für Regionen mit günstigen landwirtschaftlichen Produktionsbedingungen.

Umweltbelastungen durch regional konzentrierte Intensivierung

(33) Ein weiteres Problem der Agrarentwicklung ist die schon angesprochene starke Intensivierung der landwirtschaftlichen Produktion mit ihrer teilweise beträchtlichen Umweltbelastung. Darauf wird noch näher einzugehen sein. Die Spezialisierung des Betriebes beispielsweise und der Produktion hat im Zusammenwirken mit marktpolitischen Gegebenheiten zu regionalen Schwerpunktbildungen einzelner Produktionszweige geführt. Es haben sich Regionen mit Schwerpunkten der tierischen Produktion neben solchen, die auf günstigen Standorten intensiv Ackerbau betreiben, gebildet. Da jeder dieser Produktionsschwerpunkte besondere Umweltbelastungen zur Folge haben kann, können entsprechende ökologische Nachteile ebenfalls regional konzentriert auftreten.

2.6 Europäische und weltweite Zusammenhänge in der Agrarentwicklung

Agrarpolitik und Entwicklungspolitik

(34) Die Auswirkungen unserer Agrarentwicklung müssen auch in ihren internationalen Zusammenhängen gesehen werden. Hierbei sind neben den Rückwirkungen auf die Agrarwirtschaft der anderen EG-Länder insbesondere die Beziehungen zur Entwicklungspolitik zu bedenken. Einmal sind

Nahrungsmittelvernichtungen in westlichen Ländern bei gleichzeitigem Hunger in den Entwicklungsländern ein großes Ärgernis; andererseits wird durch Export von landwirtschaftlichen Produkten in Entwicklungsländer (und insbesondere durch Verschenken solcher Produkte) die Entwicklung der Landwirtschaft in diesen Ländern nicht gefördert. Die Agrarprotektion der Industrieländer schränkt die Exportmöglichkeiten der Entwicklungsländer ein und belastet die Handelsbeziehungen. Andererseits ergeben sich auch für die heimische Landwirtschaft Nachteile aus den Handelsbeziehungen mit den Entwicklungsländern – aber auch mit anderen Industrieländern –, etwa, wenn Futtermittelimporte zur Verdrängung hiesiger Futtermittel führen. Auch wird bei uns der Trend verstärkt, die tierische Produktion so auszuweiten, daß sie in keinem Verhältnis mehr zur vorhandenen eigenen Fläche steht (flächenunabhängige Veredelung). Die damit angelegte Entwicklung zur gewerblichen Produktion verschärft die Konzentration von Marktanteilen und so den Existenzkampf bäuerlicher Familienbetriebe.

steigende Überschüsse

(35) In der Europäischen Gemeinschaft nimmt die landwirtschaftliche Produktion langfristig als Folge von Ertragssteigerung und Erweiterung der Viehbestände um jährlich etwa 2,5 % zu. Demgegenüber ist der Zuwachs der Nachfrage nach landwirtschaftlichen Produkten auf Grund des abgeschwächten Bevölkerungswachstums und der geringeren Zunahme des Pro-Kopf-Verbrauchs ständig zurückgegangen. Inzwischen übertrifft der Produktionszuwachs das Nachfragewachstum um mehr als das Doppelte. In der ersten Phase des gemeinsamen Marktes konnte der Produktionszuwachs teilweise durch Zurückdrängung der Importe aufgefangen werden. Nach Ausschöpfung

der letzten Importlücken führen Produktionsausdehnungen, die über die Zunahme der heimischen Nachfrage hinausgehen, in vollem Maße zu höheren Überschußmengen und stark steigenden Belastungen des EG-Agrarhaushalts. Das gilt besonders für Milcherzeugnisse, aber auch für Getreide und andere Produkte.

steigende Marktordnungsausgaben

(36) Auf Grund der wachsenden Überschußmengen sind die Aufwendungen des EG-Haushalts für Eingriffe in den Markt (Marktinterventionen) und Exporterstattungen von rd. 7,5 Mrd. DM im Jahre 1974 auf rd. 37 Mrd. DM im Jahre 1983 angestiegen. Einige Zufallsfaktoren, wie z. B. die Preisentwicklung auf den Weltmärkten und der Witterungsverlauf haben in den letzten beiden Jahren zwar einen schwächeren Anstieg bedingt. Bei Fortsetzung des bisherigen Trends ist aber auch künftig mit einem weiteren erheblichen Anstieg der Marktordnungsausgaben zu rechnen. Da diese Ausgaben inzwischen einen Anteil von mehr als 70 % am EG-Gesamthaushalt ausmachen und sich die entsprechenden Haushaltseinnahmen durch weitere Finanzzuwendungen der Mitgliedsländer nur begrenzt steigern lassen, wird sich die EG-Agrarpolitik in den nächsten Jahren vor allem an der Verhinderung weiterer Produktionszunahmen und des allmählichen Abbaus der Überschüsse ausrichten.

Zuspitzung der Probleme

(37) Die Problematik der EG-Agrarpolitik spitzte sich innerhalb weniger Jahre wie folgt zu:
– mit Beginn des Wirtschaftsjahres 1978/79 leiteten die zuständigen europäischen Entscheidungsgremien – EG-Kommission und EG-Ministerrat – eine »vorsichtige« Preispolitik ein. Erwartungsgemäß führte das in den ersten Jahren nur zu einer begrenzten Abschwächung des Produktionswachstums. Die Folge war viel-

mehr der Zwang, die Einkommen in der Landwirtschaft zu steigern;
- angesichts der wachsenden landwirtschaftlichen Einkommensprobleme konnte der Ministerrat im Wirtschaftsjahr 1981/82 die vorsichtige Preispolitik nicht mehr durchhalten. Da in dieser Zeit die Weltmarktpreise für einige Agrarerzeugnisse kräftig stiegen, ergab sich auch ein finanzpolitischer Spielraum für eine aktive EG-Agrarpreispolitik;
- die unvermindert weiter ansteigende Agrarproduktion und der zwischenzeitlich wieder erfolgte Rückgang der Weltmarktpreise für Getreide und Milchprodukte führte dann zu der gegenwärtigen Ausgabenexplosion des EG-Agrarhaushalts.

Interessenkonflikte in der EG — Seit Jahren fordern fast alle politischen Kräfte eine Neuorientierung der EG-Agrarpolitik. Über die einzuschlagenden Wege der Reformen kann man sich nur schwer einigen, vor allem weil die nationalen Interessen sehr unterschiedlich sind.

2.7 Suche nach neuer Ziel- und Wertorientierung

Anfragen an das Fortschrittsdenken — (38) Hinter den verschiedenen Reformvorschlägen (wie auch der agrar- und umweltpolitischen Tagesdiskussion) stehen, oft unausgesprochen, sehr unterschiedliche gesellschaftspolitische Vorstellungen über die Weiterentwicklung einer hochindustrialisierten Gesellschaft, die größere Gerechtigkeit und Umweltschonung anstrebt. Immer mehr Menschen setzen sich heute mit bestimmten Wertorientierungen der Leistungs- und Konsumgesellschaft kritisch auseinander. Insbesondere werden die Wertmaßstäbe in der Leistungsgesellschaft in Frage gestellt, was u. a. die Umwelterhaltung, die Entwicklungspolitik und die Friedenssicherung betrifft. Oberflächlich mag das als Modetrend angesehen werden. In Wirklichkeit aber liegen hier kritische Reaktionen auf stillschweigende oder öffentlich propagierte Zielsetzungen und Grundhaltungen vor. Das Menschenbild des Fortschritts und die ständige Steigerung der technischen, biologischen und chemischen Möglichkeiten werden kritisiert. Einen größeren Stellenwert für ein erfüllteres Leben erhält die Freude am eigenen Tun, das Wohnen in nichtstädtischer Umgebung und der Umgang mit Tier und Pflanze. Damit wird auch das Leben auf dem Lande und die Arbeit des Bauern aufgewertet, nicht selten romantisch verklärt. Auch das Bewußtsein für weltweite Verflechtung und universale Geltung der Menschenrechte verstärkt sich, was sich im entwicklungspolitischen Engagement vieler junger Menschen zeigt.

quantitatives und qualitatives Wachstum

(39) Eine erweiterte Zielperspektive wird heute oft bei denen sichtbar, die statt eines quantitativen ein qualitatives Wachstum fordern. Dies heißt konkret, daß schädliche Nebenwirkungen der Produktion, wie die Verunreinigung von Luft und Wasser, ebenso aber auch gesellschaftlicher Nutzen, wie etwa die Erhaltung der Landschaft und des ökologischen Gleichgewichts als Nebenwirkung der landwirtschaftlichen Produktion bei wirtschaftlichen Entscheidungen mit berücksichtigt werden. Die Kirche hat bisher immer auf die Berücksichtigung der sozialen Komponente in der Marktwirtschaft hingewiesen. Heute muß sie auch auf eine stärkere Beachtung ökologischer Gesichtspunkte aufmerksam machen.

Verbesserung der Umwelt- und Lebensqualität nicht durch Schlagworte

(40) Allerdings kann der Beitrag der Kirche weder darin bestehen, von einer Fortführung des wirtschaftlichen Wachstums in absehbarer Zeit allein die Lösung, auch der Agrarprobleme, zu erhoffen,

noch einfach Schlagworte des qualitativen Wachstums zu übernehmen. Vielmehr gilt es, die berechtigten Anliegen, die hinter der Forderung nach qualitativem Wachstum stehen, aufzunehmen und an konkreten Einzelproblemen zu überprüfen. Dabei sollten die Möglichkeiten des technischen Fortschritts einbezogen werden. Unter dieser Fragestellung sollen im folgenden die drei Problemfelder dieser Denkschrift untersucht werden.

3. Landwirtschaft im Spannungsfeld zwischen Wachsen und Weichen – Ziele zukünftiger Struktur- und Agrarentwicklung

3.1 Theologische Perspektiven und ethische Kriterien

Orientierungshilfen

(41) Beim Nachdenken über wirtschaftliche und politische Ziele geht es um grundsätzliche Lebenseinstellungen von Menschen und damit verbunden um gesellschaftliche Wertvorstellungen. Kirche und Theologie bringen sich als Gesprächspartner ein, um aus dem christlichen Glauben Beurteilungskriterien und Entscheidungshilfen zu entwickeln und die Intentionen biblischer Zeugnisse sinngemäß deutlich zu machen. In der EKD-Denkschrift »Aufgaben und Grenzen kirchlicher Äußerungen zu gesellschaftlichen Fragen« heißt es: »Die eigentliche Intention der biblischen Aussage wird erkennbar in der Konfrontation mit der Gegenwart, und die gegenwärtige Lage wiederum bedarf der Erhellung in der Konfrontation mit der biblischen Aussage. Daher kann eine Entscheidung nur im Hin und Her zwischen theologischen und durch Sachanalyse geleiteten Erwägungen gewonnen werden.« Dabei ist sich die Kirche immer be-

wußt, daß jede Konkretisierung von Glaubenserkenntnissen in bestimmten Situationen hinein ein Wagnis ist und Irrtum nicht ausschließt.

einseitige Leitvorstellungen

(42) Nicht selten wird heute menschliches und kreatürliches Leben dadurch gefährdet, daß bestimmte Leitvorstellungen einseitig in den Vordergrund gerückt werden und z. B. menschliches Glück allzusehr vom wirtschaftlichen Erfolg, von der Steigerung des Wohlstandes und des materiellen Gewinns abhängig gemacht wird. Dadurch können die Beziehungen der Familienmitglieder untereinander und die Beziehungen der Menschen überhaupt verarmen, die Solidarität zwischen den jetzt Lebenden wie die notwendige Vorsorge für zukünftige Generationen können gefährdet werden. Ziel- und Leitvorstellungen einschließlich der zugrundeliegenden Menschenbilder und Auffassungen von Natur und Schöpfung, wie sie heute diskutiert werden, müssen kritisch geprüft werden.

Perspektiven für die Gegenwart

(43) Die durch Jesus Christus vermittelte Versöhnung, Freiheit, Liebe und Gerechtigkeit weisen auf ein von Gott erschlossenes Leben hin. Auch wenn sich diese Botschaft nicht auf ethische Anweisungen verkürzen läßt, so werden jedoch Perspektiven sichtbar, die für unsere Gegenwartsprobleme entscheidend wichtig sind. Zu diesen Perspektiven gehören das Versöhnungshandeln Christi, die Botschaft von der Schöpfung und der fürsorglichen Erhaltung der Welt sowie die Verheißung der endgültigen Erlösung und Befreiung des Menschen und aller Kreatur. Es kommt darauf an, im einzelnen zu prüfen, inwieweit sich aus dem Glauben an Gott, den Schöpfer, Versöhner und Befreier Kriterien für das Handeln ergeben.

Kriterien (44) Dies geschieht im Zusammenspiel von Sach- und Problemanalyse einerseits, der Auseinandersetzung mit gegenwärtigen Ziel- und Wertvorstellungen und biblischen Kriterien andererseits. Für die hier zu behandelnden Problemfelder sind folgende Kriterien von Bedeutung:
- Mitgeschöpflichkeit;
- Dienst an der Schöpfung statt ausbeuterischer Herrschaft über die Natur und die Menschen;
- verantwortliche Haushalterschaft;
- Mitmenschlichkeit und Solidargemeinschaft untereinander, mit den kommenden Generationen und mit der Kreatur;
- freie Entfaltungsmöglichkeiten und gerechte Anteilhabe;
- Eintreten für gesellschaftlich Schwache.

Diese Kriterien zielen auf Prinzipien der Naturverträglichkeit, der Sozialverträglichkeit sowie der generativen Verträglichkeit. (Folgewirkungen für zukünftige Generationen) und der internationalen Verträglichkeit (Auswirkungen auf andere Länder).

(45) Werden solche Kriterien auf die anstehenden Probleme bezogen, so ergeben sich häufig Zielkonflikte. Dabei muß jedoch deutlich sein, daß nicht allein ökonomische und technische Gesichtspunkte den Ausschlag geben können, ebensowenig allein ökologische oder soziale. Die Gesichtspunkte der Natur- und Sozialverträglichkeit, der generativen und der internationalen Verträglichkeit müssen immer gleichzeitig überprüft und miteinander abgewogen werden.

3.2 Ziele zukünftiger Agrarpolitik und die Leistungsfähigkeit einer bäuerlich geprägten Landwirtschaft

Ziele der Agrarpolitik (46) Aus der dargelegten ganzheitlichen Betrachtungsweise lassen sich folgende (durchaus span-

nungsreiche) Ziele für die Agrarpolitik nennen:
- Sicherung einer ausreichenden Nahrungsmittelversorgung der Bevölkerung mit qualitativ hochwertigen Produkten zu angemessenen Preisen;
- Erhaltung selbständiger, wettbewerbsfähiger bäuerlicher Betriebe bei weitgehendem Einsatz familieneigener Arbeitskräfte und bei einer breiten gestreuten Verfügbarkeit über das Bodeneigentum in einem umweltfreundlichen, sozialen Verpflichtungsrahmen;
- gleichwertige Teilnahme der Land- und Forstwirtschaft an der Entwicklung des allgemeinen Lebensstandards;
- langfristige Bewahrung der Funktionsfähigkeit örtlicher Naturhaushalte und der Bodengesundheit bei schonender Nutzung der natürlich verfügbaren Güter (Boden, Wasser, Klima) und verantwortlicher Umgang mit der Tierwelt;
- Aufrechterhaltung einer tragfähigen Besiedlungsstruktur in ländlichen Räumen unter Erhaltung eines vielfältigen, gegliederten Landschaftsbildes;
- Beitrag zur Lösung der Welternährungsprobleme und Gestaltung der agrarwirtschaftlichen Außenbeziehungen.

Leitbild: bäuerlich geprägte Landwirtschaft

(47) Eine bäuerlich geprägte Landwirtschaft als regional unterschiedliches Mit- und Nebeneinander von landwirtschaftlichen Voll-, Zu- und Nebenerwerbsbetrieben kann diesen genannten Zielen besser gerecht werden als große »Agrarfabriken«. Das bedeutet allerdings nicht, die jetzigen Strukturen einzufrieren. Sie sind vielmehr weiterzuentwickeln, wobei ökonomischen, gesellschaftspolitischen, sozialen und ökologischen Erfordernissen Rechnung zu tragen ist.
Weder die Flächenausstattung noch ökonomische

Richtwerte noch die Technikausstattung allein können zur Kennzeichnung einer bäuerlich geprägten Landwirtschaft dienen. In der Regel können 1½ bis 2 Personen in Haupterwerbsbetrieben unter erträglichen Arbeitsbedingungen eine angemessene Entlohnung und bei Nebenerwerbsbetrieben ein angemessenes Gesamteinkommen erzielen, auch unter Zuhilfenahme überbetrieblicher Formen der Zusammenarbeit. Es gibt, wie im folgenden deutlich wird, viele Gründe, die ein Festhalten an dem Leitbild einer bäuerlich geprägten Landwirtschaft erfordern.

vielfältige Entfaltungsmöglichkeiten

(48) Ein bäuerlicher Betrieb bereitet trotz aller Spezialisierung und Rationalisierung vielen Familien durch die unterschiedlichsten Entfaltungsmöglichkeiten ein Berufsfeld mit hoher Befriedigung:
– eigenständige Arbeitsgestaltung, unterschiedliche Tätigkeitsfelder, ganzheitliche Entfaltungsmöglichkeiten, Umgang mit Natur und Technik, Überschaubarkeit der Lebens- und Arbeitsvollzüge,
– die Ehe vielfach als Lebens- und Arbeitsgemeinschaft, das Miteinander von Generationen und Nachbarschaften, Anteilnahme am Leben der anderen, Erfahrungs- und Einübungsfeld für die Kinder, Möglichkeiten der Mitarbeit und Mitverantwortung der Älteren,
– die Erfahrung, daß nicht alles kalkulierbar, berechenbar und beeinflußbar ist, eine unmittelbare Begegnung mit den Geheimnissen von Wachsen, Reifen und Sterben.

Das alles sind Werte, die heute nur noch in wenigen Berufen in dieser Dichte erlebt werden können. Das Aufeinander-Angewiesen-Sein von Menschen und die engen, vielfältigen Berührungspunkte in Arbeit und Freizeit können umgekehrt aber auch schwere Konfliktsituationen entstehen lassen. Die Zufriedenheit in der bäuerlichen Lebenswelt ist ohnehin von vielen Faktoren abhängig, nicht zuletzt von den dort gerade lebenden Menschen, ihren Einstellungen und Grundhaltungen, aber auch von den äußeren, sehr unterschiedlichen Bedingungen. Das bäuerliche Leben romantisieren wird ohnehin nur, wer keine nähere Kenntnis von der mehr und mehr spezialisierten und technisierten Arbeitswelt hat, die zwar neue Freiheitsspielräume schafft, aber gleichzeitig auch der Selbstentfaltung Grenzen setzt und den Menschen neuen Zwängen unterwirft. Die Doppelgesichtigkeit von Technik und Fortschritt wirkt sich auch hier aus.

sozialpsychologische und sozialpädagogische Werte

(49) Dennoch stellt die in der Regel partnerschaftlich erbrachte persönliche Leistung der Familie trotz der möglichen Konfliktsituation nicht nur einen großen wirtschaftlichen, sondern einen erheblichen sozialpsychologischen und sozialpädagogischen Wert dar, wenn die vorhandenen Möglichkeiten einer humanen Arbeitsorganisation, auch für Bäuerinnen und für mithelfende Familienangehörige, richtig genutzt werden. Zwar ist in vielen Betrieben die Arbeitsbelastung insbesondere für die Bäuerinnen immer noch stark und gelegentlich gesundheitsgefährdend. Andererseits bieten sich aber zahlreichen in der Landwirtschaft tätigen Frauen vielerlei Arbeitsmöglichkeiten auf dem Hof. So ist besonders Teilzeitarbeit für mithelfende Ehefrauen und Familienangehörige vergleichsweise gut möglich. Das ist deshalb bedeutsam, weil gerade auf den ländlichen Arbeitsmärkten wenig Teilzeitarbeitsplätze zur Verfügung stehen.

(50) Eine bäuerlich geprägte Landwirtschaft ist durchaus in der Lage, sich den Erfordernissen einer natur- und umweltverträglichen Agrarproduktion

die ökologische Anpassungsfähigkeit	anzupassen, wenn die entsprechenden politischen und volkswirtschaftlichen Rahmenbedingungen dafür geschaffen werden. Allerdings sagen die viel kleineren Betriebs- und Bestandsgrößen, die weithin noch in der Bundesrepublik im Vergleich etwa zu Großbritannien, Dänemark und den Niederlanden anzutreffen sind, allein noch wenig darüber aus, wie umwelt- und tierfreundlich produziert wird.
Sicherung der Siedlungsstruktur	(51) Aus raumordnungs- und gesellschaftspolitischen Gründen sollten möglichst viele selbständige Existenzen, zu denen auch Nebenerwerbslandwirte zählen, erhalten werden. Das gilt vor allem für die Sicherung der Besiedlungsdichte von strukturschwachen ländlichen Räumen.
die ökonomische Leistungsfähigkeit	(52) Die hohe wirtschaftliche Leistungsfähigkeit der bäuerlich geprägten Landwirtschaft ist vielfach nach dem Zweiten Weltkrieg unter Beweis gestellt worden. Gleichwohl weist die derzeitige Agrarstruktur heute noch erhebliche Mängel auf, würde sie allein an einer optimalen Kombination der Produktionsfaktoren Boden, Arbeit und Kapital gemessen. Bei umfassender Nutzung des z.Z. verfügbaren technisch-wissenschaftlichen Fortschritts wären statt der gegenwärtig vorhandenen rd. 450000 landwirtschaftlichen Haupterwerbsbetriebe nur noch weniger als 200000 erforderlich. Dies ist aber aus gesellschaftlichen, ökologischen und arbeitsmarktpolitischen Gründen weder wünschenswert noch durchsetzbar.

3.3 Perspektiven der Sozialverträglichkeit für landwirtschaftliche Problembetriebe

Eintreten für die Schwächeren	(53) Das besondere Augenmerk der Kirche hat heute den Menschen in den über 100000 Problembetrieben zu gelten. Ihre Inhaber haben geringe

Einkommen und Angst, weder wachsen noch (mangels Alternativen am Arbeitsmarkt) weichen zu können. Das gleiche gilt für die Inhaber mittelgroßer Betriebe, die auch schon um ihre Existenz bangen. Besonders in einer Zeit, in der nur noch wenige qualifizierte Arbeitsplätze in ländlichen Regionen angeboten werden, kann man sich nicht gegen jeden weiteren Strukturwandel aussprechen, schon um der Freiheit der Entscheidung jener willen, die ihre Berufserfüllung nicht in der Landwirtschaft sehen und sich manchmal angesichts der dort geforderten Fachkenntnisse überfordert fühlen. Die möglichst freie Berufswahl nach Neigung und Fähigkeiten ist ein hohes Gut.

Strukturwandel mit sozial erträglicher Perspektive für kleine und mittlere Betriebe

(54) Oft reicht die Ausstattung des Betriebes mit Boden oder Kapital nicht zur Existenzgrundlage der Familie aus. Eine Nebenerwerbslandwirtschaft mit guter Arbeitsorganisation bietet Entfaltungsmöglichkeiten in ganz verschiedenen Bereichen. Landwirtschaftliche Arbeitskräfte sind wegen ihres Berufsethos und ihrer praktischen Fähigkeiten in vielen anderen Wirtschaftsbereichen auch heute noch gefragt. Jedoch ist die Nachfrage regional sehr unterschiedlich. Für viele bleibt angesichts der Arbeitsmarktsituation heute keine andere Möglichkeit, als den Hof weiter zu bewirtschaften. Die Agrar-, Wirtschafts- und Gesellschaftspolitik muß daher Rahmenbedingungen schaffen, die einen sinnvollen Strukturwandel nicht verhindern, ökologisch und gesellschaftspolitisch bedenkliche Konzentrationsprozesse aufhalten und den Inhabern von kleineren und mittleren bäuerlichen Betrieben eine Perspektive der Sozialverträglichkeit verschafft. Den Menschen in diesen Betrieben helfen, braucht aber nicht zu heißen, sie langfristig in Strukturen zu lassen, in denen sie trotz aller staatlicher Unterstützung kein befriedigendes

Einkommen erwirtschaften können. Erschwert wird die Lösung dieses Problems heute dadurch, daß der Spielraum der Agrarpolitik zur Schaffung neuer Rahmenbedingungen durch die Zuspitzung des Überschußproblems sowie die begrenzten Möglichkeiten der öffentlichen Haushalte sehr gering ist.

3.4 Grundpositionen in der EG-Agrarreformpolitik

zwei Grundpositionen

(55) In der gegenwärtigen agrarpolitischen Reformdiskussion werden vor allem zwei Grundpositionen mit dem Ziel vertreten, die Marktordnungsausgaben zu begrenzen und das Marktgleichgewicht wieder herzustellen:
– Im ersten Fall fordert man eine stärker am Markt orientierte EG-Preispolitik. Sie wird zwar erst nach einigen Jahren voll wirksam, ermöglicht dann aber notwendige Produktions- und Strukturanpassungen und führt so in der europäischen Landwirtschaft zu einem Marktgleichgewicht;
– im anderen Fall geht man davon aus, daß die aktuellen Finanzschwierigkeiten der Europäischen Gemeinschaft kurzfristig nicht allein durch Preissenkungen gelöst werden können. Für eine begrenzte Zeit werden daher in einigen Produktionsbereichen, wie etwa bei der Milcherzeugung, direkte Mengenbegrenzungen für erforderlich gehalten.

Vor- und Nachteile sorgfältig bedenken

(56) Die gegenwärtige Diskussion über die Maßnahmen zur Begrenzung der Marktordnungsausgaben darf nicht ausschließlich unter dem Gesichtspunkt der akuten Finanzierungsprobleme der EG-Agrarpolitik gesehen werden. Mit der Grundentscheidung für die eine oder andere Alternative der Politik sind schwerwiegende Auswirkungen für die künftige Entwicklung der europäischen

Möglichkeiten und Grenzen marktwirtschaftlicher Prinzipien

Landwirtschaft und für die in ihr lebenden und arbeitenden Menschen verbunden, die bedeutsame gesellschaftliche Werte und Ziele in unterschiedlicher Weise betreffen können. Die Anwendung von marktwirtschaftlichen Prinzipien ist kein unumstößliches Gebot, sondern lediglich ein Mittel zum Zweck der Steuerung von Angebot und Nachfrage mit möglichst wenig reglementierenden Maßnahmen und der individuellen Möglichkeit für selbstverantwortliche Entscheidungen.

Die negativen Erfahrungen mit anderen Wirtschaftssystemen warnen vor zu tiefen Eingriffen in unser Marktordnungssystem. Dennoch kann die Sicherung des sozialen Friedens (Sozialverträglichkeit) und der Umweltbelange (Naturverträglichkeit) oder die Nichtfinanzierbarkeit von Überschüssen durchaus Korrekturen und andere Steuermechanismen erforderlich machen. Auch der garantierte Preis ist eine Einschränkung der freien Marktwirtschaft. Ebenso sind viele Weltmarktpreise nicht ausschließlich im freien Spiel der Marktkräfte entstanden.

Gerade die Kirche muß immer wieder darauf hinweisen, daß es nicht nur die Freiheit der Konkurrenten am Markt zu bedenken gibt, sondern auch die Freiheit der wirtschaftlich weniger Starken, ihr Leben sozial erträglich gestalten zu können. Es gilt daher, im einzelnen sorgfältig abzuwägen, wie weit der freie Markt mit indirekten Anreizen (Steuerabgaben, Subventionen) oder mit bürokratischen Entscheidungsverfahren (Gebot, Verbot und Mengenvorgabe) eingeschränkt werden muß. Dabei sollten die verschiedenen Reformmodelle auf ihre spezifischen Vor- und Nachteile hin sehr differenziert geprüft werden.

(57) Im bisherigen System der europäischen Agrarpolitik erfolgt die Steuerung von landwirtschaftli-

cher Produktion und betrieblichem Faktoreinsatz (Arbeitskräfte, Kapitaleinsatz, Bodenausstattung) trotz vielfältiger politischer Eingriffe und Preisstützungsmaßnahmen im Prinzip durch marktwirtschaftliche Mechanismen. Nur in einem begrenzten Teilbereich (Zuckerrüben) wird die marktwirtschaftliche Steuerung durch direkte staatliche Mengenfestlegung ersetzt. Dieses Ordnungssystem sichert dem einzelnen freie Entscheidungsspielräume, die durch politische Rahmenbedingungen mehr oder weniger eingegrenzt sind. Darüber hinaus bleibt der Zusammenhang von erzieltem Einkommen und erbrachter Leistung gewährleistet.

3.5 Auswirkungen der Reformvorschläge

Grenzen des Preisdrucks

(58) Es ist zu fragen, welche Konsequenzen die beiden genannten Grundpositionen zur Reform der Agrarpolitik haben werden. Die Produktions- und Überschußprobleme sind im Rahmen des marktwirtschaftlichen Systems am wirksamsten durch die Rücknahme von staatlichen Preisgarantien zu lösen. Bei der Dynamik des landwirtschaftlichen Produktionswachstums dürften jedoch drastische Preissenkungen erforderlich sein, um die Märkte tatsächlich zu entlasten und den Anstieg der Marktordnungsausgaben zu verringern. Dabei sind unter den mitteleuropäischen Produktionsbedingungen bei einer Preisfestschreibung oder bei geringen Preissenkungen kaum geringere Hektarerträge und Nutzleistungen der Tiere, sondern eher eine Einschränkung von Investitionen und eine extensivere Nutzung der Flächen an Grenzstandorten zu erwarten. Andererseits setzt sich eine Preissenkung in eine erhebliche Einkommensminderung je Produktionseinheit um: 1 % Preissenkung bedeutet 3–4 % Einkommenssenkung. Die notwendigen drastischen Preissenkungen würden daher zu einem starken

Einkommensdruck und damit zu einem erheblichen Anwachsen der Zahl der Problembetriebe führen und dies zu einem Zeitpunkt, in dem die ungünstigen außerlandwirtschaftlichen Beschäftigungsverhältnisse es kaum erlauben, die eintretende verstärkte Freisetzung von landwirtschaftlichen Arbeitskräften aufzufangen und den Übergang in andere Berufe zu gewährleisten. In einer sozialen Marktwirtschaft hat die Agrarpolitik gestaltend darauf hinzuwirken, daß der unvermeidliche Strukturwandel sich in Formen vollzieht, die sozial erträglich sind, die die Funktionsfähigkeit ländlicher Räume erhalten und die auch den ökologischen Zielvorstellungen nicht zuwiderlaufen. Darum muß sichergestellt sein, daß die Menschen nicht zu rasch und zu weitgehend aus den abgelegenen landwirtschaftlichen Räumen abwandern und daß die betriebliche Anpassung im verstärkten Maße durch den Übergang in den Zu- und Nebenerwerb erfolgt.

Abmilderung sozialer Härten durch direkte Einkommensübertragungen

(59) Als Ergänzung der marktorientierten Agrarpreispolitik wird vielfach die Einführung von direkten Einkommensübertragungen diskutiert. Derartige Maßnahmen können dazu beitragen, soziale Härten während einer Übergangsphase abzumildern. Sie sind insbesondere zu erwägen, wenn man bei der derzeitigen Beschäftigungslage eine marktorientierte Agrarpreispolitik sozial absichern will. Direkte Einkommensübertragungen sollten mit der Auflage verbunden sein, daß die Begünstigten einen Beitrag zum Abbau von Überschüssen leisten. Bei den derzeitigen Überschußproblemen bei Milch könnte man sich beispielsweise vorstellen, daß älteren Inhabern von Betrieben mit kleineren und mittleren Milchkuhbeständen direkte Einkommensübertragungen bis zum Ausscheiden aus dem Erwerbsleben angeboten werden, wenn sie die Milchkuhhaltung aufgeben.

Bei dauerhafter Einführung ist jedoch zu bedenken, daß die landwirtschaftlichen Betriebsleiter mehr und mehr von den Entscheidungen der staatlichen Einkommenspolitik abhängig werden. Dadurch kann das angestrebte gesellschaftliche Ziel – die Erhaltung selbständiger Existenzen – in Frage gestellt werden.

Subventionen und direkte Einkommensübertragungen sind dagegen in marktwirtschaftlichen Systemen dann als dauerhafte Instrumente gerechtfertigt, wenn sie zur Abgeltung besonderer gesellschaftlicher Leistungen wie etwa im Hinblick auf ökologische oder landschaftserhaltende Ziele gewährt werden. Der Richtung nach wird das mit dem sog. Bergbauernprogramm versucht, allerdings nicht immer zielgerecht.

Eine allgemeine Subventionierung der Landwirtschaft etwa nach der landwirtschaftlichen Nutzfläche läßt sich damit jedoch nicht begründen. Gelegentlich wird auch der Vorschlag diskutiert, ertragssteigernde Produktionsmittel und Verfahren im pflanzlichen und tierischen Bereich mit einer Sondersteuer zu belegen. Soweit geringere Umweltbelastungen zu erwarten sind, kann man die Einführung solcher Maßnahmen erwägen. Allerdings würde dies bei unveränderten Agrarpreisen die Einkommen verschlechtern und kleine sowie mittelbäuerliche Betriebe besonders hart treffen.

starke Eingriffe bei direkten Mengensteuerungen	(60) Mit der Einführung der direkten Mengensteuerung in wesentlichen Teilbereichen des Agrarmarktes sind weitgehende Eingriffe in die Handlungsspielräume der Betriebsleiter verbunden. Individuelle Planung und Entscheidung werden durch staatliche Vorgaben ersetzt. Erfahrungsgemäß sind staatliche Entscheidungsträger und Bürokratien kaum in der Lage, eine direkte Produktions- und Investitionslenkung in wirtschaftlich

sinnvoller und sozial gerechter Weise durchzuführen. Vielmehr muß ständig mit politischen Auseinandersetzungen um Produktionsquoten zwischen Ländern, Regionen und Einzelbetrieben gerechnet werden. Angesichts der Versuchung, staatliche Vorgaben zu unterlaufen oder zu umgehen, würde außerdem auf ein wirksames Überwachungs- und Kontrollsystem nicht verzichtet werden können.

Gefahren von Quotenregelungen

(61) Auch die Vorstellung, Quotenregelungen nur für eine begrenzte Übergangszeit einzuführen, ist mit Fragezeichen zu versehen. Erfahrungsgemäß ist nicht damit zu rechnen, daß derartige Regelungen lediglich zum Abbau wirtschaftlich wenig sinnvoller struktureller Überschüsse eingesetzt werden. Unter den gegebenen politisch-ökonomischen Bedingungen der Europäischen Gemeinschaft besteht die Gefahr, daß Quotenregelungen, wenn sie in einem zentralen Bereich, etwa der Milchviehhaltung, eingeführt werden, sich schrittweise zu einem umfassenden System der Produktions- und Investitionslenkung für den Agrarbereich ausweiten. Darüber hinaus können Quotenfestsetzungen, die sich an dem Ist-Zustand eines bestimmten Stichtages orientieren, hemmend auf die weitere Strukturentwicklung wirken und die bestehenden Einkommensverhältnisse festschreiben. Den kleineren Betrieben und den strukturschwachen Regionen wird dadurch die weitere Entwicklungsmöglichkeit abgeschnitten. Die direkte staatliche Mengensteuerung des Agrargüterangebots kann daher nur als ein letztes Mittel in einer völlig ausweglosen Situation angesehen werden. Selbst, wenn derartige Maßnahmen unter akutem Finanzdruck ausgeführt werden, ist davon keine langfristig befriedigende Lösung der Agrarprobleme zu erwarten.

Sollte im Milchsektor eine Quoten- bzw. Garantiemengenregelung unumgänglich werden, so müßte noch näher geprüft werden, ob die Einführung einer Abgabe für die Milchmenge, die über eine Höchstmenge je Hektar hinaus angeliefert wird, eine sinnvolle Ergänzung darstellt. Dadurch würde der Import von Futtermitteln aus Drittländern eingeschränkt, der Zwang zur Leistungssteigerung vermindert und die Ausdehnung der Produktion ohne ausreichende eigene Futtergrundlage unterbleiben. Darüber hinaus weisen importierte Futtermittel aus Entwicklungsländern nicht selten wegen unsachgemäßen Einsatzes von Pflanzenschutzmitteln erhöhte Rückstände auf. Es wird auch daran wieder deutlich, wie sehr heute agrarische, ökologische und entwicklungspolitische Fragen miteinander verflochten sind.

gestaffelte Preise und Erzeugerabgaben

(62) Gelegentlich wird auch ein System gestaffelter Preise oder gestaffelter Erzeugerabgaben auf bestimmte, quotenübersteigende Mengen vorgeschlagen. Auf diese Weise soll kleinen und mittelbäuerlichen Betrieben durch höhere Preise für eine bestimmte Produktionsmenge die Existenz gesichert und zugleich der Anreiz zur Überschußproduktion verringert, wenn nicht gar genommen werden. Dabei ist jedoch zu bedenken, daß eine Preisspaltung in der praktischen Durchführung auf erhebliche Schwierigkeiten stößt. Dennoch sind die Ziele, die mit den Vorschlägen der Mengenbegrenzung in Form von gestaffelten Preisen oder auch mit der Besteuerung von ertragssteigernden Produktionsmitteln angestrebt werden, bei allen Schwierigkeiten der praktischen Durchführung voll zu bejahen, nämlich eine Lösung zu finden, die neben den ökonomischen und marktordnungspolitischen Faktoren stärker die ökologischen, arbeitsmarktpolitischen und sozialen Gesichtspunkte berücksichtigt.

Es gilt zu verhindern:
- Die intensive Bewirtschaftung und Leistung auch bei ökologisch bedenklichen Folgen immer weiter zu steigern (Zwang zum Wachsen und zur weiteren Konzentration);
  die Existenz kleiner und mittlerer bäuerlicher Betriebe mit teilweise landschaftserhaltenden Funktionen zu gefährden;
- Anreize für eine nicht mehr absetzbare und finanzierbare Überschußproduktion zu geben unter Zuhilfenahme von billigen Futtermittelimporten, die ihrerseits wiederum die flächenunabhängige Produktion hierzulande begünstigen und dazu auch noch, sofern sie aus Entwicklungsländern kommen, negative Auswirkungen in diesen Ländern haben können;
- eine langfristige Reglementierung und Verbürokratisierung, die die Entscheidungsspielräume der Landwirte immer mehr einengt und die Strukturen völlig festschreibt.

Eine kirchliche Denkschrift kann nicht ein agrarpolitisches Reformkonzept als allein richtig und erfolgversprechend ausgeben, aber sie muß darauf dringen, daß die herausgestellten Ziele in der praktischen Politik trotz der Interessengegensätze mit Entschiedenheit verfolgt werden.

3.6 Empfehlungen für flankierende Maßnahmen

mehr direkte Einkommensübertragungen

(63) Die aufgezeigten Probleme und langfristigen Folgen zeigen, daß der Spielraum für eine grundlegende Reform der gegenwärtigen Agrarpolitik gering ist, will man unter den mitteleuropäischen Strukturbedingungen tiefgreifende Auswirkungen auf die soziale Lage der Landwirtschaft vermeiden. All dies muß daher bei der anstehenden Grundsatzentscheidung sorgsam bedacht werden. Wie auch immer die Entscheidungen ausfallen werden –

	eine Fortsetzung der bisherigen Politik ist nicht möglich –, es ist damit zu rechnen, daß sie zu einer Verstärkung des Einkommensdrucks führen müssen.

differenzierte Sozialbeiträge

Um ihn zu mildern, sind die Möglichkeiten direkter Einkommensübertragungen stärker zu nutzen. Auch sollte das Solidaritätsprinzip bei der agrarsozialen Sicherung künftig mehr als bisher zur Geltung kommen. Dieses läßt sich durch die Einführung von differenzierten Beiträgen zur landwirtschaftlichen Sozialversicherung (Krankenversicherung, Unfallversicherung, Altershilfe) erreichen, die nach der Wirtschaftskraft der Betriebe bemessen werden. Einkommensschwächere bäuerliche Familien würden so von hohen Beitragsleistungen entlastet.

kleinere und mittlere Betriebe nicht von Investitionsförderung ausschließen

(64) Auch das langjährige Konzept der Agrarstrukturpolitik der einzelbetrieblichen Investitionsförderung ist unter den schwierigen Beschäftigungsbedingungen problematisch, zumal es zur weiteren Verschärfung der Überschußsituation beigetragen hat. Aber auch unter Gerechtigkeitsgesichtspunkten ist eine selektive Investitionsförderung von Wachstumsbetrieben nur schwer zu rechtfertigen. Soweit man unter heutigen Bedingungen eine Förderung weiter betreiben will, dürfen kleinere und mittlere Betriebe von der staatlichen Förderung nicht ausgeschlossen werden.

Förderung der regionalen Strukturpolitik

Mit Maßnahmen der regionalen Strukturpolitik sollten auch bei abnehmenden staatlichen Mitteln weiterhin insbesondere in schwach strukturierten ländlichen Räumen zukunftsträchtige Beschäftigungsmöglichkeiten außerhalb der Landwirtschaft geschaffen werden. Dabei ist auch die Möglichkeit der Teilzeitbeschäftigung und des Zuerwerbs von der Förderung nicht auszuschließen.

Verbesserung der sozioökonomischen Beratung	(65) Neben der Fachberatung mit produktionstechnischen Hilfen ist die sozio-ökonomische Beratung zu intensivieren, die stärker die soziale Situation der Familie mitberücksichtigt. Dabei sollten besonders die Inhaber von Problembetrieben beraten werden, die bisher diese Hilfe aus unterschiedlichsten Gründen zu wenig oder überhaupt nicht in Anspruch genommen haben. Die Dienststellen der Beratung sind personell und fachlich so auszustatten, daß sie dieser Aufgabe künftig mehr als bisher gerecht werden können.
Schaffung von Lebensqualität im umfassenden Sinn	(66) In der individuellen Beratung über die Weiterentwicklung des Betriebes oder eine evtl. Hofaufgabe soll die gesamte Familie mit ihren verschiedenen Bedürfnissen berücksichtigt werden. Das gilt für die Zukunft der älteren Generation ebenso wie für die Bedürfnisse der Ehepartner und die Entfaltungsmöglichkeiten der Kinder. Lebensqualität im umfassenden Sinne beinhaltet sehr viel mehr als die Devise »mehr und größer ist besser«. Das menschliche Leben muß sich umfassend entfalten können. Dazu gehören auch Entspannung und Muße. Es gilt zu verhindern, daß bestimmte menschliche Werte ganz verkümmern. Bei allen Vergleichen mit anderen Bevölkerungsgruppen sollte man immer mit bedenken, welche Vorzüge das eigene Berufsfeld bietet.
Nutzung der Möglichkeiten überbetrieblicher Zusammenarbeit	(67) Der landwirtschaftliche Berufsstand ist zu größerer Solidarität herausgefordert. Es sollte vor allem die mit Erfolg praktizierte überbetriebliche Zusammenarbeit (überbetriebliche Maschinennutzung, Kooperation im Produktionsbereich, Betriebshelfergemeinschaft u. a.) vermehrt genutzt und weiter ausgebaut werden. Der Verlust an individueller Entscheidungsfreiheit wird durch die teilweise erheblichen Kostenvorteile und durch positive soziale Erfahrungen aufgewogen.

genossenschaftliche Prinzipien stärker beachten

(68) Das agrarische Marktgeschehen auf dem Lande wird bestimmt durch den privaten Landhandel und die Genossenschaften. Ein starker Verdrängungswettbewerb hat auch hier die Strukturen verändert. Großunternehmungen sind zunehmend marktprägend. Christliche Solidarität, Unterstützung der Ärmeren, war für Friedrich Wilhelm Raiffeisen Grundlage seiner Genossenschaftsidee. Heute wird häufig beklagt, daß durch die Entwicklung zu genossenschaftlichen Großunternehmen verstärkt Unternehmensinteressen statt Mitgliederinteressen im Vordergrund stehen. Das bewirkt eine Ungleichbehandlung der Mitglieder und eine Benachteiligung der wirtschaftlich Schwächeren. Im Interesse aller Mitglieder der genossenschaftlichen Unternehmungen muß es liegen, möglichst viele selbständige Mitgliedsbetriebe, zu erhalten. Es gilt, genossenschaftliche Prinzipien wieder stärker zur Geltung zu bringen. Genossenschaften und Landhandel sind wichtige Funktionsträger im ländlichen Raum. Es sind Bedingungen zu schaffen, die einen funktionsfähigen Wettbewerb bewirken.

stärkere berufsständische Solidarität

(69) Berufsständische Solidarität kann im Einzelfall auch bedeuten, auf weitere Betriebsvergrößerung um der Schwächeren im Dorf willen zu verzichten. Die Solidargemeinschaft steht heute vor einer großen Bewährungsprobe und zwar die Solidargemeinschaft sowohl innerhalb des Berufsstandes als auch zwischen Landwirten und Verbrauchern, zwischen den jetzt lebenden und den nachfolgenden Generationen sowie zwischen den Menschen und der Kreatur. Die Politik ist nicht aus der Verantwortung entlassen, entsprechende Rahmenbedingungen zu schaffen, um in solidarischem Geist die Probleme lösen zu können.

4. Landwirtschaft im Spannungsfeld zwischen Ökologie und Ökonomie – Zielkonflikte und Lösungsversuche

4.1 Das Verhältnis des Menschen zur Natur

verändertes Verhältnis zur Natur

(70) Der Landwirt selbst hat ein Interesse daran, seine eigene Lebensgrundlage nicht zu zerstören. Deshalb beobachtet er die Gesetze der Natur und erhält beispielsweise die Bodenfruchtbarkeit. Dennoch änderte sich sein Verhältnis zur Natur und zur Tierwelt tiefgreifend. Naturabhängigkeiten existieren nach wie vor; aber die Möglichkeiten der biologischen, züchterischen, technischen und chemischen Manipulierung der Natur sind in den letzten Jahrzehnten um ein Vielfaches angewachsen. Großartige Leistungen wurden dabei vollbracht, die sich nicht nur ertragssteigernd, sondern auch arbeitserleichternd und gelegentlich sogar ökologisch positiv auswirkten.

Dennoch ist die Versuchung für die Agrarwissenschaft und auch den einzelnen Landwirt heute groß, Natur nur noch als bearbeitbares und zu veränderndes Material (Objekt) anzusehen, ohne ihre Eigenwertigkeit und die Gesamtzusammenhänge in den Kreisläufen dieser Natur genügend zu beachten. Zwar hat der Landwirt auch heute noch ein Naturverständnis, das nicht nur den Nutzwert der Natur und die biologischen, chemischen und technischen Möglichkeiten des Menschen sieht. Aber diese Haltung wird erschwert durch die Art und Weise, wie in unserer Industriegesellschaft die Natur für die Zwecke des Menschen verwertet wird. Dabei unterscheiden sich die östliche und die westliche Welt kaum in ihrer Tendenz. In beiden Gesellschaftssystemen herrscht eine Produktionsweise vor, die die Natur nur als Objekt ansieht.

verändertes Verhältnis zum Tier

(71) Ebenso veränderte sich in Großviehbeständen das Verhältnis zum Tier. Allerdings sollte man auch den Umgang mit Tieren in der Landwirtschaft in der Vergangenheit nicht im Nachhinein romantisierend verherrlichen. Zwar wurden Pferde und nicht selten auch Kühe mit Namen angesprochen, aber das änderte nichts daran, daß es Nutztiere mit von Hof zu Hof sehr unterschiedlicher Behandlung waren. Dennoch besteht ein Unterschied zu spezialisierten Großviehbeständen der Gegenwart. Die entscheidende Frage lautet heute: Wo liegen im Umgang mit dem Tier Grenzen, die aus ethischen Gründen nicht überschritten werden dürfen?

Naturbeherrschung und christlicher Glaube

(72) Gelegentlich wird heute die Frage gestellt, ob die gegenwärtigen Umweltprobleme nicht eine Folge abendländischen Denkens und, davon abgeleitet, rationaler Naturbeherrschung sind. Dabei muß man aber bedenken, daß es auch in Kulturkreisen unter anderen Hochreligionen große ökologische Schäden gibt. So hat etwa das »Heilige Feuer« der ewig brennenden Altäre Zarathustras im iranischen Hochland den Waldbestand ganzer Gebirge vernichtet. Die heiligen Kuhherden der Hindus haben das biologische Gleichgewicht Indiens nicht unwesentlich gefährdet.
Wir Christen haben heute Anlaß zu fragen, wie weit wir mitverantwortlich dafür sind, daß Natur, Pflanzen und Tiere nur als Mittel für die Zwecke des Menschen angesehen wurden. Hat das Christentum deshalb zu wenig Gegenkräfte entwickelt, weil sich der Mensch als Krone und Ziel der Schöpfung zu scharf von der übrigen Schöpfung abgehoben verstand? Wurde der biblische Schöpfungsauftrag an den Menschen, über diese Erde zu herr-

schen, zu einseitig im Sinne des naturwissenschaftlich-technischen Fortschrittsglaubens ausgelegt? Sind nicht gerade in den letzten Jahrhunderten Naturwissenschaften und Theologie, Natur und Humanität, Natur und Geschichte zu sehr auseinandergerissen worden und das sogar mit Berufung auf den Herrschaftsauftrag Gottes an den Menschen? Diese Fragen deuten an, daß ein kritisches theologisches Nachdenken erforderlich ist, um die Maßstäbe des menschlichen Umgehens mit der Natur neu zu bestimmen.

fürsorgliche Verantwortlichkeit als Bewahren und Verändern

(73) Zwar ist der Mensch nach dem Ebenbild Gottes geschaffen und soll über die Erde herrschen. Dieser Auftrag bedeutet aber verantwortliche Fürsorge und nicht Freiheit zur Ausbeutung. Der Mensch hat innerhalb der Schöpfung die besondere Aufgabe, den Spielraum verantwortlich zu nutzen, den Gott ihm für die Gestaltung der Welt eingeräumt hat. In seiner Mitverantwortung für das Ganze soll er nach biblischem Schöpfungsverständnis gleichzeitig Natur pflegen und verändern, Kultur schaffen, ohne aber die Lebensgrundlage zu zerstören. Der Schöpfungsauftrag an den Menschen lädt nicht ein, alles zu versuchen, was machbar erscheint, sondern er muß als fürsorgliche Verantwortung in den Grenzen des lebensförderlichen Spielraumes ausgelegt werden.

Konflikt mit der Natur

(74) In der biblischen Überlieferung wird aber auch eine ganz andere Seite des Verhältnisses des Menschen zur Natur sichtbar. Viele biblische Geschichten legen anschaulich Zeugnis davon ab, so z. B. die Erzählung von der aus menschlicher Sünde folgenden Sintflut. Die Menschheit lebt nicht im paradiesischen Urzustand. Vielmehr muß im Schweiße des Angesichts auf Äckern mit Dornen und Disteln, im Kampf und Konflikt mit der

Natur das tägliche Brot erarbeitet werden. Um zu überleben, muß der Mensch auch in das Leben der Natur eingreifen.

Die Natur kann nicht als Inbegriff einer heilen, unzerstörten Welt gesehen werden. Das hieße, die Natur religiös zu verklären und zu verkennen, daß der Mensch Sünder ist. Nur die Versöhnung von Gott her bringt die Verheißung heilen Lebens. Die Natur darf aber auch nicht zum bloßen Gegenstand der menschlichen Bearbeitung oder Ausbeutung werden. Das hieße, den die Welt beherrschenden Menschen zum alleinigen Maßstab zu machen und die Gesetze einer von Gott geordneten Schöpfung zu wenig zu beachten.

Grenzen der Naturbearbeitung (75) Das Christentum hat den Siegeszug der Naturwissenschaften und der Technik mit beeinflußt. Durch ihn wurde es erst möglich, so viele Menschen in der Welt zu ernähren. Nicht selten sind dabei aber die Grenzen der Naturbearbeitung aus dem Blickwinkel geraten. Nur langsam setzt sich heute die Erkenntnis durch, daß Natur nicht nur Objekt und Gegenstand menschlicher Nutzungsinteressen sein darf. Sie ist kein toter Mechanismus, sondern ein vielfältiges Gefüge, das durch Eingriffe auf Dauer geschädigt werden kann. Daher müssen auch Eingriffe in Teile des Gefüges immer auf ihre Folgen für das Gesamtgefüge bedacht werden. Dabei sind auch die nicht beabsichtigten Nebenfolgen für die soziale, politische und moralische Lebenswirklichkeit in Gegenwart und Zukunft ins Auge zu fassen. Dies ist um so wichtiger, weil der Mensch heute viel tiefere Eingriffe in die Kreisläufe der Natur vornehmen kann als je zuvor. Letztendlich gefährdet er, wenn er die Gesetze und den Eigenwert der Schöpfung mißachtet, auch sich selbst.

Mensch zugleich Gottes Beauftragter und Mit-Kreatur

(76) Deshalb gilt es, immer wieder auf die Doppelstellung des Menschen hinzuweisen: Einerseits von Gott beauftragt, die Welt und Natur bewahrend zu verändern, andererseits selbst Mit-Kreatur zu sein. Der zur Herrschaft berufene Mensch ist nicht nur Herr über die anderen Geschöpfe, sondern auf Grund seiner Mitkreatürlichkeit ist er ihnen in einer engen Gemeinschaft verbunden. Der in besonderer Weise Gott verantwortliche Mensch ist dennoch immer gleichzeitig selbst als Mitkreatur eingefügt in die ihn umgebende Schöpfung. Die Natur ist nicht nur seine Umwelt, sondern seine Mitwelt. Der Mensch verändert die Natur und ist doch selber ein Teil von ihr. Als Handelnder ist er im Guten und Bösen gleichzeitig immer ein Mitbetroffener.

endgültige Befreiung von Mensch und Kreatur

(77) Nach biblischem Verständnis sind die Menschen mit allen Kreaturen auf das tiefste verbunden. Die Menschen und die Schöpfung sind keine isolierte, für sich bestehenden Größen. Beide seufzen unter den Bedrängnissen der Gegenwart. Beide sehnen sich nach Befreiung und Erlösung. Das Ziel der Wege Gottes ist nicht nur die Erneuerung der Menschheit, sondern der ganzen Schöpfung. »Auch die Kreatur wird frei werden von der Knechtschaft des vergänglichen Wesens zu der herrlichen Freiheit der Kinder Gottes« (Röm. 8,21). Verheißung göttlicher Vollendung liegt jenseits menschlicher Leistungsmöglichkeit. Dennoch gilt es, sich in Glauben und Hoffnung an dieser Verheißung auszurichten und deshalb so viel Freiheit wie nur möglich in Gottes ganzer Schöpfungswelt schon jetzt zu eröffnen. Nicht nur die Menschen, sondern der ganze Kosmos gehören in den Ausstrahlungsbereich der Gottesherrschaft hinein. Mitten in der alten Schöpfung ist die neue schon angebrochen (2. Kor. 5 und Röm. 12). Gottes Heilswille umfaßt den Menschen und alle Kreatur,

Natur und Geschichte. Der Mensch sollte daher in aller Gebrochenheit irdischer Existenz Hoffnungszeichen für die ihn umgebende Kreatur sein und nicht ihr großer Zerstörer.

Mitgeschöpflichkeit der Tiere	(78) So wird denn auch in jüngster Zeit von immer mehr Seiten zu Recht ein neuer Umgang des Menschen mit den Tieren gefordert. Wer die Mitgeschöpflichkeit der Tiere mißachte, schädige langfristig auch den Menschen selbst, heißt es. Das Leid, das den Tieren angetan wird, könne auch bald den Menschen angetan werden. Aber es geht nicht nur um das Schicksal des Menschen, sondern um den Eigenwert des Tieres. Den Satz des Glaubensbekenntnisses: »Ich glaube an Gott, den Schöpfer« erklärt Martin Luther u. a. mit den Worten: »Ich glaube, daß mich Gott geschaffen hat samt allen Kreaturen.« Wenn die Kirche die Barmherzigkeit Gottes verkündet, gilt diese dann nicht auch den uns anvertrauten Tieren? Müßte ein solches christliches Verständnis nicht auch die Konsequenz haben, daß das Tier nicht nur in seiner bloßen Verwertbarkeit und Nützlichkeit gesehen wird? »Der Gerechte erbarmt sich seines Viehs.« (Sprüche 12,10). Sensibilität für tierisches Leid ist in der Kirche, von wenigen abgesehen, nicht aufgebracht worden. Es ist kein Zufall, daß wir heute auf Stimmen wie Franz von Assisi hören. Ebenso schenken wir dem ethischen Grundsatz Albert Schweitzers neue Beachtung: »Ich bin Leben, das leben will inmitten von Leben, das leben will.« In Schweitzers Ehrfurcht vor dem Leben wird Leben immer als Wettstreit konkurrierender Konfliktpartner gedacht. Alle Kreatur gehört mit den Menschen in Solidarität zusammen.

Leid der Kreatur verringern	(79) Bei der Durchsetzung seiner eigenen Lebensinteressen sollte der Mensch daher immer darauf achten, die Lebensinteressen der nichtmenschlichen Kreatur angemessen zu berücksichtigen und Leid und Tod der Kreatur (soweit möglich) zu verringern. Im Hinblick auf die millionenfachen Tierversuche ist zu fragen, ob nicht das Recht darauf dann eingeschränkt werden müßte, wenn das, was den Tieren angetan wird, in keinem erkennbaren Verhältnis zur Erhaltung anderen Lebens geschieht. Für einen Teil der etwa 14 Mio. Tierversuche jährlich wird man das sagen können. Doch soll auf diese Problematik hier nicht näher eingegangen werden, weil sie die Landwirtschaft primär nicht betrifft. Die artgerechte Tierhaltung aber wird noch genauer erörtert.
Naturverträglichkeit und Sozialverträglichkeit zugleich prüfen	(80) Freilich wird in einer hochindustrialisierten Gesellschaft nur eine schrittweise Umstellung möglich sein. Das eröffnet vielen Interessengruppen die Chance, den bisherigen Weg ohne große Kurskorrekturen mit der Begründung zu verteidigen, es seien arbeitsmarktpolitische oder soziale Nebenwirkungen zu befürchten. Die Kirche wird in solchen unausbleiblichen Kämpfen und Konflikten keine Interessengruppen in ihren Anliegen bestärken dürfen. Sie muß vielmehr mithelfen, daß in angemessener Güterabwägung immer zugleich der Naturverträglichkeit und der Sozialverträglichkeit Rechnung getragen wird. Es kann weder ein Zurück in eine schwärmerische Naturromantik oder einen ungebrochenen Naturzustand noch ein interessengebundenes Festhalten an angeblich wirtschaftlichen Sachzwängen geben.

(81) Auch in der Landwirtschaft ist der Weg zurück in ein vortechnisches und vorindustrielles Zeitalter aus vielen gesellschaftspolitischen, ernäh-

Anpassung der Technik an ökologische Erfordernisse	rungspolitischen und sozialen Gründen versperrt. Das Heilmittel heißt auch nicht Verzicht auf Technik – so wichtig der Verzicht auf einzelne Techniken sein kann –, sondern Anpassung der Technik an die ökologischen Erfordernisse. Aber immer mehr Menschen erkennen in der Landwirtschaft, daß die Natur nicht nur Objekt von Nutzungsinteressen sein darf. Gesetze und Kreisläufe der Natur müssen respektiert werden. Darum gilt es, neben der Bewußtseinsänderung auch neue politische und wirtschaftliche Rahmenbedingungen zu schaffen, die es möglich machen, die ökologischen Gesichtspunkte stärker zu berücksichtigen.
	Die Landwirte werden nur dann ihr Verhalten in großer Zahl ändern, wenn auch die europäischen Nachbarländer entsprechende Auflagen beschließen und durchsetzen. Dieses Argument darf allerdings nicht als Alibi für Länder dienen, keine ersten Schritte zu unternehmen oder Entscheidungen hinauszuzögern.

4.2 Landschaftsstrukturen, Landbewirtschaftung und Artenschutz

Natur als Lebensgrundlage	(82) Die Umwelt macht unser Leben überhaupt erst möglich. Boden, Luft und Wasser, Tiere und Pflanzen formen und gestalten unsere Umwelt und gehören mit dem Menschen zur Schöpfung, die es immer gleichzeitig zu bebauen und zu bewahren gilt. Auch Generationen nach uns möchten sich noch an der Schönheit von Natur und Landschaft erfreuen können, die durch ihre Vielfalt im Wechsel von Nutzflächen und Naturräumen gekennzeichnet sind.
bedrohliche Umweltveränderung	(83) Indessen nehmen negative Einwirkungen der modernen Industriegesellschaft auf das Leben der Tiere und Pflanzen, überhaupt auf unsere gesamte Umwelt, ständig zu. Sie bedrohen den Boden, das

Wasser, die Luft und betreffen direkt oder indirekt die Pflanzen und Tiere und schließlich den Menschen. Durch Zerstörung oder Schädigung der Lebensräume sind heutzutage zahlreiche wildlebende Tiere und Pflanzen ausgerottet oder ernsthaft bedroht. Die Intensivierung der Landwirtschaft gefährdet besonders Hecken und Knicks, Feldraine, Feuchtgebiete, Trocken- und Magerwiesen.

Landwirtschaft durch Schadstoffe mehr und mehr belastet

(84) Die Gefährdung der Umwelt ist keineswegs allein der Landwirtschaft anzulasten. Vielmehr gehen unersetzliche Biotope und Landschaften – wie schon angedeutet – durch Überbauung verloren. Die Landwirtschaft ist in vielfältiger Weise durch Umweltschäden auch selbst betroffen. Von den Schadstoffen durch Industrie, Haushalt und Autoverkehr war ebenso schon die Rede. Durch verseuchten Klärschlamm oder verdriftete Pflanzenschutzmittel können unkontrolliert Schadstoffe in den Boden und die wachsenden Pflanzen gelangen. Untersuchte Ernteproben haben wiederholt gezeigt, daß selbst die Erzeugnisse von solchen Betrieben, die keine Pflanzenschutzmittel und dergleichen anwenden, in gleicher Größenordnung Rückstände aufweisen können wie konventionell wirtschaftende Betriebe. Besonders belastet sind z. B. die an die Autobahn grenzenden Feldbereiche. Bisher sind die heutigen Grenzwerte der zulässigen Umweltbelastung nur in wenigen Gebieten erreicht oder gar überschritten. Doch wächst die Gefährdung mit anhaltender Dauer der Schadstoffbelastung, ohne daß die Landwirte sich allein schützen könnten. Die unerwartet rasche Ausweitung des Waldsterbens muß alle alarmieren und macht einschneidende Maßnahmen dringend.

(85) Die künftige ländliche Entwicklung muß mit dazu beitragen, die Bedrohung des Naturhaushal-

landschaftliche Vielfalt als Aufgabe	tes aufzuhalten. Die Maßnahmen hierfür sollten umgreifend sein und erfordern daher weitgehend staatliches Handeln. Gleichwohl ist die Landwirtschaft und damit jeder einzelne Landwirt, besonders gefordert. In der Flurbereinigung müssen ökologische Belange vorrangig berücksichtigt werden. In neueren Konzepten spielen sie bereits eine zunehmende Rolle. In diesem Bestreben sollte noch viel nachhaltiger fortgefahren werden. Der Einsatz von moderner Landtechnik verlangt zwar eine gewisse Mindestgröße der Felder oder geregelte Bodenwasserführung, doch müssen sich die Eingriffe der Flurbereinigung z. B. dem Relief und der Bodenart anpassen. Der Einsatz neuer Techniken ist daraufhin zu prüfen, inwieweit sie umweltfreundlich sind.
Dialogfähigkeit	(86) Von Naturschützern wird ein Netz von ökologischen Zellen (Biotopen) zur Erhaltung der Vielfalt von Landschaften und Lebensräumen gefordert. Da die Grundlagen aller landwirtschaftlichen Produktion biologisch sind und die Tätigkeit des Landwirts auf dem Reichtum der Natur gründet, sollte jede Möglichkeit zu einem ehrlichen und ernsthaften Dialog zwischen Naturschützern und Landwirten genutzt werden. Dies kann, so hat die Erfahrung gelehrt, Denkanstöße für konkrete Maßnahmen geben.
Erhaltung der Artenvielfalt	(87) Die Artenvielfalt läßt sich auf Dauer nicht erhalten, wenn für Tiere und Pflanzen nur einige Rückzugsgebiete übrig bleiben, in denen wirtschaftliche Nutzung derzeit gerade nicht interessant ist. Es gibt immer mehr ermutigende Beispiele für wirksamen Naturschutz durch Initiative von Einzelpersonen und Gruppen. Aber das reicht noch nicht aus. So ist die Schaffung und Erhaltung von Feldrainen mit nur geringem materiellen Auf-

wand verbunden. Für den Schutz von Pflanzen und Tieren sind sie dann von großem Nutzen, wenn sie mit den angrenzenden Feldern und Flächen verzahnt und nicht isoliert sind. Durch Anlage oder Schonung von Hecken und Feldgehölzen, durch Schonung besonders wertvoller Lebensräume wie Feucht- und Magerwiesen (Verzicht auf Trockenlegung bzw. Aufdüngung) kann jeder landwirtschaftliche Betrieb einen Beitrag zum Umweltschutz leisten. Beachtung müssen in diesem Zusammenhang auch Flächen erfahren, die sich an Waldrändern als Übergangszonen zu Feldern erstrecken.

Erweiterung der Fruchtfolge

(88) Zur Auflockerung der Agrarlandschaft und zur Erhöhung der Artenvielfalt kann eine erweiterte Fruchtfolge beitragen. Zugleich beugt sie den heute in erschreckendem Ausmaß verbreiteten Fruchtfolgekrankheiten vor und senkt die Aufwendungen für den Pflanzenschutz. Den Pflanzenzüchtern ist zur Vergrößerung der Anbauvielfalt die Arbeit an bisher vernachlässigten Pflanzenarten nahezulegen. Vielfach ist die züchterische Veränderung Voraussetzung für den Wiederanbau der Pflanze. Die erweiterte, systematische Erforschung von Wild- und Nutzpflanzen könnte entscheidende Anregungen für die Entwicklung des Pflanzenbaues geben und die einseitige Bevorzugung einzelner Kulturpflanzenarten und -sorten (Zuckerrüben, Mais, Weizen u. a.) durchbrechen. In engem Zusammenhang mit der züchterischen Arbeit ist die Entwicklung von rentablen Anbauverfahren sowie die Förderung von Marktchancen notwendig.

4.3 Tierhaltung

neue Produktionssysteme der Tierhaltung

(89) In keinem anderen Bereich der Landwirtschaft ist die Produktion so durchgreifend umgestellt worden, wie in der Nutztierhaltung. Der Zwang, immer preiswerter und zugleich nachfragegerecht zu erzeugen, um wettbewerbsfähig zu bleiben, und der Wunsch, an der allgemeinen Einkommensentwicklung teilzuhaben, führte zu neuartigen Produktionssystemen, die eine Tierhaltung in großen Beständen (Intensivtierhaltung) rationell ermöglichen. Diese wurden durch Fortschritte in der Züchtung und in der Haltungshygiene, durch neue Stallformen und Fütterungsmethoden bei Einsatz von Zusatzstoffen erreicht.

Die modernen Produktionsmöglichkeiten haben dazu beigetragen, daß dem Verbraucher heute preiswerte tierische Erzeugnisse in großem Ausmaß bei in der Regel guter Qualität angeboten werden. Auch schwere Arbeit in den Ställen konnte erleichtert und Verbesserungen bei der Hygiene ermöglicht werden. Gleichwohl werden heute teilweise bedenkliche Folgewirkungen sichtbar, auch wenn in der Bundesrepublik Deutschland – mit Ausnahme der Hühnerhaltung – die Tierhaltung heute noch durch bäuerliche Bestandsgrößen geprägt ist. (13,6% der Milchkühe stehen in Beständen ab 40 Tieren und 23,5% der Mastschweine in Beständen ab 400 Tieren.)

Nachteile und negative Folgen von großen Tierbeständen

(90) Moderne Produktionssysteme erfordern vielseitig ausgebildete Fachleute, benötigen aber gleichzeitig auch weniger Arbeitskräfte. Sie begünstigen die Produktion in größeren Einheiten bei hohem Kapitaleinsatz. Moderne Produktionssysteme aber schaffen für das Tier oft eine künstliche Umwelt. Dadurch kann es einem ständigen Streß unterworfen sein, welcher u. U. wiederum mit

weiteren Maßnahmen aufgefangen werden muß. Dadurch werden dann Negativfolgen artwidriger Haltung verdeckt. Große Tierbestände sind mit hohen Risiken behaftet und bedürfen einer regelmäßigen Beobachtung durch Tierärzte. Rückstandsuntersuchungen von tierischen Produkten in größerem Umfang sind notwendig geworden.

(91) Moderne Systeme der Tierhaltung begünstigen Großbetriebe. Von ihnen geht ein zunehmender Konkurrenzdruck auf Betriebe mit kleinen und mittleren Beständen aus. Bei der Entwicklung von Großbeständen stand die Rationalisierung im Vordergrund und nicht in erster Linie das ganzheitliche Wohlbefinden des Tieres. Dabei ist weiter problematisch, daß der Kontakt zwischen Betreuer und Tier im Vergleich zur bäuerlichen Tierhaltung nicht mehr so intensiv ist. Die Rückführung der großen Mengen anfallender Exkremente in den Naturkreislauf ist bei mangelnder Lagerkapazität und/oder begrenzter landwirtschaftlicher Nutzfläche fragwürdig; Boden und Grundwasser sind gefährdet, insbesondere wenn regional eine Spezialisierung auf bestimmte Tierarten stattgefunden hat.

Empfehlungen

(92) Die Landwirtschaft im Voll-, Zu- und Nebenerwerb ist so zu fördern, daß die aufgezeigten unerwünschten Entwicklungen in der Tierhaltung gestoppt und, wo notwendig, rückgängig gemacht werden. Die landwirtschaftliche Tierhaltung ist durch Einführung entsprechender Abgaben, die ethisch, ökologisch und volkswirtschaftlich begründbar sind, auf Bestandsgrößen und Haltungssysteme einzuschränken, die eine artgemäße Betreuung und damit einen verantwortungsvollen Umgang mit den Nutztieren erlauben.
Betriebe mit Tierbeständen, die flächenunabhängig gehalten werden, sollten gegenüber anderen stär-

ker durch Abgaben belastet werden. Außerdem ist verstärkt dafür zu sorgen, daß von diesen Betrieben keine Gefahr für die Umwelt z. B. durch mangelhafte Beseitigung der tierischen Exkremente ausgehen kann. Der Markt für Arzneimittel und Futterzusätze muß weiterhin streng überwacht werden. Die Rahmenbedingungen sollten einen verminderten Verbrauch dieser Mittel ermöglichen. Durch intensive Schulung und Beratung der Tierhalter sowie durch ausreichende Überwachung ist die Qualität tierischer Erzeugnisse (Lebensmittel) zu sichern und zu verbessern.

4.4 Düngung und Pflanzenschutz

chemische Hilfsstoffe

(93) Der Einsatz chemischer Hilfsstoffe in der Landwirtschaft ist nicht neu. Erste chemische Pflanzenschutzmittel waren bereits im Altertum in Gebrauch. Seit den Arbeiten Justus von Liebigs im vorigen Jahrhundert wissen wir, daß die Pflanze Mineralstoffe aufnimmt, die als Dünger zugeführt werden können. Probleme bei der Mineraldüngung und dem Pflanzenschutzmitteleinsatz sind erst in jüngster Zeit mit ständig steigendem Gebrauch entstanden. Es muß deshalb nach den Grenzen gefragt werden. Die Diskussion über Chemie in der Landwirtschaft sollte ohne Vorurteile und sachbezogen geführt werden.

organische und mineralische Düngung

(94) Beide Düngeformen, die mineralische wie die organische Düngung, können Vor- und Nachteile haben. Die heute viel diskutierte Stickstoff-Mineraldünung hat als positive Wirkungen zur Folge: Die Anhebung des Eiweißgehaltes von z. B. Getreide und Mais, eine Verbesserung des Wurzelwachstums und damit eine bessere biologische Bodenerschließung, eine Förderung des Blattwachstums und damit steigende Assimilationsleistung

der Kulturpflanze sowie verbesserte Unterdrükkung spät keimender Wildkräuter und schließlich die Förderung der bodenbiologischen Aktivität.

Als bedenkliche oder schädliche Wirkungen sind aufzuführen: Erhöhte Krankheits- und Schädlingsanfälligkeit der Pflanzen bei hohen Düngergaben; verschlechterte Standfestigkeit von Getreide; Nitratbelastung von Erntegut und Gewässern. Zu Stickstoff-Überschuß kann auch eine unsachgemäße organische Düngung führen. Ein überhöhter Viehbesatz bringt besonders bei Güllewirtschaft die Gefahr einer Überdüngung.

maßvolle Düngung

(95) Ein vollständiger Verzicht auf Mineraldünger ist aus ernährungspolitischen Gründen nicht möglich und auch aus ackerbaulicher Sicht nicht notwendig. Eine allein organische Düngung kann daher auch nicht für alle verbindlich gemacht werden. Vielmehr ist für ein ausreichendes Produktionsniveau sowohl organische als auch mineralische Düngung zur Erhaltung der Bodenfruchtbarkeit und zur Abdeckung des Nährstoffbedarfs der Pflanzen notwendig. Die Gaben müssen der Fruchtart und dem Standort angemessen dosiert werden. Überdüngung, Nitratbelastung von Grund- und Oberflächenwasser und eine Anreicherung von Nitrat im Erntegut, vor allem in den verschiedenen Gemüsen, müssen und können vermieden werden. Gegebenenfalls sind z. B. Höchstwerte für Nitrate im Gemüse festzusetzen.

Neubesinnung im Pflanzenschutz

(96) In den letzten Jahrzehnten hat sich der Gebrauch chemischer Mittel zum wichtigsten Verfahren des Pflanzenschutzes entwickelt. Die großen Erfolge der Schaderreger-Bekämpfung im Bemühen um die Sicherung und Steigerung der Erträge sowie der Vorratshaltung sind dieser Entwicklung

zu verdanken. Was zunächst als Abwehrmaßnahme in der Not eines stärkeren Schadbefalls gedacht war, ist mehr und mehr zu einer allgemein gebräuchlichen Maßnahme geworden. Dabei wird häufig vorbeugend auch zu chemischen Präparaten gegriffen. Wirtschaftliche Zwänge zur Steigerung der Erträge, das Streben nach Vermeidung jedweden Ertragsrisikos, aber auch die besonderen Anforderungen der verschiedenen Mittel an Einsatzzeitpunkt, Ausbringungsart, Wiederholung der Anwendung und anderes mehr, haben beim chemischen Pflanzenschutz zu einem eigenen System geführt, das die pflanzenbauliche Produktion mit den ihr eigentümlichen Regeln überlagert. Verschiedentliche Mißerfolge, unerwartete Nebenwirkungen, aber auch wirtschaftliche Überlegungen haben zum Nachdenken über die bisherige Entwicklung herausgefordert.

Gefahren des einseitigen chemischen Pflanzenschutzes

(97) Obwohl sich die chemischen Mittel gegen eine bestimmte Gruppe von Schadorganismen richten, etwa gegen häufige Wildkräuter im Zuckerrübenanbau, können sie direkt und auch indirekt andere Organismen, darunter schützenswerte Arten und Nützlinge, treffen. Die Nebenwirkungen lassen sich nicht auf eine Organismengruppe eingrenzen. Vielmehr können sie sich in verschiedenen Teilen der Lebensgemeinschaft störend bemerkbar machen. So können Unkrautbekämpfungsmittel auch Insekten abtöten, ihre Fruchtbarkeit mindern oder ihnen indirekt durch Entzug ihrer Nahrungspflanzen die Lebensgrundlage nehmen. Auch Klein- und Großsäugetiere sowie Vögel sind mitbetroffen (Greifvögel, Störche, Jagdwild u. a.).

unerwünschte Folgen

(98) Die unmittelbaren und mittelbaren Folgen der Anwendung von chemischen Pflanzenschutzmitteln haben in einer vielfach miteinander verknüpften Lebensgemeinschaft von Pflanzen und Tieren schließlich unerwünschte Rückwirkungen auf die landwirtschaftliche Produktion selbst. Häufig vermehren sich gewisse Schädlinge nach einem Mitteleinsatz besonders stark, weil deren Gegenspieler weitgehend ausgeschaltet wurden. Einige zuvor unbedeutende Arten sind erst durch die störenden Eingriffe der Chemikalien zu wichtigen Schädlingen geworden. Auch indirekt haben die wirksamen Bekämpfungsmöglichkeiten mit chemischen Mitteln zu neuen Pflanzenschutzproblemen beigetragen. Sie erlauben nämlich auch solche Intensivierungsmaßnahmen, die den Befall mit Schaderregern fördern. Die Ausweitung der Anbaufläche weniger Kulturpflanzen, der Anbau ertragreicher, aber anfälliger Sorten und hohe Stickstoffgaben sind Beispiele für solche befallsfördernden Intensivmethoden.

Nachteilige Nebenwirkungen einer von natürlichen Begrenzungen teilweise enthobenen Produktion entstehen auch durch die unkontrollierte weiträumige Verbreitung (Verdriftung) von Agrochemikalien und ihre Anreicherung auch in entfernten Lebensgemeinschaften, die nach herkömmlichen Vorstellungen keinesfalls betroffen schienen. Zu den unerwünschten Folgen zählt ferner, daß sich Schaderregerstämme bilden, die durch häufige Mittelanwendung gegen einzelne Chemikalien oder Präparategruppen widerstandsfähig (resistent) werden.

Schließlich bleibt festzustellen, daß trotz der einige Jahrzehnte umfassenden Entwicklung des modernen chemischen Pflanzenschutzes zwar die Erträge insgesamt enorm gestiegen, die Pflanzenschutzprobleme aber keinesfalls geringer geworden sind.

Notwendigkeit einer kontinuierlichen Schulung und Beratung

(99) Derzeit werden in der Bundesrepublik Deutschland jährlich ca. 32000 t reine Pflanzenschutzmittel-Wirkstoffe abgesetzt. Die strenge amtliche Prüfung, die insbesondere die eingehende toxikologische Untersuchung einschließt, soll mögliche Vergiftungsgefahren für Anwender und Verbraucher begrenzen. Trotz der umfassenden Zulassungsprüfung ist eine ständige Schulung und Beratung der Anwender für einen sachgerechten und verantwortlichen Mitteleinsatz erforderlich. Bei keiner anderen landwirtschaftlichen Maßnahme ist der Grat zwischen Nutzen und Risiko so schmal wie bei dem Einsatz von chemischen Pflanzenschutzmitteln.

»integrierter Pflanzenschutz«

(100) In der heute vielfach erhobenen Forderung nach einem »integrierten Pflanzenschutz« wirkt sich der Wunsch nach einer Neuorientierung aus, die dem Pflanzenschutz einen neuen Rahmen gibt. Das Ziel ist eine verbesserte und aufeinander abgestimmte, umweltschonende Wahl aller Pflanzenschutzmaßnahmen. Außer der angestrebten Integration aller Maßnahmen zum Schutz der Kulturen von der Saat bis zur Ernte wird eine »integrierte Pflanzenproduktion« gefordert, die alle Verfahren der landwirtschaftlichen Erzeugung wieder zu einem sinnvollen und harmonischen Ganzen zusammenführt. Dieser weitverbreitete Wunsch macht deutlich, wie sehr sich die Teilverfahren, insbesondere der Einsatz von Agrochemikalien, in der Produktion verselbständigt haben.

chemische Verfahren

(101) In diesem Rahmen haben auch die chemischen Bekämpfungsverfahren ihren Platz. Bei Einhaltung der Gebrauchsanweisung ist ein verhältnismäßig hoher Schutz von Anwender und Verbraucher vor derzeit erkennbaren Gefahren gegeben. Der Schutz der Umwelt und des Naturhaushalts

könnten wesentlich verbessert werden durch:
- Einsatz nützlingsschonender, selektiver (möglichst nur den Schaderreger treffender) Mittel,
- Einsatz nicht persistenter (d. h. in der Natur schnell abbaubarer) Mittel,
- Einsatz von Mitteln nur dann, wenn ein Schadorganismus die wirtschaftliche Schadensschwelle übersteigt (die Schwelle, bei welcher der zu erwartende Schaden die Kosten zu seiner Abwehr erreicht),
- Nutzung aller Warndienst- und Prognose-Verfahren,
- optimale Einstellung der Feldspritze,
- unbedingte Einhaltung aller einschlägigen Vorschriften und Empfehlungen.

möglichst naturgemäße Verfahren

(102) Neben chemischen Pflanzenschutzmaßnahmen sollten insbesondere die verschiedenen weiteren Verfahren des Pflanzenschutzes zur Vorbeugung und Bekämpfung genutzt und weiter ausgebaut werden:

Acker- und pflanzenbauliche Verfahren. – Bedingt lassen sich Pflanzenschutzprobleme auch durch geeignete Sortenwahl und Sortenvielfalt, standortgerechten Anbau, gesundes Saatgut, eine harmonische Düngung, eine Auflockerung der Fruchtfolgen und eine angemessene Bodenbearbeitung lösen.

Resistenzzüchtung. – Ein bisher zu wenig genutztes Pflanzenschutz-Instrument ist die Züchtung resistenter Kulturpflanzen, die den Schaderregern geringere Vermehrungsmöglichkeiten bieten. Insbesondere wurde die Resistenzzüchtung gegen Insekten bei uns in der Vergangenheit sehr vernachlässigt.

Physikalische Verfahren. – Die mechanische Vernichtung von Schaderregern und Unkräutern durch Bodenpflegegeräte, Häcksler u. a. hat auch heute noch große Bedeutung. Auch noch andere physikalische Verfahren, auf die hier im einzelnen nicht näher eingegangen werden kann, ergänzen in speziellen Fällen die Methoden des Pflanzenschutzes erfolgreich.

Biologische Verfahren. – Die gewaltige Nachkommenschaft von Schädlingen wird ständig durch viele natürliche Feinde begrenzt. Zur Bekämpfung von Schädlingen können deshalb alle die Maßnahmen wesentlich beitragen, die den natürlichen Gegenspielern von Schadorganismen wieder einen breiten Wirkungsraum zurückgeben. Allgemein finden sie in einer vielfältigen, durch Feldraine und Hecken aufgelockerten Feldflur verbesserte Lebensbedingungen. Ein maßvoller und gezielter chemischer Pflanzenschutz trägt wesentlich zur Schonung der Nützlinge bei. Neben der Erhaltung der natürlichen Steuerungskräfte stehen in einigen Fällen aktive biologische Maßnahmen zur Verfügung. Zu den klassischen Verfahren zählen die Einbürgerung oder die Massenzucht und Ausbringung von nützlichen Insekten (Räuber und Parasiten) und Mikroorganismen (auf bestimmte Schaderreger spezialisierte Viren, Bakterien, Pilze). Noch unvollkommen erforscht wurden bisher Lockstoffe, Abschreckstoffe und natürliche Pflanzenschutzmittel (Insektizide) sowie weitere dieser sog. biotechnischen Verfahren.

Sachkundenachweis

(103) Im Pflanzenschutz sind hohe Fachkenntnisse des Landwirtes und das Angebot einer geschulten Beratung entscheidend für die sachgerechte Durchführung notwendiger Maßnahmen. Die Abgabe von Pflanzenschutzmitteln sowie der Umgang mit ihnen sollte im gewerblichen Bereich an einen Sachkunde-Nachweis gebunden sein und der Ein-

satz stichprobenartig laufend überprüft werden. Oberste Regel für den chemischen Pflanzenschutz sollte sein: Nicht mehr Chemikalien als unbedingt nötig einzusetzen und stets jede erwogene Maßnahme sorgfältig und kritisch auf ihre Notwendigkeit hin zu prüfen.

4.5 Kreislauf-Wirtschaft und Alternativen im Landbau

Grenzen der Intensivierung

(104) Angesichts der erreichten Intensität der Landwirtschaft zeichnen sich heute beim Einsatz ertragssteigernder Mittel betriebswirtschaftliche, volkswirtschaftliche und ökologische Grenzen ab. Die Energiebilanz in der Landwirtschaft verschlechtert sich insbesondere bei hohem Veredlungsgrad laufend und auch im Pflanzenbau steht gemäß dem Gesetz vom abnehmenden Ertragszuwachs, den gestiegenen Aufwendungen für Dünge- und Pflanzenbehandlungsmittel ein immer weniger steigender Ertrag gegenüber. Nicht nur die Verteuerung der für die Nahrungsproduktion eingesetzten Mittel (Mineraldüngung, Schädlingsbekämpfungsmittel und Mineralöl) haben zum Umdenken gezwungen. Das gleiche bewirkten auch ertragsmindernde Entwicklungen, wie z. B. Bodenerosion auf hängigen Standorten bei Mais- und Zuckerrübenkulturen und flurbereinigten Rebflächen in Hanglagen, die zusätzlich noch zur stärkeren Belastung von Oberflächenwasser mit Stickstoff, Phosphaten und Pflanzenschutzmittelrückständen führte. Durch die geringere Umwandlung der aufgewendeten Dünge- und Pflanzenschutzmittel im Ertrag entstehen dem Landwirt Einkommensverluste.

Alternativen erproben

(105) Andere Möglichkeiten zur Energieeinsparung, Kostensenkung und Umweltentlastung bieten sich im Bereich der Düngung, des Pflanzen-

schutzes und der Bodenbearbeitung an. Durch verstärkten Anbau verschiedener Leguminosearten (stickstoffsammelnde Pflanzenarten) können z. B. gleichzeitig Stickstoff-Mineraldünger eingespart, die biologische Bekämpfung verschiedener Krankheiten, Schädlinge und Wildkräuter bei Getreide und Rüben vorbeugend durchgeführt und eine bessere Lockerung und Krümelung des Bodens erreicht werden.

standortgerechte Anbausysteme	Die Entwicklung und Erprobung auf die Umwelt orientierter, standortangepaßter Anbausysteme mit geringem Energiebedarf, mit dem Ziel langfristiger Bodenfruchtbarkeit, nachhaltiger Bodengesundheit und damit Ertragsfähigkeit als Beitrag für eine wirksamere Entwicklungshilfe muß bei knapper werdenden finanziellen Mitteln beschleunigt werden. Gleiches gilt für die Entwicklung solcher Systeme für die schon stark belasteten Regionen von Industrieländern.
Chancen für den »biologischen« Landbau	(106) Die Diskussion um einen »biologischen« Landbau sollte nicht mit dem Ziel eines Entweder – Oder, sondern eines Sowohl – als – Auch geführt werden. Von der Fortentwicklung des biologischen Landbaus können positive Anregungen auch auf die Wirtschaftsweisen der herkömmlichen Landwirtschaft ausgehen. In den letzten Jahren hat die Nachfrage nach biologischen Landbauerzeugnissen immer mehr zugenommen, wenn auch vornehmlich in einer bestimmten Käuferschicht. Die Nachfrage nach solchen Produkten ist gegenwärtig oft größer als das Angebot. Wichtig ist, daß bei solchen Angeboten im Handel kein Mißbrauch mit »Vorspiegelungen falscher Tatsachen« getrieben wird. Die Diskussion in der Öffentlichkeit sollte gerade im Hinblick auf den »biologischen« Landbau versachlicht werden. Jeder Landwirt sollte un-

ter seinen speziellen Gegebenheiten die Maßnahmen herausfinden, die sowohl den ökologischen Erfordernissen als auch den ökonomischen Notwendigkeiten gerecht werden. Sofern bestimmte alternative Landbaumethoden anthroposophisch begründet werden, gilt es, kritisch zu prüfen, welches Natur- und Menschenverständnis hier vorliegt.

Recycling

(107) Die Forderung zum verantwortlichen Umgang mit Naturgütern und zu ihrer Wiederverwendung ist an die ganze Gesellschaft gestellt. Über Jahrhunderte fiel der Landwirtschaft die Aufgabe zu, organisches Material über die landwirtschaftliche Produktion in den Naturkreislauf zurückzuführen. Durch Verstädterung und Industrialisierung fallen zunehmend zentral große Mengen organischen Materials an, das mit Schadstoffen, z. B. Schwermetallen belastet und somit für die Verwertung im landwirtschaftlichen Produktionsprozeß bedenklich ist. Dieses Material (Biomasse) wird auf Deponien abgelagert oder verbrannt. Hier wird Natur-Rohstoff verschwendet. Durch neue technische Verfahren sollte erreicht werden, daß in Zukunft der Landwirtschaft dieses organische Abfallmaterial wieder schadstofffrei für die Rückführung in den Naturhaushalt zur Verfügung steht.

4.6 Empfehlungen für die Landwirte, Verbraucher, Agrarpolitiker und die Forschung

neue Rahmenbedingungen schaffen

(108) Die bisherigen Überlegungen haben gezeigt, daß der Landwirtschaft der Weg in ein vortechnisches und vorindustrielles Zeitalter versperrt ist. Diese Erkenntnis kann jedoch nicht den augenblicklichen Umstand festschreiben. Sie öffnet vielmehr den Blick nach vorn: Es geht um neue politische und wirtschaftliche Rahmenbedingungen, die den Erfordernissen der Umwelt gerecht werden.

Dabei wird es darauf ankommen, möglichst EG-einheitliche Regelungen zu schaffen. Trotz der damit angedeuteten Schwierigkeiten sind Initiativen einzelner Länder notwendig. Es müssen notfalls auch Alleingänge gewagt werden. Dabei ist allerdings zu gewährleisten, daß die Landwirte möglichst keine einseitigen Einbußen erleiden.

Sozialbindung und ökologische Verpflichtung	(109) Es gilt heute, die Sozialbindung des Eigentums in Richtung auf mehr öko-soziale Verpflichtungen weiterzuentwickeln. Es ist zwar unbestritten, daß landwirtschaftliche Nutzflächen keine Naturschutzgebiete sind. Dennoch gibt es bestimmte landwirtschaftliche Nutzflächen, wie z. B. Grünlandflächen, die evtl. zur Erhaltung von Pflanzen- und Tierarten von großer Bedeutung sein können. Eine Landwirtschaft, die von sich behauptet, daß sie praktischen Naturschutz betreibt, hat damit auch eine Verpflichtung zur Erhaltung eines Lebensraumes für Pflanzen und Tierarten. Dieses wird auch längst erkannt. Allerdings müssen auch die anderen Gruppen der Gesellschaft ebenso ihren Beitrag leisten, damit ein schonenderer Umgang mit Natur und Landschaft möglich wird.
ökologisch-ökonomische Beratung	(110) Ohne eine umfassende Nutzung aller bestehenden Ausbildungs-, Beratungs-, Fortbildungs- und Mediensysteme können die aktuellen Probleme nicht gelöst werden. Der landwirtschaftlichen Beratung kommt eine herausragende Bedeutung zu. Sie kann zu aktuellen Problemen zielgerecht Stellung nehmen und sich wandelnde Erkenntnisse und Forschungsergebnisse in die Praxis einführen. (111) Im Gegensatz zu anderen Wirtschaftsbereichen wird Beratung in der Landwirtschaft (Offizialberatung) staatlicherseits voll- oder teilfinan-

ziert. So soll die landeseigene Nahrungsmittelerzeugung gesichert werden (auch in Krisenzeiten) und die Landwirtschaft und der ländliche Raum an der allgemein fortschreitenden Entwicklung teilhaben. Bei der Beratung müssen die Auswirkungen auf die Umwelt stärker beachtet werden, damit die natürlichen Ressourcen langfristig erhalten bleiben.

Anreize für die Schonung der Umwelt	(112) Die Gesellschaft muß daran interessiert sein, daß besonders umweltschonende, rentable Produktionsverfahren für die Landwirte verfügbar werden. Besondere Aufwendungen der Landwirtschaft zum Nutzen der Gesellschaft, z. B. Erhaltung von Auenwiesen, Magerrasen, Streuobstwiesen und anderer Biotope oder die Schonung und Erhaltung von Tier- und Pflanzenarten sollten angemessen entschädigt werden. Die Höhe des Entgeltes sollte an der geleisteten Arbeit oder an dem entgangenen Nutzen bemessen werden, soweit nicht im Rahmen der Allgemeinpflichtigkeit ein Nutzungsausfall entschädigungsfrei gefordert werden kann. Auch durch Prämien kann ein Anreiz für überdurchschnittliche Umweltpflege gesetzt werden. Schließlich ist ein Erwerb von wertvollen Biotopen durch die öffentliche Hand zu erwägen. Allein kann die Landwirtschaft die entstehenden Probleme nicht lösen. Die Gesellschaft insgesamt muß hier zusätzliche Leistungen und Opfer erbringen und dafür auf politischer Ebene die Voraussetzungen schaffen.
Verursacherprinzip	(113) Soweit aus der landwirtschaftlichen Tätigkeit Schäden erwachsen, sollte geprüft werden, wie dem Verursacherprinzip Rechnung getragen werden kann. Die gesellschaftlichen Folgekosten unsachgemäßer Maßnahmen einzelner Landwirte sollten dem Verursacher angelastet werden. Als Schäden, für die zu haften ist, sind nicht nur mate-

rielle Verluste anzusehen, wie sie etwa durch erhöhte Nitratbelastung des Grund-(Roh)Wassers im Einzugsbereich einer Wassergewinnungsanlage entstehen. Ein Schaden ist vielmehr auch ein nicht unmittelbar materiell bewertbarer Eingriff, wie die Zerstörung eines besonders schützenswerten Biotops oder die Gefährdung einer bedrohten Tier- und Pflanzenart an einem ihrer Standorte. Hier sind ein erneuertes Wertbewußtsein für Natur und Umwelt zu entwickeln und entsprechende Rechtsnormen zu schaffen.

Verbraucheraufklärung

(114) Für die Veränderung von Einstellung und Verhalten der Verbraucher spielt die Aufklärung eine wichtige Rolle. Im Zusammenhang mit den hier behandelten Fragen geht es deshalb darum,
- der Bevölkerung
- vor allem der Jugend bereits in der Schule
- mehr Kenntnisse über die Gesamtzusammenhänge der Nahrungsmittelindustrie zu vermitteln,
- möglichst viele Bürger in die Lage zu versetzen, sich als kritische Verbraucher eigenverantwortlich gesund und richtig zu ernähren.

Der aufgeklärte Verbraucher muß heute bei seiner Konsumentscheidung nicht nur informiert sein über Märkte, Preise und Warenkunde, sondern auch über vollwertige und bedarfsgerechte Ernährung. Viele Zivilisationskrankheiten entstehen weniger dadurch, daß Rückstände in den Nahrungsmitteln sind, als durch zu üppiges Essen – jeder dritte Bundesbürger ist übergewichtig – oder durch eine nicht richtig zusammengestellte Nahrung, bei der wichtige Stoffe dem Körper nicht zugeführt werden (zuviel Fett, Zucker, Salz, Alkohol und Nikotin und zu wenig Vollwertkost mit Vital- und Ballaststoffen). Die Folgekosten einer falschen Ernährung verschlingen Milliardenbeträge, vom gesundheitlichen Wohlbefinden ganz abgesehen. Der Verbraucher sollte darüber hinaus aber auch die Bedingungen der pflanzlichen und tierischen Agrarproduktion und der sich anschließenden Be- und Verarbeitung der Nahrungsgüter besser kennen. Wenn der Verbraucher sein Wissen und seine Stellung richtig nutzt, hat er in unserem Wirtschaftssystem durchaus Möglichkeiten, Nahrungsmittelproduktion und -angebot entsprechend seinen Wünschen zu beeinflussen, nicht zuletzt auch im Interesse des Schutzes von Natur und Umwelt.

Umdenken bei Handelsnormen

Die in den Handelsklassen teilweise überzogenen Anforderungen an die äußere Qualität sind zu überprüfen, um den Erzeuger von unnötigen Zwängen z. B. zu »kosmetischen« Spritzungen zu befreien und die Belastung von Produkt und Umwelt zu senken. Darüber hinaus bedeuten übertriebene Handelsnormen ein Mehr an unverkäuflichen, aber durchaus wertvollen Ernteprodukten und damit eine Verschwendung von Lebensmitteln.

Forschung und Entwicklung

(115) Bei der Forschung sollten interdisziplinäre Ansätze gefördert werden. Neben einer ökologisch orientierten Grundlagenforschung sind Modellprojekte zu fördern, die unmittelbar für die Praxis verwertbare Ergebnisse liefern. Bei Bemessung der Mittel müssen die Prioritäten entsprechend verschoben werden. Großer Nachholbedarf besteht beispielsweise auf folgenden Gebieten: Integrierter Pflanzenschutz, insbesondere biologischer Pflanzenschutz und Resistenzzüchtung; ökologische Auswirkungen von Agrarchemikalien; alternative Methoden im Landbau; Erweiterung des Kulturpflanzensortiments durch Zucht; Erarbeitung von Qualitätskriterien bei agrarischen Produkten sowie Forschungen, die Entscheidungshilfen zur langfristigen Sicherung einer gesunden Landwirtschaft und der Umwelt geben.

5. Landwirtschaft im Spannungsfeld von Hunger und Überfluß – Wechselwirkungen zwischen Entwicklungspolitik und Agrarpolitik

5.1 Hunger und Unterentwicklung als Herausforderung

Hunger ist kein Schicksal

(116) Die oft genannte Zahl von 500 Mio. Hungernden auf der Erde stellt eine ungeheuere Herausforderung dar. Nach dem Weltentwicklungsbericht 1983 sind von der Weltbevölkerung 1,6 Mrd. Menschen gut und überernährt, 1,6 Mrd. ausreichend und 1,3 Mrd. unzureichend ernährt. Allein in Afrika, wo seit Jahren die Bevölkerung schneller als die Nahrungsmittelproduktion wächst – obwohl die Produktionsreserven dort längst nicht ausgeschöpft sind –, hat sich die Situation so zugespitzt, daß in 29 von 46 Ländern die tägliche Mindestmenge an Kalorien nicht mehr erreicht wird. Aus dem Jahresbericht 1983 über die Weltgesundheitslage geht hervor, daß von 122 Mio. Kindern, die jedes Jahr geboren werden, 12 Mio. vor der Vollendung ihres ersten Lebensjahres sterben. Weitere 5 Mio. Kinder sterben, bevor sie fünf Jahre alt sind. Das menschliche Elend, das hinter diesen Zahlen steht, ist nicht Schicksal, sondern von Menschen mit verursacht.

menschenwürdige Zukunft für alle

Christen erkennen im Glauben an die Verheißung des Alten und Neuen Testaments, daß darin allen Menschen eine Perspektive des Lebens eröffnet ist, die eine menschenwürdige Zukunft einschließt. Von dieser biblischen Perspektive her ergeben sich wichtige Kriterien für die Beurteilung der bedrückenden Situation, für die Nutzung landwirtschaftlicher Produktionsflächen und den Umgang mit Natur, Pflanze und Tier in den Entwicklungsländern und bei uns sowie für die Gestaltung der Weltagrarbeziehungen. Von daher sind die Maßstäbe sozialer Gerechtigkeit und ökologischer Verantwortung im Blick auf die Verteilung und Nutzung der Naturgüter neu zu bestimmen.

fairer Interessenausgleich

(117) Bei der Umsetzung dieser Kriterien und Maßstäbe in praktische Problemlösungen sucht verständlicherweise jeder Mensch, jede Berufsgruppe und jeder Staat im Rahmen einer nationalen und internationalen Ordnung nach Lösungen, die der eigenen Interessenlage gerecht werden. In einer Welt wachsender gegenseitiger Abhängigkeiten muß es jedoch darum gehen zu lernen, die Interessenlage der anderen in das eigene Denken und die eigenen Entscheidungen einzubeziehen und zu einem fairen und angemessenen Interessenausgleich zu kommen. Nur so kann die gerechte Anteilhabe aller möglich und auf Dauer gewährleistet werden, die langfristig auch in unserem Interesse liegt. Schon 1973 hat der Rat der EKD eine Denkschrift »Der Entwicklungsdienst der Kirche – ein Beitrag für Frieden und Gerechtigkeit in der Welt« herausgegeben, in der es heißt, »daß das Eintreten für soziale Gerechtigkeit im Weltmaßstab in christlicher Verantwortung gründet und zu neuen Formen gesellschaftlicher Diakonie herausfordert. Christliche Liebe ist nicht nur dem notleidenden einzelnen zugewandt. Es genügt auch nicht, Schäden und Mängel, die sich aus ungerechten Verhältnissen ergeben, nachträglich aus Gründen christlicher Barmherzigkeit zu lindern. Vielmehr gehören Barmherzigkeit und Gerechtigkeit, Dienst am einzelnen und an der Gesellschaft, die Beseitigung der Ursachen sozialer Ungerechtigkeit sowie die Fürsorge für deren Opfer gleichermaßen unter die Botschaft des kommenden Gottesreiches.«

Liebe durch gerechtere Strukturen

Wer sich diesen Aufgaben stellt, bekommt es mit Problemzusammenhängen zu tun, angesichts derer kurzschlüssige Lösungen nichts ausrichten. Im

Rahmen einer Agrardenkschrift kann nur auf einige Aspekte dieser vielschichtigen Problematik eingegangen werden. Andererseits aber darf die Entwicklungsfrage – eben wegen der eingangs erwähnten weltweiten Zusammenhänge aller Lebensbereiche – in einer solchen Denkschrift nicht ausgeklammert werden.

genug Nahrungs- (118) Die Geschichte der Menschheit ist ein ständi-
mittelreserven ger Kampf um das tägliche Brot. Die Menschen ha-
auch in Zukunft ben immer neue Technologien der Nahrungsproduktion erdacht, mit denen die Bedürfnisse der wachsenden Bevölkerung befriedigt werden konnten. Jedoch kam es regional und über kürzere Zeiträume hinweg zu vielen Hungersnöten. Heute reicht die Agrarproduktion der Welt global gesehen aus, um die Bedürfnisse aller zu befriedigen. Die Schätzungen über die Chancen einer Nahrungssicherung bis zum Jahre 2000 kommen – bei aller Unsicherheit solcher Voraussagen – zu optimistischen Ergebnissen. Unter der Voraussetzung der Erhaltung des Weltfriedens wird die Nahrungsmittelproduktion bis zur Jahrtausendwende etwas stärker steigen als die zunehmende Nachfrage infolge Bevölkerungs- und Einkommensanstieg.
Die schweren Versorgungskrisen, mit denen wir in verschiedenen Regionen der Erde nach wie vor rechnen müssen, zeigen jedoch, daß solche Gesamtrechnungen allein wenig Aussagekraft haben. Hunger ist nämlich in den Entwicklungsländern nicht nur auf eine zu geringe Produktionssteigerung zurückzuführen.

5.2 Verschiedene Ursachen des Hungers und Gegenmaßnahmen

Hunger durch (119) Die Ursachen für Armut und Hunger in der
Katastrophen Dritten Welt sind vielfältig. In der öffentlichen Diskussion wird z. B. auf die Bevölkerungsexplo-

sion, auf Naturkatastrophen, ungerechte Verteilung, Kriege und Wettrüsten, Welthandelsstrukturen, Währungsprobleme, Energiekrise, Politik transnationaler Konzerne, schlechte Kommunikationssysteme, unzureichende medizinische Versorgung und Aufklärung über Hygiene, Gesundheit und Ernährung, Bürokratie und Korruption, Verschwendung des eigenen Reichtums usw. hingewiesen. Im Rahmen dieser Denkschrift kann nur auf einige Aspekte eingegangen werden. So kann der Hunger eine Folge von Katastrophen sein, die aber nicht nur schicksalhaft sind, sondern auch Folgen von menschlichen Handlungen oder Unterlassungen sein können. Mißernten durch Überschwemmungen oder Dürre und bewaffnete Auseinandersetzungen bringen großes Leid für die Betroffenen, sind aber zeitlich und regional meist begrenzt. Dadurch können sie in der Regel durch nationale und internationale Hilfsmaßnahmen in ihren schlimmsten Auswirkungen abgefangen werden. Hier hat die Nahrungsmittelhilfe eine Bedeutung und Berechtigung, um die Notzeit zu überbrücken und Energien für eine schnelle Beendigung des Ausnahmezustandes freizusetzen.

positive und negative Auswirkungen der Nahrungsmittelhilfe

(120) In Ländern mit häufig auftretenden Mißernten erweisen sich Vorratslager – auch auf Dorfebene – als ein geeignetes Instrument einer Nahrungssicherungspolitik, da Nahrungsmittelhilfen schneller bereitgestellt und Preissteigerungen auf dem Markt zum Nachteil armer Bevölkerungsschichten verhindert werden können. Freilich lassen sich die strukturellen Probleme der Ernährungssicherheit in der Dritten Welt nicht dadurch lösen, daß man den Überfluß dorthin schickt, wo der Mangel herrscht. Nahrungsmittelhilfe ist darum kein sinnvoller Absatzweg für die Überschüsse der Industrieländer, zumal sich viele Über-

schußprodukte aus Gründen der Verderblichkeit und der andersartigen Nahrungsgewohnheiten der Bevölkerung in Entwicklungsländern für solche Programme nicht eignen. Es kann sogar passieren, daß sich die Eßgewohnheiten durch Nahrungsmittelhilfe verändern und so die Abhängigkeit von Importen verfestigt wird. Nahrungsmittelhilfe würde dann gewissermaßen ein Mittel zur Erschließung von Märkten sein. Darüber hinaus ist sie wegen der Transport- und Verteilungsprobleme sehr teuer und kann nur vorübergehende Maßnahme sein. Um voll wirksam zu sein, muß sie in umfassendere Programme eingeordnet werden. Bei kostenlos verteilten Nahrungsmitteln fehlen für die Regierung die Notwendigkeit und für die Landwirte der Anreiz, die heimische Produktion zu erhöhen.

(121) In manchen Gebieten wird Hunger durch unzureichende Produktion von Nahrungsmitteln an Ort und Stelle verursacht. Der Grund dafür kann darin liegen, daß die Bevölkerung stark angewachsen ist und die landwirtschaftliche Entwicklung damit nicht Schritt gehalten hat.

Hunger durch zu geringe Eigenproduktion

(122) Es muß damit gerechnet werden, daß es in den kommenden Jahrzehnten in den Regionen der Dritten Welt, in denen die Nahrungsmittelproduktion stagniert oder gar rückläufig ist und der Nahrungsmittelbedarf steigt (Afrika und Südasien), zu schwersten Versorgungskrisen kommt. Diese Entwicklung spitzt sich besonders in Afrika zu, wenn nicht die Steigerung der Nahrungsmittelproduktion in ein günstigeres Verhältnis zur Bevölkerungsentwicklung gebracht wird.
Eine durchgreifende Verbesserung der Nahrungsversorgung wird in diesen Regionen nur zu erreichen sein, wenn dort die Eigenproduktion entspre-

chend ansteigt. Dies setzt voraus, daß die Entwicklungsländer der Entwicklung ihrer ländlichen Räume und der Ernährungssicherung ihrer Länder durch die Steigerung der landwirtschaftlichen Eigenversorgung eine sehr viel höhere Priorität einräumen, als dies bisher weithin der Fall ist. Dazu sind in erster Linie Maßnahmen der Agrarstrukturpolitik, der Agrarreform, der Markt- und Preispolitik und der Ausbildung erforderlich. Eine Politik, die sich an diesen Prioritäten orientiert, dürfte für die Regierungen der Entwicklungsländer von erheblicher innenpolitischer Brisanz sein. Ihre Durchsetzung ist nicht nur von den innenpolitischen Entscheidungen der jeweiligen Entwicklungsländer, sondern auch von den Auswirkungen der handelspolitischen Beziehungen mit den Industrieländern abhängig. Aufgabe der öffentlichen Entwicklungshilfe von seiten der Industrieländer wird es sein, die Regierungen der Entwicklungsländer in ihren Bemühungen um eine an den Bedürfnissen der breiten Bevölkerungsmassen orientierten Politik zu unterstützen. Die Kriterien der WCARRD (Weltagrarreformkonferenz) bieten dafür eine gute Grundlage.

Auswirkungen der »Grünen Revolution«

(123) Bei der landwirtschaftlichen Produktionssteigerung in den Entwicklungsländern kommt den in den Industrieländern entwickelten modernen Produktionssystemen eine besondere Bedeutung zu (»Grüne Revolution«). Dabei muß freilich bedacht werden, daß diese modernen Anbaumethoden das Ergebnis ständig zunehmender Anwendung meistens fossiler Energie sind (besonders in Form von Düngemitteln), steigender Vorleistungen (z. B. Futtermittel), Pflanzenschutzmittel und oft viel zu wenig angepaßter Technologie. Die daraus resultierende Umwelt- und Kostenbelastung wird in Zukunft zu einem immer größeren Problem.

Dennoch steht außer Frage, daß die Wirtschaft zahlreicher Entwicklungsländer der »Grünen Revolution« wichtige Wachstumsimpulse verdankt (z. B. in Indien und Brasilien). Sie ist jedoch nicht nur ein technisches, sondern auch ein sozio-ökonomisches und soziokulturelles Problem.

Fehlentwicklungen im sozialen Bereich	(124) Denn man darf die Augen nicht davor verschließen, daß die nachweisbaren wirtschaftlichen Erfolge des modernen Landbaus – gerade auch in den genannten Ländern – zum Teil von bedrohlichen Fehlentwicklungen im sozialen Bereich begleitet wurden. Diese sozialen Auswirkungen können vor allem dann nicht ignoriert werden, wenn – wie die beiden großen Kirchen in der Bundesrepublik immer wieder betont haben – der Mensch im Mittelpunkt der Entwicklung stehen soll. Denn überall da, wo die großen sozio-ökonomischen Probleme, die sich mit der »Grünen Revolution« stellen, unbeachtet blieben, stieg die Agrarproduktion und wuchs die Armut: Überfällige Landreformen wurden verzögert, die Entwicklung großer, kapitalkräftiger Landwirtschaftsbetriebe wurde begünstigt, den Kleinbauern und Landlosen aber wurde der Zugang zu Produktionsfaktoren wie Land und Kredit erschwert. So führte die Nichtbeachtung der sozio-ökonomischen Folgeprobleme der »Grünen Revolution« oft dazu, daß Kleinbauern und Landarbeiter aus dem Produktionsbereich verdrängt wurden. In vielen Gegenden Indiens hat sich zum Beispiel die Zahl der Landlosen seit Beginn der »Grünen Revolution« verdoppelt.
Produktionsreserven der Kleinbauern ausnutzen	(125) Das Ziel der Ernährungssicherung in den Entwicklungsländern wird darum nur zu erreichen sein, wenn genügend berücksichtigt wird, daß gerade die kleinbetrieblichen bäuerlichen Strukturen unter angemessenen Rahmenbedingungen ein ho-

hes Potential an Produktionsreserven aufweisen. Die entwicklungspolitischen Anstrengungen sollten darum darauf gerichtet sein, auch den traditionellen Sektor der kleinbäuerlichen Subsistenzsysteme (Selbstversorgungssysteme) in den Entwicklungsländern neben dem modernen Sektor zu stärken. Wenn die traditionellen, standortgerechten Anbaumethoden verbessert und behutsam modernisiert werden, bleibt das System der Subsistenzwirtschaft funktionsfähig und trägt mit dazu bei, daß das System der Subsistenzwirtschaft funktionsfähig bleibt und mit einem wachsenden Anteil vermarktungsfähiger Produkte nach und nach zur besseren Versorgung des Binnenmarktes beiträgt.

Selbsthilfe und Genossenschaftsbewegung fördern

Damit ist jedoch eine Aufgabe benannt, die nicht so sehr technische, sondern vor allem gesellschaftspolitische Fragen aufwirft. So wird die Erhaltung und Entwicklung der traditionellen kleinbäuerlichen Strukturen in den Entwicklungsländern nur dann möglich sein, wenn es gelingt, die ländliche Bevölkerung zu mobilisieren, ihre Organisationsfähigkeit in Form von Selbsthilfebewegungen, in Bauern- und Genossenschaftsbewegungen zu stärken und so ihre eigenständigen Mitwirkungsmöglichkeiten an der Entwicklung der ländlichen Räume zu erweitern.

Selbstversorgung steigern

(126) Die öffentliche Entwicklungshilfe der Industrieländer sollte der Steigerung der Selbstversorgung mehr Aufmerksamkeit widmen als bisher. Der Ausbau des traditionellen Landbaus, aber auch Hausgärten, ein vielfältiger Anbau entsprechend den eigenen Bedürfnissen, Kleintierhaltung u. a. sind gerade in strukturell benachteiligten Gebieten aussichtsreiche Wege zu einer besseren Nahrungssicherung. Auch bei zunehmender Produktion für

den Markt darf die Selbstversorgung solange nicht aufgegeben werden, bis der Markt so weit entwickelt ist, daß er eine sichere Versorgung auf dem Tauschweg garantieren kann. Demgegenüber wurde in manchen Fällen zu sehr die Entwicklung von Großbetrieben und Plantagen begünstigt, die Rohstoffe für die industrielle Verarbeitung und für den Export produzieren. Auch wenn daraus Vorteile für die Wirtschaft in Form von Deviseneinnahmen entstehen, können diese nur dann akzeptiert werden, wenn damit auch eine bessere Versorgung der unteren Einkommensbezieher mit Nahrungsmitteln verbunden ist. Die Agrarpolitik muß die nötigen Anreize zur höheren Agrarproduktion geben, damit die Grundbedürfnisse der Menschen befriedigt werden können. Oft sind dazu auch Maßnahmen der Agrarreform zugunsten von Kleinbauern erforderlich. Bei Kleinstbetrieben besteht kaum die Gefahr einer Vernachlässigung der Nahrungsproduktion. Wer seine Nahrung selbst erzeugt, spart die Handelskosten, umgeht die Unsicherheiten der Versorgung über den Markt und bedarf keiner höheren Kaufkraft.

Hunger durch mangelnde Kaufkraft

(127) Für die große Masse der unzureichend ernährten Menschen dieser Welt ist Hunger nicht Folge fehlender Nahrungsmittel, sondern Folge mangelnder Kaufkraft, die wiederum aus einer mangelhaften Beteiligung breiter Bevölkerungsschichten am Produktionsprozeß folgt. Die Hungernden sind zu arm, um die auf den Märkten vorhandenen Lebensmittel kaufen zu können. Wer Geld hat, hungert in diesen Ländern nicht. Zur Beseitigung des Hungers sind hier ganz andere Wege zu beschreiten als in Katastrophenfällen. Hier geht es nicht darum, das Angebot an Nahrungsmitteln zu erhöhen. Diese sind meist örtlich vorhanden. Deshalb muß zu einer Steigerung des Nahrungsmittelangebotes die Schaf-

fung von mehr Kaufkraft für die armen Bevölkerungsschichten hinzukommen, damit diese ihre Nachfrage auch befriedigen können. Dies kann auf mehreren Wegen geschehen: durch eine Steigerung der Selbstversorgung – von ihr war schon die Rede –, durch eine Erhöhung der Binnennachfrage und unter bestimmten Umständen durch mehr Agrarexporte.

Erhöhung der Binnennachfrage durch Schaffung von Arbeitsplätzen

(128) In manchen Entwicklungsländern würde ein erheblicher Anreiz zur Produktionssteigerung in der Landwirtschaft von einer Erhöhung der Binnennachfrage ausgehen. Eine höhere, kaufkräftige Nachfrage im Lande entsteht durch höhere Einkommen bei der Bevölkerung. Das wiederum setzt vermehrte Beschäftigung außerhalb des Subsistenzbereiches voraus. In neuerer Zeit wird dieses besonders auf dem Weg über eine integrierte ländliche Entwicklung angestrebt und gefördert, deren Ziel die Minderung absoluter Armut, die Befriedigung der Grundbedürfnisse und die Verbesserung der Partizipationschancen der Armen ist.

Abstimmung der landwirtschaftlichen und der gewerblichen Entwicklung

(129) Landwirtschaftliche und nicht-landwirtschaftliche Entwicklung müssen aufeinander abgestimmt sein, insbesondere auch die des Handwerks, der ländlichen Industrie und der Dienstleistungen. Beide Entwicklungen unterstützen und bedingen sich gegenseitig: Die Landwirtschaft benötigt zur Produktion nicht-landwirtschaftliche Güter und Dienste, liefert Rohstoffe zur Verarbeitung und Verteilung und kauft die Produkte der gewerblichen Wirtschaft ab, macht also deren Entwicklung möglich. Aus vermehrter, einträglicher Beschäftigung entsteht die Kaufkraft, die einerseits den Hunger mildert, andererseits der Landwirtschaft Anreize zur Produktionssteigerung gibt. Diese beschriebene Entwicklungsmöglichkeit setzt jedoch voraus,

	daß Produkte im Lande selbst verarbeitet werden und als solche in den Handel kommen. Dem widersprechen jedoch oft die Zollpolitik der Industrieländer, deren Zollsätze mit zunehmendem Verarbeitungsgrad steigen, und zahlreiche protektionistische Regelungen, mit denen die Industrieländer den Import von Fertigwaren aus den Entwicklungsländern erschweren.
protektionistische Regelungen abbauen	

5.3 Auswirkungen von Agrarexporten

positive Auswirkungen der Agrarexporte	(130) Schließlich kann auch die Ausfuhr von Agrarprodukten zu mehr Beschäftigung und erhöhtem Einkommen führen. Volkswirtschaftlich gesehen spricht viel dafür, daß die Entwicklungsländer die Kostenvorteile bei der Produktion bestimmter Agrarprodukte auf der Grundlage der internationalen Arbeitsteilung und des Welthandels nutzen, indem sie die Güter produzieren, für die sie komparative und absolute Vorteile haben und andere Güter im Tausch erhalten. Agrarexporte bringen den Entwicklungsländern Devisen, auf die ihre Volkswirtschaft häufig schon darum angewiesen ist, weil sie ihre Verschuldungsprobleme nicht anders in Grenzen zu halten vermögen. Devisen sind die Voraussetzung dafür, Investitionsgüter kaufen und Kapitalinvestitionen tätigen zu können.
negative soziale Folgen	(131) Nun müssen aber auch hier die negativen sozialen Folgen bedacht werden. Denn es ist nicht zu leugnen, daß bei einer einseitig exportorientierten Landwirtschaft in den Entwicklungsländern häufig – sozial gesehen – unerwünschte Verteilungseffekte auftreten. Auch ist zu bedenken, daß der Ausbau einer exportorientierten Landwirtschaft zur Ausweitung der Plantagenwirtschaft führen kann, die von Unternehmen des Agrobusineß betrieben wird und die Verdrängung kleinbäuerlicher Existenzen zur Folge hat. Wo aber diese Folgen eintreten,

vermag die Förderung der landwirtschaftlichen Exportproduktion keinen Beitrag zur Bekämpfung der Armut zu leisten.

ungleiche Marktmacht und Preisschwankungen

(132) Die volkswirtschaftlichen Gesichtspunkte, die für eine landwirtschaftliche Exportproduktion sprechen, kommen ihrerseits in vielen Fällen nicht zum Tragen, zumal wesentliche Voraussetzungen eines gerechten Gütertausches nicht gegeben sind. Es gibt bei vielen Produkten ungleiche Marktmacht, Handelsbeschränkungen, Marktregulierungen und Monopole. Auch Schwankungen der Devisenkurse und des Zinsniveaus wirken sich aus. Gerade für arme Länder ist die Preisentwicklung auf dem Weltmarkt unsicher. Preisschwankungen können verheerende Folgen haben. Zwar lassen sich keine umfassenden Aussagen über eine langfristige Verschlechterung von Preisen bei Agrarprodukten gegenüber den Preisen von Industriegütern treffen. Im Zeitablauf können sich Entwicklungen ins Gegenteil umkehren. Aber es kann nicht übersehen werden, daß manche bisherige Preisentwicklungen in beiden Bereichen schwere Belastungen für die betroffenen Entwicklungsländer gebracht haben. So erhielten z. B. 1982 die Entwicklungsländer für die gleiche Menge von Agrarexporten im Weltdurchschnitt 14 % weniger Industriegüter als 1980, und der Zuckerpreis auf dem Weltmarkt lag 1982 nur bei 20 % desjenigen von 1980. Solche Preisschwankungen lassen oftmals selbst eine mittelfristige Haushaltsplanung in diesen Ländern nicht zu und verschlechtern drastisch die Lebensgrundlage der betroffenen Familien. Gezielte Strukturpolitik wird also erst durch Verstetigung der Preisentwicklung möglich.

Importbegrenzung durch Industrieländer

(133) Manche Entwicklungsländer würden gern ihre Agrarausfuhren vergrößern, um mehr Beschäftigung und mehr Deviseneinnahmen zu erhal-

ten. Bei vielen Produkten, insbesondere tropischen Früchten und Rohstoffen, ist dies nur schwer möglich, weil der Absatz bei den bestehenden, evtl. durch unsere Steuern noch erhöhten Preisen wenig ausgedehnt werden kann. Bei anderen Produkten öffnen sich die Industrieländer nur zögernd und in engen Grenzen für Einfuhren, weil diese eine Konkurrenz für die Eigenerzeugung sein würden. Derartige Beispiele gibt es im Bereich der gewerblichen Wirtschaft, aber eben auch in der Landwirtschaft. Hier stellen die Industrieländer den Schutz der eigenen Interessen höher als die Besserung der Lebensverhältnisse für Bewohner der Entwicklungsländer.

Entwicklung einer verarbeitenden Industrie	(134) Hinzu kommt, daß die Be- und Verarbeitung der Rohstoffe häufig nicht in den Entwicklungsländern vorgenommen wird. Dadurch entfallen potentielle Arbeitsplätze und Einkünfte aus diesen Prozessen. Die Situation kann verbessert werden, wenn in Entwicklungsländern die Voraussetzungen für die Entwicklung einer verarbeitenden Industrie geschaffen werden und die Industrieländer auch verarbeiteten Produkten aus den Entwicklungsländern Zugang zu ihren Märkten ermöglichen. Wenn die Marktgegebenheiten eine Änderung der für die Entwicklungsländer zumindest zeitweise sehr ungünstigen Preisverhältnisse nicht erwarten lassen, ist zu überlegen, ob durch privaten und öffentlichen Kapitaltransfer ein Ausgleich geboten werden kann. Dies erfordert sicherlich schwierige politische Entscheidungen bei uns.
gerechtere Verteilung und Verwendung der Exportgewinne	(135) Ob Agrarexporte und ihre Ausdehnung Armut und Hunger in Entwicklungsländern verringern können, hängt auch von den inneren Verhältnissen dieser Länder ab. Nicht selten bleibt für die Produzenten wenig vom Gewinn übrig, während

einige reiche Grundbesitzer oder Exporteure, manchmal auch ausländische Gesellschaften, einen großen Anteil für sich beanspruchen. Ökonomische und politische Verhältnisse führen in vielen Ländern dazu, daß ein Großteil der Gewinne in die städtische und industrielle Entwicklung fließt und die ländlichen Gebiete und ihre Bewohner wenig Anteil haben. Dies ist in erster Linie eine Frage an die Strukturpolitik des Landes, auch wenn bedacht werden muß, daß durch Außenhandelsbeziehungen bestehende Strukturen gestützt werden können. Der Abbruch von Handelsbeziehungen eignet sich jedoch in der Regel nicht dazu, solche Strukturen zu verändern. Dazu sind vielmehr politische Verhandlungen und Entscheidungen nötig. Bei der Bewertung und Beurteilung der Entwicklungsstrategie der einzelnen Länder und unserer entwicklungspolitischen Beziehungen zu diesen Ländern sollte als Maßstab gelten, ob und inwieweit die Lebensverhältnisse der breiten Bevölkerung verbessert werden. In dem Memorandum der »Gemeinsamen Konferenz der Kirchen für Entwicklungsfragen« zu UNCTAD IV heißt es zu diesem Fragenkomplex: »Jedes Land und seine Bevölkerung haben das Recht und die Pflicht, unter Wahrung der Menschenrechte Ziele und Wege ihrer eigenen Entwicklung zu bestimmen. Alle übrigen Länder müssen dieses Recht respektieren. So darf Staaten mit einer anderen Wirtschaftsordnung Entwicklungshilfe nicht verweigert werden, wenn sie die Lebensverhältnisse der breiten Bevölkerung verbessert.«

Interessen der Kleinbauern berücksichtigen

(136) Politische und ökonomische Faktoren haben auch zur Folge, daß sich Großunternehmer an Produktion und Export von Agrargütern in Entwicklungsländern beteiligen. Dabei können die Interessen der im Gebiet Ansässigen grob verletzt werden. Dies ist besonders problematisch, wenn

Regierungen die Interessen der ärmeren Bevölkerung, insbesondere der Kleinbauern, und die Erfordernisse des Umweltschutzes nicht durchsetzen können oder wollen. Leicht kommt es zu Interessenübereinstimmung zwischen den an devisenbringenden Exporten interessierten Regierungen und Großunternehmen in der Exportproduktion. Ergebnis ist, daß die staatlichen Geldmittel in diesen Bereich fließen und die Kleinlandwirtschaft mehr und mehr vergessen wird.

Es ist die Aufgabe einer an den Bedürfnissen der breiten Bevölkerungsschichten orientierten Strukturpolitik in den Entwicklungsländern darauf hinzuwirken, daß die Betriebssysteme mit dem bestehenden Sozialsystem in Einklang stehen und dessen Entwicklung fördern. Dies wird oft durch landwirtschaftliche Kleinbetriebe und Genossenschaften besser zu erreichen sein als durch Großbetriebe.

Globalurteile nicht möglich	(137) Die Wirkung von Agrarausfuhren auf die Kaufkraft der Bevölkerung und damit auch Ausmaß und Verringerung des Hungers sind also sehr differenziert zu beurteilen. Art und Organisation der Produktion sind dabei ebenso wichtig wie die Verteilung und Verwendung der Gewinne. Ein Urteil ist nur im Einzelfall, also von Land zu Land, möglich. Teils sind die Möglichkeiten groß, teils wird mehr Schaden als Nutzen durch eine Ausdehnung der Agrarexporte angerichtet. Kurz- und langfristige Wirkungen können sehr verschieden sein. Ebenfalls nur im Einzelfall ist die Frage zu beurteilen, ob durch die für den Anbau von Exportfrüchten benötigten Flächen die Nahrungsproduktion für den Eigenverbrauch behindert wird. Bei ausreichend vorhandenen Flächen mit guten Produktionsvoraussetzungen wird dies nicht so schnell der Fall sein, und auch bei Export-

gütern mit sicherem Markt ist die Gefahr gering. Sind jedoch die Austauschbeziehungen zwischen dem traditionellen und dem modernen landwirtschaftlichen Sektor gering, der Agrarmarkt also eher nach außen orientiert, kann ein Übergang von einer Produktion für den Lebensunterhalt zur Exportproduktion die Versorgungslage verschlechtern.

Futtermittelimporte

(138) Agrarausfuhren der Entwicklungsländer berühren auch die Interessen der europäischen Landwirtschaft und der Verbraucher. Dies wird besonders deutlich bei Futtermitteln. Futtermitteleinfuhren haben nachhaltigen Einfluß auf die Preise der heimischen Futtermittel und der tierischen Produktion gehabt, noch stärker aber die Struktur der Betriebe beeinflußt. Massentierhaltung hätte ohne Futtermittelimporte kaum die heutige Ausdehnung erhalten. So haben importierte Futtermittel bewirkt, daß ein Teil der bäuerlichen Produktion – etwa in der Geflügelhaltung – in den gewerblichen Bereich abgewandert ist. Im Bereich der Schweinemast ist wegen der preisgünstigen Importfuttermittel eine erhebliche Ausdehnung der flächenunabhängigen Produktion mit großen regionalen Schwerpunktbildungen festzustellen. Auf diese Weise verschärft sich die Konzentration von Marktanteilen und damit der Existenzkampf bäuerlicher Familienbetriebe.

Futtermittelexporte

(139) Weniger eindeutig ist die Wirkung der Futtermittelexporte auf die Nahrungsproduktion in den Entwicklungsländern. Einstellung der Futtermittelimporte und Abkehr von der fleischreichen Ernährung in Europa sind als Globalforderungen problematisch. Ein Großteil der Futtermittelimporte ist kaum als Nahrungsmittel für die Bevölkerung in den Entwicklungsländern zu verwenden.

Allerdings kann es vorkommen – und hier liegt das eigentliche Problem –, daß durch den Ausbau der Futtermittelexporte viel Fläche benötigt wird und dadurch die Versorgung der Bevölkerung mit Grundnahrungsmitteln nicht mehr ausreichend gewährleistet ist.

5.4 Weltweite Solidargemeinschaft

globale Mitverantwortung und Solidarität

(140) Die Handlungsmöglichkeiten der einzelnen Landwirte bzw. des einzelnen Verbrauchers zur Änderung der Welt-Hungersituation sind begrenzt, aber das heißt noch lange nicht, daß gar nichts getan werden kann. Damit der einzelne die bestehenden Handlungsalternativen richtig beurteilen kann, muß er die Zusammenhänge und Rahmenbedingungen durchschauen. Es ist eine Aufgabe der entwicklungsbezogenen Bildungsarbeit, die Auswirkungen der jeweiligen Wirtschaftsweise auf die Dritte Welt sichtbar zu machen. Nur so kann globale Mitverantwortung in einer hochgradig arbeitsteiligen, politisch eng zusammenhängenden Welt wahrgenommen werden.

Ziele der Entwicklungspolitik endlich durchsetzen

Dabei wird sich zeigen, daß manche Entwicklungsprobleme nur zu lösen sind, wenn die Regierungen in den Industrieländern sich bereit finden, ihre Politik in Wirtschaft und Gesellschaft so zu ordnen, daß dabei entwicklungspolitische Erfordernisse nicht außer acht bleiben. So darf bei einer Neuordnung der EG-Agrarpolitik nicht übersehen werden, daß die Ausformungen und Auswirkungen dieser Politik in den letzten Jahrzehnten in einen Widerspruch zu den erklärten Zielen der Entwicklungspolitik der EG und ihrer Mitgliedsstaaten geraten ist – durch den Agrarprotektionismus, durch Dumping von Agrarüberschüssen etc. Gesellschaftliche Gruppen und Verbände, die Kirchen, aber auch Initiativ- und Aktionsgruppen werden ihre Mitverantwortung für die Lösung der bedrängenden Entwicklungsprobleme nicht zuletzt dadurch wahrnehmen, daß sie die Verantwortlichen in Staat und Gesellschaft dazu anhalten und ermutigen, einen fairen Ausgleich zwischen den berechtigten Interessen unserer Landwirtschaft und den unabweisbaren Erfordernissen der Entwicklungspolitik herzustellen.

Auch die Landwirte können sich nicht einfach auf ihre Betriebe zurückziehen und die Entwicklungspolitik anderen überlassen. Die Solidargemeinschaft muß sich auch auf die Berufskollegen in den Entwicklungsländern beziehen, die besonders als Kleinbauern um ihre berufliche Existenz bangen.

6. Agrarische, ökologische und entwicklungspolitische Anliegen der Denkschrift – Zusammenfassung der Grundforderungen

6.1 Grundprobleme

Hauptanliegen

(141) Nach der ausführlichen Darstellung der Spannungsfelder Wachsen und Weichen, Ökologie und Ökonomie sowie Hunger und Überfluß, und nach dem Versuch, Orientierungshilfen und sozialethisch verantwortbare Lösungsansätze in den jeweiligen Bereichen aufzuzeigen, sollen abschließend noch einmal gewichtige Anliegen dieser Denkschrift zusammenfassend benannt werden. Es ging um
– die Zukunft der bäuerlich geprägten Betriebe angesichts wachsender Überschüsse und fehlender Beschäftigungsmöglichkeiten außerhalb der Landwirtschaft;
– die Vermeidung bedenklicher Folgen von inten-

sivem Landbau und intensiver Tierhaltung im Konfliktfeld von ökonomischen Zwängen und neu erkannten ökologischen Notwendigkeiten;
- den sparsamen, schonenden Umgang mit natürlichen Ressourcen im Zielkonflikt von kurzfristiger Güterversorgung und langfristiger Bewahrung der Lebensgrundlagen (Boden, Wasser, Luft, landschaftliche, pflanzliche und tierische Vielfalt);
- die Verantwortung für die Dritte Welt angesichts weltweiter Zusammenhänge von Überfluß, Hunger und Armut.

Forderungen an alle Gruppen der Gesellschaft

(142) Wie vielschichtig und komplex all diese Probleme sind, hat die Darstellung in den einzelnen Kapiteln aufgezeigt. Dabei ist deutlich geworden, daß den großen Herausforderungen heute nur mit einschneidenden und umfassenden Lösungen begegnet werden kann, die nicht mehr lange auf sich warten lassen dürfen. Alle gesellschaftlichen Gruppen werden ihren Beitrag dazu leisten müssen, ohne die Schuld für Fehler der Vergangenheit und Gegenwart nur bei anderen zu suchen. Wie auch immer die Lösungen im einzelnen aussehen mögen, folgende Grundforderungen sollen dabei berücksichtigt werden.

6.2 Grundforderungen

staatliche Agrarpolitik

(143) Die staatliche Agrarpolitik muß heute drei Ziele gleichzeitig verfolgen: Die Überschußproduktion verringern, ökologische Belange stärker berücksichtigen und soziale Härten im Strukturwandel wegen fehlender außerlandwirtschaftlicher Beschäftigungsmöglichkeiten vermeiden. Die Agrarpolitik darf nicht zum Wachstumszwang oder zum Hinausdrängen in die Arbeitslosigkeit führen. Die Existenzsicherung bäuerlicher Betriebe und die soziale Absicherung müssen ange-

sichts der gegenwärtigen Arbeitsmarktsituation den Vorrang vor einer Förderung sehr großer Produktionseinheiten haben. Langfristig jedoch muß ein behutsamer weiterer struktureller Anpassungsprozeß möglich sein, gerade um die finanzielle und soziale Situation der Inhaber von Problembetrieben zu verbessern.

EG-Agrarpolitik (144) Eine Kurskorrektur der EG-Agrarpolitik ist angesichts der Überschuß- und Finanzierungsprobleme der EG unausweichlich. Sie steht jetzt unter hohem Zeitdruck. Die Einführung von Quotensystemen (Garantiemengenabnahmen) mit administrativen Steuerungsmechanismen darf aus den dargestellten Gründen keine Dauereinrichtung werden. Es ist zwar richtig, daß langfristig gesehen marktwirtschaftliche Anreize (reduzierte Preise und Anreize zum Abbau von Kapazitäten) das Marktgleichgewicht wieder herstellen können. Wenn jedoch kurzfristige Erfolge sichtbar werden müssen, geraten gerade wieder klein- und mittelbäuerliche Betriebe unter einen sozial kaum zu verantwortenden Einkommensdruck.
Um so wichtiger sind für diese Betriebe
— flankierende Maßnahmen mit direkten Einkommensübertragungen dort, wo einkommenspolitische, soziale und ökologische Belange dies erfordern;
— die Entlastung dieser Betriebe durch die Einführung von differenzierten Beiträgen zur Sozialversicherung;
— ihre Einbeziehung in ein modifiziertes Förderungsprogramm;
— Krediterleichterungen, wie sie gegenwärtig versucht werden (allerdings nur so weit, daß dadurch nicht neue Anreize zur Produktionsausweitung geschaffen werden);
— Entgelt bei landschafts- und waldpflegerischen

Maßnahmen und sonstigen ökologischen Leistungen für die Gesellschaft.
All das kostet den Staat und Steuerzahler viel weniger Geld als die Mitfinanzierung von Arbeitslosigkeit und die Behebung ökologischer Schäden.

bäuerlich geprägte Landwirtschaft

(145) Eine bäuerlich geprägte Landwirtschaft als regional unterschiedliches Mit- und Nebeneinander von landwirtschaftlichen Voll-, Zu- und Nebenerwerbsbetrieben hat sich als diejenige Lebensform erwiesen, die einer ganzheitlichen Betrachtungsweise agrarpolitischer Zielsetzungen am ehesten gerecht werden kann. Sie bedarf der Förderung im Hinblick auf neue fundamentale Ziele und Aufgaben, d. h. auf Ziele, die über die Sicherung einer ausreichenden Nahrungsmittelversorgung hinausgehen. Zu diesen Zielen und Aufgaben gehören:
– die langfristige Bewahrung der Funktionsfähigkeit örtlicher Naturhaushalte und der Bodengesundheit bei schonender Nutzung der natürlich verfügbaren Güter;
– die Einbindung der Landwirtschaft in die Bewahrung und Schaffung von Ökosystemen, die der biologischen Selbstreinigung, der Klima- und Wasserhaushaltsstabilisierung dienen, und durch welche Tier- und Pflanzenarten im Gleichgewicht gehalten werden;
– die Einbindung der Landwirtschaft in die gesamtgesellschaftliche Aufgabe, ein Netz von naturnahen Biotopen zu schaffen;
– die Aufrechterhaltung einer tragfähigen Besiedelungsstruktur in ländlichen Räumen unter Einhaltung eines vielfältigen, gegliederten Landschaftsbildes.

Umweltschonende Produktion

(146) Da die vor allem ökonomisch begründete Intensivierung der Landbewirtschaftung immer sichtbarer an ökologische Grenzen stößt, sollte auch in

den Gebieten, in denen die Bodenfruchtbarkeit, die Wasserqualität und Artenvielfalt akut und langfristig gefährdet sind, die landwirtschaftliche Intensivproduktion nicht weiter ausgebaut werden. Ein sorgsamerer und umweltschonender Umgang mit den natürlichen Ressourcen ist dringend geboten. Im Zweifelsfall sollten heute ökologische Forderungen Vorrang vor ökonomischen Erwägungen haben, zumal langfristig nur das ökonomisch sinnvoll ist, was auch ökologisch verantwortet werden kann. Notwendig ist deshalb:

- die Begrenzung des Einsatzes von mineralischem Dünger (aber auch organischem Dünger wie der Gülle) und von chemischen Pflanzenbehandlungsmitteln und pharmazeutischen Präparaten auf das unbedingt notwendige Maß sowie die fachgerechte Durchführung dieses Einsatzes;
- die fortschreitende Bevorzugung naturgemäßer umweltfreundlicher Anbau- und Pflanzenschutzverfahren;
- standortangepaßte Anbausysteme mit geringem Energiebedarf, die nicht nur für Entwicklungsländer anzustreben sind, sondern auch für stark belastete Regionen der Industrieländer;
- eine größere Nutzung der vielen Möglichkeiten, die eine intensive, aber dennoch umweltschonende Landbewirtschaftung möglich machen (vgl. dazu die ausführliche Darstellung in Kap. 4); der Staat sollte diese Möglichkeit durch entsprechende Anreize und Verordnungen (z. B. durch eine Gülle-Verordnung der Bundesländer) fördern und die Entwicklung vorantreiben;
- die Förderung eines Netzes von naturnahen Biotopen durch entsprechende Anreize und Verordnungen (vgl. Ziff. 145); dagegen sollte die Umwandlung von Feucht-, Trocken- und Magerwiesen und anderen bedrohten Lebensräumen in genutzte Flächen verhindert werden.

artgerechte Tierhaltung (147) In der landwirtschaftlichen Tierhaltung ist das bereits geltende Tierschutzgesetz (1962), das für das Tier eine »angemessene, artgemäße Nahrung und Pflege und eine verhaltensgerechte Unterbringung« vorschreibt, genauer und konsequenter als bisher zu beachten. Die Novellierung dieses Gesetzes, die eine bessere Handhabung ermöglichen muß, sollte bald abgeschlossen werden.

Bei der Durchsetzung seiner Lebensinteressen sollte der Mensch immer auch die Lebensinteressen der anderen Kreatur angemessen berücksichtigen und Leid soweit wie möglich verringern. Wenn aus ethischen Gründen auf kostengünstigste Ausnutzung technischer Möglichkeiten verzichtet werden muß, ist dafür zu sorgen, daß auch die anderen Länder in der EG ähnliche Regelungen und Gesetze einführen und durchsetzen. Die Einsicht, daß eine Veränderung nur durch ein gemeinsames Vorgehen aller EG-Länder herbeigeführt werden kann, darf in unserem Lande nicht als Alibi dienen, abzuwarten und notwendige Schritte hinauszuzögern.

Notwendig ist deshalb:

- die EG-weite Einschränkung der landwirtschaftlichen Tierhaltung durch Einführung entsprechender Abgaben, die ethisch, ökologisch und volkswirtschaftlich begründet sind, auf Bestandsgrößen und Haltungssysteme, die eine artgemäße Betreuung und damit verantwortlichen Umgang mit den Nutztieren gewährleisten;
- die Verhinderung regionaler Schwerpunktbildungen der intensiven Tierhaltung dann, wenn dies zu unzumutbaren Belastungen führt;
- die Einschränkung von Massentierhaltungen ohne eigene Futterversorgung durch entsprechende Änderungen in der Agrarförderung, durch steuerliche Maßnahmen und durch Änderungen in Umweltschutzgesetzen von Bund und Ländern;

– eine wirksame Einschränkung der gewerblichen Tierhaltung durch gesetzliche Maßnahmen und durch die gemeinsame Bereitschaft des bäuerlichen Berufsstandes.

Verursacher- und Gemeinlastprinzip

Auch die Verbraucher werden durch umweltbewußteres Verhalten ihren Beitrag leisten müssen, nicht zuletzt durch Zahlung höherer Preise bei ökologisch unbedenklicheren Produktionsverfahren. Dies gilt auch insgesamt für die Erhaltung der Umwelt. Sauberes Wasser, reinere Luft, weniger schadstoffbelasteter Boden, rückstandsfreiere Nahrungsmittel und tierfreundlichere Haltungsformen haben ihren Preis. Deshalb ist das Verursacherprinzip durch das Gemeinlastprinzip zu ergänzen. Während etwa die Politiker sich noch um die Einführung eines Umweltpfennigs (Waldpfennigs) oder eines Tempolimits für Autofahrer zur sofortigen Verminderung der Stickoxyde streiten, sind weite Teile der Bevölkerung längst bereit, sogar größere Einschränkungen hinzunehmen, wenn diese Maßnahmen der Umwelterhaltung dienen.

Boden, Wasser und Luft sind nicht vergleichbar mit anderen Verbrauchsgegenständen. Sie sind kostbare Güter, ohne die es kein Leben auf dieser Erde gibt. Um die Schadstoffbelastung in der Luft zu verringern, sind allein Milliardenbeträge erforderlich, die sich nur durch Anwendung des Verursacher- und des Gemeinlastprinzips aufbringen lassen. Da die Zeit drängt, sollten über alle parteipolitischen und Bundesländergrenzen hinweg bald durchgreifende Vereinbarungen getroffen werden.

Hilfen für die Dritte Welt

(148) Langfristig ist unser künftiges Schicksal mit dem Leben der Menschen in der Dritten Welt untrennbar verbunden. Kein entwickeltes Land kann aus der Mitverantwortung entlassen werden. Wenngleich die Not von Ländern der Dritten Welt in vielen Fällen mit Ursachen zu tun hat, die in diesen Ländern selbst liegen, so bleibt dennoch die Tatsache der vielfältigen Verflechtungen in der Weltwirtschaft. Die Auswirkungen der schon er-

wähnten Agrarimporte aus Entwicklungsländern bei uns und in diesen Ländern selbst ist nur ein Beispiel dafür.

Folgendes erscheint notwendig:
- der gezielte, unbürokratische und effektive Einsatz einer direkten Nahrungsmittelhilfe für die ärmsten Länder in Not- und Katastrophenfällen, wenngleich dies nicht die Grundprobleme des Hungers in diesen Ländern zu lösen vermag;
- langfristig gesehen die Sicherstellung der Nahrungsmittelversorgung der breiten Bevölkerungsmassen in den unterentwickelten Regionen dieser Erde;
- die Forcierung der integrierten ländlichen Entwicklung (verbunden mit Agrarreformen) in den von hoher Unterentwicklung und Armut heimgesuchten Regionen;
- die Befähigung der Ärmsten der Armen zur Selbsthilfe;
- die Förderung der Eigenversorgung mit angepaßter Technologie;
- die Mitberücksichtigung der Auswirkungen von Maßnahmen der »Grünen Revoluttion« und von Agrarimporten aus Entwicklungsländern auf die soziale Situation vieler Kleinbauern;
- die Verteilung entstehender Gewinne nicht nur an eine kleine Schicht, sondern vor allem an die ärmere Bevölkerung.

Alle Entwicklungshilfeaktionen sind daran zu messen, ob wirklich Hilfe zur Selbsthilfe geleistet wird und wieweit auch die ärmsten Zielgruppen mit erreicht werden.

solidarische Anstrengungen aller	(149) Die Lösung der in der Denkschrift angesprochenen Probleme ist nur in einer großen solidarischen Anstrengung von Landwirten und Verbrauchern, Produzenten und Natur-, Landschafts- und Tierschützern, entwickelten und unterentwickel-

ten Ländern zu bewältigen. Gerade in den entwickelten Ländern werden wir lernen müssen, daß nicht immer mehr Konsum und Wohlstand Garanten für ein gelingendes und zufriedenes Leben sind, vor allem dann nicht, wenn dabei unsere natürlichen Lebensgrundlagen immer mehr gefährdet werden und Millionen von Menschen in Hunger und Armut leben.

Aufgabe für europäische Kirchen

(150) Verstärktes solidarisches Verhalten sollten auch die europäischen Kirchen über ihre nationalen Grenzen hinweg und im ökumenischen Geiste praktizieren. Wenn z. B. die Lösung großer ökologischer Probleme wie etwa die Luftreinhaltung und der Gewässerschutz nur noch durch einschneidende internationale Maßnahmen sicherzustellen sind, dann könnten gerade die Kirchen in ihren eigenen Ländern auf die Verantwortungsträger in diesem Sinne einwirken. Nationale Egoismen dürfen die Politik nicht so stark wie bisher beherrschen. Das gilt auch für die Durchsetzung EG-einheitlicher Regelungen der Massentierhaltung (z.B. der Käfighaltung). So wie die europäischen Kirchen bei der Wahrnehmung der Friedensverantwortung gezeigt haben, welch einen wichtigen Beitrag zum Umdenken sie sogar in unterschiedlichen Gesellschaftssystemen zu leisten in der Lage sind, sollten sie entsprechend die gemeinsame ökologische und entwicklungspolitische Verantwortung erkennen.

(151) Eine glaubwürdige Entwicklungspolitik muß sich bereits innerhalb der europäischen Gemeinschaft selbst bewähren: Der Abstand zwischen den ärmeren Regionen zu den reicheren Regionen der EG ist in den letzten 15 Jahren deutlich größer geworden. Mit der EG-Erweiterung verschärft sich dieses Problem noch. Noch sind wir weit davon entfernt, uns als eine große Solidargemeinschaft zu

verstehen. Eine solche Gemeinschaft könnte jedoch durch eine engere Zusammenarbeit der protestantischen und der orthodoxen Kirchen sowie der katholischen Kirche in Westeuropa gefördert werden. Dabei ist auch eine finanzielle Unterstützung durch zwischenkirchliche »Lastenausgleiche« denkbar.

In allen Gesellschaftssystemen sollten die europäischen Kirchen alle Möglichkeiten ausschöpfen, das weltweite entwicklungspolitische Engagement zu verstärken. Die kirchlichen Zusammenschlüsse auf europäischer Ebene sollten in ihren Bemühungen um die Wahrnehmung der gemeinsamen ökologischen und entwicklungspolitischen Verantwortung nicht nachlassen. Auch internationale Begegnungstagungen in der kirchlichen Jugend- und Erwachsenenbildungsarbeit können das gemeinsame solidarische Verantwortungsbewußtsein stärken.

7. Kirchliche Arbeit auf dem Lande – Herausforderungen und Konsequenzen

7.1 Mitverantwortung und Dienst der Kirche im Strukturwandel des Dorfes

»Kirche mitten im Dorf« (152) Die Kirche kann nicht unberührt von den gesellschaftlichen Spannungsfeldern und den wirtschaftlichen, ökologischen und entwicklungspolitischen Auseinandersetzungen der Gegenwart ihre Aufgabe auf dem Lande erfüllen. Sie hat das auch in der Vergangenheit nicht getan. Wenn die Kirchengebäude mitten im Dorf errichtet wurden, war das ein Zeichen dafür, daß die Kirche die alltäglichen Freuden, Sorgen und Nöte der Menschen teilt.

vielfältige Dienste der Pfarrer und mitarbeitenden Gemeinde

(153) In der Vergangenheit erleichterten ihr die Überschaubarkeit der landwirtschaftlich geprägten Lebensverhältnisse die Aufgabe, das Evangelium von Jesus Christus und seine Botschaft von der Versöhnung, Freiheit, Liebe und Gerechtigkeit in die konkreten Probleme der Menschen umzusetzen. Dieses geschah auf vielfältige Weise in der Verkündigung, in der Seelsorge, im Unterricht, in der Diakonie aber auch in gesellschaftspolitischen Initiativen von Christen; man denke an Friedrich Wilhelm Raiffeisens Beitrag für die Bildung von Genossenschaften oder an die Mitwirkung des Predigers Christoph Blumhardt bei ähnlichen Kooperationsformen. Die Freiheit und Bindung eines Christenmenschen konnte sich in vielfältiger Weise auswirken: Im Miteinander der Familie, bei Gebet und Andacht, in der Freiheit zur Versöhnung bei Generations- und Nachbarschaftskonflikten, in der Freiheit vom alleinigen Gewinn- und Besitzstreben, in der Freiheit zur Zusammenarbeit mit anderen und zum Dienst an der Dorfgemeinschaft. Vielleicht war die Prägekraft, die vom Pfarrer und vom Pfarrhaus früher ausging, größer. Aber auch die Mitarbeit der Gemeinde spielte eine wichtige Rolle, wenn man an die vielen Dienste von Laienseelsorge, Diakonie und Nachbarschaftshilfe nicht nur in Krankheitsfällen und an die Mitarbeit in den zahlreichen kirchlichen Vereinen und Organisationen denkt.

erschwerende Arbeitsbedingungen heute

(154) Die Überschaubarkeit der Lebensverhältnisse ist heute in den meisten Landgemeinden nicht mehr so gegeben wie früher. Nur noch wenige Menschen verdienen im Dorf ihren Lebensunterhalt. Die Mehrheit sind Pendler und in den unterschiedlichsten Berufen tätig. In größeren Dörfern entstehen neue Siedlungen. Die Eingliederung von Neubürgern ist schwierig. Städtische Wochenend-

pendler in ländliche Erholungsgebiete bringen zusätzliche Probleme mit sich. In dünn besiedelten ländlichen Regionen wandern junge Menschen ständig ab, häufig auch die qualifizierten Mitarbeiter der Kirchengemeinden. Die Folge ist in solchen Regionen nicht nur Überalterung, sondern oft auch das Gefühl, abgeschrieben zu sein. Die Gebiets-, Schul- und Krankenhausreform hat in kleineren Orten die Abwanderung von dörflichen Führungskräften mit entsprechendem Bildungsstand und Ansehen beschleunigt (Lehrer, Ärzte, Apotheker usw.). Bewußt macht die Kirche diese Entwicklung nicht mit. Sie will die seelsorgerliche Nähe zu den Menschen nicht aufgeben. Der größere Pfarrernachwuchs macht das möglich.

| neue Chancen ergreifen | (155) Trotz der Erschwerung der kirchlichen Arbeit durch solche Probleme sollten nicht nur die negativen Folgen dieser Entwicklung aufgezeigt und beklagt werden. Zum einen war die alte Dorfwirklichkeit nicht immer so gut, wie sie rückblickend dargestellt wird. Zum anderen kann man nicht die Vorzüge des Lebens in der Großstadt und in ländlicher Umgebung gleichzeitig fordern. Vielmehr gilt es, neue Chancen zu nutzen. Die Kirche genießt trotz aller Kritik immer noch einen Vertrauensvorschuß. Das ist bei dem oft gestörten Dialog zwischen Landwirten, Verbrauchern, Umweltorganisationen und entwicklungspolitisch engagierten Gruppen von Vorteil. |

Vorurteile abbauen, Begegnungen fördern

(156) Die Kirche kann ein Ort der Begegnungen für die unterschiedlichsten Gruppen im Dorf sein. Verständnis für die Sorgen und Probleme anderer kann geweckt werden. Vorurteile können abgebaut und gemeinsame Anliegen entdeckt werden. Aktionsgemeinschaften können über alle Gruppen und Grenzen hinweg ins Leben gerufen werden. Der

Gottesdienst spielt dabei eine wichtige Rolle, kann diese Begegnungsaufgaben aber nicht allein erfüllen. Er muß durch andere Formen gemeindlicher Begegnung ergänzt werden. Neue Formen der Begegnung haben sich bewährt: Dorfabende, Gesprächsabende, Seminare, Dorfwochen, Evangelische Wochen, ökumenische Veranstaltungen, gemeinsame Feste, Erntedanktage und Schöpfungsfeiern – oft in enger Zusammenarbeit mit den dörflichen Vereinen und Organisationen vorbereitet.
Häufig reicht bei Begegnungen die Gemeindeebene nicht aus, zumal oft nur noch wenige Landwirte dort beheimatet sind. Um so wichtiger sind dann Angebote im Dekanat oder im Kirchenkreis, die von Beauftragten für Landwirtschafts-, Umwelt- und Entwicklungsdienstfragen angeregt werden können. Regionale kirchliche Bildungsstätten, kirchliche Landvolkshochschulen, Landjugendzentren und die Evangelische Landjugendakademie bieten darüber hinaus mehrtägige Veranstaltungen an. Außerhalb der Zwänge des Alltags können Menschen hier neu miteinander über mancherlei Fragen ins Gespräch kommen wie man z. B. Generationen- und Partnerschaftskonflikte bewältigt, welche Perspektiven sich im Strukturwandel für die betroffenen Familienmitglieder ergeben, worin der Sinn der Arbeit besteht, wie Alt- und Neubürger mehr Verständnis füreinander aufbringen können, welche Erwartungen die Natur-, Landschafts- und Tierschützer haben, welchen Zwängen die Landwirtschaft ausgesetzt ist und welche neuen Möglichkeiten sich ergeben, welche Rückwirkungen unsere Agrar- und Wirtschaftspolitik auf die Entwicklungsländer hat usw. Am Rande solcher Tagungen kann aus der gleichen Betroffenheit der Teilnehmer Seelsorge untereinander erwachsen.

7.2 Gottesdienst, Seelsorge und gesellschaftspolitisches Engagement

Gottesdienst als Ort der Ermutigung und Befreiung

(157) Solche wichtigen Begegnungen auf unterschiedlichen Ebenen können den Gottesdienst als Zentrum aller Gemeindeaktivitäten nicht ersetzen. Gemeinde lebt auf dem Lande wie in der Stadt von der Verkündigung des Evangeliums. Der Gottesdienst ist der Ort, an dem die Gemeinde mit all ihren Gruppierungen zu gemeinsamem Lob und Dank, zur Fürbitte und zum Hören auf Gottes Wort sich versammelt, wo sie sich zurüsten läßt für den Alltag. Vom Gottesdienst sollen ermutigende und befreiende Wirkungen ausgehen. Hier sollen Menschen in den Stand gesetzt werden, im Dialog mit anderen angesichts der gegenwärtigen Konfliktfelder nach evangeliumsgemäßen Lösungen zu suchen.

kritisches Engagement außerhalb des Gottesdienstes

(158) Nun ist gerade der Gottesdienst nicht selten ein Grund für tiefgreifende, neue Auseinandersetzungen in der Gemeinde. Sollen in der Predigt konkrete Probleme der Umwelt- und der Entwicklungspolitik angesprochen werden? Jeder Prediger bemüht sich darum, die Wahrheit des Wortes Gottes in unsere aktuellen Probleme hineinzusprechen. Dabei sollte er durchaus Sünde und gesellschaftliche Schuld beim Namen nennen und Partei für die Schwachen ergreifen, ohne parteipolitisch zu werden.

Dennoch ist in der Regel bei politisch kontrovers diskutierten Themen, die viel Einzelwissen erfordern, nicht die Kanzel der geeignete Ort der Auseinandersetzung. Der Gottesdienst bietet nicht die Möglichkeit der Gegenrede. Gemeindeveranstaltungen eignen sich im allgemeinen für die Behandlung aktueller kontroverser Probleme besser. Es gibt jedoch die Möglichkeit, gelegentlich Gottesdienste von betroffenen Gruppen selbst vorbereiten zu lassen. Dann können sie sich mit ihren Anliegen im Gottesdienst einbringen.

Die Beteiligung von Gemeindegliedern bei der Vorbereitung und Durchführung von Gottesdiensten kann eine Verlebendigung darstellen und der besseren Konkretisierung des Wortes Gottes in die Alltagsprobleme hinein dienen. Sollten aber Teile der Gemeinde über einen Gottesdienst oder eine Predigt (z. B. beim Erntedankfest) verärgert sein, ist es wichtig, das Gespräch zu suchen und Mitarbeit bei Gesprächsabenden in der Gemeinde zum besseren gegenseitigen Verstehen anzubieten. Das gilt auch für das Gespräch mit engagierten kirchlichen Umwelt- und entwicklungspolitischen Gruppen.

Informationsbedarf und Fortbildung kirchlicher Mitarbeiter

(159) Immer schwieriger wird es für den Pfarrer, über alle Lebensbereiche seiner Gemeindemitglieder informiert zu sein. Die Kirchenleitungen versuchen durch Landpraktika für Theologiestudenten und -studentinnen und durch Fortbildungsveranstaltungen für Pfarrer und kirchliche Mitarbeiter die Probleme der heutigen Dorfwirklichkeit zur Sprache zu bringen. Das Fach »Sozialethik« bzw. »Umweltethik« in den theologischen Fakultäten, an den evangelischen Fachhochschulen und an den Ausbildungsstätten für Diakone, Gemeindehelfer/ -innen und Erzieher/-innen vermag nur einige Grundkenntnisse zu vermitteln. Wichtiger ist daher die zweite Ausbildungsphase mit Predigerseminaren, Kursen usw. Hier sollten die Möglichkeiten der Gemeindearbeit auf dem Lande besonders berücksichtigt werden. Es empfiehlt sich, auch vermehrt Fortbildungsveranstaltungen anzubieten, weil sehr viele Pfarrer und kirchliche Mitarbeiter später in Landgemeinden Dienst tun. Aber kein Pfarrer und kirchlicher Mitarbeiter kann Sachexperte für alle Lebensbereiche sein. Um so wichti-

ger ist es, daß in jedem Dekanat oder Kirchenkreis Beauftragte für Fragen der Landwirtschaft, des Umweltschutzes und der Entwicklungspolitik auf die Probleme der heute im Dorf lebenden Menschen eingehen, indem sie sehr stark auch Gemeindeglieder mit heranziehen, die Sachexperten oder Betroffene sind.

Zusammenarbeit von Seelsorge, Beratung und sozialen Diensten	(160) Hausbesuche sind nach wie vor eine gute Möglichkeit, durch intensives Zuhören ein Stück Lebenswirklichkeit einzufangen, auch wenn die ganze Familie nur noch selten anzutreffen ist. Intensiver Besuchsdienst wird nicht nur der Seelsorge, sondern auch der Predigt und dem Unterricht zugute kommen. Der Pfarrer kann auch bei so schwierigen Fragen wie der Hofumstellung oder der Hofaufgabe seelsorgerlich tätig werden, indem er gerade nicht nur die ökonomischen Gesichtspunkte mit bedenkt, sondern die ganzheitlichen Belange der einzelnen Familienmitglieder stärker einbezieht. Für die Klärung der Sachfragen sollte auf die Hilfe von Fachberatern nicht verzichtet werden, damit keine falschen Weichenstellungen vorgenommen werden, die später kaum wieder rückgängig zu machen sind. In ländlichen Regionen werden gegenwärtig vermehrt Ehe- und Erziehungsberatungsstellen eingerichtet. Auch hier empfiehlt sich die enge Kooperation mit den Gemeindepfarrämtern. Kontakt sollte ferner zu den Mitarbeitern der Sozialstationen, den Betriebshelfern und Dorfhelferinnen gesucht werden. Sie tun nicht nur einen wichtigen sozial-diakonischen, sondern oft auch seelsorgerlichen Dienst.
ökologisches Engagement	(161) Für den Schutz von Natur und Umwelt bietet sich neben überregionalen Veranstaltungen der überschaubare Einzugsbereich der Kirchengemeinde als Übungsfeld ökologischen Lernens und

Handelns an. Ein erster, wichtiger Schritt besteht darin, die verschiedenen Gruppen mit ihren Anliegen, Hoffnungen und Ängsten so zusammenzubringen, daß man miteinander und nicht nur übereinander redet. Auch die Verbindung mit außerkirchlichen Umweltgruppen sollte gesucht werden, um gemeinsam verantwortungsvolles Handeln für die Schöpfung zu betreiben.

(162) Die kirchliche Verantwortung für die Umwelt wäre jedoch verkürzt beschrieben, wenn es nur um Einrichtung und Organisation des Dialogs der verschiedenen Gruppen ginge. Die Kirchengemeinde wird über alle Gruppeninteressen hinweg deutlich machen müssen, was es heißt, Gottes Schöpfung zu bewahren und zu bebauen. Dafür muß sie, wenn es notwendig ist, Position beziehen und darf etwa aufkommende Konflikte nicht scheuen.

entwicklungspolitisches Engagement

(163) Über entwicklungspolitische Fragen beginnt man auch in Landgemeinden in den letzten Jahren verstärkt nachzudenken. Man stellt die Grundfrage nach der Gerechtigkeit in einer Welt, in der Lebens- und Überlebenschancen ungleich verteilt sind. Man erkennt, daß es um das Problem des Zusammenlebens verschiedener Kulturen in einer durch gegenseitige Abhängigkeiten kleiner gewordenen Welt geht. Viele Schwierigkeiten und Widerstände, Mißtrauen und Angst, sind in dieser bewußtseinsbildenden Arbeit zu überwinden. Gute Erfahrungen sind mit entwicklungspolitischen Arbeitskreisen, mit Veranstaltungen und Aktionen zu entwicklungspolitischen Problemen und gelegentlich bereits schon beim Besucheraustausch mit einer Partnerkirche in der Dritten Welt gemacht worden.

kirchliche Presse-arbeit

(164) In den Massenmedien werden die in dieser Denkschrift behandelten Probleme nicht selten journalistisch zugespitzt angesprochen. Bei manchen Menschen entsteht dadurch der Eindruck, daß die Probleme erst durch die Massenmedien gemacht und dadurch leichtfertig Ängste erzeugt werden. Daher sollte sich gerade die kirchliche Pressearbeit darum bemühen, auf die Ernsthaftigkeit der aufgezeigten Probleme hinzuweisen und den Dialog zwischen den einzelnen Interessengruppen und den Betroffenen aufrechtzuerhalten. Wo es gelingt, eine sachliche Atmosphäre zu schaffen, lassen sich drängende Fragen leichter gemeinsam bearbeiten und lösen. In die Überlegungen der evangelischen Pressearbeit zu diesem Themenkreis sollten die Publikationsorgane des ländlichen Raumes (»Bauernbrief«, »Kirche im ländlichen Raum«, »Evangelischer Informationsdienst für Jugend- und Erwachsenenbildung auf dem Lande«) sowie die vielfältigen Sonntags- und Gemeindeblätter verstärkt einbezogen werden.

christliche Hoffnung

(165) Diese Denkschrift kann natürlich die angesprochenen Probleme nicht lösen. Sie will vielmehr Anregungen zum Nachdenken und Umdenken geben. Sie will nicht nur die verantwortlichen Politiker ansprechen, sondern alle, die sich um die Zukunft der Menschen auf dem Lande, um die Erhaltung von Natur und Landschaft und um die in Armut und Hunger lebenden Völker Sorge machen. Angesichts der Größe dieser Probleme und der oft wenigen, sichtbaren Erfolge bei der Lösung dieser Fragen liegt die Gefahr nahe, ganz zu resignieren und den Politikern allein die Verantwortung zu überlassen. Aber gerade die Arbeit vieler ökologischer und entwicklungspolitischer Gruppen in den letzten Jahren hat gezeigt, wie sehr alle mithelfen können, Umdenkungsprozesse einzuleiten.

Resignation ist mit christlichem Glauben und christlicher Hoffnung unvereinbar. Der dreieinige Gott selbst ermutigt immer wieder zur Hoffnung. Nur aus dieser Hoffnung heraus kann die verantwortliche Haushalterschaft für diese Erde und ihre Menschen wahrgenommen werden.

Mitglieder und ständige Gäste der Kammer der EKD für soziale Ordnung:

Professor Dr. Dr. Theodor Strohm, Heidelberg (Vorsitzender)
Professor Dr. Wilhelm Krelle, Bonn (Stellv. Vorsitzender)
Pfarrer Michael Bartelt, Bochum †
Dr. Philipp von Bismarck, Bonn
Dr. Monika Böhme-Koch, Hannover
Professor Dr. Günter Brakelmann, Bochum
Oberkirchenrat Dr. Joachim Gaertner, Bonn
Personaldirektor Wilfried Geißler, Mülheim
Landwirt Karl Otto Hoffmeister, Kneitlingen
Dipl.-Psychologe Dr. phil. habil. Antoon Houben, München
Dr. med. habil. Wolfgang Huber, Heidelberg
Dipl.-Päd. Dr. Jörg Knoll, Tutzing
Ministerialrat Dr. Ernst Kreuzaler, Bonn
Redakteur Robert Leicht, München
Professor Dr. Rainer Mackensen, Berlin
Dr. Heinz Markmann, Düsseldorf
Pastorin Dr. Christel Meyers-Herwartz, Bonn
Landeskirchenrat Herbert Rösener, Bielefeld
(Beauftragter des Rates der EKD
für agrarsoziale Fragen)
Dr. Walter Sohn, Mülheim
Ministerialdirigent Werner Steinjan, Bonn
Vizepräsident Fritz-Joachim Steinmeyer, Stuttgart
Rechtsanwalt Eduard Thormann, Hamburg
Regierungsdirektor Dr. Dr. Harald Uhl, Bonn
Günter Volkmar, Düsseldorf
Dr. Lothar Wiedemann, Friedewald
Oberkirchenrat Tilman Winkler, Hannover (Geschäftsführung)

Weiter haben an der Denkschrift mitgearbeitet:

Pfarrer Heinz-Georg Ackermeier, Bielefeld
Professor Dr. Hartmut Albrecht, Stuttgart
Dipl.-oec. und Landwirt Johann-Joachim Borchert MdB, Bochum

Staatsminister a.D.D. Diether Deneke MdL, Düsseldorf
Professor Dr. Christofer Frey, Dortmund
Dipl.-Sozialwirt Dr. Willi Heidtmann, Bielefeld
Professor Dr. Wilhelm Henrichsmeyer, Bonn
Akademiedirektor Dr. Otmar Hesse, Altenkirchen
Professor Dr. Günther Kahnt, Stuttgart
Professor Dr. Fred Klingauf, Darmstadt
Professor Dr. Dr. Dr. h.c. Frithjof Kuhnen, Göttingen
Ministerialrat Dr. Hans Moser, München
Landwirt Willi Müller MdL, Thiersheim
Landfrau Gudrun Oerke, Klein-Schneen
Landwirt Jan Oostergeltelo MdB, Bonn
Ministerialdirigent Dr. Herbert Priew, Bonn
Professor Dr. Friedrich Riemann, Göttingen
Dipl.-Landwirt Dr. Hans-Joachim Roos, Altenkirchen
Professor Dr. Günther Weinschenck, Stuttgart

Anhang: Ausgewählte Schaubilder

Übersicht 1: Entwicklung der Zahl und Fläche landwirtschaftlicher Betriebe in der Bundesrepublik Deutschland von 1949 bis 1983

Größen-klasse ha	Zahl der Betriebe (in 1000)										Fläche der Betriebe (in 1000 ha)							
	1949		1965		1982		1983*		1949		1965		1982		1983	
	Anzahl	%	Anzahl	%	Anzahl	%	Anzahl	%	Anzahl	%	Anzahl	%	Anzahl	%	Anzahl	%
1– 10	1262,5	76,6	808,2	64,5	384,1	50,3	369,0	49,6	5130,9	39,6	3471,1	27,0	1646,7	13,6	1587,9	13,3
10– 20	256,2	15,6	922,1	23,3	170,1	22,5	167,0	22,4	3543,2	26,7	4123,2	32,1	2502,9	20,8	2429,7	20,3
20– 30	72,2	4,4	89,3	7,1	98,1	12,9	97,0	13,1	1739,5	13,1	2144,1	16,6	2413,7	20,0	2374,5	19,8
30– 50	40,3	2,4	45,7	3,6	75,8	9,9	76,0	10,2	1504,5	11,3	1700,8	13,5	2862,4	23,8	2874,2	24,0
50–100	12,6	0,8	14,4	1,2	28,8	3,8	29,9	4,0	817,3	6,2	929,3	7,2	1864,3	15,5	1937,2	16,1
über 100	3,0	0,2	2,7	0,2	4,7	0,6	4,8	0,7	544,1	4,1	468,4	3,6	755,6	6,3	774,5	6,5
insgesamt	1646,8	100,0	1252,4	100,0	764,1	100,0	743,7	100,0	13729,5	100,0	12838,8	100,0	12045,6	100,0	11977,6	100,0

* Vorläufig

Die Zahl der landwirtschaftlichen Betriebe insgesamt hat sich von 1949 bis 1983 mehr als halbiert. Besonders stark war der Rückgang in den Größenklassen unter 20 ha. Die sog. Strukturschwelle, also die Betriebsgröße, von der ab die Flächenausstattung zugenommen hat, wuchs ständig und lag 1983 in der Größenklasse 30 bis 50 ha landwirtschaftlich genutzter Fläche. Bei der Fläche der Betriebe ist ein absoluter Rückgang von fast 1,5 Mio. ha in der Zeit von 1949 bis 1983 festzustellen. Er wurde durch Flächennutzungen nichtlandwirtschaftlicher Art (Wohn-, Gewerbe- und Verkehrsbauten) verursacht.

Die durchschnittliche Betriebsgröße erhöhte sich von rd. 8 ha im Jahre 1949 auf 16,1 ha im Jahre 1983. In Schleswig-Holstein beträgt sie 34, Niedersachsen 22,9, Hessen 12,9, Bayern 13,5, Baden-Württemberg 11,5 ha.

Die Betriebsgrößenstruktur ändert sich vor allem über die Pacht, 38 % der landwirtschaftlich genutzten Fläche (LF) sind Pachtflächen (Frankreich 48, Belgien 72, Niederlande 43 %). 75 % der Pachtflächen entfallen auf Parzellenpacht. Etwa 5 % aller Betriebe sind Hof-, davon ⅔ Familienpachtungen. 1983 wurden im Vollerwerb 50 % (1965: 41 %), im Zuerwerb 10 % (1965: 26 %) und im Nebenerwerb 40 % (1965: 33 %) bewirtschaftet.

Der landwirtschaftliche Grundbesitz ist stark parzelliert, doch geht die Zahl der Teilstücke – vor allem durch Flurbereinigungsverfahren – zurück, z. B. von 1960 bis 1971 um 43 % auf 9,3 Mio. Parzellen. 1960 hatte ein landwirtschaftlicher Betrieb durchschnittlich 12 Teilstücke mit je 0,91 ha; 1971 waren es 9,8 Teilstücke mit je 1,44 ha Größe. 37041 Betriebe bewirtschafteten 1983 neben ihrer Landwirtschaft 1,63 Mio. ha. Wald, durchschnittlich 4,4 ha. – Rd. 42 % der Waldfläche im Bundesgebiet gehören Privatbetrieben, 32 % dem Staat, 26 % Gemeinden und anderen Körperschaften.

(Quelle: Agrarberichte 1966, 1983, 1984 und Eurostat.)

Übersicht 2: Erzeugung und Preise der Landwirtschaft sowie Einkommen der landwirtschaftlichen Vollerwerbsbetriebe

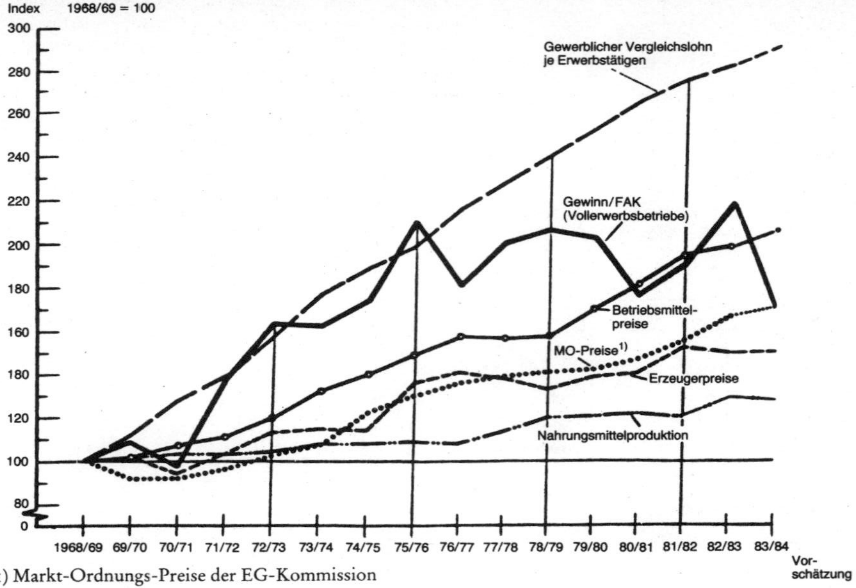

Anmerkung: 1) Markt-Ordnungs-Preise der EG-Kommission

Die Darstellung zeigt die sog. Einkommensschere: Während sowohl die Betriebsmittelpreise als auch der gewerbliche Vergleichslohn je Erwerbstätiger stark im Betrachtungszeitraum von 1968 bis 1983 angestiegen sind, verlief die Steigerung der Erzeugerpreise langsamer. Der Gewinn je Familienarbeitskraft nahm einen sehr unterschiedlichen Verlauf.

(Quelle: Agrarbericht 1984)

Übersicht 3: Einkommensunterschiede in den landwirtschaftlichen Vollerwerbsbetrieben
(Gewinn in DM je Familienarbeitskraft)

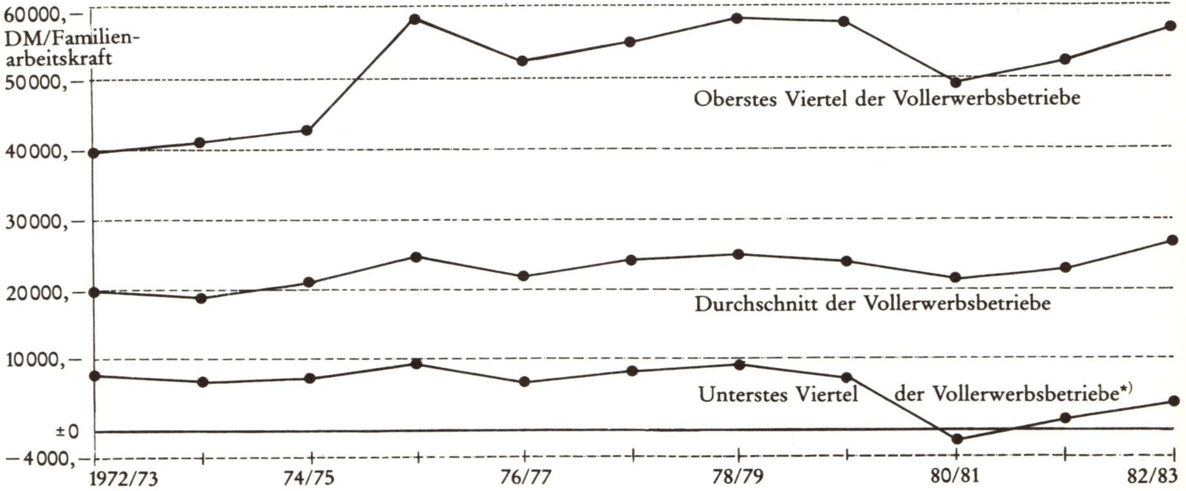

Anmerkung: *) Die niedrigen und negativen Gewinne im untersten Viertel der Vollerwerbsbetriebe bedeuten, daß die betreffenden Betriebe »von der Substanz« gelebt haben (Verringerung des Aktiv- und Passivvermögens)

Es zeigt sich die große sog. innerlandwirtschaftliche Disparität in den Einkommen. Dem untersten Viertel sind rd. 100 000 Höfe zuzurechnen. Sie gelten als die Problemgruppen der Agrarpolitik. Nach Angaben des Bundesministeriums für Ernährung, Landwirtschaft und Forsten, Bonn, haben die Einkommen im Wirtschaftsjahr 1983/84 bei allen landwirtschaftlichen Betrieben wieder eine stark fallende Tendenz. Das Erwerbseinkommen in den landwirtschaftlichen Nebenerwerbsbetrieben lag im Durchschnitt der letzten fünf Jahre deutlich über dem der Zu- und Vollerwerbsbetriebe.

(Quelle: Agrarbericht 1984)

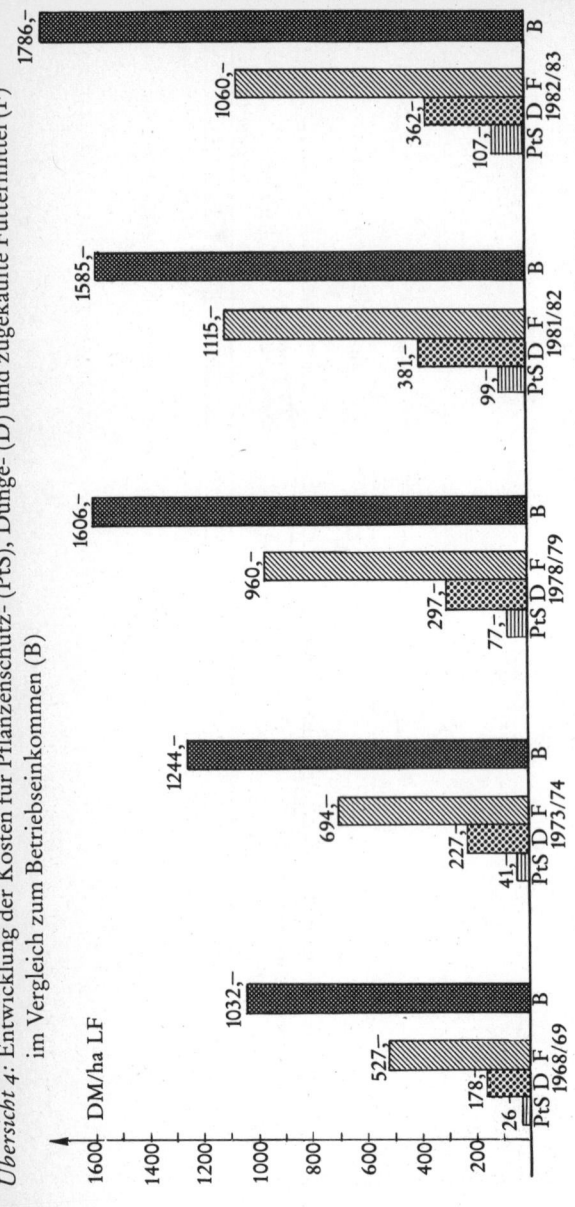

Übersicht 4: Entwicklung der Kosten für Pflanzenschutz- (PtS), Dünge- (D) und zugekaufte Futtermittel (F) im Vergleich zum Betriebseinkommen (B)

Die Übersicht zeigt, daß die Kosten zu Pflanzenschutz-, Dünge- und zugekauften Futtermitteln in der Zeit von 1968 bis 1982 kontinuierlich angestiegen sind. Im Wirtschaftsjahr 1983 ist erstmals ein Rückgang bei den Kosten für Dünge- und Futtermittel eingetreten, während die Kosten für Pflanzenschutzmittel (Herbizide gegen Unkräuter, Fungizide gegen Pilzerkrankungen und Insektizide gegen Insekten) sich weiter erhöht haben. Zum Vergleich wird die Entwicklung des Betriebseinkommens herangezogen, das die Differenz von Betriebsertrag und Sachaufwand zum Ausdruck bringt. Was die Mineraldüngung angeht, wird heute z. B. rund viermal soviel Stickstoff pro ha als 1950/51 ausgetragen (1950/51: 15,6 kg, 1981/82: 108,5 kg Reinnährstoff je ha landwirtschaftliche Fläche).

(Quelle: Agrarberichte, versch. Jahrgänge)

Übersicht 5: Verursacher des Artenrückgangs

Verursacher	Wert
Landwirtschaft	397
Tourismus	112
Rohstoffgewinnung	106
Städtisch-Industrielle Nutzung	99
Wasserwirtschaft	92
Forstwirtschaft und Jagd	84
Abfall- und Abwasserbeseitigung	67
Teichwirtschaft	37
Militär	32
Verkehr und Transport	19
Wissenschaft	7

Die Übersicht veranschaulicht die verschiedenen Verursacher des Artenrückgangs bei Pflanzen. Allein 112 Arten sind vom Tourismus betroffen. Die Landwirtschaft steht als Verursacher mit 397 an erster Stelle. Dies ist zu einem beträchtlichen Teil auf Biotopveränderungen zurückzuführen (z. B. Ausräumen der Feldflur, Beseitigung von Hecken, Anlegen von Drainagen, Fließwasserbegradigung usw.). In den heutigen Konzepten der Flurbereinigung werden ökologische Belange stärker berücksichtigt. Die Landwirte haben sich ansonsten so verhalten wie Politiker, Wissenschaftler, Berater und Verbraucher es von ihnen erwarteten. Die Lehre daraus kann nur sein, daß alle Gruppen der Gesellschaft umdenken müssen und die Politik die betreffenden Rahmenbedingungen schaffen muß, damit der Artenrückgang gestoppt wird.

(Quelle: Umweltbrief Nr. 29 v. 28. 10. 1983. Herausgeber: Der Bundesminister des Innern, Bonn)

Übersicht 6: Alternative Betriebe im Vergleich
(Vollerwerbsbetriebe – 1982/83)

	Alternative	Konventionelle
Betriebsgröße (ha LF)	35,5	34,5
Arbeitskräftebesatz (AK/100 ha LF)	6,52	4,78
Getreideerträge (dt/ha)	33,7	47,5
Kartoffelerträge (dt/ha)	199,6	290,4
Milchleistung (kg/Kuh)	3 682	4 932
Weizenpreis (DM/dt)	92,37	48,87
Kartoffelpreis (DM/dt)	48,57	17,16
Milchpreis (DM/kg)	65,71	64,15
Unternehmensertrag (DM/ha LF)	4 861	6 172
Unternehmensaufwand (DM/ha LF)	3 679	4 944
Darunter Düngemittel (DM/ha LF)	71	367
Pflanzenschutz (DM/ha LF)	4	88
Löhne (DM/ha LF)	238	105
Gewinn (DM/ha LF)	1 182	1 228
Gewinn (DM/FAK)	24 548	29 641

Anmerkung: Die Gruppe der alternativ bewirtschafteten Betriebe umfaßt 24 Testbetriebe. Die Durchschnittsergebnisse sind nicht voll repräsentativ. Dennoch ermöglichen sie Aussagen über die für alternative Wirtschaftsweisen charakteristischen Besonderheiten im Vergleich zu den anderen Betriebsgruppen. (Aus: BMELF-Informationen Nr. 7, S. 18, 13. 2. 1984)

Die oben gegebene vergleichende Übersicht zeigt die wichtigsten wirtschaftlichen Kenndaten alternativ bzw. konventionell geführter Betriebe. Daß die Erträge im alternativen Anbau nicht unbedingt so ungünstig wie in diesem Vergleich von 1982/83 ausfallen, zeigt die nachfolgende Gegenüberstellung von drei Kulturen in einem alternativ geführten und in mehreren vergleichbaren Betrieben in demselben Naturraum (zitiert nach H. Müller, 1980, DLG-Band 169, Alternativen zum gegenwärtigen Landbau, S. 116).

Ertragsvergleich zwischen einem biologisch-dynamisch (biol.-dyn.) geführten und konventionellen (konv.) Betrieben in Hessen

	Weizen		Roggen		Kartoffeln	
	biol.-dyn.	konv.	biol.-dyn.	konv.	biol.-dyn.	konv.
1973/74	41,8	44,3	41,5	40,7	173,6	255,7
1974/75	42,6	51,3	44,0	48,0	217,5	282,6
1975/76	44,9	52,9	43,0	43,4	191,2	259,1
1976/77	44,0	42,4	41,8	41,4	360,0	158,8
1977/78	44,7	47,0	39,0	45,3	288,0	273,1

Übersicht 7: Hunger und Überernährung

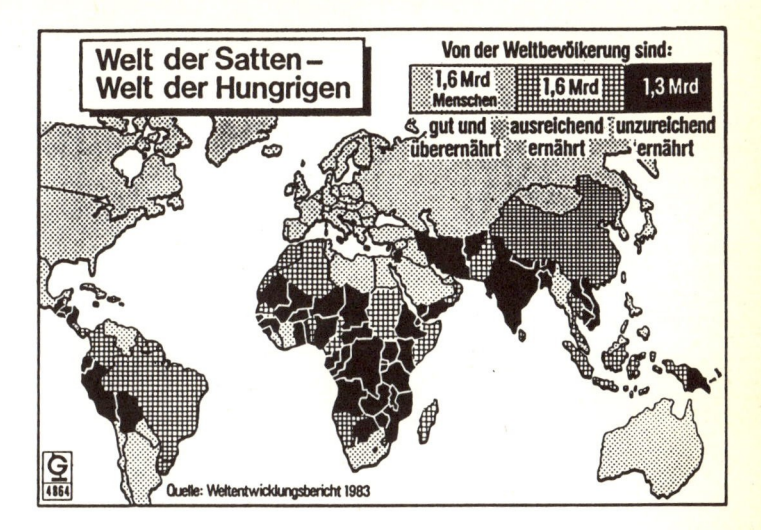

Welt der Satten – Welt der Hungrigen

Von der Weltbevölkerung sind:
- 1,6 Mrd Menschen gut und überernährt
- 1,6 Mrd ausreichend ernährt
- 1,3 Mrd unzureichend ernährt

Quelle: Weltentwicklungsbericht 1983

Ein Drittel der Weltbevölkerung hat nicht genug zu essen. Die Weltbank geht im Weltentwicklungsbericht 1983 von einem täglichen Pro-Kopf-Bedarf von 2300–2700 Kilokalorien (9600–11000 Kilojoule) aus, je nach Klima. Danach besteht etwa im Tschad ein Defizit von 26 Prozent, in der Bundesrepublik Deutschland und anderen Ländern eine Überversorgung von 33 Prozent und mehr. Erhebliche Unterschiede gibt es auch in der Qualität der Nahrung. Während viele Afrikaner fast ausschließlich von pflanzlicher Nahrung leben und deshalb ihren Eiweißbedarf nur ungenügend decken können, verzehren beispielsweise die Bundesbürger zu mehr als einem Drittel tierische Erzeugnisse.

(Quelle: Globus)

Übersicht 8: Einfuhr der Bundesrepublik Deutschland an stärke- und eiweißreichen Futtermitteln aus Entwicklungsländern im Jahre 1982

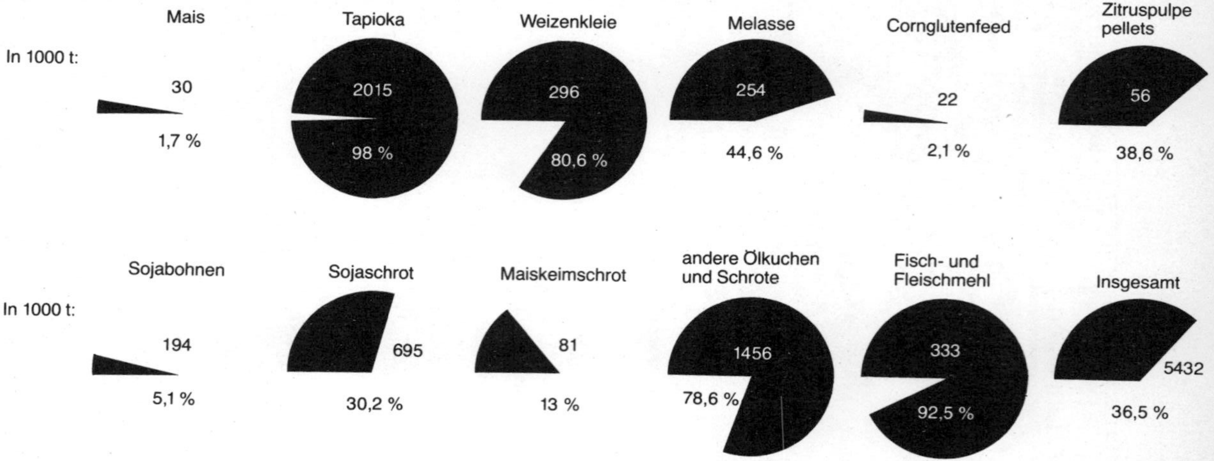

In 1000 t:

Mais	Tapioka	Weizenkleie	Melasse	Cornglutenfeed	Zitruspulpe pellets
30	2015	296	254	22	56
1,7 %	98 %	80,6 %	44,6 %	2,1 %	38,6 %

In 1000 t:

Sojabohnen	Sojaschrot	Maiskeimschrot	andere Ölkuchen und Schrote	Fisch- und Fleischmehl	Insgesamt
194	695	81	1456	333	5432
5,1 %	30,2 %	13 %	78,6 %	92,5 %	36,5 %

Die Schaubilder verdeutlichen den prozentualen Anteil der Einfuhren aus den Entwicklungsländern an den Gesamteinfuhren in die Bundesrepublik Deutschland. Insgesamt wurden im Jahre 1982 14 862 000 t an stärke- und eiweißreichen Futtermitteln in die Bundesrepublik Deutschland eingeführt, davon 5 432 000 t aus Entwicklungsländern = 36,5 %. Bei bestimmten Warengruppen und Herstellungsländern zeichnen sich deutliche Konzentrationen ab: So bezieht die Bundesrepublik Deutschland 96 % ihrer Tapioka-Importe aus Entwicklungsländern allein aus Thailand; bei Sojaschrot beträgt allein der Anteil Brasiliens 84 %.

(Quelle: Bundesministerium für Ernährung, Landwirtschaft und Forsten, Bonn 1984)

20.
Menschengerechte Stadt
Aufforderung zur humanen und ökologischen
Stadterneuerung
1984

*Ein Beitrag der Kammer der Evangelischen Kirche in
Deutschland für soziale Ordnung*

*Herausgegeben vom Kirchenamt im
Auftrage des Rates der Evangelischen Kirche in Deutschland*

Inhalt

Vorwort 273

1. Das Problem menschen- und umweltgerechter Stadtentwicklung heute 275

1.1. Entwicklung der modernen Großstadt 275
1.1.1 Die Situation in der Bundesrepublik 275
1.1.2 Zur Entstehung der Ballungsgebiete 277
1.1.3 Die globale Herausforderung 279
1.2. Zuspitzung der Probleme 280
1.2.1 Die Gefahr der Desintegration 280
1.2.2 Die Herausbildung von „Problemgruppen" 283
1.2.3 Die Zuspitzung der ökologischen Probleme 285
1.3 Das Anliegen: Humanisierung und ökologische Erneuerung der großstädtischen Ballungsgebiete . . . 287

2. Verantwortung für die menschen- und umweltgerechte Stadt – theologisch ethische Überlegungen 289

2.1 Die Basis unserer Verantwortung 289
2.2 Die »Stadt« als Symbol und Wirklichkeit in der biblischen Überlieferung 291
2.3 Dimensionen unserer Verantwortung 296
2.4 Kriterien für eine menschengerechte Stadt 299
2.5 Die menschen- und umweltgerechte Stadt als Leitbild der Stadterneuerung 305

3. Sicherung der Wohnmöglichkeiten 309

3.1 Die Bedeutung der Wohnung und der Wohnqualität . 309
3.2 Kriterien für Wohnqualität 311
3.3 Mangel an preiswertem Wohnraum in Ballungsgebieten als sozialer Konfliktstoff 313

4.	Die Gestaltung des Quartiers als Lebensraum	316
4.1	Wiedergewinnung des »Quartiers«	317
4.2	Förderung der Lebensfähigkeit – vier Aspekte	317
4.2.1	Verbesserung der Arbeitsplatzsituation	318
4.2.2	Verbesserung der Versorgung	319
4.2.3	Verbesserung der Schulsituation	319
4.2.4	Verbesserung der Verkehrssituation	320
4.3	Wiedergewinnung von Begegnungsfeldern	321
4.4	Das Quartier als Ort der Integration	323
4.4.1	Stärkung von Familie und Nachbarschaft	323
4.4.2	Soziale Integration im Quartier	324
4.4.3	Kulturelle Integration im Quartier	326
5.	Ökologische Dimensionen der Stadtentwicklung	328
5.1	Umweltbelastungen in der Stadt	328
5.2	Folgerungen für die Stadtplanung	332
5.2.1	Verbesserung der Luftreinheit	332
5.2.2	Minderung der Lärmbelastung	334
5.2.3	Sicherung des Wasserbedarfs	336
5.2.4	Erhaltung und Vermehrung natürlicher Ausgleichsräume	337
5.3	Bewältigung der Verkehrsprobleme	341
6.	Sicherung der wirtschaftlichen Lebensfähigkeit der Stadt	344
6.1	Die grundsätzliche Bedeutung der Wirtschaft für die Stadt	344
6.2	Planungs- und Förderungssouveränität	345
6.2.1	Stärkung der finanziellen Möglichkeiten	345
6.2.2	Einwirkungsmöglichkeiten der Bodenpolitik	350
6.2.3	Eigenständige Wirtschafts- und Arbeitsmarktförderung	351
6.3	Energieversorgung und rationelle Energieverwendung	357

7. Die Beteiligung der Bürger an Planung und
   Gestaltung ihrer Stadt 360

7.1 Kommunale Selbstverwaltung und Bürgerbeteiligung . 360
7.1.1 Die Chance der kommunalen Selbstverwaltung . . . 360
7.1.2 Das rechtliche Angebot der Bürgerbeteiligung. . . . 361
7.2 Bürgerbeteiligung im Spannungsfeld der gegensätzlichen Interessen und Wünsche 365
7.2.1 Erfahrungen mit Bürgerinitiativen 366
7.2.2 Weitere Formen der Bürgerbeteiligung 367
7.2.3 Neue Kommunikationsmedien als Herausforderung
   für die Bürgerbeteiligung 369

8. Kirchliche Praxis im großstädtischen Ballungsraum –
   Herausforderungen, Defizite, Aufgaben 371

8.1 Die Betroffenheit der christlichen Gemeinde 371
8.1.1 Erfahrungen von Großstadtpfarrern 372
8.1.2 Erfahrungen der Stadtmission 375
8.1.3 Erfahrungen mit Gemeinwesenarbeit 377
8.2 Erfahrungen des Gemeindeaufbaus in
   Ballungsgebieten 379
8.2.1 Erfahrungen mit einem integrierten Modell
   kirchlicher Planung 379
8.2.2 Tragfähige Konzeption? 381
8.2.3 Zwischen Ortsgemeinde und gegliederter
   Gesamtgemeinde 383
8.3 Die Reichhaltigkeit der Arbeitsformen 386
8.3.1 Arbeitsformen der Kirche in der Stadt 386
8.3.2 Kirche für die Stadt 387

Mitglieder und ständige Gäste der Kammer der EKD
für soziale Ordnung 391

ANHANG:

Schaubilder und Dokumentation

I. Agglomerationen in der Bundesrepublik Deutschland. 392
   1. Begriffsbestimmung. 392
   2. Einwohnerentwicklung in den Agglomerationen in der Bundesrepublik
      Deutschland. 394
   3. Entwicklungstendenzen der Agglomerationen nach Modellannahmen
      (1980 - 2000). 395

II. Die weltweite Vergroßstädterung 395

III. Kommunale Gebietsreform und Auswirkungen der Neugliederung 397

IV. Aspekte und Tendenzen der Wohnungsversorgung in der Bundesrepublik 400

V. Verkehrs- und Unfallsituation 404

VI. Umweltprobleme der Städte. 407
    1. Klimatische Änderungen durch Städte 407
    2. Luftverschmutzung im Städtevergleich 408
    3. Ökologische Buchhaltung für die Stadt Saarbrücken. 410
    4. Arbeit und Umwelt – Arbeitsplatzpotential ausgesuchter Bedarfsfelder 412

VII. Aspekte der wirtschaftlichen Entwicklung der Städte 414

VIII. Regionale Arbeitssituation und -entwicklung. 418

IX. Ausländerentwicklung in den Großstädten. 420

X. Informationstechnologie und Stadtentwicklung 425

XI. Kirchliche Stellungnahmen zur Frage der Stadtentwicklung 427
    1. Resolution der Teilnehmer des Forums „Kirche und Stadt",
       Dortmund 1973 427
    2. Erklärung zur Stadterneuerung in Berlin-Kreuzberg (1971). 428
    3. »Suchet der Stadt Bestes«. Überlegungen und Forderungen zur
       Frankfurter Stadtentwicklung (1980) 431

Vorwort

Seit Ende des Zweiten Weltkrieges nahm die industriegesellschaftliche Verstädterung in bisher ungekanntem Ausmaß zu und dehnte sich weltweit aus. Viele Großstädte haben sich zu Verdichtungsräumen erweitert. Dadurch hat sich nicht nur die Struktur und die Lebensatmosphäre in der Stadt nachhaltig verändert, sondern auch der Arbeits- und Lebensbereich eines jeden einzelnen. Noch tiefer greifende Veränderungen sind durch die Einführung neuer Technologien, der Mikroelektronik und der neuen Informations- und Kommunikationstechnologien, zu erwarten.

Einerseits hat diese Urbanisierung der Menschheit unbestritten Gewinn gebracht und die Lebensmöglichkeiten des Menschen gesteigert. Die Erschließung neuer Arbeitsmöglichkeiten half vielen Menschen, ihre Existenz sicherer zu gestalten und ihren Lebensstandard zu erhöhen. Die städtische Lebensform hat soziale Kontrollen abgebaut und die Chancen freigewählter Kommunikation erhöht. Ohne den städtischen Hintergrund wären die Entwicklung unserer Kultur und unseres Bildungswesens sowie die Leistung von Wissenschaft und Technik kaum denkbar.

Demgegenüber werden wir heute bei der Entwicklung großstädtischer Ballungsräume mit bedrohlichen Erscheinungen konfrontiert. Der Prozeß der Urbanisierung hat vielerorts Nebenwirkungen hervorgerufen, durch die auch positive Errungenschaften wieder in Frage gestellt werden. So wird die Natur weitgehend aus dem städtischen Lebenszusammenhang verdrängt. Der Versuch, sie zu beherrschen, ist vielfach in ihre Zerstörung umgeschlagen. Die großstädtischen Lebensbedingungen bringen nicht nur Mobilität mit sich, sondern auch Hektik, Anonymität, soziale Isolation und Einsamkeit bei vielen Menschen. Psychische und soziale Belastungen bringen Gefährdungen für Familie, Kinder, Minderheiten und Benachteiligte. Aber auch für Baudenkmäler ergeben sich heute erhebliche Probleme. Die geschichtliche Identität wird durch den raschen Veränderungsprozeß in Frage gestellt.

In den 70er Jahren rückte in den Mittelpunkt des Interesses von Synoden und Kirchengemeinden die Frage, inwieweit die Kirche bei der Gestaltung dieser Entwicklung Mitverantwortung zu übernehmen hat. Zum ersten Mal forderte das »Forum Kirche und Stadt« während des

13. Kirchbautages (1973) in Dortmund die Landeskirchen und Verantwortlichen in den Gemeinden auf, Initiativen zu entfalten, um humanes Leben in den Städten zu schützen und destruktiven Entwicklungstendenzen entgegenzuwirken. Seitdem wurde die Kirche als Träger öffentlicher Belange immer dringlicher darauf hingewiesen, sie habe ihre vom Gastgeber eröffneten Chancen der Mitgestaltung bisher noch zu wenig ausgeschöpft. Die Kammer der EKD für soziale Ordnung hat im Auftrag des Rates der EKD die vorliegende Studie erarbeitet und sich dabei auf die Beratung durch zahlreiche Fachleute und betroffene Bürger gestützt.

Hauptanliegen dieser Studie ist es, zu einer Neubesinnung in Kirche und Öffentlichkeit anzuleiten. Sie ordnet die innerkirchlichen Fragen der Seelsorge, der Verkündigung und der diakonischen Präsenz in der Stadt diesen leitenden Gesichtspunkten zu. Die konkreten Vorschläge und Forderungen der Studie orientieren sich an bestimmten Leitvorstellungen und Kriterien. Im Mittelpunkt steht die Perspektive der »überschaubaren, offen gegliederten Stadt« als Gegengewicht zur funktional durchrationalisierten Stadt. Das bedeutet: Die Stadt soll geöffnet werden für Lebensformen, in denen die kulturelle Aneignung durch die Bewohner möglich wird, sie soll geöffnet werden für überschaubare, untergliederte und naturnahe Strukturen, sie soll offen bleiben für die geschichtliche Kontinuität. Der Aufbau der Studie entspricht diesem Ansatz. Er beschränkt sich darauf, einige wichtige Problemfelder und Aufgabenstellungen zu umreißen und Lösungsmöglichkeiten exemplarisch anzudeuten.

Die Studie wendet sich sowohl an diejenigen, die in großstädtischen Bereichen Verantwortung tragen oder übernehmen wollen, als auch an die Gemeinden, die in der Wahrnehmung ihres ganzheitlichen Auftrages unmittelbar betroffen sind. Ich wünsche ihr eine aufgeschlossene und durchaus auch konstruktiv-kritische Diskussion.

D. Eduard Lohse
Landesbischof
Vorsitzender des Rates
der Evangelischen Kirche
in Deutschland

1. Das Problem menschen- und umweltgerechter Stadtentwicklung heute

1.1 Entwicklung der modernen Großstadt

1.1.1. Die Situation in der Bundesrepublik

Verstädterungs-
prozeß

(1) Rund 75 % der Bevölkerung der Bundesrepublik leben heute in Städten. Von ihnen wohnen mehr als zwei Drittel, d. h. 52,5% der gesamten Bevölkerung, in großen oder mittleren Ballungsräumen. Die meisten gewachsenen Großstädte haben sich in Ballungsräume erweitert und ziehen immer weiteres Umland in den Bann der Kernstädte. Von Hamburg bis München und Freiburg haben sich Siedlungs- und Industrialisierungsbänder entwickelt. Im Ruhrgebiet, im Rheinisch-Bergischen Industriegebiet, im Großraum Köln-Bonn, im Rhein-Main- und im Rhein-Neckar-Gebiet bilden sich allmählich zusammenwachsende Stadtregionen. 23 solcher großen und mittleren »Agglomerationen« werden offiziell ausgewiesen, neue kommen hinzu.

Im Zuge des Wiederaufbaus der im Zweiten Weltkrieg zerstörten Städte, wurden durch umfassende Wohnungsbauprogramme in der Nachkriegszeit rund 14 Millionen Wohnungen neu errichtet. Immer mehr Dörfer und kleine Städte wurden der Gebietsherrschaft der großen Zentren unterworfen. Um ein weitgehend einheitliches, großräumiges Leistungsvermögen der Kommunen herzustellen, leiteten sämtliche Bundesländer, mit Ausnahme der Stadtstaaten, eine kommunale Gebietsreform ein, die 1968 in Rheinland-Pfalz begann und mit der Neuordnung der Ortsstufe in Bayern

1978 zu einem vorläufigen Abschluß gelangte. Die grundlegenden Ziele dieser Reform erwiesen sich als die verwaltungstechnische Antwort auf den allgemeinen Verstädterungsprozeß. Innerhalb von neun Jahren verringerte sich die Zahl der selbstständigen Gemeinden um 57%. Der Verlust an Selbständigkeit traf überwiegend Gemeinden im Umfeld der Ballungsgebiete.

(2) Während in den vergangenen 100 Jahren der Anteil der Erwerbstätigen in der Landwirtschaft von 40% auf nur noch rd. 900 000 Vollarbeitskräfte zurückging, entwickelten sich die Ballungsgebiete zu den eigentlichen Zentren des industriellen Fortschritts mit einem reichen Angebot an Erwerbsarbeit. Auch die Angebote der beruflichen Aus- und Weiterbildung, das kulturelle Angebot und das Angebot an Dienstleistungen konzentrierte sich überwiegend in den Städten. In einem höchst wirksamen Zusammenspiel der politisch-administrativen Kräfte mit Wirtschaft und Technik wurde die Anpassung an die tatsächlichen sozialökonomischen und siedlungsstrukturellen Verflechtungsbereiche vollzogen. Die Verwaltungskraft und Leistungsfähigkeit der Kommunen wurde gestärkt.

(3) Niemand vermag diese Entwicklung heute anzuhalten oder grundsätzliche Alternativen glaubhaft zu benennen. Die Forderung wird aber immer deutlicher erhoben, eine Bilanz zu erstellen, aus der die destruktiven Elemente innerhalb dieses Entwicklungsprozesses hervorgehen und konstruktive Lösungswege abgeleitet werden können.

1.1.2 Zur Entstehung der Ballungsgebiete

Folgen der Rationalisierung

(4) Die Entstehung der Ballungsgebiete wird weithin als Ausdruck allgemeiner Rationalisierung der menschlichen Lebensverhältnisse beschrieben. Rationalisierung ist zu verstehen als Anwendung rationaler Analyse auf die Formen des Wirtschaftens, der Produktionstechnik und der Verwaltungsorganisation zu dem Zweck, praktische Ziele auf methodischem Wege zu erreichen. Die Mittel, die beim Verfolgen solcher Ziele angewandt werden, werden immer genauer berechnet und optimal eingesetzt. Die so verstandene Rationalisierung trieb die industrielle Entwicklung voran und sicherte ihren Erfolg. Sie liegt den modernen Formen des Wirtschaftens zugrunde und trug zur Entfaltung der modernen Technik und der Verwaltung entscheidend bei. Ihr sind in erheblichem Maße der materielle Wohlstand und die soziale Sicherheit zu verdanken, die wir heute erreicht haben. Problematisch an dieser an rein funktionalen Zwecken orientierten Rationalität ist, daß sie nur Teilbereiche des Lebens optimal zur Geltung bringt. Es gilt demgegenüber die funktionalen Zwecke in eine Besinnung über die ganzheitlichen Ziele der humanen und ökologischen Vernunft einzubinden.

drei Entwicklungsphasen

(5) Vereinfacht lassen sich drei Entwicklungsphasen beschreiben, die heute teilweise noch nebeneinander stehen:

– »vorindustrielle Stadt«

– Die »vorindustrielle Stadt«, die sich heute noch an vielen Stellen in der Welt findet und während vieler Jahrhunderte die städtische Lebensform in Europa darstellte, ist gekennzeichnet durch ihre geringe Ausdehnung und Konzentration der Bevölkerung auf kleine Flächen. Im europäischen Bereich bildeten Kirche, Rathaus und Markt die Zentren des städtischen Lebens. Die Bezirke waren nach Stand und Gewerbe gegliedert. Wohnung, Arbeitsstätte und Lagerhaltung befanden sich häufig im gleichen Gebäude. Die Beziehungen zum umliegenden Land waren trotz der starken Unterschiede in den Lebensformen intensiv.

– »industrielle Stadt« – Demgegenüber ist die »industrielle Stadt« gekennzeichnet durch die Landerschließung an der Peripherie, durch mechanisierte Fabriken, Lagerhäuser, Großhandelsbetriebe und durch die Trennung von Wohn- und Arbeitsstätte. Der Stadtkern erhält die funktionalen Elemente wie Bahn, Post, Verwaltung, die umschlossen sind vom zentralen Geschäftsbezirk.

– »durchrationalisierte Stadt« – Die dritte Entwicklungsstufe, die sich heute weitgehend durchgesetzt hat, kann mit dem Begriff »durchrationalisierte Stadt« gekennzeichnet werden. Die Mehrzahl der Erwerbstätigen ist nun nicht mehr in der teil- oder vollautomatisierten Industrie, sondern in Handel, Verkehr und in den Verwaltungen beschäftigt. Durch die steigende Nachfrage nach Grundstücken entstehen Zentren, in denen die Ansiedlung unter Aspekten der optimalen Nutzung des knappen Bodenangebots erfolgt.

Die Ausdehnung führt in vertikaler und horizontaler Richtung in Neuland; dies und die steigende Trennung von Wohn- und Arbeitszentren kennzeichnen die neue Situation. Die Wohndichte von den citynahen bis zu den Randzonen gleicht sich aus; zugleich wird die City zum Zentrum des Dienstleistungsangebots. Neben dem Hauptzentrum bilden sich Unterzentren im Warenangebot. Der Massenkonsum bestimmt die wirtschaftliche Planung.

(6) Die Städte wurden inzwischen weiträumig in ein Netz von Massenverkehrsmitteln eingebunden. Die weitgefächerten Siedlungsstrukturen begünstigten den Trend zur Vollmotorisierung im Individualverkehr. Heute werden die Städte ausgerüstet für die Einführung neuer Informations- und Kommunikationstechnologien. Diese ergänzen und erweitern die vorhandenen Medien Telefon, Radio, Fernsehen u. a. Sie verringern die Notwendigkeit unmittelbarer Kontakte. Durch Bildtelefon, Kabelfernsehen, Datenverarbeitung usw. wird die rein elektronische Kommunikation möglich. Die automatisierte Anbindung jedes Haushalts an zahlreiche gemeinwirtschaftliche Unternehmungen mit datenverarbeitenden Einzugsverfahren der Kosten verändert die Struktur kommunaler Öffentlichkeit. Die Konturen zwischen Arbeits- und Freizeitwelt verschwinden ebenso wie sich die Entfremdung zwischen der Privatsphäre und den öffentlichen Vollzügen weiter verschärft. Nicht zuletzt als Folge der Automatisierung der Wirtschaftsvollzüge in den Gebieten wird die weitere Vergrößerung der Gebietsherrschaftseinheiten weithin als ein Gebot der Wirtschaftlichkeit angesehen.

1.1.3 Die globale Herausforderung

berechtigte Sorgen

(7) Während die meisten Industrieländer schon seit etwa 1850 vom Prozeß der Vergroßstädterung erfaßt wurden, setzte in vielen Ländern der Dritten Welt diese Entwicklung erst um 1950 ein. Insgesamt nahm seit dem Beginn des 19. Jahrhunderts bis zur Gegenwart die Großstadtbevölkerung der Welt um etwa zwölfmal stärker zu als die Weltbevölkerung insgesamt. Die Wissenschaft sieht den Prozeß einer weiteren Ausdehnung der Stadtstruk-

turen als noch nicht abgeschlossen an. Sie erwartet eine Entwicklung, »bei der vielleicht 80% der Menschheit in Städten und stadtähnlichen Gebilden ungeheuren Ausmaßes leben werden« (UN-Prognose). Dieses Stadium wird in den verschiedenen Gebieten der Welt teils schon im Jahr 2000, teils aber – in verschiedenen Entwicklungsländern – erst weit jenseits der Jahrtausendwende erreicht werden.

Vor diesem Hintergrund sind Stimmen und Thesen auszuwerten, die besagen, daß in den Industriegesellschaften die Ballungsgebiete und die Städte ihre Probleme bald nicht mehr meistern können. »Die künstlichen Oikoi (sc. Wohnstätten) der Menschen sind auch ohne Krieg einer erbarmungslosen Destruktion ausgeliefert.« (G. Picht)

Fazit: Verantwortliches Eintreten für die Stadt

(8) Gerade wer diese radikale Sicht nicht teilt, muß dafür Sorge tragen, daß das Thema »Stadt« auf der Tagesordnung der nationalen und internationalen Politik an eine zentrale Stelle rückt. Die Entwicklungs- und Gestaltungsziele für die Ballungsräume müssen in der Organisation des Gemeinwesens, im Parlament, in der Verwaltung und Regierung neu entdeckt und konsensfähig gemacht werden. Ebenso wichtig ist es, daß die Bürger auch in neuen, unkonventionellen Verfahrensweisen ihre Möglichkeiten entdecken, partikulare Interessen zurückstellen, ja sich mit persönlichem Einsatz für ihr Gemeinwesen engagieren.

1.2 Zuspitzung der Probleme

1.2.1 Die Gefahr der Desintegration

Gefahren für:
– Gemeinwesen

(9) Die skizzierten Veränderungen bergen in sich die Gefahr wachsender Desintegration. Im raschen sozialen Wandel seit der Industrialisierung verän-

derten sich die Formen menschlichen Zusammenlebens zum Teil grundlegend: Die lebendige Einheit der Gemeinden, Gemeinwesen und Ortschaften der vorindustriellen Epoche löste sich auf; aus Werkstätten wurden Betriebe und Unternehmungen, aus kleineren Büros Behörden und Großverwaltungen. Die Fertigung von Gütern und ihre Verteilung, die wirtschaftliche Fundierung der Gemeinden, die Kontrolle des sozialen Verhaltens, die Entscheidungen in gemeinsamen Angelegenheiten wurden förmlich geregelt und in ihren anschaulichen, verständlichen und erfahrbaren Teilen den Menschen immer weiter entrückt. Die personellen Beziehungen wurden aus der Verantwortung für das Gemeinwesen ausgeklammert und ins Private verwiesen.

– Familie

(10) Aber auch die Privatsphäre blieb von der Entwicklung nicht ausgenommen. In den Familien vollzogen sich strukturelle Veränderungen, deren Konsequenzen erst allmählich ins allgemeine Bewußtsein dringen. Die überwiegende Mehrzahl der Ehepaare wird sich, Prognosen zufolge, in Zukunft gerade in den Ballungsgebieten mit einem Kind begnügen oder kinderlos bleiben. Im Jahre 2000 rechnet man damit, daß jeder dritte Haushalt von nur einer Person bewohnt sein wird. In West-Berlin und anderen europäischen Großstädten ist schon jetzt jeder zweite Haushalt ein Einpersonen-Haushalt. In den Großstädten wachsen gegenwärtig rund ein Drittel der Kinder in unvollständigen Familien auf (im Vergleich zum Lande sind dies 50% mehr Jugendliche). Die Ehepartner unterliegen in Beruf, Familie, Ehe und Haushalt einer vielfachen Belastung. Die Spannungen, denen die erwerbstätigen Familienmitglieder durch die Berufsarbeit ausgesetzt sind, belasten auch die übri-

gen Familienmitglieder. Der einzelne kann sein Leben immer weniger als einen einheitlichen Prozeß gestalten; es zerfällt in voneinander isolierte Teilwelten. Der Versuch, in den verschiedenen Lebensbereichen jeweils wieder ganzheitliche Beziehungen aufzubauen, verändert das eheliche und familiäre Zusammenleben und belastet es in seiner Integrationsfähigkeit.

– Kinder und Jugendliche

(11) Die Familien, insbesondere die Kinder und Jugendlichen, sind psychischen und sozialen Belastungen ausgesetzt, denen sie häufig nicht standhalten. Der Straßenverkehr wirkt für viele von ihnen als reine Bedrohung. Rund zwei Drittel aller Unfälle ereignen sich in Ballungsgebieten, ältere Menschen und Kinder sind ihre häufigsten Opfer. Aber auch die Länge der Wege zu den Ausbildungsstätten von ein- bis eineinhalb Stunden – rund die Hälfte der Schüler von elf bis sechzehn Jahren muß dies auf sich nehmen – führt zu erheblichen nervösen Belastungen.
Bestimmte Verhaltensweisen werden von Eltern, Lehrern und der Öffentlichkeit häufig beklagt:
Vandalismus, Brutalität, Alkoholismus, Drogenmißbrauch, Aggressivität, Apathie, Ladendiebstahl, Neurosen, mangelnde Konzentrationsfähigkeit und fehlende Verantwortungsbereitschaft. »Die Wahrscheinlichkeit, daß ein Jugendlicher delinquent wird, nimmt mit der Einwohnerzahl einerseits und mit der Siedlungdichte andererseits zu«. Zu diesem Ergebnis kommt eine Untersuchung über Landkreis-Gemeinden bei München. Häufig genügen in den komplexen und anonymen Strukturen der Städte kleine Anlässe, um es zu einer Eskalation kommen zu lassen.

Inzwischen hat sich in mehreren Großstädten jugendlicher Protest vielfältig Ausdruck verschafft. Häufig setzen sich Jugendliche gegen die Einengung ihrer Spielräume, gegen die weitere Zerstörung der natürlichen Lebensgrundlagen zur Wehr.

Über diese Formen des Protests hinaus haben Jugendliche inzwischen vielfältige Versuche unternommen, eigene – selbstverwaltete – Einrichtungen zu entwickeln: Begegnungszentren, Kooperativen, Festveranstaltungen. Dabei kommen Werte zur Geltung, die die Lebensweise und Struktur der technisch-wissenschaftlichen Zivilisation korrigieren können. Naturnähe, einfache Lebensweise, überblickbare Lebenskreise, durchschaubare Produktionsweisen gehören dazu. Was noch vor kurzem als Nostalgiewelle erschien, birgt die Möglichkeit einer angemessenen Zukunftsgestaltung in sich.

1.2.2 Die Herausbildung von »Problemgruppen«

(12) Wir beobachten gegenwärtig, daß die Großstädte, insbesondere die Kernbereiche, zu Sammelbecken neuer »Problemgruppen« werden:

Obdachlose
– Die Großstädte zogen schon immer Obdachlose an. Während aber in der Folge der Sozialhilfegesetzgebung die Obdachlosigkeit in der Nachkriegszeit stark reduziert werden konnte, wird seit Beginn der achtziger Jahre allgemein ein erheblicher Zuwachs beobachtet. Obdachlosigkeit entsteht heute meist aufgrund von Wohnungsverlusten in der Folge von Mietrückständen, also als Folge von Arbeitslosigkeit und Verarmung. Schon die geringsten Einbußen an Sozialleistungen (Wohngeld, Kindergeld) sowie Mieterhöhungen lassen die Zahl der Obdachlosen sprunghaft ansteigen.
Die registrierten Räumungsfälle nehmen in den Städten gegenwärtig sprunghaft zu. Die Familien mit drei und mehr Kindern sowie die Alleinstehenden mit Kindern sind weit überproportio-

nal von dieser Obdachlosigkeit betroffen. Die Beseitigung von Obdachlosigkeit erweist sich meist als wesentlich kostspieliger als ihre präventive Verhinderung.

ausländische Arbeitnehmer
– Es ist bekannt, daß die ausländischen Arbeitnehmerfamilien vornehmlich in den industriellen Ballungszentren leben – meist unter schwierigsten Bedingungen. Rund 50% der ausländischen – vorwiegend türkischen – Arbeitnehmer leben in nicht zufriedenstellenden Unterkünften mit hohen Umweltbelastungen wie Lärm und anderen Industrie- bzw. Verkehrsemissionen. Viele von ihnen sind nur vorübergehend in für Abriß oder Sanierung vorgesehenen Häusern untergebracht. Getto- und Slumbildung, Jugendkriminalität folgen allzuleicht einer solchen Entwicklung.

kinderreiche Familien
– Immer häufiger geraten heute normale, kinderreiche Arbeitnehmerfamilien mit drei und mehr Kindern an den Rand der Obdachlosigkeit. Kinderreiche Familien mit einem Hauptverdiener müssen mit einem Realeinkommen leben, das rund 50% unter dem Realeinkommen eines vergleichbaren Ehepaares ohne Kinder bzw. mit einem Kind liegt. Sie sinken oft unter die Armutsgrenze, sind auf Sozialhilfeleistungen angewiesen und von struktureller Deklassierung bedroht. Bei kinderreichen Familien wurde in den sog. »Ballungskernen«, den Mittelzentren und Oberzentren ein Unterversorgungsgrad an Wohnraum errechnet, der bei 57,5% bzw. 51,8% der entsprechenden Haushalte liegt. Als unterversorgt werden nach heutigem Standard Haushalte gewertet, bei denen die Anzahl der Wohnräume geringer als die Zahl der dort wohnenden Personen ist.

Arbeitslose	– Wenn auch prozentual die Arbeitslosigkeit in den Ballungsgebieten niedriger als etwa in strukturschwachen Randgebieten veranschlagt werden kann, so sind doch, in absoluten Zahlen gerechnet, in den Zentren weit mehr Menschen und in der Regel auch härter davon betroffen. Zur Erwerbsarbeit gibt es so gut wie keine Alternativen. Zur Eigenarbeit fehlen die Spiel- und Handlungsräume, hinzu kommt die soziale Isolation und familiäre Belastung, von den finanziellen Problemen ganz abgesehen.
Schwächere, Behinderte	– Tendenziell werden unter den großstädtischen Lebensbedingungen auch Kinder und Jugendliche sowie alte Menschen und Körperbehinderte zu Randgruppen. »Unsere Städte sind gebaut für den gesunden, erwerbstätigen und autofahrenden männlichen Einwohner mittleren Alters. Für Kinder, ältere Bürger, nicht berufstätige Frauen – zusammen drei Viertel der Bewohner – sind sie eine Zumutung«. Diese Feststellung eines Städteplaners macht in ihrer Zuspitzung darauf aufmerksam, daß wir von einer menschengerechten Stadtentwicklung weit entfernt sind.

1.2.3 Die Zuspitzung der ökologischen Probleme

übermäßige Belastung der Umwelt	(13) Die sich ausdehnenden Ballungsgebiete haben längst das natürlich-ökologische Gleichgewicht zerstört, auf das ihre Lebensfähigkeit auf die Dauer angewiesen ist. Der Verbrauch an wertvoller Energie in den Städten übersteigt bei weitem das zulässige Maß. Nicht nur die Einsparung der Energie für die Raumheizung, die mit 40% am Gesamtenergieverbrauch beteiligt ist, erfordert heute umfassende Maßnahmen. Der übermäßige Verbrauch

von kostbarem Quell- und Grundwasser für zahlreiche Zwecke, die Art und Weise der Abwassersysteme müssen auf die Dauer den Gesamtwasserhaushalt zerstören. Durch jedes Hektar neu versiegelten Bodens werden 36 Menschen von der natürlichen Grundwasserversorgung abgeschnitten. Von den Wirkungen dieser Entwicklung sind heute auch die stadtfernen Gegenden betroffen. Immer weitere und entfernter gelegene Gebiete werden zur Wasserversorgung der Ballungszentren herangezogen. Die Kosten, die für eine Wiederherstellung des zerstörten ökologischen Wasserkreislaufes aufzuwenden wären, übersteigen die Grenzen des heute Vorstellbaren.

fortschreitende
Zerstörung

(14) Bundesweit werden derzeit täglich 165 ha freier Landschaft zerstört, jedes Jahr mehr als 60.000 ha, eine Fläche größer als der Bodensee. Das ist ungleich mehr als in den fünfziger Jahren (26.000 ha) und in den Siebzigern (44.000 ha). Allein in der Zeit von 1979 bis 1982 haben die Siedlungszonen in der Bundesrepublik um rund 180.000 ha zugenommen – mehr als die Fläche sämtlicher 1442 Naturschutzgebiete, die nur 157.796 ha groß sind. Das Maß des Verlustes von Natur und Landschaft ist mittlerweile so bedrohlich geworden, daß entscheidende Korrekturen notwendig sind.

Es liegt heute in der Verpflichtung des Menschen, die Verantwortung für die gesamte Biosphäre des Planeten zu übernehmen. Was dies für die Gestaltung der Städte bedeutet, ist erst ansatzweise bekannt. Es muß aber gelingen, die Ursachen der Schäden anzugehen.

Nur eine konsequente Umkehr in den Planungsüberlegungen, eine Veränderung der Strukturen im Ansatz, werden die Möglichkeit eröffnen, diesen zerstörerischen Mechanismus aufzuheben.

1.3 Das Anliegen: Humanisierung und ökologische Erneuerung der großstädtischen Ballungsgebiete

Sicherung, Gestaltung, Abwehr

(15) Gibt es eine Perspektive, die den Bedrohungen und Herausforderungen in der Großstadt entgegengesetzt werden kann? Wie kann die moderne Stadt so verwaltet und ihr Lebensrhythmus so gestaltet werden, daß sie sich den natürlichen Gegebenheiten anpaßt und die Menschen sich in ihr wohlfühlen? Es sind vielfache Bemühungen notwendig, um zu ganzheitlichen Lösungen und zu einer Integration der auseinanderstrebenden Teilprozesse zu gelangen.

Zielvorstellungen

(16) Die Zielvorstellungen der menschen- und umweltgerechten Stadt bedeuten, daß sie menschlichen Maßstäben und zugleich ökologischen Erfordernissen entsprechen muß. Sie soll z. B. in überschaubare Einheiten gegliedert und somit als Heimat erfahrbar und »aneignungsfähig« werden. Damit gewinnen Bemühungen, die gewachsenen Dörfer und Kleinstädte, aber auch die Biotope und Landschaftsstrukturen im Umfeld der Großstädte zu erhalten bzw. soweit wie möglich zu integrieren, größte Bedeutung. Heute gilt es, diese Elemente teilweise wiederzugewinnen und bei neuen Siedlungsplanungen strenger als bisher zu beachten.

Es kommt darauf an, daß die Stadt von ihren Bürgern als Heimat angenommen, gestaltet und erlebt werden kann. Kultur in der Stadt entsteht aus der wechselseitigen Durchdringung von sozialen Bezügen und bebauter Umwelt. Der Neuhinzugezogene wächst über den Zusammenhang der Nachbarschaft und über die Regeln des Gemeinwesens in eine Lebensordnung hinein. Es muß ihm möglich sein, die Erfahrung von Geborgenheit, Angenommensein und Sicherheit zu machen und eigene Initiative in die neuen Beziehungen einzubringen. So entsteht Heimat, und es wird die Möglichkeit zu neuen, schöpferischen Leistungen geschaffen, die die Qualität und »kulturelle Identität« einer Stadt ausweisen.

christliche Verantwortung

(17) Der christliche Glaube betrachtet die Humanität der Stadt noch unter einem weiter gespannten Horizont. In der europäischen Tradition etwa hat die Vorstellung der »Civitas Dei« (wörtl. »Bürgerschaft« bzw. Stadt Gottes) als eines verantwortlichen, gerechten und freien Gemeinwesens stark gewirkt. Dabei wurde es sowohl als Hoffnungsperspektive wie auch als ethischer Auftrag empfunden, daß der Mensch zum Mitarbeiter Gottes berufen und mit der Aufgabe betraut wird, Sinn und Ordnung in der menschlichen Geschichte sichtbar werden zu lassen. Von daher ist die christliche Gemeinde, sind einzelne Christen und Gruppen dazu aufgefordert, mit allen verantwortlichen Gruppen in der Gesellschaft »der Stadt Bestes« zu suchen.

2. Verantwortung für die menschen- und umweltgerechte Stadt – theologisch ethische Überlegungen

2.1. Die Basis unserer Verantwortung

Verantwortung der Christen für die Stadt

(18) »Humanisierung und ökologische Erneuerung der Stadt« bezeichnet die Aufgabe, die den Mitgliedern politischer Gemeinwesen in ihrer Gesamtheit gestellt ist. Es geht darum, die Lebensmöglichkeiten der Bürger zu sichern und zu entfalten. Aufgabe der Christen ist es nicht, die Stadt zu bevormunden, sich in den Städten einen besonderen Einfluß zu verschaffen. Vielmehr entspricht es dem Auftrag der Christenheit, die lebenserneuernde Kraft des Evangeliums in der Welt zu bezeugen und den Zugang zu verantwortlichem Leben zu entdecken. Die Christenheit wird lernen müssen, das zu tun, wozu alle Bürger verpflichtet sind: Die Stadt soll als verantwortliches Gemeinwesen, als »verantwortliche Gesellschaft« verstanden, angeeignet und begründet werden.
Bei der Begründung dieser christlichen Mitverantwortung spielen biblische Erfahrungen und Motive eine besondere Rolle. Sie rücken das Thema Stadt in eine weiterreichende Perspektive. Sie verpflichten die christliche Gemeinde zu einer ihre Grenzen überschreitende Zusammenarbeit auf dem komplizierten Boden der modernen Stadt, um so »der Stadt Bestes« zu suchen.

Bibel: Der Mensch im Gemeinwesen	(19) Die Bibel rechnet ganz selbstverständlich mit der Stadt als menschlicher Lebensform. Sie geht aber nicht wie die klassische griechische Ethik von der Annahme aus, voller und eigentlicher Mensch könne man nur als Bürger der Polis sein; das Menschsein des Menschen manifestiere sich im vernunftgemäßen Leben und im städtischen Gemeinwesen. In der Botschaft der Bibel wird der Mensch in seiner Verantwortung gegenüber Gott, gegenüber seinen Mitmenschen und gegenüber der Schöpfung angesprochen. Die Stadt ist eine vom Menschen hervorgebrachte Schöpfung, Verantwortungsraum des Menschen. In ihr kommt die Chance und Aufgabe des Menschen vor Gott ebenso zum Ausdruck wie die grundlegende Krise und Gebrochenheit des Menschen. Das bedeutet, der Mensch wird auf seine Verantwortlichkeit in der Stadt und für die Stadt angesprochen. Die Stadt ist ein komplexes Gebilde, sie ist Stein gewordener Wille des Menschen.
Doppelgesichtigkeit der Stadt	(20) Hier wird besonders die Spannung im biblischen Verständnis von der Stadt deutlich: Einerseits ist die Stadt Bestätigung des besonderen Gestaltungsauftrages. Zugleich ist sie bedroht von den destruktiven Möglichkeiten, die in der Selbstmächtigkeit und im Versagen des Menschen liegen. So erscheinen im biblischen Zeugnis die Städte einerseits als Orte der Hoffnung und des Heils, andererseits als Ausdruck prometheischer Hybris, rücksichtsloser Selbstdarstellung und Ungerechtigkeit. Die Propheten und die Verkündigung Jesu sprechen von der Hoffnung für die Städte und predigen auch von ihrem Unheil.

2.2 Die »Stadt« als Symbol und Wirklichkeit in der biblischen Überlieferung

Funktion der biblischen Symbolsprache

(21) In der eindrucksvollen Sprache der Bibel kann der Name einer Stadt bildhaft für die Verheißung Gottes für die Menschen stehen, der einer anderen Stadt bildhaft für das Unheil des Menschen: Jerusalem ist die Stadt Gottes, Babylon dagegen ist die Stadt der dem Gericht verfallenen Welt. Jerusalem ist von Gott erwählt als die irdische Polis, in der sich der Bund Gottes – Gottes Schalom – auch in der menschlichen Ordnung konkretisiert. Gottes Schalom soll von hier aus als weltumspannende Verheißung ausstrahlen. Jerusalem wird zu dem Symbol für eine menschliche Gemeinschaft wie sie Gottes Willen entspricht. Diese Symbolsprache hat ihren guten Sinn: Sie trägt der Tatsache Rechnung, daß sich der von Gott entfremdete Mensch Monumente seiner tiefsten Krise in der Art, wie er seine Städte baut, schafft. Zugleich aber werden auch Hoffnungen, die vom Glauben bestimmt sind, mit konkreten geschichtlichen Städten in Verbindung gebracht.

Symbol des gefallenen Menschen

(22) So kann die Bibel Babylon zum »Symbol« titanischer Hybris werden lassen, in der der Mensch die Grenzen zwischen Gott und Mensch verwischt. Gleichwohl hat Jeremia diese Stadt dem dort im Exil lebenden Israel zum Gegenstand teilnehmender Fürbitte und konstruktiver Verantwortung befohlen: »Suchet der Stadt Bestes, dahin ich euch habe wegführen lassen, und betet für sie zum Herrn« (Jer. 29,7). Ninive, diese große und gewaltige Stadt, deren Bosheit zum Himmel stinkt (Jona 1,2), ist das Symbol für die »Stadt ohne Gott« schlechthin. In der Sicht des Glaubens wird jedoch gerade dieser »Moloch« Ninive zum Modellfall

einer verbesserlichen Stadt. Sodom und Gomorrha werden dem Untergang preisgegeben, da in ihnen nicht einmal zehn Gerechte zu finden sind (Gen. 18,26 ff). Das Schicksal eben dieser Städte wird selbst dem auserwählten Jerusalem angedroht: Jesaja geißelt die Ungerechtigkeit, Ausbeutung und Machtkonzentration, welche die schwachen Rechtsgenossen trifft und die Bestimmung der Stadt als »Rechtsburg« aufhebt. (Jes. 19,1f; 3,9; 10,10f usw.).

In diesem Sinne ist auch Jesu Drohweissagung über Jerusalem zu verstehen, »das seine Propheten tötete und die zu ihm gesandt sind steinigt« (Luk.13,34). Bei der Annäherung an die Mauern Jerusalems weint Jesus über ihren nicht aufzuhaltenden Untergang (Luk. 19,39 ff).

Symbol der Hoffnung und des Heils

(23) Umgekehrt wird die Symbolsprache auch zu der Sprache, die Leitbilder und Zeichen der Hoffnung setzt: Das himmlische, nicht das irdische Jerusalem wird zur Heimat der Christen. Die »obere«, die »neue«, die »heilige« Stadt Gottes ist das Ziel der Hoffnung, aber auch der Grund des ganzen Heilsgeschehens, von Ewigkeit her auf den Messias Jesus bezogen. In der Verheißung des Schalom Gottes wird diese Hoffnung, die in der Sprache der Leitbilder und Zeichen zum Ausdruck kommt, zur anschaulichen Wirklichkeit.

Schalom

(24) Der »Stadt Bestes« zu suchen bedeutet, entsprechend den Friedensgedanken Gottes (Jer. 29,11) um das Wohl, den Schalom der Stadt besorgt zu sein (Jer. 29,7). Der Umstand, daß diese Aufforderung, für den Schalom der Stadt Sorge zu tragen, ursprünglich an einem Ort totaler Ungeborgenheit ergeht, verleiht ihr eine unübersehbare aktuelle Brisanz.

(25) Schalom meint immer beides: Das Heilsein und das Ganzsein menschlicher Gemeinschaft (der Familie, der Gruppe, der Stadt). Schalom enthält die Verheißung, die menschliche Lebens- und Friedensordnung in den Zusammenhang der Friedens- und Lebensordnung Gottes zu bringen. Er bezieht sich nicht auf ein jenseitiges Heil oder ein nach innen gerichtetes Ganzsein. Vielmehr bezeichnet er das In-Ordnung-Kommen des jetzigen Lebens mit seinen Gegensätzen. Es geht also um ein vielfältiges soziales Geschehen, ein Ereignis zwischenmenschlicher Beziehungen, um eine Angelegenheit der Mitmenschlichkeit.

Bedeutet Schalom grundlegend das Intaktsein menschlicher Gemeinschaft, so umgreift der Begriff in den »messianischen Weissagungen« des Alten Testaments gerade auch die ökologische Dimension: Beschrieben wird der Friede im umfassenden Sinn als friedliches Beieinanderwohnen von Tier und Mensch (Jes. 11,6-8; vgl. Jes. 65,17-25), Hinweis darauf, daß Ganzsein des Lebens und Intaktsein menschlicher Gemeinschaft nur im Zusammensein mit der außermenschlichen Kreatur, der Natur, realisiert werden können. Zukünftiger Schalom in diesem Mensch und Natur umgreifenden Sinn bezeichnet das von Gott selbst heraufzuführende Ziel der Welt. Dem Menschen ist es allerdings aufgegeben, der Verheißung des endgültigen Schalom in seinem Verhältnis zur Welt und in seinem Handeln in der Welt zu entsprechen.

Schalom begründet:
- Vertrauen bei denjenigen, die sich auf dieses Angebot der Gemeinschaft einlassen;
- Geborgenheit auf dem Weg, auf dem Gott den Frieden garantiert;
- Frieden mit der Natur als Schöpfung und ein Zurechtbringen der äußeren Verhältnisse, in denen die Menschen leben;
- eine überschaubare Gemeinschaft im größeren Zusammenhang des ganzen Landes und der Völkergemeinschaft.

(26) Jesus hat in seinen Gleichnisreden und Taten, von dem »angenehmen Jahr« des Herrn gesprochen und damit auf die Möglichkeiten verwiesen, die dem Menschen eröffnet worden sind. Er identifiziert das lebenserhaltende Tun mit dem Tun des Guten überhaupt (Mk. 3,4). Werden hier nicht Grundzüge »vollen Lebens« sichtbar, die ein neues Licht auf unser Alltagsleben werfen und die »Umkehr zum Leben« ermöglichen? Einige Möglichkeiten seien hervorgehoben:
- ein Leben, das nicht in Funktionen zerfällt, sondern als Einheit gelebt wird;

- ein Leben der befriedigten, aber begrenzten Bedürfnisse;
- ein Leben der Tätigkeit und der Ruhe;
- ein Leben, in dem das Leiden, bis hin zum Sterben nicht verdrängt, sondern angenommen wird;
- ein Leben der empfundenen und zum Ausdruck gebrachten Gefühle, gerade der Freude und der Liebe;
- ein Leben der Gemeinschaft und der gegenseitigen Zuwendung;
- ein Leben, in dem Feste gefeiert werden;
- ein Leben, an dem alle, besonders die Schwachen, gestaltend teilnehmen können;
- ein Leben, in dem die Natur weder übermächtig noch versklavt ist, sondern zu ihrem Recht kommt.

»keine bleibende Stadt«

(27) Christen haben von frühchristlicher Zeit an die zukünftige Stadt im Zeichen des Schalom erwartet. In der Offenbarung Johannis ist diese Hoffnung in kühnen Worten ins Bild gesetzt (Offb. 21). Der Apostel Paulus hat den Lebenssinn und Lebensinhalt der Christen als »Bürgerschaft« (politeuma) charakterisiert, die sie zwar im Himmel, in der himmlischen Polis haben, deren Maßstäbe sich aber in ihrem Leben widerspiegeln und zur Geltung kommen (Phil. 3,17f). Christen »haben hier keine bleibende Stadt, sie suchen vielmehr die zukünftige« (Hebr. 13,14).

Dieses Wort kann an eine lange geschichtliche und zugleich gegenwärtige Erfahrung bei uns anknüpfen. Sie zeigt, daß auch die großen Städte uns letztlich nicht bergen können, sondern selbst von der Vergänglichkeit des menschlichen Lebens geprägt sind.

Vergänglichkeit der Städte des Menschen

(28) Christen werden sich nicht rühmen wollen, mit der Macht und Ohnmacht der großen Städte und mit der Herrschaft darin oder der Tatsache der »Unregierbarkeit« besser umgehen zu können als andere. Sie wissen um die von geschichtlichen

Ereignissen (Hiroshima, Dresden, Coventry), von sozialen Katastrophen (Delhi, Soweto, Rio de Janeiro) und Naturkatastrophen (Pompei, Lissabon, San Francisco) bedrohte Stadt und um die Grenzen der Fähigkeit des Menschen, Unheil von der Stadt abzuwehren. Die christliche Ethik für die Stadt ist deshalb stets auch die Ethik im Zeichen der Vergänglichkeit der Stadt.

(29) Die Vision der zukünftigen Gottesstadt im Zeichen des Schalom, der wirtlichen, befreiten, versöhnten, bleibenden Stadt als Symbol entgültiger Beheimatung einerseits und der Hinweis auf die Vergänglichkeit unserer Städte andererseits, bilden jedoch keinen reinen Gegensatz. Vielmehr versteht der christliche Glaube gerade die Stadt in ihrer Profanität, Vorläufigkeit und Vergänglichkeit als ein Gleichnis der kommenden »ewigen Stadt«. Die christliche Gemeinde nimmt ihre Verantwortung gegenüber der Stadt zuerst so wahr, daß sie diese auf ihre Gleichnisfähigkeit für die zukünftige Stadt hin anspricht und ihr zumutet, Entsprechung der kommenden Stadt Gottes zu sein.

Wirkungs-
geschichte der
Symbole

(30) In der Geschichte haben die biblischen Bilder Wirkung gezeigt: In der mittelalterlichen Welt, in der diese Bilder und Symbole des Glaubens ganz und gar gegenwärtig waren, haben sie die Phantasie beflügelt und die verheißene Stadt Jerusalem im damaligen Verständnis mit zu einem Leitbild für die Stadtbaukunst und zu einer ethischen Richtschnur für die rechte Ordnung der Stadtgemeinde werden lassen. Hier wird deutlich, wie durch die Symbolsprache des Evangeliums den Hoffnungen des Glaubens die Abstraktheit genommen wird, wie diese Hoffnungen zu einer Aktualisierung kommen können und in die praktische Verantwortung hineinführen.

2.3 Dimensionen unserer Verantwortung

Verantwortung in der konkreten Situation

(31) Die biblischen Motive und Symbole ermuntern uns zu verantwortlichem Handeln. Sie stehen aber auch unter dem Vorbehalt, daß niemals das Vorfindliche und Erreichte mit dem Endgültigen verwechselt werden darf. Vielmehr soll in jeder Situation geprüft werden, wie im Lichte des kommenden Lebens gegenwärtige Entfremdung aufgedeckt und Humanität besser ermöglicht wird.

Vier Gesichtspunkte:

(32) An der Stadt bewährt sich oder versagt menschliche Verantwortung. Für die Verantwortung des Menschen sind im biblischen Horizont vier Dimensionen maßgebend:

– Verantwortung tragen als neue Kreatur

(33) Erstens gründet die Verantwortung der christlichen Gemeinde darauf, daß sie zu einem Leben als eine »neue Kreatur« berufen ist. Darum gilt es, das Evangelium in der Welt zu vertreten und im Glauben Verantwortung für die Mitwelt zu übernehmen. Die Polis Gottes kommt in die Welt mit dem Gebot der Gerechtigkeit und der Gabe der dienenden, umgestaltenden Liebe.

Verantwortung ist bezogen einerseits auf das endgültige Gericht vor Gott und stellt so alles menschliche Tun unter seinen Vorbehalt. Sie ist andererseits auf den Menschen und seine reale geschichtliche Zukunft bezogen. Um ihretwillen setzt sich die handelnde Gemeinde für Freiheit, Gerechtigkeit und Menschlichkeit ein, auch wenn alle diese Güter nur relative institutionelle Gestalt annehmen können. Es kann gleichsam wie das »Vorauswirken« der gerechten Herrschaft Gottes verstanden werden, wenn Christen versuchen, die Institutionen der Gesellschaft zu verbessern und ständig neu am Maßstab der göttlichen Gerechtigkeit und Liebe zu messen. Dies zu versuchen und zu tun ist die Aufgabe der »weltlichen Christenheit«, d. h. aller Christen, insofern sie im Gemeinwesen, in Wirtschaft und Kultur ihre Funktion, ihren Beruf ausüben.

– Verantwortung tragen als Mitarbeiter Gottes

(34) Die im Evangelium begründete Verantwortung enthält aber zweitens eine allgemeine menschliche Verpflichtung, die auf die ursprüngliche Beauftragung des Menschen verweist. Nach christlicher Überzeugung hat Gott den Menschen gewürdigt und begabt, an Gottes ständig fortwirkendem Schaffen und Bewahren als Mitarbeiter teilzunehmen.

Der Christ versteht den Menschen als den Kooperator, als Mitarbeiter Gottes auf dem Felde der Schöpfung. Nach Gen. 1,26 ff; 2,15 ff empfängt die Menschheit von Gott das Mandat des »dominium terrae« (d. h. den Auftrag zur verantwortlichen Verwaltung der Schöpfung). Sie ist für die Bebauung und Bewahrung der Erde verantwortlich. Der Mensch wird zum Erhalter, Gestalter und Reformator in der Stadt ebenso wie in seiner natürlichen Umwelt überhaupt. Die Erfüllung dieses Auftrages wird durch die Eigenmächtigkeit des Menschen schwer beeinträchtigt, aber der Auftrag selbst wird nicht widerrufen.

– Verantwortung tragen im Gegenüber zur Welt

(35) Aus diesem Verständnis von Verantwortung resultiert drittens die Aufgabe der Kooperation im politischen Gemeinwesen. Es geht um ein schöpferisches Zusammenwirken – ein kritisch-konstruktives Gegenüber –, um die partnerschaftliche Solidarität von christlicher Gemeinde und politischem Gemeinwesen. In den besten Verhältnissen bleibt ein Defizit gegenüber der humanen Bestimmung. Die Kirche muß das Bewußtsein für dieses humane Defizit wachhalten, für die Beseitigung oder Überwindung von Strukturen kämpfen, die auf den Menschen destruktiv wirken.

Die Solidarität von politischem Gemeinwesen und christlicher Gemeinde liegt begründet in der Verantwortung für die Lebensmöglichkeiten des

Menschen. Die Kirche ist durch Gottes Anrede zur Parteinahme für den Mitmenschen aufgefordert; darum unterstützt sie grundsätzlich die Versuche, Lebensmöglichkeiten des Menschen zu entfalten und sicherzustellen.

(36) In der reformatorischen Bewegung des 16. Jahrhunderts wurde dieser Auftrag deutlich gesehen. Damals nahmen sich viele Stände mit Hilfe evangelischer Gemeinden und Kastenordnungen des Problems des Bettels, der Armut und Arbeitslosigkeit an. In der Nürnberger Kastenordnung von 1522 zum Beispiel heißt es: »Unter uns Christen mag nichts Schändlicheres erfunden werden, als daß wir öffentlich dulden und zusehen, daß die, ... welche von Christus kostbarlich und teuer erkauft und neben uns gleiche Glieder und Miterben Christi sind, Not, Armut und Kummer leiden, ja öffentlich in den Häusern und auf den Gassen verschmachten sollen«.

(37) Die Begrenzung ihres solidarischen Handelns liegt darin, daß die Kirche Maßstäbe vorlegt, aber nicht selbst die politischen Organisationen schafft oder dirigiert. Das Medium des Zusammenwirkens ist die Öffentlichkeit. Deshalb muß auf das Zustandekommen einer funktionierenden öffentlichen Meinungsbildung die größte Anstrengung verwendet werden. Ohne das Instrument der Öffentlichkeit kann der kritische und konstruktive Dialog über die Ziele des Gemeinwesens nicht gelingen.

– Verantwortung tragen im Sinne der »verantwortlichen Gesellschaft«	(38) Damit wird viertens die Frage nach der Zielbestimmung des Gemeinwesens aufgeworfen. Die Christenheit hat seit der ökumenischen Weltkonferenz in Amsterdam (1948) das Leitbild der »verantwortlichen Gesellschaft« formuliert. Damit wurde ein Leitkriterium der Humanität aufgestellt, an dem konkrete Ordnungen zu messen sind. Dieses Leitkriterium zielt auf eine menschenwürdige, Gott verantwortliche, partizipatorisch verfaßte Gesellschaft, die sich den Normen der Freiheit, der Gerechtigkeit, der Mitmenschlichkeit, der ökologischen Verantwortung und des Friedens unterwirft und sich ständig an ihnen mißt.

2.4 Kriterien für eine menschengerechte Stadt

Kriterien als ethische Konkretisierung	(39) Für die Aufgabe der Gestaltung und Erneuerung unserer Städte bedarf es noch einer weiteren Konkretisierung. Es wurde bereits, wenn auch nur in Umrissen dargelegt, daß die Städte in hohem Maße nach Kriterien der technologischen, wirtschaftlichen und administrativen Rationalität entwickelt wurden. So leistungsfähig diese sich für bestimmte Lebensfunktionen erwiesen haben, so sehr bedürfen sie der Ergänzung und der Gegengewichte. Aus einer Ethik der Verantwortung ergeben sich deshalb eine Reihe von Kriterien, an denen sich die Willensbildung in den Städten heute stärker als bisher zu orientieren hätte.
mitmenschliche Kommunikation	(40) Besonders im städtischen Ballungsgebiet besteht die Gefahr, elementare Voraussetzungen humanen Lebens, wie z. B. die wechselseitige Kommunikation durch die »Einbahnkommunikation« der Medien oder in der Isolation eines Appartements, verkümmern zu lassen. Nur in gesicherten

Formen nachbarschaftlicher, quartierbezogener, stadtbezogener Kommunikation wird die gemeinschaftliche Basis der Stadt wiederhergestellt. Der Entlastungseffekt und Freiheitszuwachs, der sich aus dem Fortfall der sozialen Kontrolle in der anonymen modernen Großstadt ergibt, bedarf einer Ergänzung durch Formen der Kontaktnahme, in denen Mitmenschlichkeit realisiert wird und die substantiellen Fragen des Lebens und Gemeinwesens zur Sprache kommen. Auf diesem Hintergrund kann Kommunikation als eine Voraussetzung von Öffentlichkeit und Mitverantwortlichkeit verstanden werden.

Seine biblische Grundlage erhält dieses Kriterium in der Aufforderung zum Dienst am Nächsten. Der Mensch ist für den Mitmenschen verantwortlich, und zwar auch für den anonymen Mitmenschen. Die Stadtgestaltung soll dem Rechnung tragen und abbauen, was der mitmenschlichen Kommunikation hinderlich im Wege steht. Sie soll Chancen zur Begegnung eröffnen, die als Grundlage einer erlebbaren Gemeinschaft dienen.

Geborgenheit	(41) Eng mit dem Kriterium der mitmenschlichen Kommunikation hängt das Kriterium »Geborgenheit« zusammen. Geborgenheit wird dort erfahrbar, wo Überschaubarkeit vorherrscht. Gerade in einer mobilen Gesellschaft, die räumlichen Wechsel erzwingt, dürfen die städtebaulichen Strukturen nicht ein Gefühl der Bedrohung vermitteln oder Umwelt von der Stange produzieren. Vielmehr sind Kontinuitäten zu bewahren, in die auch der Neuankommende sinnvoll eingebunden werden kann.
Teilhabe	(42) Das Kriterium »Teilhabe« muß im Zusammenhang mit dem Angebot Gottes zur Mitar-

beiterschaft in der Schöpfung verstanden werden. Teilhabe bedeutet hier, die Entwicklung und Gestaltung der sozialen und kulturellen Umwelt mitzutragen; Teilhabe bedeutet auch Mitdenken, Mitwirken und Mitverantworten. Aus diesem Grund sollte das Kriterium der Teilhabe in allen Dimensionen des städtischen Lebens Bedeutung haben. Die Stadt ist technische Konstruktion, Wirtschaftsverband, Verwaltungseinheit. Aber sie ist dies nicht um ihrer selbst willen; sie ist Lebensraum und Handlungsfeld für Menschen, die nicht für sich als vereinzelte Individuen existieren können und wollen, sondern auf den Austausch von Leistungen und Informationen, auf soziale Kontakte und Kommunikation angewiesen sind. Nur zu leicht wird verdrängt, was städtisches Leben erst sinnvoll macht: die verantwortliche, eigenständige Beziehung unter Personen. Der Mensch lebt davon, daß er von anderen um seiner selbst Willen ernstgenommen wird; das setzt persönliche Begegnung, gleichberechtigte Zusammenarbeit, gemeinsame Entscheidungsfindung voraus.

Orientierung an den Schwächeren

(43) Das Kriterium »Menschengerechtheit« bezieht sich darauf, daß die Elemente der Stadt den verschiedenen Gruppen, den Kindern, Alten, Erwerbstätigen, Behinderten, Müttern gerecht werden sollen. Gerade in der modernen Stadt drohen bestimmte Gruppen ständig zu kurz zu kommen und an den Rand gedrängt zu werden. Es sind vor allem diejenigen, die entweder noch nicht bzw. nicht mehr im Erwerbsleben stehen oder Gruppen, die durch eine Behinderung ihre Interessen nicht konfliktfähig durchsetzen können. Eine Stadt, an deren Leben ihre »Schwachen« nicht im Rahmen ihrer Möglichkeiten mit teilnehmen können, kann nicht human genannt werden.

Das Kind als das empfindlichste und gleichzeitig schwächste Glied des Gemeinwesens ist wahrscheinlich die beste Orientierung dafür, wieviel Rationalität, Funktionsteilung und Abstraktion der Mensch in der heutigen Stadt verkraften kann. Durch das Kriterium »Kind« (bzw. »Kindgerechtheit«) wird die Rationalität, auf die die moderne Stadt nicht verzichten kann, in einem weiteren Zusammenhang gesehen. So wird sie in einen Kontext gestellt, der sie davor bewahrt, ins Übermaß auszuufern und gegen den Menschen gerichtet zu sein. Das Bedürfnis des Kindes nach Gemeinschaft, nach Teilnahme und eigenständiger Gestaltung, nach Geborgenheit und Erleben sollte der konkrete Maßstab sein, an dem Humanität der weiteren Entwicklung unserer Städte zu messen ist.

Einbindung in die Natur

(44) Auch das Kriterium »Einbindung in die Natur« ist hier zu nennen. Besondere Anstrengungen sind heute nötig, um zu einer Integration der Landschaft und Natur innerhalb und im unmittelbaren Umfeld der Agglomeration zu gelangen. Hierzu gehören Fußwege und Grünanlagen in Wohngebieten, ihre Anbindung an die Natur, aber auch Gartenstrukturen, die der Eigentätigkeit und der schöpferischen Erholung dienen. Vor allem aber geht es um die Erhaltung der natürlichen Lebensgrundlagen und der Artenvielfalt, um die drastische Reduzierung der Belastungen der Natur und Landschaft durch die Großstadt weit über den engeren Ballungsraum hinaus und um einen neuen Stellenwert ökologischer Gesichtspunkte in Stadtplanung und Stadtentwicklung.

sinnliche Erfahrbarkeit

(45) Auch die Bedeutung der geraden Linie, des rechten Winkels und der übermenschlichen Proportionen der Architektur steht im Zusammenhang mit ökonomischer Rationalität, die viele Vorteile für die Bautätigkeit in der Stadt gebracht hat. Die moderne Architektur paßte sich mit ihren ästhetischen Prinzipien dieser Entwicklung an. Nachteilig wirkt diese »Herrschaft der geraden Linie« in der Stadt freilich dort, wo den menschlichen Sinnen wenig Nahrung bleibt, wo Bäume und Grün wegrationalisiert, zumindest rationiert und nach »pflegeleichten« Eigenschaften ausgewählt werden. So wird aus Ordnung und Sauberkeit der Stadt Sterilität.
Wenn die Umwelt des Menschen an Vielfalt und Bedeutungsgehalt ihrer Symbole verliert, wenn sie ärmer wird an Naturnähe und Erlebnischancen, wenn sie Stück um Stück ihrer sinnlichen Erfahrbarkeit beraubt wird, so wird nicht nur das Verhältnis des Menschen zu ihr, sondern auch seine Beziehung zum Mitmenschen abstrakt und steril. Die den Menschen umgebende Wirklichkeit, seine Umwelt und seine Mitmenschen sollen ihm aber lebendiges Gegenüber sein, das den Menschen als ganzen und d. h. auch als sinnlich wahrnehmende Person »anspricht«. Sinnliche Erfahrbarkeit bedeutet, dem Bedürfnis nach Konkretion und »ganzheitlicher« Erfahrung Rechnung zu tragen versuchen. Dies geschieht unter anderem, wo Raum zum Spielen, zu Abenteuererlebnissen eingeräumt wird. Mit dem Kriterium »sinnliche Erfahrbarkeit« ist also auch besonders an Kinder und Jugendliche in der Stadt gedacht.

Überschaubarkeit der Lebensbereiche

(46) Die Einteilung der Städte in Stadtteile, Viertel und Quartiere gehört zu ihren angestammten Merkmalen. Heute hat die Schaffung überschau-

barer, multifunktionaler Lebens- und Erlebnisbereiche und die Herstellung einer bedarfsgerechten, abgestuften Versorgung in zumutbarer Entfernung hohe Priorität. In vielen Großstädten kann die traditionell polyzentrisch angelegte Stadtstruktur als Gliederungsvorgabe dienen. Auf diesem Wege kann allzuweit getriebene Auflösung der Stadt in Monostrukturen, in reine Schlafstädte, reine Industriezonen, reine Geschäfts- bzw. Verwaltungszonen entgegengewirkt werden. Die Bildung von überschaubar strukturierten Gemeinwesen mit eigener Infrastruktur für Versorgung, Kommunikation und Kultur eröffnet auch die Möglichkeit zu neuen Formen der Selbstverwaltung durch die Bürger.

Integration

(47) Die Kriterien »Überschaubarkeit der Lebensbereiche« und »Integration« entsprechen einander. Es sind heute schon Bemühungen im Gange, zu einer stärkeren Durchdringung der Grundfunktionen Wohnen, Arbeit, Bildung, Erholung in den Unterzentren bzw. Quartieren zu kommen. Wohnen und Arbeiten wären beispielsweise so miteinander zu verbinden, daß die Anfahrtszeiten und -wege verkürzt werden, daß mehr Menschen, z. B. den Familienmitgliedern, die Anschauung und sinnliche Erfahrung der Arbeitswelt ermöglicht wird. Arbeitsplätze dürfen nicht als »Fremdnutzung« aus der Planung von Wohnbereichen herausgehalten werden.
Die Integration der Lebensfunktionen ist die eine Aufgabe. Daneben tritt die Integration der sozialen Gruppen und der Generationen. Heute ist die Integration der ausländischen Bürger, die bei uns eine neue Heimat und Arbeit suchen, eine der vordringlichsten Aufgaben des Gemeinwesens. Diese Integration bedeutet für alle eine Bereiche-

rung. Ebenso vordringlich ist die Integration der Lebensalter und Generationen in gesicherten Formen des Zusammenlebens.

2.5 Die menschen- und umweltgerechte Stadt als Leitbild der Stadterneuerung

Was ist »menschengerecht«, »umweltgerecht«?

(48) Was können solche Kriterien, für die Aufgabe der Stadterneuerung konkret leisten? Wenig sinnvoll wäre es, nach einem dominierenden, abstrakten Leitbild zu suchen, das sich dann mit technokratischen oder bürokratischen Methoden umsetzen ließe. Trügerisch wäre auch die Hoffnung, Stadterneuerung könne das Ergebnis eines sich selbst regulierenden, gleichsam naturwüchsig ablaufenden Prozesses sein. Mit dem Gesichtspunkt des Menschengerechten kommt vielmehr zum Ausdruck, daß Menschen mit Gestaltungsaufgaben konfrontiert sind, die unter Berücksichtigung anthropologischer Gegebenheiten und in mitmenschlichen Verfahrensweisen bewältigt werden können. Mit dem Gesichtspunkt des Umweltgerechten kommt zum Ausdruck, daß der Mensch in geschöpfliche Vorgegebenheiten eingebunden ist, die seinen Gestaltungswillen beflügeln, ihm aber zugleich auch Grenzen setzen.

(49) Auf der Tagesordnung nach dem Ende des Zweiten Weltkrieges standen allerdings andere Fragen. Die Katastrophe des Krieges mit ihren enormen Zerstörungen der Stadtsubstanz und die Eingliederung von Millionen von Flüchtlingen in unsere Gesellschaft brachten der heute lebenden Generation schwerwiegende Aufgaben. Diese wurden überlagert von zusätzlichen Problemen, deren tiefergehende Verarbeitung noch bevorsteht: Bevölkerungszuwachs und -konzentration, Mechanisierung und Automatisierung, Massenvertei-

lung von Waren, Massenerziehung, Weltverkehr und Herausbildung der wissenschaftlich-technischen Zivilisation. Fast zwangsläufig wurde auf diese Herausforderung mit Modellen, Verfahrensweisen und Baustoffen reagiert, die zu raschen und großflächigen Lösungen führten. Trabantenstädte, Stadtteile für 50.000 Bewohner wie das »Märkische Viertel«, wurden gleichsam »aus dem Boden gestampft«. Durch die Anpassung der Instrumente an die quantitativ bestimmten Herausforderungen wurden die Faktoren der Lebensqualität teils verdrängt, teils auf wenige Indikatoren wie Beleuchtung, Belüftung, Abstände, Flächennutzung reduziert. Es ist kein Zufall, daß gerade in den Ballungsgebieten die Bau- und Lebensformen einander zum Verwechseln angeglichen sind. Die sich darin ausdrückende gestalterische Verarmung wird im Leben vieler Städte heute spürbar.

Kulturelle Aneignung

(50) Demgegenüber hat die Stadterneuerung vieler, in langer Tradition gewachsener Stadtkerne in den vergangenen Jahrzehnten zu eindrucksvollen Ergebnissen geführt. Freilich sind diese Erfahrungen den neuen Ballungsgebieten unmittelbar kaum zugute gekommen. Mit dem Leitbild der »menschengerechten Stadt« wird nicht ein neues Schlagwort neben den modischen Begriffen wie »Mobilopolis«, »Megalopolis«, »Experimentalstadt« usw. ins Spiel gebracht, sondern eine Strategie der »kulturellen Aneignung« und »kreativen Anpassung« seitens der Bewohner innerhalb der je gegebenen Situation empfohlen. »Kulturelle Aneignung« heißt, daß (trotz noch so klar definierter und anerkannter Eigentumsrechte) die Offenheit der Mit- und Umgestaltung der Häuser, Quartiere und Städte durch die Bewohner erhalten bzw. (wieder-) hergestellt werden soll.

Kreative Anpassung

Im Vorgang »kreativer Anpassung« kommt zum einen die Anpassung an die Formen und Angebote der Natur zur Geltung. Heute muß die Stadt nicht mehr in Mauern eingesperrt werden, vielmehr kann die Natur noch stärker als in der Vergangenheit das Gesicht einer Stadt bestimmen. Die »offen gegliederte Stadt« zeigt sich als neues Gestaltungsprinzip. Zum anderen nimmt kreative Anpassung an die geschichtlichen Angebote einer Region Rücksicht auf gegebene Dorfstrukturen, bewährte Wege und Tätigkeitsformen.

Viele Großstädte wucherten buchstäblich über alte, gewachsene Dörfer hinweg und begruben sie unter normierten Massensiedlungen bzw. im Straßensystem. In den letzten Jahrzehnten »hat man Dorfkerne, die eine gute Entwicklungsveranlagung besessen hatten, herunterkommen lassen«. Sie verwahrlosten in Bezug auf technische Ausstattung, die Funktionen gleichen inzwischen denen eines »Hinterhofes der Großstadt«. Das bürgerliche Selbstbewußtsein ist durch zentralistische Verwaltung weithin zerstört, und einige Infrastrukturen, z. B. Hauptverkehrsstraßen, machen die Dörfer zu einer »lebensunwerten Umwelt«. (Th. Henzeler.)

(51) Im Vorgang der schöpferischen Anpassung wird nicht nur das Wechselverhältnis von menschlicher Kultur und geschöpflicher Natur, die Einbindung einer je gegenwärtigen Situation in die geschichtliche Kontinuität angesprochen. Es geht auch um den sensiblen Vorgang, je personale und soziale Identität herauszubilden. Diese erwächst u. a. aus der Wechselwirkung zwischen der Befriedigung der Grundbedürfnisse (wie Wohnen, Arbeiten, Partnerschaft, Erholung) und dem räumlich-sozialen Umfeld. Die oben genannten Kriterien wie Geborgenheit und Überschaubarkeit haben hier eine Mittlerfunktion und wirken menschlicher Verkümmerung entgegen.

Das Stichwort der »menschengerechten und umweltgerechten Stadt« enthält die Aufforderung zu schöpferischen, der Vielfalt des Lebens entsprechenden Lösungen. Der Reichtum an Formen und Funktionen in den gewachsenen Städten nicht nur des Abendlandes ist hierfür anschaulicher Beleg.

Chance der Verwirklichung

(52) Läßt sich das Leitbild mit »mitmenschlichen und naturgerechten Verfahren« verwirklichen? Wurden nicht die eindrucksvollen Stadtbilder der Vergangenheit auf die Bedürfnisse von Eliten hin (Adel, Klerus, Patriziat) und in Abgrenzung von der Natur verwirklicht? Diese häufig erörterte Frage erfordert in der Tat eine unserer Zeit entsprechende Antwort. Das neue Umweltbewußtsein hat erfreulicherweise auch einen Prozeß der Bewußtwerdung bezüglich der stadtgestalterischen Umwelt ausgelöst. Die unverwechselbare Heimatgestalt, ihre städtebaulichen Wahrzeichen und Symbole, die Raumerlebnisse der städtischen Straßen- und Platzräume, die Schönheit und Häßlichkeit der gewachsenen und vertrauten Stadtumwelt werden zunehmend wieder bewußter erlebt. Dieses Bewußtsein sollte Niederschlag im konkreten Gestaltungswillen der Stadt finden.

3. Sicherung der Wohnmöglichkeiten

3.1 Die Bedeutung der Wohnung und der Wohnqualität

Der elementare Lebensbereich »Wohnen«

(53) Auf den elementaren Lebensbereich des »Wohnens« soll zunächst die Aufmerksamkeit gelenkt werden. Nach allgemeinem Verständnis ist »Wohnen« die Gestaltung eines gegen die Unbilden der Natur geschützten Ortes. Die Wohnung ist aber auch Ort der Sicherheit und des möglichen Rückzugs aus der Gesellschaft. Das Recht auf Unverletzlichkeit der Wohnung gehört zu den Grundrechten der Demokratie. Die eigene Gestaltung dieses räumlich abgeschlossenen, individuellen Lebensbereichs macht »Wohnen«, macht »Zuhause« aus.

Der geschichtliche Prozeß der Rationalisierung hat insbesondere in den Verdichtungsgebieten diesen wesentlichen Lebensbereich der Menschen in hohem Maße erfaßt und stark verändert, insbesondere zur Erhöhung einzelner Standards geführt, während auf dem Land vielfach die Reichhaltigkeit des Lebensraums erhalten ist. Der hohe Anteil an Wohneigentum in ländlichen Gebieten ist ein Anzeichen dafür.

Wohnen im Ballungsraum

(54) Wohnen in den industriellen Ballungsgebieten ist Teil des industriellen Systems geworden. Nicht nur die Arbeit, sondern auch Lebensbereiche wie Bildung, Versorgung und Erholung wurden im Zuge dieser Entwicklung räumlich aus dem nahen Wohnbereich verdrängt. Übrig blieb ein von wichtigen Lebensvorgängen räumlich getrenntes Wohnen. Lebens- und Wohnqualität nahmen im Lauf dieser Entwicklung zu, zugleich aber wurde »Wohnen« zu einem spezialisierten

Handeln und Verhalten, dem eng definierte Funktionen zugewiesen wurden.

Es muß gelingen, auch in der heutigen Wohnwelt die Vielfalt und Verflochtenheit der Lebensbereiche erfahrbar zu machen und wenigstens teilweise wieder herzustellen, ohne deshalb auf die Fortschritte und Verbesserungen, die der rationalisierte Wohnungsbau brachte, verzichten zu müssen.

Voraussetzungen guten Wohnens

(55) Die Wohnung ist ein lebensnotwendiges Gut und dient zur Befriedigung allgemein anerkannter zivilisatorischer, kultureller und sozialer Bedürfnisse. Heute ist unbestritten, daß eine quantitativ ausreichende Wohnversorgung zur menschlichen Grundausstattung gehört; sie ist eine der Voraussetzungen eines Lebens in Freiheit und personaler Würde.

Nach der Versorgungsnorm des Zweiten Wohnungsbaugesetzes ist eine Wohnfläche dann als angemessen anzusehen, wenn auf jede Person, die zum Haushalt gehört, ein Wohnraum ausreichender Größe entfällt (§ 39). Hinzu kommen die Anforderungen, die an die Belichtung und Belüftung sowie an die Wohnungsausstattung zu stellen sind. Es ist daran zu erinnern, daß dies etwa für Arbeiter im 19. Jahrhundert undenkbar war. Allein auf die Erhaltung der Arbeitskraft ausgerichtet, hatte man sich bei der Unterbringung am Existenzminimum orientiert. Die Mietskasernen der Gründerzeit – seinerseits eine Verbesserung – sind nicht nur Ausdruck des geringen Sozialprodukts der damaligen Zeit, sondern auch steinerne Zeugen dieser Haltung.

Gefahren bei Leistungsabbau

(56) Es darf nicht dahin kommen, daß das seit dieser Zeit Erreichte für bestimmte Gruppen wieder zurückgenommen wird. Bei anhaltender hoher Ar-

beitslosigkeit sehen sich die Kommunen allerdings gegenwärtig gezwungen, eine Reihe von Leistungen zu reduzieren, um die Kosten für den immer größeren Kreis der Sozialhilfeempfänger aufzubringen. Hierzu gehören z. B. Leistungen, die zur Entschuldung von Obdachlosigkeit Bedrohter dienen. In einer ganzen Reihe von Gemeinden gibt es solche Dienste. Es gelang in aller Regel in 80 bis 90% der Fälle Räumungsverfahren durch eine solche Ent- oder Umschuldung abzuwenden. Beim Wegfall dieser Hilfe sind deutliche Zuwächse an Obdachlosen zu erwarten. Sie werden die Gesellschaft am Ende sehr viel mehr kosten, denn diese Obdachlosigkeit geht ja auch mit sozialer Deklassierung einher und fördert das Risiko der Kinder der Obdachlosen.

3.2 Kriterien für Wohnqualität

Kriterien:

(57) Was heute für die Bauweise der einzelnen Wohnungen zu fordern ist, liegt weniger im Bereich einer »quantitativen« (d. h. auf die Wohnungsgröße bezogenen), als im Bereich einer qualitativen Verbesserung. Für den Wohnungsbau bedeutet das, daß er sich zunehmend an den Kriterien für eine menschengerechtere Stadt orientieren sollte.

Diese Kriterien lassen sich wie folgt konkretisieren:

– Größe

– Während einerseits die durchschnittliche Fläche pro Wohnung stetig wächst und damit immer mehr Wohnungen gegenüber dem früher üblichen Bedarf überdimensioniert erscheinen, liegen andererseits die Wohnungsgröße und das Raumangebot für Familien mit Kindern bei niedrigem Einkommen noch weit unter der Norm (etwa unter den Mindestgrößen der internationalen »Kölner Empfehlungen«

von 1971). Räumliche Enge, verbunden mit einem tristen Wohnumfeld, wirkt sich auf die Persönlichkeitsentwicklung der Kinder schädlich aus.

– Gestaltbarkeit
– Wenn die Wohnung für den Menschen nicht nur »Dach über dem Kopf«, sondern wirklich Lebensspielraum, Privatraum sein und Atmosphäre und Geborgenheit vermitteln soll, muß sie für die Gestaltung durch die Bewohnenden möglichst offen sein (z. B. Wahl unterschiedlicher Wohnungsstandards, Eigenleistungen beim Innenausbau, gemeinsame Nutzung und Verwaltung von Gemeinschaftseinrichtungen und Freiflächen u. ä.).

– Kommunikation
– Wohnqualität zeigt sich auch daran, ob Kommunikation mit den Nachbarn behindert oder gefördert wird. Die Bauformen sind für die Ermöglichung solcher Kommunikation nicht unwichtig. Bedeutsam ist auch die Möglichkeit der verantwortlichen Mitgestaltung des Wohnumfeldes.

– Wohnumfeld
– Als ein entscheidender Maßstab für Wohnqualität wird immer mehr das Einbezogensein der Wohnung in das Wohnumfeld erkannt. Die Art des Bezugs zum Wohnumfeld ist besonders wichtig für Familien mit Kindern, stellt das Wohnumfeld doch eine neue Welt dar, die sie selbständig »erobern« können sollten.

Aufgabe des Wohnungsbaus

(58) Für den Wohnungsbau als öffentliche Aufgabe stellen sich zwei gleichzeitig zu lösende Probleme:

– Einmal ist sicherzustellen, daß genügend Wohnungen für schlecht bzw. unterversorgte Bevölkerungsgruppen zur Verfügung gestellt werden (Mengenproblem).
– Zum anderen ist darauf hinzuwirken, daß den Erkenntnissen der Wohnungsforschung über u. a. Größe, Zuschnitt, Kindgerechtheit, Wohnumfeld und Gestaltungsspielräume bei Neubauten und beim Umbau bestehender Wohnungen soweit wie möglich Rechnung getragen wird (Qualitätsproblem).

3.3 Mangel an preiswertem Wohnraum in Ballungsgebieten als sozialer Konfliktstoff

(59) In der Bundesrepublik gibt es zwar keine generelle Wohnungsnot, wohl aber läßt sich ein erheblicher Mangel an preiswertem Wohnraum, besonders in Ballungsgebieten, feststellen. 40 Millionen Bundesbürger wohnen in Mietwohnungen; davon 80% in Ballungsgebieten. Für bestimmte Einkommens- und Bevölkerungsgruppen besteht ein Mangel an preisgünstigem Wohnraum. Hierbei geht es nicht einfach nur um einen Mangel an »Vorzugsangeboten« (z. B. ältere Sozialwohnungen). Es fehlen vielmehr Wohnungen mit ausreichender Wohnfläche zu Mietpreisen, die erheblich unter den am Wohnungsmarkt üblichen Preisen liegen. So gibt es allein in Köln 17.000 Wohnungssuchende, von ihnen 8.000 »Notfälle«, die im Sinne des § 25 des Wohnungsbaugesetzes berücksichtigt werden müßten.

betroffene Gruppen

(60) Von dieser in den letzten Jahren wachsenden Knappheit sind vor allem betroffen:
- Familien mit Kindern in Großstädten, die nur ein unterdurchschnittliches Einkommen beziehen,
- Ausländer,
- Teilfamilien,
- alte Menschen, vor allem alleinstehende Frauen,
- neugegründete Junghaushalte und wachsende Haushalte mit niedrigem Einkommen.

Schwächere werden belastet

(61) Zahlreiche Miet- und Verbraucheruntersuchungen haben ergeben, daß Mietausgaben im Verhältnis zu den Gesamtausgaben umso höher liegen, je geringer das Haushaltseinkommen ist. Entsprechend verschärft sich das Mietproblem. Die von den Bauministern der Länder (50. Konferenz 1977 in Hamburg) als wohnungspolitische Norm festgelegten Kannwerte für tragbare

Mieten von 10 bis 25% des Nettohaushaltseinkommens je nach Einkommensverhältnissen und Familiengröße (je geringer das Einkommen und je größer der Haushalt, desto geringer – so die Forderung – die prozentuale Mietbelastung) wurden zunehmend weniger erreicht: In Ballungsgebieten müssen oft 30% und mehr des Haushaltseinkommens für die Miete aufgewandt werden; außerdem belasten Mietsteigerungen der letzten Jahre die einkommensschwächeren Haushalte überproportional. Bei höheren Einkommen dagegen liegt die Mietbelastung (noch) unter 25%. Eine Wohngeldregelung, die von einer Grenze der Belastbarkeit von 25 bis 30% ausgeht, ist nur in vergleichsweise geringem Maße in der Lage, die offensichtliche Not dieser Haushalte zu lindern. Sozial untragbar ist ein Abbau der Wohngeldregelung.

Die Ursachen dieses Mangels an preiswertem Wohnraum sind vielschichtig. Unter anderem spielt hier auch eine Rolle, daß junge Bürger immer früher die elterliche Wohnung verlassen und einen eigenen Haushalt gründen. Dies ist bei einkommensstärkeren Familien eher möglich als bei einkommensschwächeren. Wie immer man den entstandenen Mangel beurteilen mag, die Tatsache der Benachteiligung der Einkommensschwachen bleibt bestehen.

Hausbesetzungen (62) Die Hausbesetzungen der letzten Jahre in Großstädten der Bundesrepublik sind ein deutlicher Hinweis auf diesen Mangel, wenngleich sie auch viele andere Ursachen und Anlässe haben (z. B. Kritik an Staat, Institutionen und bestimmten Sanierungspraktiken, aber auch das Bedürfnis nach »alternativem« Wohnen in der Gruppe). Insbesondere muß das Problem der »Instandbesetzungen« im größeren Zusammenhang mit den Jugendunruhen und ihren Ursachen in ganz Mitteleuropa gesehen werden. Das hier ausgedrückte Unbehagen betrifft mehr als nur das Wohnungsproblem.

Forderungen (63) Um den Mangel an Wohnraum für besonders einkommensschwache Haushalte zu verringern, sind verschiedene Maßnahmen denkbar, wie z. B.

- die Erhaltung von alten Wohnbeständen (Wiederbezug alter Wohnungen; Möglichkeiten der Renovierung durch Eigenleistung);
- die Erstellung von Sozialwohnungen mit kostengünstig gebauten Ausstattungen, resp. der Möglichkeit zur Eigenarbeit; diese sollten nicht in geschlossenen Wohnsiedlungen errichtet werden, sondern müßten auf verschiedene Stadttei-

le verteilt sein, um einen unerwünschten Gettoeffekt dieser Konzeption zu vermeiden);
- eine deutliche Verbesserung der Wohngeldregelung, die aber mietsteigernde Effekte ausschließen müßte;
- Kurzzeitverträge unter bestimmten Bedingungen (z. B. dann, wenn definitiv feststeht, daß ein Haus in ein oder zwei Jahren renoviert werden muß. Vorzubeugen ist einem Mißbrauch dieses Gesetzes in Form von »Kettenverträgen«, die durch häufigen Mieterwechsel immer höhere Mieten mit sich bringen). Leerstehende Häuser würden so bis zum Augenblick ihrer Renovierung bzw. ihres Abrisses und des Baus neuer Häuser genutzt;
- Sanierungsauflagen der Kommunen für die Bauträger, die vermeiden sollen, daß der Wohnraum monatelang oder gar jahrelang ungenutzt bleibt;
- Überprüfung des gesetzlichen Instrumentariums, um die steuerlichen Begünstigungen leerstehenden Wohnraums zu verhindern;
- Vermeidung von Fehlbelegungen in Sozialwohnungen. So sollten z. B. erhebliche Einkommenssteigerungen des Mieters eine wirksame Mieterhöhung zur Folge haben.

Da diese und ähnliche Vorschläge stets neue Probleme aufwerfen können (Gefahr einer gewissen Gettoisierung, Verzicht auf bestimmte Errungenschaften des Mieterschutzes, Gefahr der Schaffung unzumutbarer Standards der Wohnungsausstattung u. ä.), muß eine Güterabwägung erfolgen, die sowohl den Aufgaben des Sozialstaates als auch den drängenden Erfordernissen des Wohnungsmarktes Rechnung trägt.

4. Die Gestaltung des Quartiers als Lebensraum

Bedeutung des Quartiers im Ballungsraum

(64) Die Forderung einer »offen gegliederten Stadt« ist nicht fortschrittsfeindlich; sie trauert nicht einer vermeintlichen Behaglichkeit früherer Kleinstädte nach und ist nicht gegen die Entwicklung von Ballungsräumen gerichtet. Es geht vielmehr darum, in die Ballungsgebiete durch Aufgliederung Überschaubarkeit und menschengerechte Maßstäbe einzuführen. In diesem Zusammenhang kommt dem sogenannten »Quartier« eine zentrale Bedeutung für die Entwicklung der »offen gegliederten Stadt« zu. Am Quartier läßt sich zeigen, welche Bedeutung Überschaubarkeit und menschengerechte Maßstäbe für das Leben des Menschen in der modernen Großstadt haben.

Die Lebensqualität der Stadt ist daran zu messen, in welchem Maße es gelingt, die Unterschiedlichkeit und Mannigfaltigkeit der sozialen Schichten, der Lebensalter und der elementaren Vollzüge des Alltagslebens im Quartier zu fördern. Arbeiten, Einkaufen, Spazierengehen, Spielen, Zur-Schule-Gehen, all dies sind Äußerungen des Alltagslebens, die man nicht ohne schwerwiegende Folgen aus dem Wohnbereich aussondern und an besonderer Stelle der Stadt konzentrieren kann. Nachteilige Nebenwirkungen der Entwicklung zur modernen, durchrationalisierten Großstadt machen es notwendig, denjenigen Lebensqualitäten ein größeres Gewicht beizumessen, die zum Schaden der Menschen in der Stadt zurückgedrängt worden sind. Dies führt zur Forderung nach einer »in überschaubare Gemeinwesen gegliederten Stadt«. Dieses Prinzip zielt auf die Schaffung von kleineren Einheiten mit Eigenständigkeit und Entscheidungskompetenz.

4.1 Wiedergewinnung des »Quartiers«

Definition
»Quartier«

(65) Wohnen ist nicht allein auf die Wohnung selbst beschränkt: Die elementaren Vorgänge des Alltagslebens spielen sich in einem begrenzten, bewohnbaren Lebensraum um das Wohnhaus herum ab, der als »Quartier« bezeichnet wird. Die Größe des Quartiers wird durch den Radius des Fußgängers bestimmt: Es ist derjenige Bereich, den man zu Fuß durchmessen kann, der deshalb räumlich und sinnlich erfaßbar ist und in dem die Bewohner sich, wenigstens oberflächlich, kennen. Das großstädtische Quartier wird in der Regel durch räumliche Barrieren wie Bahngleise oder breite Straßen begrenzt.

Zwischen »Quartier«, »Wohnumfeld« und »Stadtteil« bestehen Unterschiede: Das Wohnumfeld hat gegenüber dem Quartier den geringeren Umfang. Es umfaßt den Außenwohnraum von Freiflächen und Straße in der unmittelbaren Nachbarschaft der Wohnung. Der Stadtteil dagegen ist als städtischer Teilbereich definiert, der mehrere Quartiere umschließt und der eine eigene historische, politische und kulturelle Identität aufweist oder noch zu entwickeln hat. Die Übergänge vom Quartier zum Wohnumfeld einerseits und zum Stadtteil andererseits sind fließend. Das Quartier ist also keine eindeutig und objektiv festlegbare Größe. Entscheidend ist, daß es sich um einen Lebensraum handelt, zu dem der jeweilige Bewohner ein Verhältnis findet, den er für sich entdecken und sich emotional aneignen kann.

4.2. Förderung der Lebensfähigkeit – vier Aspekte

Quartiere schaffen
und fördern

(66) Um die Bedrohung der heutigen Wohnumwelt zu erfassen und Ansatzpunkte für die Sicherung ihrer Lebensvielfalt zu gewinnen, müssen zunächst ihre Defizite beschrieben werden. Welche Mängel weist ein Wohngebiet auf, das der Ten-

denz nach »monofunktional« strukturiert ist, und wie können diese Mängel behoben oder wenigstens gemildert werden?

4.2.1. *Verbesserung der Arbeitsplatzsituation*

(67) Es fehlt zunächst an Arbeitsplätzen unmittelbar im Quartier. Die funktionale Trennung zwischen Wohnen und Arbeiten erzwingt individuelle Mobilität und steigert das Verkehrsaufkommen. Wer einer Erwerbsarbeit nachgeht, muß lange Wege zu einem außerhalb des Wohngebietes liegenden Arbeitsplatz in Kauf nehmen. Umgekehrt sind die im Wohngebiet Beschäftigten häufig weit von ihm entfernt zu Hause. Durch die Verdrängung der Arbeitsstätten ist zudem der nachwachsenden Generation die Anschauung und Erfahrung des beruflichen Alltags erschwert worden. Besonders gravierend wirkt sich der Mangel an nahen Arbeitsplätzen für Frauen aus, wenn sie Erwerbstätigkeit und Mutterschaft zu verbinden haben.

Eine beschränkte Ansiedlung von Klein- und Mittelbetrieben mit geringer Lärm- und Schadstoffemission im Quartier ist für die Bewohner durchaus vorteilhaft. Handwerksbetriebe brauchen nicht aus dem Quartier verdrängt zu werden. Einzelne größere Betriebe können ebenfalls in ein Quartier integriert werden. Arztpraxen, Dienstleistungsbetriebe und Behörden finden ausreichende Existenzbedingungen. Eine solche Durchmischung vervielfältigt die Lebensmöglichkeiten im Quartier gegenüber der reinen »Wohn- und Schlafstadt«. Sie sollte daher trotz mancher Bedenken gegen das Nebeneinander von Wohnungen und Betrieben angestrebt werden.

4.2.2. Verbesserung der Versorgung

(68) Durch die Zentralisierung des Einzelhandels in der City und die Errichtung von Einkaufszentren sterben die kleineren Läden im Quartier. Das Shopping-Center zentralisiert den Einkauf. Wegen seiner Größe ist es von einem großen Einzugsgebiet abhängig. Es erfordert umfangreiche Verkehrs- und Parkanlagen und verschlingt große Grundstücksreserven. Es erzwingt Mobilität und produziert zusätzlichen Verkehr. Mit den Kleinläden gehen im Wohnbereich wichtige Treffpunkte und Umschlagplätze von Alltagsinformationen verloren.

Für eine stadtteilnahe Planung ergibt sich daraus die Zielsetzung, kleine bis mittelgroße Einzelhandels- und Dienstleistungsgeschäfte im Quartier zu halten und mit entsprechenden Anreizen zur Neuansiedlung zu bewegen. Freilich ist hier zu bedenken, daß mit Kleinläden im Wohnbereich unvermeidlich höhere Kosten verbunden sind. Die Läden können sich nur dann halten, wenn sie relativ hochwertige Produkte anbieten oder entsprechend hohe Preise verlangen. Die Forderung, die kleinen Geschäfte zu erhalten, muß also auch die ökonomischen Anreize mit bedenken und darf nicht einfach nur auf die Möglichkeiten der Kommune setzen, großen Verkaufszentren das Verdrängen der Kleinen zu verwehren.

4.2.3. Verbesserung der Schulsituation

(69) Vielerorts wurden die Grundschulen aus dem Wohnbereich herausgenommen. Dies belastet die Kinder nicht nur durch lange Schulwege, sondern auch durch die unpersönliche und unübersichtli-

che Atmosphäre in manchen großen Mittelpunktschulen. Die Schüler werden nur noch selten im Zusammenhang ihres unmittelbaren Lebensraumes unterrichtet, und den Eltern wird die Beteiligung und Mitverantwortung in der Schule erschwert. Für diese Entwicklung waren freilich nicht einfach nur Gesichtspunkte der »Rationalisierung« maßgeblich, sondern auch bildungspolitische Zielvorstellungen. Wieweit hier Korrekturen wünschenswert und möglich sind, sollte überprüft werden.

4.2.4 *Verbesserung der Verkehrssituation*

(70) Breite, vielbefahrene Fahrbahnen zerschneiden das Wohnumfeld und damit quartiersbezogene funktionale Beziehungen. Die hohe Zahl verunglückter Fußgänger macht dies deutlich. Die Bundesrepublik nimmt im Bezug auf die Zahl der verunglückten Kinder und Jugendlichen im Vergleich mit anderen Staaten mit starker Verkehrsdichte in Westeuropa und Amerika eine Spitzenstellung ein.

Der wesentliche Grund für die mangelnde Verkehrssicherheit für Fußgänger und Radfahrer ist die im Hinblick auf das Quartier unangemessene Fahrgeschwindigkeit, 50 km/h ist als maximal zulässige Verkehrsgeschwindigkeit für viele Stadtstraßen deutlich zu hoch. Insbesondere in dicht bebauten Wohnquartieren sind Geschwindigkeiten unter 30 km/h angemessen. Dies gilt auch für Verkehrsstraßen.

Darüber hinaus haben Behinderungen, Gefahren und Ängste, die vom motorisierten Straßenverkehr ausgehen, Einfluß auf die räumliche Mobilität derjenigen Bevölkerungsgruppen, die ihre Wege und Besorgungen überwiegend zu Fuß machen.

Viele ältere Menschen werden davon abgehalten, öfter als unbedingt nötig aus dem Haus zu gehen. Vielen Vorschulkindern wird von ihren Eltern nicht erlaubt, allein verkehrsreiche Fahrbahnen zu überqueren. Nicht selten wird Schulkindern von den Eltern verboten, sich mit dem Fahrrad in den Straßenverkehr zu begeben.

Durch Verbreiterung der Fahrbahnen und das weitgehende Beparken aller sonstigen Flächen sind viele Straßen zu reinen Transportbereichen geworden. Dabei haben Straßen, an denen Menschen wohnen, arbeiten, einkaufen, Cafés besuchen usw., auch wichtige soziale Funktionen. Der wohnungsnahe Straßenraum ist nicht nur der am häufigsten genutzte Spielort von Kindern aller Altersgruppen, sondern er ist auch ein für die Entwicklung der Kinder und Jugendlichen notwendiger Aufenthaltsbereich, der durch separate Spielplätze nicht ersetzbar ist. Die Bedeutung der Straße als Aufenthalts- und Kommunikationsbereich für alle Altersgruppen ist nach wie vor nicht zu unterschätzen.

4.3 Wiedergewinnung von Begegnungsfeldern

Bedeutung der Außenfläche

(71) Während es die Aufgabe der Wohnung ist, das individuelle und familiäre Leben in der Privatsphäre zu ermöglichen, soll das Wohnumfeld Raum für soziales Miteinander in der halböffentlichen und öffentlichen Sphäre des Gemeinwesens bieten. Das Wohnumfeld ist jedoch vielfach auf kleine Reste reduziert. Einstige Außenwohnflächen wie Hausgärten, Vorgärten, Höfe, Wege u. ä., die gute Voraussetzungen für die Aufnahme unmittelbarer nachbarschaftlicher Kontakte im Quartier bieten, verschwinden immer mehr; sie werden durch Umbauten zerstört oder als Parkplatz verwendet. Bis

in die Anfänge des Automobilzeitalters waren auch Straßen Spiel- und Kommunikationsstätten für Kinder, Jugendliche und Erwachsene. Der heutige Verkehr läßt eine solche spontane Nutzung nur noch selten zu. Auch dadurch hat das Quartier wichtigen Begegnungsraum verloren.

Raum als Außenfläche zurückgewinnen:

(72) Angesichts dieser Lage muß es im Quartier ganz allgemein darum gehen, Raum als Außenwohnfläche für die Bewohner zurückzugewinnen. Dabei wird es immer dringender, die zerstörerischen Auswirkungen des Straßenverkehrs in den städtischen Wohngebieten einzudämmen.

– Verkehrsberuhigung

– Ein erster Schritt wäre die Verkehrsberuhigung durch eine erhebliche Geschwindigkeitsbegrenzung. In einem großen Teil der Straßen eines Quartiers ließe sich diese Maßnahme ohne Schwierigkeiten durchführen; mit der Wirkung, daß die Lärm- und Schadstoffemission sowie die Gefährdung der Fußgänger dadurch erheblich herabgesetzt würde.

– Wohnstraßen

– Über Geschwindigkeitsbegrenzungen hinaus kann der Verkehr durch Wohnstraßen nach holländischem Vorbild beruhigt werden. Sie dürfen nur von Anwohnern befahren und nicht zum Parken benutzt werden; gestalterische Elemente wie künstliche Hindernisse, Straßenmöbel etc. senken zudem drastisch die Geschwindigkeit.

– Stellplätze

– Die Belastung durch den ruhenden Verkehr ginge erheblich zurück, wenn die vielerorts bereits geltende Garagenordnung eingehalten und wenn in den Wohngebieten Abstellplätze und Garagen konzentriert würden.

– Fahrrad

– Eine Alternative zum Automobil bietet im Nahbereich des Quartiers neben öffentlichen Verkehrsmitteln das Fahrrad. Die oben angeführten Maßnahmen könnten seine Nutzung im Quartier weniger gefährlich machen. Fahrradwege könnten sie zusätzlich fördern.

Freiflächen und Grünzonen

(73) Die soziale Lebensfähigkeit des Quartiers und seine Bedeutung für die Freizeitgestaltung würden erhöht, wenn es eine genügende Anzahl von Frei- und Grünflächen gäbe. Im einzelnen sollten
– in den Quartieren Grünzonen ausgestaltet sowie

nicht kommerziell betriebene Sportanlagen sowie Naherholungsparks geschaffen werden;
- in dicht bewohnten Altquartieren die Hinterhöfe »entkernt« und in halböffentliche Grünflächen für die Bewohner umgewandelt werden;
- Schrebergartensiedlungen umweltfreundlich und erholungswirksam gestaltet werden.

4.4 Das Quartier als Ort der Integration

4.4.1 Stärkung von Familie und Nachbarschaft

Gefährdung der Familie und der Nachbarschaft in der Stadt

(74) Die heutige Familie ist durch die Emanzipation der Frau und den Rollenwandel aller Familienmitglieder erheblichen Veränderungen unterworfen. Das Leben in der großstädtischen Umwelt schafft weitere Herausfordeungen, die für die Familie zum Teil auch ernste Belastungen bedeuten können. Die Versuchung wächst, sich im Wohnbereich auf die Familie zurückzuziehen und sich nach außen hin abzukapseln. Von den Veränderungen sind alle Generationen betroffen:

- ältere Generation
    - Erfreulicherweise leben noch immer 70% der alten Menschen in der Nähe ihrer Kinder und Enkel oder zu Hause. Ca. 80% der pflegebedürftigen älteren Menschen werden in ihrer Wohnung versorgt. Hier zeigt sich, daß die wechselseitige Verantwortlichkeit vielfach größer ist, als allgemein angenommen wird. Dennoch darf man sich nicht darüber hinwegtäuschen, daß in der Großstadt Altern und Sterben als eine Phase des Lebenszyklus in starkem Maße verdrängt werden. Gegenseitige Hilfen und Dienstleistungen und der Gedankenaustausch mit alten Menschen müssen wieder mehr zum selbstverständlichen Lebensvollzug des Alltags werden. Umso wichtiger ist es, durch geeignete Wohnungen die Voraussetzungen dafür zu schaffen, daß die alten Menschen in der Nähe von Verwandten und Bekannten im Quartier leben können.
- Kinder
    - Auch viele Kinder leiden unter den Bedingungen der modernen Wohnung; ihre Umwelt ist meistens nicht kinder-

freundlich. Sie wird es auch nicht dadurch, daß an abgelegenen Stellen standardisierte Spielplätze angelegt werden. Kinder brauchen Spiel-Raum im Gesamtbereich des Quartiers, der ihre Neugier und Lernbereitschaft, ihre Initiative und Kreativität anregt. Sie müssen in »ihrem« Quartier aufgehoben sein und dazugehören.

– Jugendliche
– Ähnlich betroffen sind die Jugendlichen. Gerade sie, die sich in der schwierigsten Entwicklungsphase des Lebenszyklus befinden, brauchen Gestaltungsmöglichkeiten in ihrer Umwelt. Sie brauchen Gelegenheiten, sich zurückzuziehen ebenso wie Gelegenheiten, sich mit Gleichaltrigen zu treffen.

– Nachbarschaften
– Die auseinanderführenden Tendenzen und die zentrifugalen Kräfte, denen die heutige Familie ausgesetzt ist und gegen die sie angehen muß, läßt sie häufig in die gegenteilige Haltung der Abkapselung von Nachbarschaft und Quartierumwelt geraten. Das Übermaß an Zwangskontakten, die durch die städtische Vergesellschaftungsform unvermeidbar sind, schafft ein besonderes Bedürfnis nach Distanz und nach Freiheit von fremden Einflüssen in der Privatsphäre. Hier zeigt sich die Gefahr der Isolierung der Familie im sozialen Umfeld. Den erwachsenen Familienmitgliedern wie der Familie als ganzer stellt sich deshalb die Aufgabe, sich für ihre soziale Umwelt im Quartier zu öffnen. Viele Möglichkeiten und Chancen nachbarschaftlichen Miteinanders sind in der heutigen Wohnwelt neu zu entdecken. Das Spektrum möglichen gemeinsamen Handelns reicht von der Besprechung von Alltagsproblemen über gemeinsame Fahrten und Feste bis zu gegenseitiger Hilfe. Die Öffnung der Familie zu ihrer Umwelt hin kann durch bauliche Angebote und durch institutionelle Chancen zur Gemeinschaftsbildung und zum Engagement im lokalen Gemeinwesen unterstützt werden. Eine besondere Aufgabe hat hier auch die Kirchengemeinde, die als älteste Institution mit »parochialer« Orientierung die längsten Erfahrungen in Fragen der lokalen Gemeinschaft besitzt.

4.4.2 Soziale Integration im Quartier

soziale Segregation
(75) Zur Beeinträchtigung und Verarmung des Lebens im Quartier trägt neben der familiären die soziale »Segregation«, d. h. das Auseinanderrücken der sozialen Gruppen und Schichten, bei. Es bil-

den sich Stadtviertel heraus, deren Bewohner jeweils einander nach Einkommen, Besitz, Bildung und beruflicher Stellung ähnlich sind. Auch sogenannte »Problemgruppen«, wie Ausländer, alte Menschen, Obdachlose, prägen bestimmte Stadtviertel. Einkommensstärkere Gruppen wohnen überwiegend in den städtischen Randzonen, in denen mehr Wohnfläche und ein besseres Wohnumfeld zur Verfügung stehen; die sozial schwächeren Gruppen hingegen bleiben in den engen verkehrsbelasteten Gebieten. So spiegelt sich in der Aufteilung der Wohngebiete die ungleiche Einkommens- und Bildungs- bzw. Berufsverteilung unserer Gesellschaft wider. Die räumliche Trennung beim Wohnen scheint darüber hinaus auch auf dem Bedürfnis vieler zu beruhen, nach Möglichkeit mit »seinesgleichen« zusammen zu wohnen.

Bedeutung der Integration der Gruppen im Quartier

(76) Dem Versuch, die verschiedenen Einkommens-, Bildungs- und Berufsgruppen in einem Quartier beisammen zu lassen, stehen sicher erhebliche Schwierigkeiten gegenüber. Wo es dennoch gelingt, entstehen Kontakte, und Vorurteile zwischen den Gruppen werden abgebaut. Das Leben der Bewohner wird reicher und anregender. Die Integration der sozialen Gruppen fördert Verständnis und Toleranz füreinander. Zudem fördern integrierte Quartiere die sozialen Chancen, denn benachteiligende Faktoren wie Absonderung, Informationsdefizite, Ausstattungsmängel etc. treten weniger gehäuft auf.

(77) Es ist die Aufgabe der gesamtstädtischen Planung, die Entwicklung von sozial integrierten Quartieren zu fördern und das Entstehen von Gettos oder völlig homogenen Vierteln zu verhindern.

Mit stadtplanerischen Mitteln läßt sich darauf mehr Einfluß nehmen, als dies bisher üblich ist (z. B. durch die Festlegung von Art und Maß der baulichen Nutzung von Grundstücken). Auch bei Sanierungsmaßnahmen nach dem Städtebauförderungsgesetz kann die Integration verschiedener Bevölkerungsgruppen stärker als bisher berücksichtigt werden.

Die Bemühungen um soziale Integration und das Vermeiden völlig homogener Viertel schließt nicht aus, daß durchaus auch gewisse Konzentrationen von Ausländern oder anderen Minderheiten in einzelnen Vierteln möglich sein sollen. Dadurch erfolgen auch gegenseitige Ermutigungen und Hilfestellungen. Es ist jedoch die Aufgabe der gesamtstädtischen Planung, Konzentrationen mit unzureichender Infrastruktur und deutlicher Tendenz zur Monostruktur zu verhindern.

Durch staatlichen und kommunalen Einfluß können Wohnungsbaugesellschaften dazu angeregt werden, Gemeinschaftsräume, Treffpunkthäuser und Spielwohnungen als Hilfe zur Kommunikation entstehen zu lassen. Eine gezielte »Belegungspolitik« der Wohnungsbaugesellschaften könnte zur wünschenswerten Integration der sozialen Gruppen beitragen.

4.4.3 Kulturelle Integration im Quartier

Förderung der »Kultur« des Quartiers

(78) Städte entwickeln ihre je eigene »Kultur«. Das formende Selbstbewußtsein einer gesellschaftlichen Gruppe, wie sie der überschaubare und erlebbare Bereich des Stadtquartiers darstellt, verschafft sich Ausdruck, wirkt im Kleinen kulturbildend. Kultur in diesem Sinne ist bestimmt durch das soziale Zusammenwirken ortsbezogener Gruppen, die ihre individuelle und gemeinschaftliche Tradition und Gegenwartserfahrung aufarbeiten und dabei eine gemeinschaftliche Identität gewinnen. Die Voraussetzung für eine solche sozial-kulturelle

Arbeit ist Kenntnis, Vertrautheit und Identifikation mit dem Quartier und seinen Bewohnern. Dies kann durch die Initiativen und Einrichtungen wie den Heimatverein, das Heimat- und Stadtteilmuseum, den Einsatz von Medien (Film, Video, Tonband u. ä.) im Stadtteil, durch Stadtteilfeste, Ausstellungen, besondere Märkte, sozial-kulturelle Zentren (in Selbstverwaltung und eigener Trägerschaft der Nutzer und Bewohner), Stadtteilzeitungen u. ä. erreicht werden. So können Gemeinschaftserfahrungen entstehen, die den Bewohnern zu einer schöpferischen und harmonischen Beziehung zueinander und zu ihrem Quartier verhelfen.

5. Ökologische Dimensionen der Stadtentwicklung

(79) Gerade in den Städten und Verdichtungsräumen machen sich all jene Umweltprobleme nachhaltig bemerkbar, die in der breiten Öffentlichkeit zunehmend ins Bewußtsein gerückt sind: Die Verschmutzung von Luft, Wasser und Boden, die Schädigung von Vegetation und Tierwelt, die Belastung durch Lärm und Abfall. Damit werden nur die wichtigsten, faßbaren Teilaspekte der Gesamtproblematik genannt. Da bei anhaltendem weltweitem Bevölkerungswachstum und parallel laufendem Verstädterungsprozeß in den Industrie- und Entwicklungsländern der Erde mit einer kontinuierlichen Mehrbelastung der Umwelt zu rechnen ist, erweist sich heute die Gestaltung »urbaner Ökosysteme« als notwendiger denn je.

5.1 Umweltbelastungen in der Stadt

Belastungen

(80) Die Umweltbedingungen in der Stadt sind durch Veränderungen von Klima, Luft, Böden und Gewässern sowie der Zusammensetzung von Vegetation und Tierwelt geprägt.

– Stadtklima

Daß sich das Klima in Verdichtungsgebieten von den klimatischen Verhältnissen des nicht bebauten Umlandes unterscheidet, liegt am veränderten Wärmehaushalt, der Energiezufuhr, Rückstrahlung der Bausubstanz und Reflektion der über der Stadt entstehenden Dunstglocke, die zu einer Temperaturerhöhung gegenüber dem Umland führen.

Die Windgeschwindigkeit und -richtung werden durch die bauliche Struktur beeinflußt. Die Windgeschwindigkeit nimmt im Ballungsraum durch bestimmte Bauweisen (Hochhäuser) ab, es kommt häufiger zu Windstille.

Ein weiteres charakteristisches Merkmal des Stadtklimas besteht in einem geringen Feuchtewert, der aus der Versiegelung der Oberflächen, aber auch dem Fehlen der Vegetation resultiert.

– **Luft**

(81) Die veränderten Klimabedingungen gewinnen erhöhte Bedeutung im Zusammenhang mit der lufthygienischen Situation der Städte. So leiden alle größeren Städte an erhöhten gas- und staubförmigen Immissionen, wobei letztere wesentlich zur Belastung durch Schwermetalle beitragen. Verursacher sind Industrie, häusliche Feuerung und Verkehr. In den Straßen der Großstädte kann tagsüber die von Kraftfahrzeugen verursachte Luftbelastung durch Kohlenmonoxid bis 99%, durch Kohlenwasserstoff bis 89% und durch Stickoxide bis 93% der Schadstoffverursachung betragen. Die Industrie verursacht durch ihre stationären Feuerungsanlagen den größten Teil der Staubemissionen und rund 70% des Auswurfs an Schwefeldioxid. Private Haushalte belasten mit ihren Kleinheizanlagen die Luft relativ stark mit Kohlenwasserstoffen.

– **Böden**

(82) Auch der Boden unterliegt in Städten gravierenden Veränderungen, insbesondere aufgrund starker Immissionsbelastungen. Direkte Belastungen durch Salzstreuung und Verwendung von Bioziden/Herbiziden führt ebenso zur Anreicherung von Schadstoffen wie der indirekte Vorgang, bei dem durch Regen Schadstoffe eingebracht und ausgefällt oder von Gebäuden und Pflanzen abgewaschen werden. Der Regen, der positiv auf die Luftqualität wirkt, verlagert die Schadstoffe lediglich in den Boden. Erforscht und gelöst werden muß auch das Problem der teilweise mit Giftstoffen vermengten früheren Deponien (»Altlasten«).

– **Gewässer**

Der Wasserhaushalt in Verdichtungsräumen ist häufig stark gestört. So sinkt der Grundwasserspiegel durch Bautätigkeiten und ständig starke Entnahmen für Gebrauchszwecke kontinuierlich. Die Wasserbilanz ist defizitär, zudem kommt es zu Verunreinigungen des Bodenwassers. Auch die Oberflächengewässer sind häufig verschmutzt und reguliert, vor allem kleinere Wasserläufe sind stark verbaut oder zunehmend kanalisiert worden und kaum noch als Lebensräume für bestimmte Arten verfügbar. Bauplanung und Baugenehmigung müssen künftig auch eine Minimierung der Bodenversiegelung absichern.

– **Vegetation und Tierwelt**

Die innerstädtische Flora und Vegetation im künstlich geschaffenen urbanen Lebensraum unterliegt nachhaltigen Einflüssen und Veränderungen im Vergleich zu naturnahen Standorten außerhalb der Städte. Je mehr man in den eigentlich innerstädtischen Bereich geht, um so stärker wird die Artenzahl in Richtung widerstandsfähiger Arten reduziert. Schädigend wirken sich hier vor allem die gas- und staubförmigen Immissionen in der Luft und im Boden aus. Bekannt sind die Schädigungen der Flechten durch Schwefeldioxid und Wurzel- und Blattwerkszerstörung durch Streusalz. Der Verlust von Bäumen durch Salzschäden in der Bundesrepublik wird jährlich auf mindestens 20.000 geschätzt. Mit der Änderung und Zerstörung der Biotope wird auch Tieren der Lebensraum entzogen. Besonders gefährdet sind Amphibien, Reptilien, Großschmetterlinge und bestimmte Arten der Vogelfauna.

Auswirkungen der Umweltbedingungen auf die Stadtbewohner

(83) Daß die Veränderungen der natürlichen Umweltfaktoren unmittelbar auf den Menschen zurückwirken, verdeutlichen medizinische Befunde, die einen engen Zusammenhang zwischen der Verbreitung bestimmter Krankheiten und unterschiedlich belasteten wie auch unterschiedlich großen Stadtgebieten aufgezeigt haben.

In der Stadt ist, wie bereits erwähnt, die Menge der gasförmigen Verunreinigung gegenüber dem Umland erhöht. Hierbei handelt es sich hauptsächlich um Gase wie Schwefeldioxid, Stickoxide, Kohlenmonoxid, Kohlenwasserstoffe sowie Fluorkohlenwasserstoffe, die bei Verbrennungsprozessen und sonstigen chemischen Reaktionen von Verkehr, häuslicher Feuerung und Industrie verursacht werden. Die Quelle und Emissionshöhe sind jedoch unterschiedlich, Hauptemittent für Kohlenmonoxid ist z. B. der Verkehr, so daß sich unterschiedliche Verteilungsmodelle für die Schadstoffe ergeben. Teilweise liegt die Konzentration z. B. in engen Straßenschluchten weit über den Durchschnittswerten. Über die Wirkung von Gasen auf den menschlichen Organismus wurde bisher folgendes festgestellt:
– Durch Kohlenmonoxid wird der Sauerstofftransport des Hämoglobins herabgesetzt, physische Kennzeichen dafür sind Übelkeit, Schwindel, Kopfschmerz und Sehstörungen. Bei Untersuchungen von Großstadtbewohnern wurden erhöhte CO-Werte im Blut festgestellt.
– Kohlenwasserstoffe stehen im Verdacht, krebserzeugend zu sein. Man hat bei Stadtbewohnern eine Häufung von Lungenkrebs gegenüber Bewohnern ländlicher Regionen festgestellt. Vergleichende Untersuchungen über Umweltbelastungen im Ruhrgebiet haben ergeben, daß Stadtkinder häufiger an Rachitisanzeichen, Bronchitis, Pseudokrupp und Augenschäden erkranken als Landkinder, dies wird auf die erhöhten Immissionswerte zurückgeführt. Aus England sind Untersuchungen bekannt, die eine Zunahme der Erkrankungen der Atemwege mit wachsender Stadtgröße nachweisen.

– Bei den Schwermetallen hat vor allem Blei als luftverunreinigender Stoff Bedeutung. Blei wird außer durch Nahrung auch durch Atmung aufgenommen und im Körper angereichert. Dabei kann es zur Minderung der Produktion von rotem Blutfarbstoff kommen, bis hin zu akuten Vergiftungserscheinungen, die mit den Symptomen Kopfschmerzen und sogar Lähmungen auftreten. Hauptemittenten sind Verkehr, aber auch Industrie.

Auch ökologische Folgewirkungen der stadtklimatischen Verhältnisse sind vielfach nachgewiesen. So hat sich in den Städten, Untersuchungen in Amerika und Berlin zufolge, bei hohen Sommertemperaturen die Sterbeziffer auffallend erhöht. Vor allem bei sogenannten Schwülewetterlagen (erhöhte Luftfeuchtigkeit bei hoher Temperatur) wurde neben subjektivem Unbehagen auch eine erhöhte Belastung der Herz- und Kreislauftätigkeit festgestellt.

– Lärm

Ein weiterer Belastungsfaktor, durch den gerade Stadtbewohner häufig betroffen sind, ist Lärm. Trotz verschiedener Gegenmaßnahmen im Bereich des Schallschutzes bei Lärmquellen und Schallisolation bei Gebäuden hat die Lärmbelastung in den letzten Jahren weiter zugenommen. Nach Umfrageergebnissen in Städten fühlen sich bis zu 60% der Bewohner durch Lärm belästigt, als Hauptursache wird Verkehrslärm angegeben. Besonders stark sind die Straßenverkehrsgeräusche im innerstädtischen Bereich, weil hier die Kraftfahrzeugdichte und die Zahl der Brems- und Anfahrvorgänge sprunghaft ansteigen und die bewohnten Häuser in äußerst geingem Abstand zur Straße stehen. In manchen Gebieten steigt die Lärmbelästigung bis zu 80 db(A). An der Spitze der Belästigungsskala stehen schwere Lastkraftwagen und Busse, gefolgt von Motorrädern und Mofas.

– Abfallstoffe

Im Unterschied zum Lärm stellen die Abfallstoffe eher eine Belastung für den Stadtrand und die stadtnahen Freilandgebiete dar, erfolgt doch die Müllbehandlung und -ablagerung überwiegend an der Peripherie der Stadt. Insbesondere die Geruchsbelästigung, Boden- und Grundwasserbeeinflussung durch Sickerwasser sowie Emissionen (Staub und Gase) können hier unmittelbar ökologisch wirksam werden. Die Möglichkeit, die Selbstregulation des »Ökosystems Stadt« weitgehend wiederherzustellen, hängt darum nicht zuletzt davon ab, ob es gelingt, auch die Belastung durch den aus gesteigerter Produktion und erhöhtem Konsum resultierenden Abfall drastisch zu reduzieren und abzubauen.

5.2 Folgerungen für die Stadtplanung

Maßnahmen zur Belastungsreduktion

(84) Gegenwärtig kann kein Zweifel mehr daran bestehen, daß unter den heutigen Umweltproblemen die der Stadtregionen der Erde mit am dringendsten sind. In einer Zeit explosionsartigen Bevölkerungswachstums und rasch fortschreitender Verstädterung ist schon mehr als die Hälfte der Erdbevölkerung von den teilweise gravierenden Problemen der urbanen Ökosysteme betroffen, ohne daß allerdings eine umfassende Wahrnehmung und Aufarbeitung des Fragenkomplexes »Umweltqualität« festzustellen wäre. Vielfach fehlt es noch an wissenschaftlich erarbeiteten Grundlagen, um die Problematik und Krisensituation der Ballungsgebiete vollständig zu erfassen, vielfach aber auch wird der Wille zu umweltgerechtem, ökologisch orientiertem Handeln und Planen in der Stadt von den ökonomischen und sozialen Entwicklungen im Zuge fortschreitender Industrialisierung und Urbanisierung überholt.

Wenn im folgenden Maßnahmen zur Belastungsreduktion (etwa in den Bereichen Luftreinhaltung, Lärmschutz, Wasserversorgung oder Grünflächenplanung und -gestaltung) genannt werden, so ist daran zu erinnern, daß hier nur Teilaspekte und Einzelprobleme im vielfältig vernetzten »Ökosystem Stadt« angesprochen werden.

5.2.1 *Verbesserung der Luftreinheit*

(85) Trotz der bisher erreichten Erfolge in den Ballungsgebieten mit hoher Dichte von Bevölkerung, Industrie und Verkehr, nimmt die Belastung durch Luftverunreinigung weiter zu. Seitdem mit dem Bundesimmissionsschutzgesetz von 1974 die rechtlichen Grundlagen für Genehmigungsverfah-

ren, Emissionskataster, Luftreinheitspläne und Emissions- sowie Immissionsgrenzwerte geschaffen wurden, sind die Gesamtemissionen der gefährlichen Schadstoffe wesentlich angestiegen.

Forderungen
(86) Die Verbesserung der Luftqualität in Ballungsgebieten bleibt eine wesentliche Aufgabe. Längerfristig besteht sie darin, in den Großstädten und Ballungsräumen die Schadstoffbelastung der Luft nachhaltig zu verringern.

- Die Emissions- und Immissionsgrenzwerte der technischen Anleitung zur Reinhaltung der Luft, die zuletzt 1978 festgelegt wurden, bedürfen einer weiteren Senkung. Während z. B. in der Bundesrepublik für die Langzeiteinwirkung ein Mittelwert von 140 µg Schwefeldioxyd/m³ Luft zugelassen ist, werden in den Niederlanden 80 und von der Weltgesundheitsorganisation 60 µg/m³ Luft als tragbar angesehen.
- Für den Fahrbetrieb von Kraftfahrzeugen mit Otto-Motor hat die Bundesregierung der UN-Wirtschaftskommission (ECE) eine Herabsetzung der z.Z. in Europa geltenden Grenzwerte um ca. 50% vorgeschlagen (Einbau von Abgaskatalysatoren, Einführung bleifreien Benzins u.a.). Da der Industrie ein mehrjähriger Zeitraum für Entwicklung und Vorbereitung der Serienproduktion eingeräumt werden muß und die Herabsetzung der Emissionen erst voll wirksam wird, wenn die alten Fahrzeuge aus dem Verkehr gezogen sind, ist eine Neuregelung der Vorschriften dringend erforderlich.
- Angesichts der immer deutlicher hervortretenden Folgen der Schadstoffbelastung (»Saurer Regen«, »Waldsterben«) ist eine drastische Herabsetzung der Emmissionsgrenzwerte von Schwefeldioxid, Stickstoffoxid und Schwermetallen, insbesondere bei Großfeuerungsanlagen, vonnöten. Dazu bedarf es der Ausarbeitung verbindlicher, einheitlich geltender Verfahren zur Feststellung, Beurteilung und Auswertung von Emissionen und Immissionen. Die Anlagenbetreiber sollten zur regelmäßigen Abgabe von Emissionserklärungen verpflichtet werden.
- In allen ausgewiesenen Belastungsgebieten sollten alsbald Luftreinhaltepläne aufgestellt und Emissionskataster angelegt werden. Dadurch würde es möglich, in jedem Fall von Erweiterung, Umsiedlung und Neuansiedlung von Industrie- und Gewerbebetrieben die Umweltverträglichkeit zu

prüfen. Hierbei müßten Kosten und Nutzen verschärfter Bestimmungen im Zielkonflikt zwischen Umweltschonung und Erhaltung von Arbeitsplätzen in der Stadt sorgfältig abgewogen werden.
- Um die Luftunreinheiten kontinuierlich überwachen zu können, sind die Technologie der Meßgeräte und die Verfahren zur Messung und Auswertung der Schadstoffbelastung weiter zu verbessern.
- Durch die Nutzung von Industrieabwärme und den Ausbau des Fernwärmeversorgungsnetzes könnte in den Verdichtungsräumen die Zahl der Einzelfeuerstätten und damit die Luftbelastung insgesamt vermindert werden.

5.2.2. Minderung der Lärmbelastung

(87) Die Lärmbelastung der großstädtischen Bevölkerung hat trotz verschiedener Gegenmaßnahmen im Bereich des Schallschutzes bei Lärmquellen und Schallisolation bei Gebäuden in den letzten Jahren weiter zugenommen. Straßenverkehr und Gewerbe sind die vorherrschenden Lärmquellen. Besonders betroffen sind die Bewohner innenstadtnaher Bezirke vom Straßenlärm. Von ihnen muß mehr als ein Drittel die Fenster oft oder immer verschlossen halten bzw. verzichtet auf die Benutzung von Balkon oder Terrasse. Solche Einschränkungen werden als wesentliche Beeinträchtigungen der Wohnqualität erlebt. Ferner stellt das Zusammenwirken von z. T. pausenlosem Verkehrslärm mit einer Vielzahl emotionaler und mentaler Belastungen eine ernst zu nehmende Gesundheitsgefährdung dar. Lärmminderung und Lärmminderungspläne stellen darum eine wichtige Aufgabe auch der Städte dar.

Folgende Lärmeinwirkungen beeinträchtigen nach inzwischen überwiegender Auffassung das Wohlbefinden, die Leistung, die Lebensqualität und die Gesundheit: 35 dB(A) Schlafstörungen und Beeinträchtigungen von Entspannungsphasen; 55 dB(A) Behinderung der Kommunikation und der akustischen Umweltorientierung; 65 dB(A) Behinderung und Störung bestimmter Leistungen; 80 dB(A) Schädigung und Zerstörung schallempfindlicher Zellen des Innenohrs.

(88) Zu wenig geschieht bisher, um die Entstehung des Verkehrslärms gezielt anzugehen. So ist zu erwägen:

Forderungen

- Eine merkliche Verringerung der Lärm-Emission durch Maßnahmen an den Fahrzeugen ist technisch möglich und wirtschaftlich akzeptabel.Bis 1985 ist nach Auffassung des Bundesinnenministeriums die Herabsetzung der folgenden zulässigen Geräuschgrenzwerte für Kraftfahrzeuge wirtschaftlich-technisch möglich und schrittweise erreichbar: Bei schweren Lastkraftwagen und Bussen von gegenwärtig 89 bzw. 90 auf 80 dB(A) (das entspräche einer Halbierung der Lärmwahrnehmung!), bei Personenwagen von 85 auf 70 dB(A). Bei Zweirädern wäre eine weitere Herabsetzung der Emissionsgrenze von gegenwärtig 86 dB(A) für Motorräder über 500 ccm und 85 bzw. 83 dB(A) für Motorräder von 125 bis 500 ccm anzustreben.
- Bei Personenwagen ab 60, bei Lastkraftwagen ab 80 km/h wird das Rollgeräusch zum wesentlichen Faktor. Lärmmindernde Wirkungen lassen sich durch Verbesserung der Fahrbahnoberflächen und durch die Entwicklung geräuschärmerer Reifenlaufflächen erzielen.
- Produktion, Kauf und Benutzung von besonders lärmarmen Fahrzeugen sollte staatlich gefördert werden. Denkbar ist, geräuscharme Lastkraftwagen und Busse von Wochenendfahrverboten auszunehmen und den Käufern besonders lärmgeminderter Kraftfahrzeuge einen Steuernachlaß zu gewähren.
- Ein Teil der Lärmentwicklung im Straßenverkehr ist auf unsachgemäße Fahrweise und nachlässige Wartung, besonders des Auspuff- und Ansaugsystems, zurückzuführen. Über die Fahrschulen und durch Aufklärungskampagnen kann die Umweltverantwortung des Autofahrers gezielt angesprochen werden.
- Wohngebiete sollten als ganze von anliegerfremdem Kraftfahrzeugverkehr befreit und besser als bisher an die öffentlichen Verkehrsmittel angeschlossen werden.
- Für bestimmte Wohnbereiche sind Geschwindigkeitsbegrenzungen und variable Fahrverbote durchführbar.
- Ein rascher Ausbau von Wohnstraßen würde sich zusätzlich lärmmindernd auswirken.

- Die Bekämpfung der Schallausbreitung und der Immissionsschutz sollten erst dann in größerem Umfang in Angriff genommen werden, wenn alle Möglichkeiten der direkten Bekämpfung von Lärmquellen erschöpft sind.
- Die Errichtung von Lärmschutzwänden, Erdwällen und die Lärmdämmung an Hauswänden und Fenstern ist in vielen Fällen der einzig gangbare Weg, der trotz hoher Kosten beschritten werden muß.

Mehr Aufmerksamkeit verdienen auch solche architektonischen Lösungen für Wohngebäude, die das Haus zur Straße hin abschließen und zu abgeschirmten Innenflächen hin öffnen.

5.2.3 Sicherung des Wasserbedarfs

(89) Die Wasserversorgung – insbesondere in den Verdichtungsräumen – erweist sich heute als ein ernstes Problem. Dies ist zum einen auf die Begrenztheit der natürlichen Wasservorkommen, andererseits auf steigende und miteinander konkurrierende Nutzungsansprüche zurückzuführen. Unter Umweltschutz- und Umweltversorgungsgesichtspunkten sollten bei der Sicherung der Trinkwasserversorgung und des Ressourcenschutzes (Grundwasser) folgende Zielsetzungen berücksichtigt werden:

Zielsetzungen

- Trinkwasser ist als Lebensmittel für den Menschen nicht ersetzbar. Die Trinkwasserversorgung besitzt daher gegenüber anderen Gewässernutzungen Vorrang. Die Wasserwirtschaft muß sicherstellen, daß für die Trinkwassergewinnung jederzeit ein nach Güte und Menge ausreichendes Wasserangebot zur Verfügung steht. Grundwasser besitzt von Natur aus eine so hochwertige Qualität, daß es ohne aufwendige Aufbereitungsverfahren die Qualitätsforderungen für Trinkwasser erfüllt. Die Grundwasserbestimmungen müssen daher strikt eingehalten werden.
- Aus dem Vorrang der Trinkwasserversorgung und aus der Knappheit naturreiner Grundwasservorkommen im Verhältnis zum Trinkwasserbedarf ergeben sich ferner zwei Mengenanforderungen an Grundwassernutzungen, die erhebliche Investitionen erfordern. Zum einen soll kein

Grundwasser mit Trinkwasserqualität für Zwecke entnommen werden, für die, ggf. aufbereitetes, Oberflächenwasser ausreichen würde. Zum anderen dürfen Grundwasserentnahmen nicht die Menge überschreiten, die sich im langjährigen Mittel neu bildet, da sonst durch starke Absenkung des Grundwasserspiegels erhebliche nachteilige Auswirkungen im betroffenen Gebiet entstehen.

- Zur Sicherung der Wasserversorgung muß es schließlich Ziel der Wasserwirtschaftspolitik sein, unter Berücksichtigung des bestehenden Lebens- und Hygienestandards auf eine sparsame und rationelle Verwendung des Trink- und Betriebswassers hinzuwirken. Insbesondere in der Wirtschaft sind trotz der bisherigen Einsparungsanstrengungen die Möglichkeiten für eine rationellere Verwendung von Betriebs- und Kühlwasser noch längst nicht ausgeschöpft. Zu diesen Möglichkeiten gehören die Einführung wasserfreier Produktionsverfahren, die Anwendung von Betriebswasser- und Kühlwasserkreisläufen, die Mehrfachverwendung von Betriebswasser usw. Eine sparsame und rationelle Wasserverwendung dient darüber hinaus den Gütezielen der Wasserwirtschaft, da sie gleichzeitig die anfallenden Abwassermengen verringert.

5.2.4 Erhaltung und Vermehrung natürlicher Ausgleichsräume

(90) Die bislang skizzierten Maßnahmen können die klimatischen und lufthygienischen Probleme in Verdichtungsräumen zwar nicht beseitigen, aber doch in mancher Hinsicht mindern. Eine besondere Bedeutung kommt wegen ihrer Ausgleichsfunktion auch den Grün- und Freiräumen in der Stadtlandschaft zu. So konnte in zahlreichen Untersuchungen nachgewiesen werden, daß die für Ballungsgebiete typischen Veränderungen des Klimas sowohl im unmittelbaren Bereich der Grünanlagen als auch in der näheren Umgebung in ihren Auswirkungen eine beträchtliche Reduzierung erfahren.

Vielfach werden die in einer Großstadt vorhandenen Freiflächen jedoch noch immer als Landsreserve und als Vorratsflächen für Wohnungsbau, Industrieansiedlung und Verkehrsbauten betrachtet. Um eine Mindestmenge von unerläßlichem Freiraum zu bewahren, bedarf es deshalb planerischer Maßnahmen und der tatsächlichen Anwendung des vorhandenen rechtlichen Instrumentariums. Naturschutz- und Landschaftsschutzgebiete sollten ausgewiesen, ein Landschaftsplan müßte aufgestellt, Natur- und Bodendenkmale sollten geschützt werden. Die Stadtentwicklungsplanung ist in der Lage, den Schutz solcher Gebiete in ihre Überlegungen einzubeziehen und durch Pacht oder Kauf zu sichern. In ihren Außenbezirken benötigen Großstädte zusätzlich Flächen wie offene Gewässer, Wasserschutzgebiete und landwirtschaftlich genutzte Regionen, die als natürliche Ausgleichsräume dienen und die Versorgung mit reinem Wasser und kühler Frischluft sichern sowie die natürlichen Klimabedingungen erhalten. Der großstädtisch lebende und in den Kerngebieten arbeitende Mensch benötigt sie auch als Naherholungsgebiete, um sein Bedürfnis nach Naturnähe, körperlichem und seelischem Ausgleich zu befriedigen. Die Regionalplanung muß sicherstellen, daß Freihaltung in der Großstadt nicht zu erhöhter Umlandzersiedelung führt. Für Flächenbedarf müssen Altflächen wieder verwendet werden (Recycling). Auch die einseitige horizontale Organisation der Industrieproduktion ist neu zu überdenken.

(91) Vor allem im Innenstadtbereich ist die Freiraumversorgung oft unzureichend. Ca. 30% der Stadtbewohner besitzen keinerlei privaten, der Wohnung zugeordneten Freiraum. Anläßlich einer Befragung in Nordrhein-Westfalen übten ein Drittel aller Haushalte Kritik an der Grünflächen-

versorgung, weil sie zu schwer erreichbar (23%), zu wenig oder zu klein ist (10%). Ebenso wird zunehmend Unmut an der Qualität und Nutzlosigkeit von Freiflächen im Geschoßwohnungsbau geäußert. Bei einer Untersuchung im Stadtgebiet Hannover lag die Kritik an mangelnder Freiraumversorgung sogar noch höher. Ca. 41% der Befragten gaben an, zu wenig Grün im Quartier zu haben. Häufig werden davon gerade einkommensschwache Gruppen betroffen, die in den stark verdichteten Gebieten mit geringer Wohnqualität leben. Innerhalb dieser Gruppen leiden besonders Kinder und alte Menschen aufgrund ihrer Immobilität unter dem Mangel an Naturnähe.

Daraus ergeben sich folgende Aufgaben:

Aufgaben

- Innerhalb der Verdichtungsgebiete ist die Erhaltung und Vermehrung von Grünflächen und die Anpflanzung von Bäumen eine vordringliche Aufgabe. Die Behandlung städtischer Freiräume bestand bisher vornehmlich in der Beseitigung der vorhandenen Pflanzendecke und dem Anpflanzen von fremdländischen Zierpflanzen und Bäumen. Die bewußte Verwendung der spontanen, an die jeweiligen Standortverhältnisse angepaßten Vegetation z. B. bei der Begrünung von Straßenrändern wurde hingegen kaum versucht. Die einheimische Vegetation kann dabei ebenso verwendet werden wie fremdländische Gehölze. Pflanzen und Tiere, die an die städtisch-industriellen Standortbedingungen angepaßt sind, werden in diesen Gebieten die vorherrschenden Arten der Zukunft sein.
- Auch Bauwerke sollten nicht mehr als unvermeidbar zur Störung und Unterbrechung von Ökosystemen beitragen. Ein großer Teil der versiegelten Flächen, insbesondere Flachdächer, sind prinzipiell als Lebensraum für Pflanzen und Tiere geeignet. Die Berankung von Fassaden und die Bepflanzung von Dächen hat darüber hinaus positive Auswirkungen auf das Stadtklima und die Luftreinhaltung, die Lärmbekämpfung in den Straßen, das Innenklima von Gebäuden und die ästhetische Wirkung der Gebäude und des Stadtbildes. Die für eine Bepflanzung der Dächer erforderlichen Konstruktionen können sehr leicht und pflegearm sein, so daß verhältnismäßig geringe Kosten verursacht werden.

Alternativen städtischer Freiraumplanung

(92) Die Kritik an der bisherigen Grünplanung und -versorgung und die Forderung nach neuen notwendigen Planungs- und Aktionsansätzen haben vielerorts zu Initiativen von Bewohnergruppen geführt, die als Betroffene häufig mehr Phantasie als die planende Verwaltung zeigen. Von den vielfältigen Initiativen, die sich entwickelt haben, sei hier ein Beispiel genannt:

Die negative ökologische Situation, aber auch die z.T. schlechten Wohn- und Lebensbedingungen in Berlin-Kreuzberg waren für die sogenannte »Ökotop GmbH« Anlaß, zur internationalen Bauausstellung Berlin ein ökologisches Sanierungskonzept für einen Baublock mit Gewerbebetrieben und Wohneinheiten unter Beteiligung der Bewohner zu entwickeln. Neben Maßnahmen von Fassaden- und Flächenbegrünung sollen hier vor allem technische und natürliche Kreisläufe Berücksichtigung finden sowie der Energie- und Ressourcenverbrauch reduziert werden. Zusätzlich zur Aufwertung der Freiräume für Erholung und vielfältige Freizeitgestaltung sollen diese Flächen wieder mit Biotopen angereichert werden. Das Zurückholen von Natur in die Stadt, die Regenerierung von Freiflächen als Grundlage für vielfältige Tier- und Pflanzenarten und die Wiederansiedlung standortgerechter Vegetation sind wichtige Planungsziele. Der Erfolg dieses Projekts läßt sich im Moment noch schwer einschätzen. Die Realisierung stößt auf Finanzprobleme. Auch ist die Arbeit vor Ort zeitaufwendiger als geplant.

Dieses und ähnliche Projekte erscheinen noch bescheiden angesichts der derzeitigen Umweltprobleme in der Stadt. Hier ist jedoch in zweierlei Hinsichten zu unterscheiden: Die Umweltbelastungen, hervorgerufen durch großräumige Immissionen, sind grundsätzlich nur durch strikte Anwendung und Fortschreibung der Umweltschutzgesetze und durch konsequent durchgeführten technischen Umweltschutz am Emittenten zu verbessern. Defizite der öffentlichen Planung in diesem Bereich können nicht durch einzelne Bürgerinitiativen aufgefangen werden. Für die unmittelbare räumliche Umwelt der Bewohner gelten jedoch andere Handlungsmöglichkeiten. Hier kann das direkte Erleben schlechter Wohn- und Lebensqualität über Kommunikationsprozesse und Initiativen zu positiven Veränderungen des Quartiers oder Stadtteils führen. Dies geschieht dann aus unmittelbarer Betroffenheit und nicht nur aufgrund von Richtwerten durch die öffentliche Hand. Die öffentliche Freiraumplanung ist durchaus notwendig, vor allem, wenn es um Planung und Realisierung gesamtstädtischer Ausgleichsräume geht. Freiraum-Initiativen der Bürger können jedoch eine wichtige Ergänzung und Unterstützung darstellen.

5.3 Bewältigung der Verkehrsprobleme

Einschränkung des Kfz-Verkehrs

(93) Ein entscheidender Belastungsfaktor in Bezug auf Luft, Lärm und Raum ist der Verkehr, besonders der individuelle Kraftfahrzeugverkehr. Neben Maßnahmen der Straßengestaltung (vgl. 4.3) und einer Reduzierung der Fahrzeug-Emissionen ist eine Verringerung des Kfz-Verkehrs in vielen Stadtstraßen notwendig, wenn die Umweltbelastung und Beeinträchtigung auf ein erträgliches Maß gesenkt werden soll.

Die Entwicklung von Siedlungsstruktur und Verkehr in den letzten Jahrzehnten hat gezeigt, daß die starke Zunahme des individuellen Kfz-Verkehrs nicht zuletzt auf die Straßenverkehrsplanung zurückzuführen ist, die einseitig den Kraftfahrzeugverkehr unterstützt. Eine Neuorientierung der Stadt- und Verkehrsplanung, die die Bevorzugung des Straßenverkehrs beendet und den bisher vernachlässigten Verkehrsarten wieder Entwicklungsraum verschafft, wird auch umgekehrt zur Verringerung des Straßenverkehrsanteils beitragen können. Dabei müssen Maßnahmen ergriffen werden, welche den individuellen Kraftfahrzeugverkehr reduzieren und durch alternative Verkehrsmöglichkeiten teilweise ersetzen sowie auf bestimmte räumliche Bereiche begrenzen.

verbesserte öffentliche Verkehrssysteme

(94) Dem privaten motorisierten Verkehr müssen in erster Linie verbesserte öffentliche Personennahverkehrs- und Warentransportsysteme zur Seite gestellt werden, was aus Umweltüberlegungen schon längst einsichtig ist und neuerdings durch die steigenden Energiekosten noch überzeugender wird. Bei Entfernungen bis 4 km ist im städtischen Bereich das Fahrrad das schnellste, flexibelste und billigste Verkehrsmittel; die Fußgänger benötigen sichere Wege und mehr Bewegungsraum.

integrierte Verkehrsplanung

(95) Sollen sich Fußgänger, Fahrrad und öffentlicher Verkehr im Rahmen ihrer möglichen Funktionen zusammen mit dem Kraftfahrzeugverkehr in der Stadt sinnvoll entfalten können, so stellt sich die Forderung nach einer integrierten Verkehrsplanung, welche die Minderung der Umweltbelastung und der Unfallgefahr als wesentliche Ziele verfolgt. Dabei wird es darum gehen, vom Kraftfahrzeugverkehr jene Flächen wieder zurückzugewinnen, die man braucht, um
– im ganzen Stadtgebiet – nicht nur für die Innenstadtzonen – größere, zusammenhängende Fußgängerbereiche sowie wirksame Maßnahmen der Verkehrsberuhigung vorzusehen;
– ein Netz von sicheren Fahrradwegen zu entwerfen, welches die gesamte Stadt erfaßt und Anschluß an die Naherholungsgebiete schafft;
– den öffentlichen Verkehrsmitteln auf Schiene und Straße in Streckenführung und Verkehrsfluß Vorrang gegenüber dem motorisierten Individualverkehr zu sichern.

Eine Trendwende war mit der Ölkrise bereits eingetreten. So ist z.B. im Großraum Hannover die Zahl der Autofahrten im Zeitraum von 1976 bis 1980 um etwa 13% gesunken. Gleichzeitig hat die Zahl der Fahrten mit den öffentlichen Verkehrsmitteln Stadtbahn, Straßenbahn und Bus um etwa 17% und die mit dem Fahrrad um mindestens 20% zugenommen. Auch in anderen Städten der Bundesrepublik (z.B. Erlangen, Detmold, Rosenheim) ist in den letzten Jahren eine deutlich erkennbare Zunahme des Fahrradverkehrs aufgrund eines sorgfältig ausgebauten Fahrradnetzes zu beobachten.

6. Sicherung der wirtschaftlichen Lebensfähigkeit der Stadt

6.1 Die grundsätzliche Bedeutung der Wirtschaft für die Stadt

Bedeutung der Wirtschaft

(96) Die Wirtschaft ist für die Stadt – wie für jeden Haushalt – Existenzbedingung. Sie prägt die Bedingungen des Lebens in der Stadt, das Gesicht der Stadt und den Prozeß der Stadtentwicklung. Dabei umfaßt der Begriff »Wirtschaft in der Stadt« alles, was mit der Stadt zusammenhängt und sich ökonomisch in ihr niederschlägt. Die Stadtwirtschaft ist einer der wichtigsten Punkte, an denen sich die Frage nach den Lebensmöglichkeiten in der Stadt und die Frage nach ihrer Menschlichkeit entscheiden. Es geht darum, Arbeitsplätze zu erhalten oder neue zu schaffen, kommunale Infrastruktur zu finanzieren, die finanziellen Mittel für diese Aufgaben zu garantieren, die Planbarkeit der Stadt mit ihren Flächen und Grundstücken zu ermöglichen u. a. m. Hier ist auch zu bedenken, daß auf die Städte in den nächsten Jahren aufgrund der aufgetretenen Umweltprobleme auch ungeheure Kosten und schwierige strukturelle Aufgaben zukommen werden.

Funktion der Wirtschaft: Versorgung und Markt

(97) Die Stadt hat im Blick auf das Wirtschaftsleben in ihrem Bereich im wesentlichen eine Versorgungs- und eine Marktfunktion. Ihr Ziel ist es, die Versorgung der Stadt und ihrer Bewohner mit Gütern, Dienstleistungen, Arbeitsplätzen und Energie sicherzustellen sowie das Gewerbe zu fördern, damit Güter und Dienstleistungen möglichst gün-

stig hergestellt werden können und Nachfrage finden. Beide Funktionen müssen bei der Stadtentwicklungsplanung berücksichtigt werden; dies muß im Rahmen einer integralen Gesamtplanung geschehen. Die Stadtentwicklung kann nicht einfach nur der Dynamik von Angebot und Nachfrage, privatwirtschaftlichen Eigeninteressen, Tendenzen der Gesamtwirtschaft sowie ortsfremden Planungsauflagen und Förderungsbedingungen des Staates überlassen werden. Ein gewisses Maß an Souveränität der Stadt bei der Versorgung und bei der Förderung einer Wirtschaftsstruktur, die mit den Kriterien und Zielen der örtlichen Planungskonzeption übereinstimmt, ist unerläßlich.

Ziel: Förderung der Souveränität

6.2 Planungs- und Förderungssouveränität

Möglichkeiten der Kommunen begrenzt

(98) Die Möglichkeiten der Kommunen, ihre lokale Wirtschaftsentwicklung zu beeinflussen und zu fördern, sind stark begrenzt. Dies liegt zum Teil an der schwierigen finanziellen Situation, an den Zuschußprogrammen und der Auftragsvergabepraxis des Bundes und der Länder, an überregionalen wirtschaftlichen Bedingungen und am marktwirtschaftlichen Grundsatz der Wirtschaftsfreiheit der Bürger.

6.2.1. *Stärkung der finanziellen Möglichkeiten*

(99) Die Stadt ist an einer florierenden Wirtschaft innerhalb ihres Bereichs nicht nur wegen der Versorgung mit Arbeitsplätzen und wegen des Prestigegewinns interessiert; in erster Linie müssen die Steuereinnahmen der kommunalen Stadtverwaltung gesichert werden, damit sie ihre Aufgaben erfüllen kann.

Die Einnahmen setzen sich zusammen aus:
- Steuern
- staatlichen Zuweisungen
- Abgaben/Gebühren u.a.

1980 machten von den Gesamteinnahmen der Gemeinden die Steuern 28% und die Zuweisungen 24% aus. Bei den Steuereinnahmen sind vor allem zu unterscheiden:
- Gewerbesteueranteil
- Einkommensteueranteil
- Grundsteueranteil

finanzielle Sorgen der Stadt

(100) Durch die Gemeindefinanzreform von 1969 hat sich langfristig die Leistungsfähigkeit der Städte erhöht. Die Verschuldensstatistik zeigt zwar, daß der Bund und die Länder eine höhere Verschuldung eingehen konnten als die Kommunen. Darin zeigt sich, daß die finanzielle Situation der Städte sich teilweise zuspitzt. Zum Teil reichen die Zuführungen an den Vermögenshaushalt nicht mehr aus, um selbst die Tilgungen und Kreditbeschaffungskosten zu decken, so daß die gesetzlichen Mindestforderungen nicht mehr erfüllt werden. Verschiedentlich müssen Kreditbeschaffungskosten der Städte voll aus der Aufnahme neuer Kredite finanziert werden. Die Investitionsaufgaben der Kommunen können z.T. nur noch durch jährlich steigende Kreditaufnahmen finanziert werden. Die Städte sind zur Verbesserung ihrer finanziellen Situation auf Dauer gezwungen, ihr Investitionsvolumen zu kürzen, auf Investitionsmaßnahmen zu verzichten, das Leistungsangebot für die Bürger und Aufträge an die Wirtschaft zu vermindern sowie darauf zu dringen, daß ihr Einnahmeanteil am allgemeinen Steuereinkommen erhöht wird.

Ursachen:
– Einnahme-
  verlust

(101) Die Ursachen für die schwierige finanzielle Situation der Städte sind vielfältig. Die Kernstädte der Verdichtungsräume klagen über Einnahmeverluste infolge der Abwanderung von Betrieben und privaten Haushalten ohne Entlastung auf der Aufgabenseite. Dabei geht es nicht nur um Einnahmeverluste durch die Abwanderung an sich, sondern auch darum, daß die Infrastrukturkosten im Zuge der Abwanderung aus den Kernstädten steigen (Beispiel: erhöhte Verkehrsinvestitionen durch Pendelverkehr). Zum anderen sind die staatlichen Zuweisungen im Verhältnis zu den eigenen Einnahmen der Kommunen überproportional und zum Nachteil der kommunalen Selbständigkeit gestiegen.

Durch die steuerpolitischen Beschlüsse von 1978 ist die Lohnsummensteuer als Einnahmequelle weggefallen. Dies trifft insbesondere die Gemeinden von Nordrhein-Westfalen, da hier 2/3 des Aufkommens auf diese Steuerart entfallen.

Wenn auch der Anteil der Gewerbesteuer, die nach Kapital und Ertrag erhoben wird, an den gesamten steuerlichen Einnahmen der Gemeinden von 80% (vor 1969/70) auf mittlerweile ca. 40% gesunken ist, so ist das nominale Aufkommen in diesem Zeitraum jedoch erheblich angestiegen (von 6,9 Mrd. auf 16,9 Mrd. DM). Aus der Sicht der Kommunen ist die Gewerbesteuer deshalb von besonderer Bedeutung, da sie durch die Variation des Hebesatzes die Höhe ihrer Einnahmen beeinflussen können. Vor 1970 stand den Gemeinden die Gewerbesteuer zu 100% zu. Dieser Anteil wurde auf ca. 60% reduziert. Gleichzeitig wurden die Gemeinden an der Einkommensteuer beteiligt. Durch die Steueränderungen 1978 wurde die an Bund und Länder je zur Hälfte abzuführende Umlage von ca. 40% auf etwa 1/3 reduziert. Dadurch hat sich der »Konkurrenzkampf« der Kommunen um prosperierende Gewerbebetriebe verschärft. Gleichzeitig sind damit die gemeindlichen Einnahmen vom Auf und Ab der wirtschaftlichen Entwicklung abhängiger geworden.

– Mängel
  bei den
  Zuweisungen

(102) Bei den Zuweisungen sind vor allem die sogenannten Zweckzuweisungen (d. h. die staatlichen Zuweisungen für klar umrissene Projekte) zunehmend in das Feuer der Kritik geraten. Hierbei wird bemängelt:

– Die kommunale Politik wird über die Zuweisungen »fremdgesteuert«. Kommunale Prioritäten werden von übergeordneten Instanzen mit Hilfe staatlicher Förderprogramme verschoben.

- Eine Koordination von kommunalen Projekten vor Ort wird durch die Bezuschussungsprogramme wesentlich erschwert (so gibt es beispielsweise allein in Bayern ca. 250 verschiedene Bezuschussungsprogramme für die kommunale Ebene).
- Oft haben die Kommunen Prestigeobjekte nur deshalb begonnen, weil ihnen bei relativ kleinen Eigenfinanzierungsanteilen der größte Teil der Projektkosten durch Zuschüsse erstattet wurde. Dabei sind die Folgekosten solcher Projekte oft nicht genügend bedacht worden.
- Hinzu kommt ein erheblicher bürokratischer Aufwand (umfangreiche Antragstellung, Prüfung, zeitliche Verschleppung usw.).

– Probleme bei der Einkommensteuer

(103) An der Einkommensteuer von Bund und Ländern sind die Gemeinden seit 1970 mit 14% (seit 1980 mit 15%) zwar beteiligt, auf die Ausgestaltung dieser Steuer haben sie jedoch keinerlei Einfluß. Insofern rückt dieser Steueranteil in die Nähe der staatlichen Zuschüsse. Zwar hatten sich die finanziellen Möglichkeiten der Kommunen in den letzten zehn Jahren durch die Beteiligung an dem Einkommensteueranteil tatsächlich verbessert. (Dies rührte vor allem daher, daß die Einkommensteuer eine dynamische Steuerart ist und so den Gemeinden die Möglichkeit gewährt, an der allgemeinen Wohlstandsentwicklung teilzuhaben). Jedoch haben die verschiedenen Korrekturen des Lohn- und Einkommensteuertarifs und die steigende Arbeitslosigkeit diese Dynamik vermindert. Eine neue Gefahr für das Gemeindesteuersystem stellt die Überwälzung staatlicher Kosten auf die Gemeinden dar, z.B. die Aufwendungen für Sozialhilfe, verbunden mit der Verminderung der Leistungen für Arbeitslose.

notwendige Änderungen:

(104) Um der angespannten Finanzsituation der Gemeinden abzuhelfen, sind grundlegende Änderungen nötig. Dazu sind zwei Gesichtspunkte in der Diskussion:

– Reform der Gewerbesteuer

– Angesichts der sehr unterschiedlichen regionalen und kommunalen Wirkungen der Gewerbesteuerentwicklung ist zu fragen, ob sich diese Steuerart in ihrer jetzigen Form überhaupt noch als allgemeine Steuer für die Mehrzahl der Gemeinden eignet. Wenn als legitimes Interesse der Gemeinden anzuerkennen ist, eine eigene Steuer zu erhalten, dann müßte die Gewerbesteuer so reformiert werden, daß sie wieder auf eine breitere Bemessungsgrundlage gestellt würde.

Eine Kombination verschiedener Merkmale bietet sich dabei an, wobei die französische »tax professionelle« in die Diskussion einbezogen wurde. (Die »tax professionelle« umfaßt folgende Elemente: Grundstücke, Gebäude und Mieträume, Betriebsvorrichtungen, Arbeitslöhne, Betriebseinnahmen). Auf den einheitlichen Steuermeßbetrag werden von den Gemeinden zu variierende Hebesätze festgesetzt. Interessant an dieser Steuer ist auch unter räumlichen und stadtstrukturellen Gesichtspunkten die Einbeziehung der genutzten Fläche. Ferner ist bemerkenswert, daß die expandierenden freien Berufe (Ärzte, Anwälte, Architekten) steuerpflichtig sind, so daß hierdurch eine wesentlich breitere kommunale Steuerbasis gegeben ist.

– Die deutschen Städte befürworten eine Reform des Gemeindesteuersystems mit der Tendenz zu einer Wertschöpfungssteuer.

– Verbesserung des Zuweisungssystems

– Zugleich ist auch zu überlegen, ob nicht das staatliche Zuweisungssystem besser, d. h. kommunalfreundlicher und effektiver ausgestaltet werden könnte. Als Vorbild für eine Zuschuß- und Investitionspauschale könnte das amerikanische System der »block grants« gelten. Hierbei geht es um eine Bündelung einzelner Investitionen durch kommunale Planung vor Ort. Voraussetzung hierfür ist jedoch eine Verfeinerung der einzelnen staatlichen Zuweisungsprogramme. Dies könnte insgesamt zu einer stärkeren Eigenverantwortlichkeit auf der kommunalen Ebene beitragen.

6.2.2. Einwirkungsmöglickeiten der Bodenpolitik

Bodenpolitik: Verschlechterung der Situation

(105) Die Kammer der EKD für soziale Ordnung hat sich 1973 in einem evangelisch-katholischen Memorandum »Soziale Ordnung des Bubodenrechts« zu Fragen der Bodenpolitik geäußert. Mittlerweile hat sich die Situation jedoch verändert – es ist eine deutliche Verschlechterung eingetreten. Aus sehr unterschiedlichen Gründen sind in den Städten wieder erhebliche Bodenwertsteigerungen zu beobachten. Entsprechend wird Boden gehortet; Planungsgewinne und Konzentrationstendenzen sind die Folge. Die Möglichkeiten, bodenpolitisch in diese Entwicklung einzugreifen, sind gering. Als Instrumente, die aber nicht unumstritten sind, kommen in Frage:

Forderungen

- eine gezielte Bodenvorratspolitik der Kommune, die der Erhaltung der Natur in den Städten dienen sollte;
- die Anpassung der Einheitswerte bei der Grundsteuer und damit die Mobilisierung des Bodenangebots;
- planerische Instrumente zur Verhinderung einer »Umwidmung« von Boden und Gebäuden;
- Planungswertausgleich (dieser ist allerdings außerordentlich verwaltungsaufwendig und schwer praktikabel, ähnlich wie Bodenwertzuwachssteuer);
- die Schaffung von Anreizen und ordnungspolitischen Spielräumen, die (freilich nicht selten zum Verdruß der Betroffenen) übergeordneten Planungszielen entgegenkommen;
- die Erbpacht;
- das rechtzeitige Aufkaufen privaten und staatlichen Bodens durch die Kommune;
- eine Erweiterung des Anwendungsbereiches des Städtebauförderungsgesetzes im Hinblick auf

das bodenrechtliche Instrumentarium (gemeindlicher Grunderwerb, Abschöpfung entwicklungsbedingter Bodenwerterhöhungen) auch auf kleinere städtebauliche Entwicklungsmaßnahmen.

6.2.3 Eigenständige Wirtschafts- und Arbeitsmarktförderung

(106) Welche Möglichkeiten hat die Stadt, die für das Leben der Bevölkerung entscheidenden wirtschaftlichen Grundlagen zu beeinflussen und zu fördern? Welche Möglichkeiten hat die Stadtverwaltung, die wirtschaftlichen Aktivitäten zu erweitern und zu sichern? Welchen Beitrag kann sie zur Sicherung der lokalen und zur Schaffung zusätzlicher Arbeitsplätze leisten? Welche Möglichkeiten bestehen, das Beschäftigungsangebot zu verbreitern, eine ausgewogene Wirtschaftsstruktur herbeizuführen und Arbeit, Wohnen und Freizeit einander funktionsgerecht zuzuordnen?

selbstständige Hilfen, Eigeninitiative

(107) Aufgabe der Kommune kann es nicht in erster Linie sein, »Erfüllungsgehilfe« der globalen Wirtschaftspolitik von Land und Bund zu sein. In Einzelfällen können die Ziele der Wirtschaftspolitik von Staat und Kommune durchaus entgegengesetzt sein, etwa dann, wenn der Staat aus volkswirtschaftlichen Gesichtspunkten einem Industriezweig (z. B. Textilindustrie) mindere Förderungswürdigkeit beimißt, die betroffene Kommune aber allein um der Arbeitsplätze willen ein starkes Interesse an der Erhaltung der ortsansässigen Industrie hat. Eine Wirtschaftsförderung der Stadt müßte in diesem Fall den Interessen der in der Stadt beheimateten Industrie entgegenkommen. Eigenständige Wirtschaftsförderung der Stadt bedeutet, daß die Stadt ihre Nähe zum ortsansässigen Gewerbe nutzt und nicht nur finanzielle Hilfen

(Bürgschaften, Kredite) und infrastrukturelle Hilfen (Zufahrtswege, Standortplanung für Schulen, Wohnsiedlungen usw.), sondern auch Hilfen in Form von Innovationsberatung, Informationsvermittlung, technologische Beratung und Marketingberatung fördert. Damit bietet die Stadt eine Alternative gegenüber einer Konzeption flächendeckender Wirtschaftsförderung. Sie konzentriert sich auf den lokalen Bedarf. Die Möglichkeiten der Kommune sollten durch Änderung des Wirtschaftsverfassungsrechts dahingehend ausgedehnt werden, daß die Kommune selbst im Interesse der ortsansässigen Betriebe Marktforschung, Wirtschaftswerbung, ja in Sonderfällen vielleicht sogar Produktwerbung betreiben kann. Entsprechend muß auch die Eigenverantwortlichkeit der Städte für die Sicherung und Schaffung neuer Arbeitsplätze gestärkt werden.

Die Gemeinden müssen daneben in die Lage versetzt werden, mehr »Kompetenz« über die Förderungsmittel zu erhalten und nicht nur »Zuständigkeit«, d. h. es sollten ihnen größere Möglichkeiten eingeräumt werden, den Verwendungszweck der Förderungsmittel (z. B. für die Förderung des örtlichen Arbeitsmarktes und des Umweltschutzes) mitzubestimmen.

(108) Zwei Bereiche der Wirtschaftsförderung durch die Kommune sind besonders hervorzuheben: Die Standortplanung und die Förderung der Arbeitsplätze in der Stadt.

a) Standortplanung

(109) Hier geht es um vier Hauptprobleme, nämlich
- um die Abwanderung von Betrieben und Verwaltungen aus den Kernstädten;

- um das Hereindrängen von Unternehmen in die Stadt;
- um die Verdrängung von Wohnraum und Kleinbetrieben;
- um die gezielte Ansiedlung von Betrieben.

Abwanderung von Unternehmen

Wenig problematisch (abgesehen von den finanziellen Auswirkungen auf die Kernstadt) ist die Abwanderung von Unternehmen dann, wenn es sich um florierende Industriebetriebe handelt, die wegen ihres steigenden Platzbedarfs und wegen ihrer Schadstoffausscheidungen nicht mehr in den Wohngebieten bleiben können und deshalb an die Peripherie ziehen. Sie machen dann Flächen frei, die für den Neubau von Wohnungen, die Anlage von Grünflächen oder Gemeinschaftseinrichtungen verwendet werden können. Problematisch wird die Abwanderung dann, wenn beispielsweise große Dienstleistungsbetriebe bestimmte Standorte auf der »grünen Wiese« im engeren Umland suchen und dabei eine »bodenfressende« Bauweise bevorzugen. Auch Gewerbebetriebe wandern aus den Kernbereichen der Städte in das Umland ab, da gleich große, preiswerte und im Blick auf die Verkehrsverbindungen gut erschlossene Flächen in den Innenstädten und alten Ortskernen kaum bereitgestellt werden können. Damit werden die Standorte weit gestreut und das Verkehrsaufkommen vergrößert. Stillegungen und Verlagerungen von Betrieben sind von der Stadt kaum zu steuern.

Verdrängungsprobleme

Aber auch umgekehrt kommt es zu Problemen, wenn alteingesessene Betriebe durch neue Unternehmen aus dem Kernbereich der Städte verdrängt werden, oder wenn schon vorhandene Betriebe sich ausdehnen wollen. Der Charakter der Stadt wird so erheblich verändert: Wohnraum wird zerstört; Einzelgeschäfte werden durch Verbrauchermärkte verdrängt; Großbanken und Verwaltungen prägen das Gesicht der Innenstadt; der Pendlerverkehr schafft zusätzliche Belastungen für die Stadt.

gezielte Ansiedlung

(110) Die gezielte Ansiedlung von Unternehmen bringt erhebliche Vorteile für den Arbeitsmarkt und die Finanzsituation der Kommunen mit sich. Dennoch gibt es auch hier Probleme: Die Kommunen erwiesen sich nicht selten als große »Egoisten«, die nahezu um jeden Preis Betriebe anzuziehen versuchten und dabei die Förderung kleiner

und mittlerer Betriebe vernachlässigen. Die Ansiedlung wird in solchen Fällen durch den Verlust an Grünflächen, durch erhöhtes Verkehrsaufkommen, Belastungen des Umfeldes, durch Zugeständnisse bei den Bauauflagen und Beeinträchtigungen des Stadtbildes sowie durch die Verdrängung eingesessener Kleinbetriebe teuer erkauft.

Aktivierung von Kleingewerbe und Mittelbetrieben

(111) Um die klassischen Funktionen der Städte zu neuem Leben zu erwecken, kommt der Belebung des handwerklich geprägten Kleingewerbes und mittleren Gewerbes neue Bedeutung zu. Auch in der äußeren Gestaltung der Stadt sollte diese eigenständige örtliche Tradition berücksichtigt werden. Betriebe dieses Wirtschaftsbereiches können am ehesten in Wohngebieten gehalten werden, wodurch ein harmonisches Nebeneinander von Wohnen und Arbeiten im Quartier erreicht werden kann. Betriebsgründungen für kleinere und mittlere Gewerbetreibende sollten u. a. auch durch Hilfen beim Grundstückskauf erleichtert werden. Bei der Stadterneuerung ist die Gewerbeerosion zu vermeiden und der Erhalt von Betrieben, deren Existenz von direkten lokalen Kontakten abhängig ist, stärker als bisher zu beachten. Eine Möglichkeit hierzu ist auch das Einrichten von Gewerbehöfen.

Förderung der Marktfunktion

(112) Auch die »Marktfunktion« der Stadt sollte wieder stärker wahrgenommen werden. Besonders förderungswürdig sind marktähnliche Einkaufs- und Ausstellungsmöglichkeiten wie z. B. Wochenmärkte, Ansiedlung von Einzelhandelsgeschäften, Konzentration von kleineren Handwerksbetrieben und Kunstgewerbe in besonderen Straßen, Bereitstellung von Ausstellungs- und Werbeflächen. Die Angebotsvielfalt, Individualität und Attrakti-

vität der Stadt wird auf diese Weise erhöht. Ebenso wird die Stadt-Land-Verbindung verbessert, und die einheimischen Wirtschaftskräfte werden gestärkt. Freilich muß bei diesen Bemühungen das Konzept der »polyzentrischen Struktur«, d. h. der »offen gegliederten Stadt«, im Blick bleiben: Es bedeutet keinen besonderen Gewinn, Flohmarkt, Wochenmarkt und Einzelhandelsgeschäfte im Stadtzentrum zusammenzuballen. Es geht vielmehr um die ausgewogene Zuordnung von Wohnen, Erholen, Einkaufen und Arbeiten.

dabei freilich Gesamtkonzept beachten

(113) Betriebsgründungen, Neuansiedlungen, Betriebsverlagerungen und Bestandsförderung sollten sich dem Gesamtkonzept einer Wirtschaftsentwicklung einordnen, deren Ziel es ist, die Gewichtung und Verteilung der einzelnen Sektoren und Branchen und deren Zuordnung (zueinander zu den anderen Funktionen des städtischen Lebens) mit dem Konzept der menschen- und umweltgerechten Stadt in Einklang zu bringen.

b) Schaffung und Erhaltung von Arbeitsplätzen in der Stadt

Förderung des Arbeitsmarkts durch Förderung der Betriebe

(114) Nicht nur die Schließung von Großbetrieben, sondern auch die von mittelständischen Betrieben kann für den örtlichen Arbeitsmarkt einen schweren Schlag bedeuten. Wirtschaftsförderung durch die Kommune bedeutet deshalb zum guten Teil auch Erhaltung bzw. Verbesserung des Arbeitsmarktes. Die gegenwärtig angespannte Arbeitsmarktsituation trifft die Ballungsgebiete, insbesondere die altindustrialisierten Regionen, hart. Die Förderungspolitik der Kommunen setzt in erster Linie bei der Förderung der Betriebe und nicht so sehr beim betroffenen Arbeitslosen bzw. gefährde-

ten Arbeitnehmer selbst an. Hilfe für die Arbeitslosen wird deshalb weitgehend in Form von Investitionshilfen und Subventionen für die private Wirtschaft, aber auch durch die gezielte Förderung im Bereich der beruflichen Bildung geleistet.

Förderung des Arbeitskräftekarussells

(115) Die Schwierigkeiten der örtlichen Wirtschaft konzentrieren sich oft auf einzelne Branchen. Während bestimmte Industriezweige zusätzliche Arbeitskräfte benötigen, müssen andere Betriebe Entlassungen vornehmen. In diesem Fall kommt es dann lediglich zu einer Umschichtung am Arbeitsmarkt der Region, nicht aber zu einem Anstieg der absoluten Arbeitslosenzahl. Die Aufgabe der Wirtschaftsförderung der Stadt besteht dann darin, das »Arbeitskräftekarussell« in Bewegung zu halten und bei deutlichen Arbeitsplatzverlusten eine entsprechende Zahl von neuen Arbeitsplätzen zu schaffen. Die Schwierigkeiten sind hier jedoch in den letzten Jahren erheblich gewachsen. Für immer mehr Arbeitslose lassen sich unter den allgemeinen wirtschaftlichen Bedingungen kaum noch Arbeitsplätze schaffen. Die Kammer der EKD für soziale Ordnung hat in ihrer Studie »Solidargemeinschaft von Arbeitenden und Arbeitslosen« 1982 angeregt, einen sog. »Zweiten Arbeitsmarkt« zu schaffen. Hierfür müßten die Kompetenzen der Städte erweitert und die für die Arbeitslosen aufgewendeten Mittel gezielt so eingesetzt werden, daß den von struktureller Arbeitslosigkeit Betroffenen auf Dauer sinnvolle Arbeit ermöglicht wird. Unsere Organisation der Arbeitsverteilung darf nicht auf Dauer einen Teil der Gesellschaft von der Arbeit ausschließen. Die Stadt muß ferner ihre Verantwortung für die Arbeitslosen auch als großer Arbeitgeber und Investor wahrnehmen.

6.3 Energieversorgung und rationelle Energieverwendung

Energiesituation prägt Gesicht der Stadt

(116) Die Art ihrer Energieversorgung prägt direkt und indirekt das Gesicht der Stadt. An ihr muß sich zugleich die ökonomische Verantwortung bewähren und kann die Frage nach der Neugewinnung von Arbeitsplätzen aufgeworfen werden. Siedlungsstrukturen, Standortwahl von Kraftwerken und Verkehrsplanung sind voneinander abhängig. Die Kosten der Energieverbräuche, die Erschöpfung der Energiequellen zwingen zu größerer Sparsamkeit auf diesem Gebiet.

Schwerpunkte der Energiepolitik sind die Einsparung von Primärenergie und die Ölverdrängung. Große Einsparpotentiale gibt es weiterhin bei Haushalten und Kleinverbrauchern. Rund 44% des Endenergieverbrauchs entfallen auf diesen Bereich. 35% des gesamten Mineralöls werden hier verbraucht, davon mehr als 80% für die Raumheizung.

Zahlreiche Wohnungen, vor allem aus der Nachkriegszeit, haben noch eine schlechte Wärmedämmung und unwirtschaftliche Heizungen. Die Wohnungsstichprobe 1978 zeigt, daß immer noch 50% aller Wohnungen mit Öl beheizt werden. Der Anteil des Gases lag bei 17%. Lediglich 8% der Wohnungen sind an eine Fernheizung angeschlossen.

Wärmeversorgung

(117) Die Wärmeversorgung von Städten und Gemeinden muß sich an den allgemeinen energiepolitischen Zielvorstellungen ausrichten. Dazu sind Systeme mit hohen Wirkungsgraden, etwa mit Kraft-Wärme-Kopplung oder der Nutzung von Abwärme anzustreben. Auch durch den Einsatz von Wärmepumpen kann eine wesentliche Steigerung des Wirkungsgrades erreicht werden.

Folgendes erscheint notwendig:

- Wärmeversorgung nach Entwicklungsplanung
  - Im Rahmen von örtlichen oder regionalen Energieversorgungskonzepten ist eine Versorgung entsprechend der Nachfragestruktur und ihrer Entwicklung zu planen. Die Wärmeversorgung wird damit ein Teil der kommunalen oder regionalen Entwicklungsplanung. Im Planungsprozeß sind die technischen und wirtschaftlichen Probleme der Wärmeversorgung mit den Zielen der Stadt- und Regionalplanung sowie der Umweltpolitik abzustimmen.

- »Fernwärmeinseln«
  - Leitungsgebundene Wärmeversorgungssysteme sind kostenintensiv. Zur Vermeidung hoher Anlaufverluste empfiehlt sich eine »Inselstrategie«. Kleine Fernwärmeinseln können zunächst über Blockheizkräfte versorgt und später zu flächendeckenden Systemen zusammengeschlossen werden. Den Gebietskörperschaften fällt hierbei eine Doppelfunktion zu. Sie nehmen zum einen entscheidenden Einfluß auf die Versorgungsplanung und sind zum anderen durch ihre öffentlichen Gebäude selber wichtige Energienachfrager. Nach Schätzungen entfallen rund 10% des Energieverbrauchs auf den öffentlichen Bereich.

- Sozialverträglichkeit
  - Wärmeversorgungssysteme müssen sozial verträglich sein. Sie dürfen nicht dazu führen, daß Bewohner wegen zu hoher Belastungen aus der gewohnten Umgebung vertrieben werden. Deshalb sollten Eigentümer und Mieter von vornherein in Planungsprozesse eingeschaltet werden und die Möglichkeiten haben, Investitionsentscheidungen mitzubestimmen. Außerdem sollten die Möglichkeiten der Modernisierung von Wohnungen durch die Mieter erweitert werden.

rationelle Planung und Versorgung

(118) Die Zusammenarbeit zwischen kommunaler Planung und Energieversorgung ist dort problemlos, wo es kommunale Querverbundunternehmen gibt. Schwieriger ist dagegen häufig die Zusammenarbeit zwischen Gemeinden und Unternehmen. Sie sind vor allem daran interessiert, den Marktanteil der von ihnen vertriebenen Erzeugnisse zu erhöhen. Auch hier muß es zu einem Interessenausgleich kommen. Der Wettbewerb darf nicht dazu führen, daß in einzelnen städtischen Gebieten mit hoher Wärmenachfrage mehrere

Leitungssysteme parallel verlegt werden, während Gebiete mit wirtschaftlich weniger interessanter Nachfrage unversorgt bleiben. Die Versorgungsunternehmen haben hier auch eine gesamtwirtschaftliche Aufgabe zu erfüllen, die sich an dem Ziel der Sparsamkeit und nicht nur an der weiteren Expansion zu orientieren hat.

klimabewußt bauen

(119) Die Möglichkeiten klimabewußten Planens und Bauens sind seit Jahrhunderten bekannt. Durch Nutzung der Sonnenenergie, Verminderung von Wärmeverlusten durch einfache, kompakte Bauformen und Maßnahmen zum Windschutz läßt sich der Wärmebedarf erheblich vermindern. Bislang werden jedoch die Regeln für klimagerechtes Bauen noch zu wenig beachtet. Es ist deshalb notwendig, das Verständnis für wärmebewußtes Wohnen und Bauen wieder zu erwecken und aus herkömmlichen Wohnvorstellungen herrührende Vorurteile abzubauen.

Wachstum und Energieverbrauch entkoppeln

(120) Große Bemühungen sind notwendig, um wirtschaftliches Wachstum und Energieverbrauch noch stärker voneinander abzukoppeln. Nicht zuletzt die Gefährdung unserer Umwelt und unsere Verantwortung der Dritten Welt gegenüber sollten uns veranlassen, mit den nur begrenzt vorhandenen Energieressourcen schonend umzugehen.

7. Die Beteiligung der Bürger an Planung und Gestaltung ihrer Stadt

7.1 Kommunale Selbstverwaltung und Bürgerbeteiligung

7.1.1. Die Chance der kommunalen Selbstverwaltung

Stadt braucht aktive Bürger

(121) Ohne die aktive Beteiligung ihrer Bürger ist die Stadt nur eine äußere Hülle, die Wohlstand und Geschäftigkeit kennen kann, die aber nicht die lebendige Gemeinschaft bildet, die ein Gemeinwesen allein durch den tätigen Anteil seiner Glieder an seinen Geschicken werden kann. Ein ermutigendes Zeichen setzten die zahllosen Bürger, die ihre Treue zur Stadt dadurch bekundeten, daß sie beim Wiederaufbau der zerstörten Städte kein Opfer scheuten. Es war deshalb nicht verwunderlich, daß nach Beendigung des eigentlichen Wiederaufbaus der Wunsch nach Mitsprache und Bürgerbeteiligung breite Schichten und alle Generationen erfüllte. Angesichts der ökologischen Herausforderung ist die aktive Mitbeteiligung der Bürger heute unverzichtbar.

Staatsverständnis fordert Bürgerbeteiligung

(122) Häufig machten aktive Bürgergruppen bei ihren Willensäußerungen die enttäuschende Entdeckung, daß das Terrain der Willensbildung bereits besetzt war durch eine Verwaltung, die sich für allein zuständig betrachtete, und durch die politischen Parteien, die dazu neigten, sich als die alleinigen Träger der politischen Willensbildung anzusehen. Die Väter des Grundgesetzes aber stellten sich den demokratischen Staat nicht allein als Ausfluß der nationalen Souveränität, als zentralistische Einheit vor, sondern als eine föderative

Einigung freier Menschen, die auch in der örtlichen Gemeinde zur gleichen Ausgestaltung der Freiheit führt. Nach dieser Anschauung ist der freiheitliche Staat ein gegliederter Staat, in dem der Gedanke der Selbstbestimmung der Bürger auch in den engeren Gemeinschaften sich verwirklicht. Er ruht auf dem Fundament bürgerschaftlicher Selbstverwaltung in den Gemeinden und Kreisen, auf der aktiven Mitwirkung des Bürgers im engeren örtlichen Lebensfelde.

7.1.2 Das rechtliche Angebot der Bürgerbeteiligung

Städtebaubericht

(123) Die Bundesregierung hat in ihrem Städtebaubericht 1970 programmatische Feststellungen zur Bürgerbeteiligung getroffen, die seither auch die Gesetzgebung mitbeeinflußt haben.

Es heißt dort: »Die Planung der städtebaulichen Entwicklung muß sich stärker auf den Willen des einzelnen Bürgers stützen. Er muß die Gewißheit haben, daß die städtebauliche Entwicklung seiner Gemeinde auf seinen Vorstellungen aufbaut und nicht über seinen Kopf hinweg von Amts wegen vollzogen wird. Diese ›Demokratisierung des Planungsprozesses‹ ist eine wichtige Voraussetzung, demokratisch-staatsbürgerliches Engagement dort zu ermöglichen, wo der Lebensbereich jedes einzelnen am unmittelbarsten berührt wird. Dazu ist es notwendig, den Bürger bereits im Vorbereitungsstadium gründlich zu informieren, um sein Urteil in die Planung der städtebaulichen Entwicklung einbeziehen zu können«.

Städtebauförderungsgesetz

(124) Der Kern dieser Aussage stand hinter der Aufnahme der Regelungen über die Bürgerbeteiligung bei städtebaulichen Sanierungsmaßnahmen in das Städtebauförderungsgesetz 1971. Diese Überlegungen waren auch maßgebend für die Erweiterung der Bürgerbeteiligung bei der Bauleitplanung im Rahmen der Novellierung des Bundesbaugesetzes 1976. Ohne Zweifel haben diese

beiden Gesetze eine neue Entwicklung in der Beteiligung der Bürger an der gesetzlich geordneten Stadtplanung gebracht. Dem §2a Bundesbaugesetz entsprechende Bürgerbeteiligungsvorschriften sollten auch bei vergleichbaren Planungsgesetzen eingeführt werden.

In diesen Gesetzen ist zum ersten Mal, wenn auch in offener Form und mit begrenzter Verbindlichkeit, die Beteiligung der betroffenen Bürger festgelegt: Sie sollen »möglichst frühzeitig« und »in geeigneter Weise« von der Planung unterrichtet, zu den Plänen gehört und hinsichtlich ihrer Bedenken und Anregungen (vor allem was soziale und wirtschaftliche Auswirkungen der Planung betrifft) berücksichtigt werden. Der bei Sanierungsmaßnahmen zu erstellende Sozialplan soll nachteilige Wirkungen auffangen oder wenigstens mildern (vgl. hierzu auch die »Planungs- und Sanierungsbeiräte« als Formen gesetzlich vorgeschriebener Bürgerbeteiligung). Wenn die hier gesetzlich vorgesehenen Beteiligungsformen Erfolg haben sollen, muß sichergestellt sein, daß die Betroffenen in einem Stadium der Planung angehört werden, in dem die Weichen noch nicht gestellt, die Kriterien für die Entscheidung noch nicht endgültig festgelegt und die Ergebnisse der Sozialstudien, die nach dem Städtebauförderungsgesetz für jeden Sanierungsbereich anzufertigen sind, einsehbar sind.

Gemeinden mit Erfahrung in der Durchführung städtebaulicher Maßnahmen nach dem Städtebauförderungsgesetz halten die Bürgerbeteiligung durchweg für notwendig und den damit verbundenen personellen und finanziellen Aufwand für gerechtfertigt.

Beteiligungsangebote der Gemeinden

(125) Die Beteiligungsangebote der Gemeinden konzentrieren sich regelmäßig auf die vorgeschriebenen Erörterungen nach dem Städtebauförderungsgesetz sowie auf die Offenlegung von Bebauungsplänen und die frühzeitige Beteiligung nach dem Bundesbaugesetz. In vielen Fällen gehen Gemeinden (oder die von ihnen beauftragten Träger) jedoch darüber hinaus und schaffen zusätzliche Formen der bürgerschaftlichen Beteiligung:

Bürgerversammlungen, Sanierungsbeiräte, Sanierungskommissionen, Planungsberater, Sanierungsberatungsstellen. In vielen Fällen arbeiten die örtlichen Verbände der politischen Parteien, der Gewerkschaften und anderer Organisationen im Rahmen der Bürgerbeteiligung an der Planung und Durchführung der Maßnahmen mit.

Defizite

(126) Wenn auch die bisherigen Erfahrungen mit der Bürgerbeteiligung im allgemeinen ermutigend waren, so gibt es doch noch manche Defizite: Wichtige planerische Vorentscheidungen, die die unmittelbare Erfahrungswelt sowie Bedürfnisse und Anliegen der betroffenen Bürger berühren, werden häufig ohne Beteiligung der Öffentlichkeit und der parlamentarischen Gremien getroffen. Dies gilt für Strukturplanungen auf Landesebene ebenso wie für die Regionalplanung und für Bereichsentwicklungsplanungen in den Großstädten bzw. Stadtstaaten. Entscheidungen über Wohnbevölkerungsstruktur, über Standortfragen, über räumliche Strukturen werden in Gemeinden vorentschieden und gehen dann als Festlegungen in die Bauleitplanungen ein, ohne daß sie noch einmal ausreichend öffentlichen Diskussions- und Entscheidungsprozessen ausgesetzt werden. Auch für die Bereitstellung von öffentlichen Mitteln ergeben sich Festlegungen, die eine spätere Mitgestaltung und Teilhabe am Planungsprozeß durch die Bürger aushöhlen. Die Menschlichkeit der Lebensbedingungen in den Städten hängt nicht zuletzt daran, daß diese Defizite an Mitwirkungsmöglichkeiten für die betroffenen Bürger vermindert werden.

(127) Den Gemeinden stellen sich damit folgende Aufgaben:

Aufgaben:
- Mitwirkung im Planungsverfahren
– Es erscheint notwendig, daß der Mitwirkung im Planungsverfahren eine größere Verbindlichkeit zukommt und entsprechende Gremien gebildet werden, die mit Kompetenz ausgestattet sind. In diesen Gremien müssen die Betroffenen angemessen beteiligt werden. Die Gremien sollten von Beginn der kommunalen Entwicklungsplanung an und in allen Phasen eingeschaltet werden. Die Beteiligung sollte nicht nur dadurch ermöglicht werden, daß die Planung für die Bürger »aufbereitet« wird, sondern es sollte versucht werden, die Bürger anzuregen, selbst Vorschläge zu machen (kreative Beteiligung der Bürger anstelle der bloßen informellen Beteiligung).

- institutionelle Voraussetzungen
– Die institutionellen Voraussetzungen bürgerschaftlicher Beteiligung (z.B. gesonderte Räumlichkeiten) sollten ausgebaut, verbesserte Informations- und Begegnungsmöglichkeiten zwischen Verwaltung und Betroffenen sollten geschaffen werden.

- Gemeinwesenarbeit
– Die stadtteilbezogene Sozial- und Gemeinwesenarbeit sollte grundsätzlich verbessert werden. Dies gilt vor allem, um die Zugangschancen benachteiligter Bevölkerungsgruppen zu den Beteiligungsangeboten der planenden Verwaltung zu erhöhen.

- Information
– Die von der Verwaltung und den politischen Gremien auf die Bürger gerichteten Informationen sollten stärker für die Bedürfnisse einzelner Zielgruppen aufbereitet werden.

- Vereinfachung
– Die Verfahren der Darlegung, Anhörungen und Erörterungen sowohl nach dem Städtebauförderungsgesetz als auch dem Bundesbaugesetz sollten entsprechend vereinfacht werden.

- Träger öffentlicher Belange
- Eine besondere Verantwortung kommt den »Trägern öffentlicher Belange« zu, denen auch bisher schon Mitwirkungsrechte eingeräumt waren. Zu den »Trägern öffentlicher Belange« gehören herkömmlich nicht nur staatliche Institutionen, sondern auch öffentlich-rechtliche Körperschaften wie z.B. Kirchen und Religionsgemeinschaften, Handwerkskammer, Industrie- und Handelskammer, Bauernverband. Diese Institutionen haben nach dem Bundesbaugesetz an sich die Aufgabe, im Rahmen der Bauleitplanung nur die Bedürfnisse des in ihren Wirkungskreis fallenden Teilbereichs vorzutragen. In Zukunft wird es darauf ankommen, den Kreis der Träger öffentlicher Belange im Hinblick auf die Verantwortung für das Gemeinwohl sowohl hinsichtlich der Zusammensetzung als auch der Aufgabenstellung neu zu überdenken.

7.2 Bürgerbeteiligung im Spannungsfeld der gegensätzlichen Interessen und Wünsche

(128) Bürgerbeteiligung bei Planungsvorhaben in der Stadt ist nur denkbar in einer Form, die den vielfältigen und gegensätzlichen Zielen und Interessen gerecht wird, die Spannung dieser Gegensätze erträgt und einen fairen Ausgleich herbeiführt. Das Ziel der Bürgerbeteiligung wird verfehlt, wenn sie zu einer Bewegungsunfähigkeit der planenden Kommunen führt und Planungen so schwerfällig macht, daß letztlich niemand mehr darunter leidet als der Bürger selbst. Bürgerbeteiligung muß als konstruktiver Beitrag der von Planungsvorhaben betroffenen Bürger verstanden werden, nicht aber als »Zusammenführung der Wünsche aller zu einer Planungsentscheidung« oder als »Verhinderungsstrategie«. Hierbei darf freilich nicht überse-

hen werden, daß die vielen beschwerlichen Erfahrungen der letzten Jahre mit Formen der Bürgerbeteiligung in deutschen Städten, die in den Augen mancher Planer zu einer »Lähmung« der Entscheidungen führten, keinesfalls gegen die Bürgerbeteiligung selbst sprechen. Der mühevolle Lernprozeß für Planer und Bürger muß fortgesetzt werden. Je mehr die Gesellschaft und der einzelne Bürger lernen, mit spannungsvollen Interessengegensätzen konstruktiv umzugehen und zurechtzukommen, desto mehr Bürgernähe und Beteiligung betroffener Bürger wird möglich sein.

7.2.1 Erfahrungen mit Bürgerinitiativen

Bürgerinitiativen durchaus hilfreich

(129) Die Beteiligung der Bürger an der Planung, Gestaltung und Verfügung über das Gemeinwesen wirft dann eine Reihe von grundsätzlichen gesellschaftspolitischen Fragen auf, sobald die Entscheidungskompetenz und Letztverantwortlichkeit der kommunalen und staatlichen Organe berührt wird. Hierzu gehört die Beurteilung der Bedeutung von Bürgerinitiativen. Sie ist unterschiedlich und reicht von ihrer Ablehnung als Ausdruck des organisierten Gruppenegoismus bis hin zu ihrer Empfehlung als kritische Anfrage an die repräsentative Demokratie und das Parteienprinzip. Es ist inzwischen vielfache Erfahrung, daß in Fragen der Teilhabe an Prozessen der Stadtentwicklung und Stadtplanung Bürgerinitiativen eine größere Bürgernähe der Entscheidungen und eine bessere öffentliche Kontrolle der Machtausübung und Entscheidungspraxis gebracht haben. Erfahrungen, Wünsche, Bedürfnisse und elementare Anliegen der betroffenen Bürger können hier vielfach spontan und gezielt gegenüber Planungen und Entscheidungen der Verwaltungen und Entschei-

dungsgremien zum Ausdruck kommen. Vermehrt setzen sich Bürgerinitiativen für die Interessen von Natur und Umwelt ein.

Zunehmendes gegenseitiges Verständnis

(130) Nicht nur der Gesetzgeber, sondern auch die kommunalen Verwaltungen haben dies als einen Vorteil für die Sache selbst erkannt und versuchen verstärkt, freilich mit unterschiedlichem Erfolg, diese Beteiligung und Teilhabe von sich aus anzuregen und zu unterstützen. Die Bemühungen gehen dabei über die bloße Konfliktvermeidungsstrategie hinaus. Es ist ein doppelter Lernprozeß in Gang gesetzt: Zum einen lernen die Bürger immer besser, in sachlicher Argumentation, Festigkeit und Geduld ihre Interessen und Anliegen zu artikulieren und vorzutragen, zum anderen steigt die Aufgeschlossenheit der Verantwortlichen, Bürgerinitiativen als ein kritisches Gegenüber ernstzunehmen und zu hören.

7.2.2 Weitere Formen der Bürgerbeteiligung

Formen der Beteiligung:

(131) An verschiedenen Stellen der Bundesrepublik sind unterschiedliche Formen der Beteiligung vorgeschlagen und erprobt worden, die wertvolle Anregungen geben. Im folgenden seien einige Formen der Bürgerbeteiligung, die bisher praktiziert wurden, kurz referiert:

– Kommissionen, Beiräte
– Kommissionen und Beiräte gehören zu den häufigsten Formen der Beteiligung an lokal-politischen Entscheidungen. Sie haben im allgemeinen zum Ziel, den »Sachverstand der Bürger« für die Entscheidungsfindung nutzbar zu machen. Ihre Mitglieder werden von parlamentarischen Gremien bzw. von Verwaltungsinstanzen fast ausschließlich aus Verbänden und Instituten berufen, nicht aber aus dem Quartier selbst.

– Bürgerforen
– Die Einsicht der Verantwortlichen in Politik und Verwaltung in die Nützlichkeit rechtzeitiger öffentlicher Darstellung und Diskussion der Stadtentwicklungsplanung hat in

vielen Städten zur Gründung von Bürgerforen geführt. Die Verwaltung gewährt eine Beteiligung durch Bereitstellung von Informationsmaterial und zeigt sich an den Ergebnissen der Diskussion interessiert. Gegenüber der kommunalen Planung wird gezielt eine »kritische Öffentlichkeit« hergestellt.

– »Planungszelle« – Die sogenannte »Planungszelle« geht von dem Grundsatz aus, daß die Betroffenen die besten Fachleute für die sie betreffenden Probleme sind, und sieht die Ermittlung von Planungsgruppen von Bürgern im repräsentativen Querschnitt zur betroffenen Bevölkerung vor, die für zwei oder drei Wochen zu Planungsseminaren mit offizieller Freistellung (Bildungsurlaub) und Entschädigung für den Verdienstausfall »einberufen« werden. Die Planungsaufgaben stellt die Verwaltung. Sie liefert auch die Informationen und beteiligt sich an der Auseinandersetzung. Hierbei ist zu bedenken, daß die Planungszelle lediglich eine partielle Aufgabe besitzt; sie leistet nicht einen umfassenden Beitrag zur Gesamtplanung, sondern entspricht dem Wunsch der Planenden selbst, interessante Anregungen und Hinweise aus der Bürgerschaft zu erhalten, um auf diese Weise so zu planen, daß das Planungsergebnis später von den Bürgern auch bejaht und angenommen wird.

– stadtteilnahe Volkshochschularbeit – Besondere Beachtung hat auch das Modell einer »stadtteilnahen Volkshochschularbeit« gefunden. In Volkshochschulkursen, die über Jahre dauern, werden hier die kommunalen Planungsabsichten offengelegt und mit den zahlreichen Kursteilnehmern diskutiert und weiterentwickelt. Auf diese Weise können der Abbau von Spannungen bei Stadtveränderungsplanungen sowie eine hohe Motivation der Beteiligten erreicht werden.

– anwaltschaftliche Gemeinwesenarbeit, Anwaltsplanung Auch Gemeinwesenarbeit in freier Trägerschaft, etwa der Kirchen, der Wohlfahrtsverbände oder auch der Bürgervereine, hat gute Möglichkeiten, sich mit den Problemen der Betroffenengruppen zu identifizieren und Hilfe zur Selbsthilfe in der Vertretung ihrer Ansprüche auf Beteiligung an der Alltagspolitik in ihrem Quartier zu geben. Auch hier liegt das Bemühen vor, die Alltagspolitik im Gemeinwesen zugunsten der betroffenen Bürger zu beeinflussen. Hier freilich kommt es darauf an, daß es solcher anwaltschaftlicher Gemeinwesenarbeit gelingt, die Betroffenen zur eigenen Vertretung ihrer Anliegen zu motivieren, gewissermaßen also »Initialhilfe« zur Mitgestaltung ihres Quartiers zu leisten. Diese Aufgabe wird an verschiedenen Stellen im Rahmen der Anwaltsplanung mit Erfolg wahrgenommen.

7.2.3 Neue Kommunikationsmedien als Herausforderung für die Bürgerbeteiligung

(132) Die neuen Informations- und Kommunikationstechnologien zielen in erster Linie auf die Ballungsgebiete, in denen die sozialen Verflechtungen dicht sind. Vor allem die Kosten-Nutzen-Relation erweist sich dort als besonders günstig. Es besteht die Gefahr, daß durch diese Entwicklung der Urbanisierungstrend weiter verstärkt wird, ohne daß die sozialen Folgen ausreichend reflektiert und schädlichen Nebenwirkungen wirklich vorgebeugt wird.

kritische Beteiligung

Obwohl die Medienpolitik als entscheidender Bestandteil der Gesellschaftspolitik angesehen wird, fehlt es immer noch an regelmäßiger Information über den Stand der neuen Kommunikations- und Datenverarbeitungstechnologien, die Grundlage des künftigen Mediensystems sind. Es sollten alle diejenigen zur Auskunft verpflichtet sein, die diese Technologie entwickeln und ihre Anwendung vorbereiten. Zweck der Auskunftspflicht soll es sein, die Bürger mit den für die medienpolitische Diskussion notwendigen Informationen über den Entwicklungsstand und die Anwendungsmöglichkeiten vertraut zu machen. Ihre kritische Beteiligung ist gefragt, um in der Einführungs- und Erprobungsphase die Erfahrungen auszuwerten: Werden mit lokalen Programmen neue, breitere Zugänge zu den Medien geschaffen? Kommt ein mehr an Gemeinsinn und Bürgermotivation zustande? Kommen Gruppen und einzelne zu Wort, die sonst keine Chancen haben, gehört zu werden?

(133) Die neuen Technologien können unterschiedlich genutzt werden, entweder tendenziell konsumptiv oder tendenziell als »lernende Systeme«. In einem Fall werden die Nutzer vorwiegend von dem geprägt, was das Medienmanagement ihnen für zuträglich oder sich selbst für einträglich hält. Dann besteht die Gefahr, daß Abrufhäufigkeiten und Einschaltquoten sich an modischen, reizintensiven Angeboten orientieren und diese konsequent vermehrt werden. Medienpädagogische Untersuchungen zeigen, daß Angebote dann direkt (im Sinne ihrer Inhalte und Wertakzente) wirken, wenn dabei zugleich Bewertungen vorgenommen und kritisches Nachdenken gefördert werden. Die Kirche könnte eine derartige »wertkritisch-akzentuierende Rezeption« in Bildschirmtext und Kabelfernsehen fördern (in Jugendgruppen, Abendveranstaltungen usw.). Es besteht die Möglichkeit, daß damit Abruf- und Einschalthäufigkeit verändert und das Angebot dementsprechend weiterentwickelt wird. Dazu ist allerdings eine erhebliche Breitenwirkung erforderlich, die von der Kirche eine große Anstrengung verlangen würde.

8. Kirchliche Praxis im großstädtischen Ballungsraum – Herausforderungen, Defizite, Aufgaben

8.1 Die Betroffenheit der christlichen Gemeinde

Betroffenheit

(134) Die Kirchengemeinde der Großstadt lebt nicht abseits von den Problemen der durchrationalisierten Stadt mit ihren Chancen und Gefahren, mit ihren sozialen Möglichkeiten und zugleich auch desintegrativen Tendenzen. In der Gemeinde versammeln sich Menschen zu Gottesdienst und Gebet, die als Arbeitende, als Bewohner oder Verantwortungsträger mit einzelnen Fragen der Stadtentwicklung im Alltag konfrontiert sind. Die Christen in der Großstadtgemeinde legen ihre Identität als Menschen der modernen Großstadt in den Kirchenräumen nicht ab. Aus diesem Grunde kann die Großstadtgemeinde nicht wählen, ob sie sich den Fragen der humanen Stadtentwicklung und der Situation der Menschen in der Stadt stellen will oder nicht.

Kirchlicher Alltag

(135) Kirchlicher Alltag ist der ganzen Komplexität großstädtischer Strukturen ausgesetzt. Der Alltag einer innenstadtnahen Gemeinde unterscheidet sich stark vom Alltag in Neubau-Großsiedlungen oder dem einer von »Kahlschlag-Sanierung« bedrohten Gemeinde. Wieder anders stellen sich die Probleme der Innenstadt-Gemeinde, in deren Bereich die Zahl evangelischer Gemeindeglieder drastisch sinkt, während zugleich ein Großteil der Mitbürger eine nicht-deutsche Muttersprache spricht.
Die Gemeindeglieder sind ständig mit humanitären Fragen der Lebens- und Wohnbedingungen

der modernen Stadt konfrontiert, die sich heute in bestimmten Bereichen zuspitzen. Hierzu gehören Arbeitslosigkeit, Ausländerfeindlichkeit, Unrast der Jugend, Anonymität, Einschränkung der Entfaltungsmöglichkeiten und der damit bedingten Orientierungsschwierigkeiten. In diesen Fragen werden die Defizite an Geborgenheit, Integration, Überschaubarkeit, Kind- und Jugendgemäßheit offensichtlich und können mit herkömmlichen Formen der Verkündigung nicht einfach beantwortet werden.

Wahrnehmung von Verantwortung

(136) Die Verantwortung der Gemeinde für die Stadt muß freilich recht verstanden werden: Es geht zunächst nicht darum, die Kirchen und ihre Gemeinden in der Stadt zu einem gesteigerten Aktivismus und einer Vielfalt von Initiativen für eine humane Stadtentwicklung aufzurufen. Vielmehr wird den Gemeinden empfohlen, an jedem Ort das Bestehende wahrzunehmen, neue Möglichkeiten zu entdecken und die Lebensbezüge in all die Dimensionen auszuweiten, in denen die meisten Gemeindeglieder schon stehen.

8.1.1 Erfahrungen von Großstadtpfarrern

Erfahrungen – Stuttgart

(137) Ausgangspunkt bilden die vielfältigen Erfahrungen von Pfarrern in Großstadtgemeinden, die in Berichten, Analysen und Initiativen ihren Niederschlag fanden. Einige Beispiele seien hier stellvertretend für andere hervorgehoben: 1975 beschrieb der Stadtdekan von Stuttgart, P. Kreyssig, die radikalen Veränderungen sowohl in der Bevölkerungsstruktur als auch in dem kirchlichen Verhalten der Bewohner von Stuttgart. Er faßte seine Beobachtungen und statistischen Befunde in drei Ergebnissen zusammen:

- Im Kernbereich des großstädtischen Ballungsraumes geht das allgemeine Absinken der Bevölkerungszahlen zu über 60% zu Lasten des evangelischen Bevölkerungsanteils.
- Die Austrittsbewegung hält kontinuierlich an und liegt in der Großstadt nun mehr als das Doppelte über dem landeskirchlichen Durchschnitt. Bei Beerdigungen verzichten im Zentrum der Großstadt mehr als 30% der Kirchenmitglieder auf kirchliches Geleit, während in den übrigen Gebieten die Partizipation nur geringfügig sinkt.

Der überdurchschnittliche Schwund an volkskirchlicher Substanz zeigt sich darin, daß trotz formalen Verbleibens in der Kirche das Grundangebot kirchlichen Geleits an den wichtigsten Lebensstationen viel weniger akzeptiert wird als auf dem Lande und in der Kleinstadt.

Dazu müßte im Grunde ein noch sehr viel wichtigerer Bereich mit ins Auge gefaßt werden, über den wirklich aussagekräftige Statistiken völlig fehlen: Das massive Absinken des Gottesdienstbesuchs in den letzten Jahren. Kreyssig betrachtet die Großstadt als »das reinste und deutlichste Ergebnis von Planungen und Trends, die überall im Lande das geistige Klima bestimmen und die Qualität des Lebens verändern«. Er empfindet ihre Situation als das vorgeschobene Experimentier- und Ergebnisfeld dessen, was die zeitgenössische Industriegesellschaft überall zum Ausdruck bringt und plant.

– Hannover

(138) Auch der Stadtsuperintendent von Hannover, H.W. Dannowski, sieht sich vor ähnlichen Herausforderungen. 1981 stellte er fest, »das Zentrum ist wohnmäßig heute fast eine leere Stadt.« Die ungeheure Bevölkerungswanderung von der Innenstadt nach draußen »hat längst auch die nächste Zone des um das Zentrum liegenden Gebietskranzes erreicht.« Er stellte die beinahe gleichbleibende Dauermobilität Hannovers fest mit 80.000 Zuzügen und 80.000 Fortzügen pro Jahr, also 160.000 Veränderung jährlich. Die davon massiv betroffenen Gemeinden sahen sich vor völlig

neue Situationen gestellt, auf die sie sich nicht so schnell einzustellen wußten.

Hannover und andere Großstädte in Deutschland haben inzwischen im Stadtkern auch die Erfahrung des Pfarrers von St. Martin's in the Field, Trafalgar Square, gemacht. »In einem Umkreis von einem Quadratkilometer um den Trafalgar Square gibt es mehr als 5.000 Obdachlosenplätze. Nachts können sie dort schlafen, am Tage werden sie auf die Straße gesetzt, sitzen auf Bänken, liegen irgendwo in Ecken. Unausdenkbare Schicksale sind das, jeder Mensch eine ganze Tragödie«.

– Berlin

(139) Mit besonderer Vehemenz wurden Pfarrer und Gemeinde in Berlin zu Betroffenen der Stadtentwicklung. In dem Altstadtbezirk Kreuzberg, der seit den sechziger Jahren zum Sanierungsgebiet erklärt worden war, mußten sie den schmerzlichen Lernprozeß durchlaufen: Sanierung kann zum Kahlschlag eines zwar beschädigten, aber noch immer vitalen Stadtquartiers führen und die Lebensgrundlagen der ganzen Einwohnerschaft zerstören. Die Mitarbeiter der Gemeinden fingen an, »den Zusammenhang zwischen Seelsorge mit der Sorge um die Stadt zu sehen«, so Pfarrer Klaus Duntze. Man konnte nicht mehr predigen, unterrichten, trösten, ermutigen wie bisher. Daß ihre Gemeinden nach Straßen, Stadtgebieten organisiert waren, hatte für die Gemeindeglieder nicht länger nur organisatorische Bedeutung, sondern erschien ihnen nur als sachgemäßer, notwendiger Ausdruck ihrer Doppelexistenz als Christ und Stadtbürger. Neuentdeckt wurde die oft totgesagte Ortsgemeinde, die Mitverantwortung der Gemeinden nicht nur für die Personen in ihrem Bereich, sondern auch für die materiellen Bedingungen, Wohnen, Arbeiten, Feiern und Leiden.

»Die Verhältnisse schreien nach Lastenausgleich und Solidarität«, faßte Gustav Heinemann seine Eindrücke der deutsch-türkischen Situation in den industriellen Zentren zusammen. Die gesellschaftliche Verantwortung der Kirche wird deutlich, wenn irgendwo leidende, überforderte und benachteiligte Minderheiten entstehen.

8.1.2 *Erfahrungen der Stadtmission*

Stadt als Missionsfeld

(140) Überall in den Ballungsgebieten der Welt gibt es heute stadtmissionarische Dienste, die »Urban Industrial Mission«. Seit Beginn des 19. Jahrhunderts war die europäische Stadt zum Missionsfeld erklärt worden, denn Verstädterung bedeutete zugleich Entfremdung von der Kirche. Die Menschenmassen, die mit der Industrialisierung aus ihren Siedlungen in die Städte kamen, blieben ohne kirchliche Begleitung. Man versäumte, Kirchen zu bauen, Gemeinden zu gründen und Mitarbeiter zu berufen.

Geschichtliche Erfahrungen

Aus der Erweckungsbewegung kam der Impuls zur Gründung von Stadtmissionen – 1826 in Glasgow, 1835 in London, 1848 in Hamburg, 1877 in Berlin. Um die Jahrhundertwende gab es über 70 Initiativen. Johann Heinrich Wichern und die Innere Mission waren Träger dieser keineswegs allein evangelistisch-missionarischen Arbeit geworden. Sie mußten von Anfang an die sozialen und diakonischen Aufgaben mitübernehmen. Im „Rahmenplan für den stadtmissionarischen Dienst" in Ost- und Westdeutschland steckte man 1965 das breite Aufgabenspektrum künftiger Arbeit ab: es reichte von der Evangelisation bis zu den Aufgaben der Alten-, Kranken- und Behindertenhilfe, von Hausbesuch und Schriftenmission bis zur Beratung und Telefonseelsorge, von Citystationen bis zur Bahnhofsmission. In regionalen, europäischen und ökumenischen Zusammenschlüssen werden Erfahrungen ausgetauscht.

„heilende und versöhnende Gemeinschaft"

(141) Die Stadtmissionen verstehen sich nicht mehr nur als Lückenbüßer kirchlicher und politischer Versäumnisse, sondern »als Vortruppe einer sich neu strukturierenden Kirche, die missionarisch und diakonisch in Bewegung geraten ist. Die Stadtmissionen haben erkannt, daß sich künftig mehr als bisher die Aktionsmodelle christlicher Präsenz in der Großstadt formieren müssen, als Zellen heilender und versöhnender Gemeinschaft« (Jahrestagung der Stadtmission 1975). Die Stadtmission hat sich vornehmlich der Desintegrierten der Großstadt angenommen, der Nichtseßhaften, der Trinker, der Prostituierten und in gewisser Weise die Parochialgemeinden von dieser Aufgabe entlastet. Als Arbeitszweig des Diakonischen Werkes hat sie im Rahmen der Verflechtung von kommunaler und privater Sozialhilfe und Jugendwohlfahrt wertvolle Erfahrungen im Zusammenwirken freier und öffentlicher Träger der sozialen Hilfe gesammelt. Inzwischen wurde über viele Ballungsgebiete ein Netz von Sozialstationen gelegt, durch die unter Mitwirkung zahlreicher Fachkräfte und Laienmitarbeiter wirksame Hilfe angeboten wird.

diakonische Aufgaben

(142) Die Zukunft dieses wichtigen Arbeitszweiges wird davon abhängen, ob es gelingt,
– durch geistliches Wachstum nach innen den Auftrag am ganzen Menschen wahrzunehmen, Heilung und Heil gleichermaßen einschließend;
– die Arbeit in die Gemeinden selbst einzubinden, damit der Quellort der Diakonie, der Raum unklerikaler Brüderlichkeit, ein gemeinschaftliches Apostolat der Laien, das zur Aktion drängt, nicht versiegt;
– die Nähe zu den Betroffenen, Klienten und Patienten des Ballungsraumes zu vergrößern, mehr

Zuwendung durch haupt- und nebenamtliche Mitarbeiter zu erreichen, denen kontinuierliche und intensive Fortbildung gebührt;
– kontinuierliche und tragfähige Modelle christlichen Handelns mit einer gewissen Strahlkraft zu fördern und finanziell abzusichern.

Heute kann die diakonische Präsenz in großstädtischen Ballungsräumen nur in selbstloser Partnerschaft nach vielen Seiten gelingen, dazu gehört Mut und Opferbereitschaft und die Bindung an die weltüberwindende Kraft der Liebe.

8.1.3 *Erfahrungen mit Gemeinwesenarbeit*

Gemeinwesen-
arbeit als
Shalomarbeit

(143) In den siebziger Jahren sammelten viele Großstadtgemeinden Erfahrungen mit Gemeinwesenarbeit. Die Kirchengemeinden wurden sogar zu den wichtigsten Trägern dieser in der Form der Shalom-Arbeit in Holland und in den angelsächsischen Ländern erprobten Methoden. Mit den Methoden der Gemeinwesenarbeit wird die Kirche ihrer diakonischen Präsenz in der Stadtregion in neuer Form gerecht. Sie überläßt die Arbeitsformen nicht dem Zufall und spontaner Reaktion, sondern zeigt ein Spektrum der Möglichkeiten auf, durch die personale, soziale und politische Diakonie zum Tragen kommt. Gemeinwesenarbeit versteht sich nicht als Alternative zur Stadtmission, sondern als deren Frucht und Ergänzung. Die Grenzen sind ohnehin fließend.

Sie umfaßt deshalb sowohl die klassischen Methoden der Sozialarbeit, wie Case work oder soziale Gruppenarbeit, als auch Selbsthilfeinitiativen bzw. Bürgerinitiativen, Stadtteilarbeit bis hin zu den »Strategien für Kreuzberg«, in denen soziale Planung, soziale Aktion mit Elementen der Stadtteilarbeit zusammentreffen.

Heute liegen in allen Dimensionen Erfahrungen vor, die jedoch noch zuwenig in den Prozeß des »sozialen Lernens« unserer Gemeinden Eingang gefunden haben. Viele Konflikte gerade in diesem Feld resultieren aus mangelnder Information und Einübung. Mehr aber noch liegen die Wurzeln des Problems in dem kaum vermittelten Nebeneinander von Diakonie und Ortsgemeinde. So gerieten hauptamtliche und mitarbeitende Gemeinwesenarbeiter leicht zwischen die Stühle; es fehlte die anwaltschaftliche Organisation und Supervision. Die Mitarbeiter erhielten ihren Ort häufig nicht im Kernbereich des Gemeindeaufbaus.

Im Burckhardthaus in Gelnhausen wurden wertvolle Erfahrungen in der Ausbildung, Weiterbildung, mit »inservice training« von Gemeinwesenarbeitern gesammelt. In der Praxis der Gemeinwesenarbeit wurden vor allem in Berlin vielfältige Projekte entwickelt und erprobt. Diese reichen von der integrierten Planung und Erstellung eines kirchlichen Gemeinwesenzentrums (in Heerstraße Nord) bis hin zur Planung und Durchführung eines Bauvorhabens für integratives Wohnen für eine ganze Gemeinde in Lichtenrade Ost. In beiden Vorhaben hat sich die Kirche langfristig personell und organisatorisch an die Geschicke des Quartiers gebunden.

(144) Eine Vielfalt von Methoden wurde z. B. auch in Frankfurt Westend erprobt. Die Kirchengemeinde reagierte auf die Nöte und Sorgen der Bewohner, die aus Stadtteilveränderungen resultierten. Neben die Einzelfallhilfe mußte die »Diakonie der Strukturen« treten.

Erfahrungen
– Frankfurt

(145) In der »Aktionsgemeinschaft Westend«, die ihren Rückhalt im Gottesdienst und Gemeindeleben hatte, konnten gezielte Initiativen zur Rettung des Westends sowie ein Netzwerk der Beratung (z. B. Mieterberatung) oder Hilfe (z. B. Schularbeitenhilfe für ausländische Mitbürger) geschaffen werden. Drei Gemeinden schlossen sich zusammen und übernahmen die Trägerschaft über ein neu errichtetes offenes Seniorenzentrum, das alten Menschen die Möglichkeit bietet,

in ihrer gewohnten Umgebung zu bleiben, die nötige Betreuung zu erhalten und mit anderen Gruppen des Stadtteils in Beziehung zu bleiben.

In grundsätzlicher Weise hat der Frankfurter Arbeitskreis »Stadtentwicklung« der Evangelischen Erwachsenenbildung Frankfurt im Jahre 1980 »Überlegungen und Forderungen zur Frankfurter Stadtentwicklung« formuliert. Damit wurde der Versuch unternommen, die christliche Gemeinde für die Probleme der Stadt zu sensibilisieren und Zielvorstellungen in die Willensbildung einzubringen.

– Zürich

(146) Eine der erstaunlichsten Initiativen war die Übernahme der Trägerschaft über das »Autonome Jugendzentrum« (AJZ) in der Großagglomeration Zürich im Jahre 1980 durch die Evangelisch-Reformatorische Landeskirche in Zürich. Die Kirche lenkte Aggressionen auf sich, gewährte der in der Region Zürich stark gefährdeten Jugend Schutz und Hilfe und nahm es in Kauf, mit dieser Initiative zu scheitern.

8.2 Erfahrungen des Gemeindeaufbaus in Ballungsgebieten

(147) Es hat sich gezeigt, daß aus den Erfahrungen kirchlicher Gemeinwesenarbeit Konsequenzen für den Gemeindeaufbau und die Strukturierung der Großstadtarbeit erwuchsen. Am Beispiel München kann dies verdeutlicht werden.

8.2.1 *Erfahrungen mit einem integrierten Modell kirchlicher Planung*

Beispiel München

(148) Die Gesamtkirchengemeinde München hat es sich Anfang der siebziger Jahre zur Aufgabe gesetzt, eine integrierte Planung kirchlicher Arbeit in der Großagglomeration durch eine Bestandsaufnahme vorzubereiten und damit den Ort und Aufgabe christlicher »Gemeinde in der Großstadtregion« zu bestimmen. Unter umfassender Mitbeteiligung der Betroffenen und der Stadtentwicklungsexperten stellte ein Planungsausschuß Schwerpunkte für die gemeindliche und überge-

meindliche Arbeit fest, erarbeitete Vorschläge für einen kirchlichen Entwicklungsplan, gab Anregungen für die Koordination gemeindlicher Vorhaben. Auf diesem Wege ergaben sich wertvolle Anregungen für ein Modell »Kirche für die Stadt«, die längst noch nicht voll ausgewertet und für die Praxis fruchtbar gemacht worden sind.

Methode ganzheitlicher Arbeit

(149) – Unter anderem fühlte man sich ermutigt, »ein Klima großzügiger, partnerschaftlicher Zusammenarbeit in den Stadtvierteln wie auf der Ebene des Großraums« anzustiften.
– Man versuchte, an das polyzentrische Konzept der Stadt mit ihren 12 Stadtteilzentren anzuknüpfen, plädierte für eine Revision mancher Gemeindegrenzen, für gezielte Zusammenarbeit der Gemeinden im Stadtteil.
– Man bestimmte die öffentliche Funktion der Kirche im Ballungsgebiet: »das Brückebauen innerhalb des Gefüges von Verbänden, Parteien, Bürgerinitiativen, Interessengruppen und nicht zuletzt der kommunalen Verwaltung. Unsere Kirchenvorstände sollten sich dies bewußt machen. Kirche könnte dann wie ein Forum fungieren, wo alle an den humanen Bedingungen interessierten Kräfte miteinander ins Gespräch kommen.« (Th. Glaser).
– Sobald die Kirche aus ihrer partikularen Befangenheit herausfindet, kann sie einen ganzheitlichen, mitmenschlichen Rahmen für Ratsuchende zur Verfügung stellen, was weder dem Therapeuten noch der zuständigen Verwaltung möglich wäre.
– Schließlich wird die Zumutung formuliert, die Kirche könne die Anwaltschaft für größere Zusammenhänge übernehmen. Schon 1973 versuchte man Gemeinden und Kirchenleitung darauf vorzubereiten, daß die Basiskraft der Gemeinden durch die kirchliche Gesamtorganisation befähigt werde, mit großen Herausforderungen verantwortlich umzugehen. Man dachte an »Friedensinitiativen, Bodenrecht, Planungsrecht, Raumordnung, Bildungsurlaub und Umweltschutz.«

Hinter diesem großangelegten Vorhaben stand eine Überzeugung des Glaubens, daß eine Gemeinde, die sich entschließen kann, Kirche für die ganze Bürgerschaft zu sein, es erleben wird, daß Gott wieder mit den Menschen spricht, vielleicht weniger durch das Wort und dafür mehr durch Liebe, Kraft und Tat (Th. Henzeler).

8.2.2 Tragfähige Konzeption?

Die industrialisierte, die rationalisierte Stadt hat die Kirche zunächst vom Geschehen isoliert. Die Kirche beginnt erst, Lebens- und Arbeitsformen zu entwickeln, die sie für die großstädtische Situation zu einem relevanten Gesprächs- und Arbeitspartner machen würden. Von welchen Konzeptionen läßt sie sich leiten? Zwei Ansätze bestimmen die Diskussion:

Wiedergewinnung dörflicher Strukturen?

(151) Die eine Richtung geht von folgender These aus: Die Dorfgemeinde sei der Prototyp der christlichen Gemeinde. Zwischen Dorfgemeinde und christlicher Gemeinde bestehe Strukturverwandtschaft, insofern beide überschaubar sind und von jedem ihrer Glieder als eine lebendige Einheit begriffen werden. Erst wenn die Gemeinden der Ballungsgebiete wieder auf das Format von Dorfgemeinden zurückgebracht werden, könne das Problem gelöst werden. »Nur eine überschaubare Gemeinde kann dienende Gemeinde, d.h. wirkliche Gemeinde sein. Dazu muß aber das Band der Liebe und des Dienstes von Haus zu Haus gewoben werden, und dieser Dienst an der Leiblichkeit ist eine elementare Funktion der Seelsorge.« (W. Trillhaas). In der Tat, viele Großstadtregionen sind bis zur Unkenntlichkeit verwachsene Zusammenschlüsse von Dörfern. Es bleibt die Aufgabe, die Grundanliegen dieses Ansatzes mit den Städtischen Gegebenheiten zu vermitteln.

Kirchliche Urbanität?

(152) Andere Konzeptionen nehmen die Gegebenheiten zunächst als unabänderlich hin und fordern die Unterstützung eines freiheitlichen großstädtischen Christentums: Großstadtkirche, so meint man hier, sei nicht auf stabile Nachbarschaftsgruppen fixiert, sondern akzeptierte typisch städtische Kontakt- und Kommunikationsformen. Mit »flächendeckender kleinparochialer Vereinsmeierei« sei in der Großstadt keine Kirche zu machen, sondern nur mit schnellreaktionsfähiger Experimentierfreude, intellektueller Neugierde, Kontaktbereitschaft über den Kreis der Kirchentreuen hinaus. Es gelte Öffentlichkeit zu suchen, ökumenische Offenheit zu bewahren, sensibel für ihre Bundesgenossen in Kunst und Literatur zu werden. Es gelte den Bedürftigen dort zu begegnen, wo diese dem Leidensdruck ausgesetzt sind. Neben die das Stadtbild prägenden »Kathedralen« sollen wandlungsfähige, unkomplizierte Stätten der Präsenz und Begegnung treten. Predigt, Liturgie, Feier erhalten so ihren spezifischen Charakter als Ausdruck einer offenen und zugleich solidarischen Gemeinde. Dieses Konzept einer »menschenfreundlichen Kirche in menschenwürdiger Großstadt« (M. Göpfert) verleiht vielen praktizierten Lebensformen in den Städten ihren Ausdruck. Zweifellos unterscheidet sich die Lage der Kirche in der Großstadt grundsätzlich von ihrer Stellung im Dorf, jedoch würde ein Verzicht auf die sorgfältige Entfaltung einer Kleingruppen-Kommunikation, die Bildung von Nachbarschafts- und Gemeindestrukturen langfristig die Basis christlicher Präsenz in der Wirklichkeit der Industriegesellschaft gefährden. Es bedarf deshalb eines langfristigen Prozesses des gemeinsamen Nachdenkens über die »Oikodome«, den Aufbau der Gemeinde Jesu Christi in der rationalisierten Stadt.

8.2.3 Zwischen Ortsgemeinde und gegliederter Gesamtgemeinde

Kirche als
Versöhnungs-
geschehen

(153) Trotz schwerster Krisen, durch die die Ortsgemeinden oft bis zur Unkenntlichkeit entstellt wurden, trat ihre Bedeutung in den vergangenen Jahrzehnten immer deutlicher hervor. Die Ortsgemeinde hat sich als der geeignete Ort bewährt, an dem die Kirche Jesu Christi ihrem dreifachen Auftrag gerecht werden kann: Der »Zeugnisauftrag«, durch den die Versöhnung Gottes mit seiner Welt verkündigt wird, verbindet sich mit dem »Dienstauftrag der Versöhnung« und mit dem »Gemeinschaftsauftrag«. So gewinnt die Kirche als Versöhnungsgeschehen ihren lebendigen Ausdruck. Es geht darum, wie die christliche Kirche »mit ihrem Glauben wie mit ihrem Gehorsam, mit ihrer Botschaft wie mit ihrer Ordnung« (3. These der Barmer Theologischen Erklärung) an jedem Ort konkrete Gestalt zu gewinnen vermag. Die Parochie bedarf der stetigen Gestaltung im Blick auf dieses Ziel.

Sinn der
Parochie

(154) Schon vor der Reformation bildeten die Parochien, d.h. die Pfarrsprengel ein kirchliches und räumliches Gliederungselement von hoher gesellschaftlicher Prägekraft. So ist bis heute jede Diözese der katholischen Kirche in Parochien gegliedert, deren Rechte und Pflichten im Kirchenrecht genau bestimmt sind. Auch in der evangelischen Kirche stellt die Parochie nach wie vor ein tragendes Element im Verfassungsaufbau dar. In den Städten trugen die Parochien deutlich zur Gliederung im Zwischenbereich von Nachbarschaft, Quartier und Stadtteil bei. Bis zum Beginn des 19. Jahrhunderts galt die Regel, daß eine Parochie ca. 350 Familien umfassen solle, ein Prinzip, das durch Überschaubarkeit, gegenseitige Kenntnisnahme, ja

durch persönliche Beziehungen gekennzeichnet ist.

Verlust der Parochie

(155) In der Folgezeit jedoch kam es zu einer Ausdehnung der Städte, zu einer starken Veränderung der Quartiere und anderer Gliederungselemente. Dies blieb nicht ohne Wirkung auf die kirchliche Parochie. Sie verlor zunehmend ihre gesellschaftliche Funktion. Überschaubares städtisches Quartier und städtische Parochie klafften nun nicht zuletzt deshalb auseinander, weil es seit Beginn des 19. Jahrhunderts häufig zu einer krassen Unterversorgung der Gemeinden kam. Gemeinden mit 20.000 bis 25.000 Mitgliedern waren nicht selten. Die kulturelle »Verstädterung« der Menschen bewirkte ein übriges.

Die kirchliche Parochie ist fast die einzige Institution, die (noch) auf der Ebene der Nachbarschaften und Wohnbereiche vertreten ist, die offen, aber kleinräumig gedacht und deren Leben meist auf persönliche Kontakte aufgebaut ist. Wenn man dies bedenkt, versteht man den tiefen Einschnitt in der Entwicklung, die die Verstädterung für die Gemeinde gebracht hat. Die Parochie in der Großstadtgemeinde ist kaum noch »Territorialpfarrei«, d. h. eine Gemeinde von Menschen, die sich im »Territorium« der Gemeinde beheimatet wissen, für die das Wohnen von großer Bedeutung ist und die sich einer gewissen Stabilität verpflichtet wissen (J. Bommer).

offen gegliederte Strukturen

(156) Wird der Gedanke der offen gegliederten Stadt ernstgenommen und ebenso die Bildung, Gestaltung und Förderung von überschaubaren Quartieren versucht, in denen es zu einer Stärkung von Familie und Nachbarschaft, zu einer sozialen

und kulturellen Integration kommen soll, dann wird man auch die Chancen sehen, an Traditionen der parochialen Idee in rechter Weise anzuknüpfen. Die Gemeinde in der Stadt wird unter diesen Vorzeichen einen neuen Zugang zu den ganzheitlichen Lebensbedingungen im Gemeindegebiet entdecken und vermehrt nicht nur die religiös Interessierten in der Gemeinde erreichen, sondern auch diejenigen, die von der Bedrohung ihres Lebenskreises und ihrer Wohnsituation betroffen sind und sich dabei auch mit grundlegenden humanitären, kulturellen, politischen und latent religiösen Fragen konfrontiert sehen.

innergemeindliche und übergemeindliche Kooperation

(157) Damit dies gelingen kann, sollten aber zwei Voraussetzungen erfüllt sein: erstens sollte die innergemeindliche Kooperation soweit ausgebaut werden, daß feste Mitarbeiterstrukturen für die verschiedenen Handlungsfelder und in sicherer Verankerung im Gemeindegottesdienst zur selbständigen Entfaltung kommen. Zweitens sollte die übergemeindliche Kooperation soweit ausgebaut werden, daß die stadt- bzw. stadtteilbezogene Gesamtverantwortung gleichwertig zur Geltung kommt.

Die Verbesserung von innergemeindlichen Netz-und Kooperationsstrukturen ist noch immer eines der wichtigsten Anliegen kirchlicher Arbeit. Experimente mit »Teampfarrämtern« wurden zu selten gewagt, oft vorzeitig abgebrochen. »Gruppen-Gemeindeämter« bilden die Ausnahme. Kontinuierliche »Gemeindeberatung« findet sich nur noch an wenigen Orten. Sogar die Angebote unserer Kirchenordnungen wie »Gemeindeversammlung«, »Gemeindebeirat« geraten noch zu oft in Vergessenheit.

In der übergemeindlichen Kooperationsstruktur wurden viele wichtige Erfahrungen gesammelt, an die angeknüpft werden kann. Es gibt kooperierende selbständige Gemeinden, in denen die offene und halboffene Gruppenarbeit die Klammer für mehrere Gemeinden bilden. Hier formieren sich Beratungsgruppen, Projektgruppen und Arbeitsgemeinschaften für gemeinsame Schwerpunkte (z. B. Kinder- und Jugendarbeit, offene Jugendarbeit).

Intensiver wird die Zusammenarbeit im »Gemeindeverbund«, in dem ein Teil der Souveränität aufgegeben wird und Pfarrer und Mitarbeiter zur Arbeitsgemeinschaft zusammenwachsen. Die »Gegliederte Gesamtgemeinde« geht über diese begrenzte Kooperation hinaus und begreift den größeren Kontext als Gemeinde, ohne die Seelsorge- und Netzstrukturen im Nahbereich aufzulösen. Im Grunde bedarf jede Stadt einer ihrem Profil entsprechenden Ausprägung der gegliederten Gesamtgemeinde. Nur so lassen sich die an keine Grenzen gebundenen Aufgaben bewältigen.

8.3 Die Reichhaltigkeit der Arbeitsformen

8.3.1 Arbeitsformen der Kirche in der Stadt

Vielfalt der Dienste

(158) Bei ihren Bemühungen, den modernen, säkularen Menschen in der Großstadt zu erreichen und der Entleerung der mächtigen alten Gotteshäuser bis auf wenige Besucher entgegenzuwirken, hat die Kirche außerordentlich viel Einfallsreichtum bewiesen:
- Es wurden kirchliche Treffpunkte, Teestuben, »Kirchenkneipen«, City-Stationen, Kontaktstellen (mit plakativen Namen wie »Oase«, »Insel«, »Jesus-Treff« u. ä.) geschaffen,
- funktionale gemeindliche Dienste eingerichtet (Arbeitslosenzentren, Industrie- und Sozialpfarrämter, Familien- und Lebensberatung, Schwangerschaftskonfliktberatung, Gefängnisseelsorge, Krankenhausseelsorge, kirchliche Dienste für Obdachlose, Erwachsenenbildungseinrichtungen, besondere Dienste für Behinderte, Ausländer u. a. m.),
- besondere Veranstaltungen angesetzt (Vortrags- und Diskussionsveranstaltungen, Tagungen und Einzelveranstaltungen der kirchlichen

Erwachsenenbildung und der Jugendarbeit, Konzerte und öffentliche Gemeindeveranstaltungen u. ä.).
- Unter der Initiative verschiedener kirchlicher Stellen, besonders aber des Diakonischen Werkes und des Kirchlichen Dienstes in der Arbeitswelt, wurden in den vergangenen Jahren rund 150 Zentren und Aktionen für Arbeitslose und Selbsthilfegruppen von Arbeitslosen aufgebaut, die in ihrer Art richtungsweisend sind.

8.3.2 Kirche für die Stadt

gezieltes Eintreten für die Belange der Stadt

(159) Was bedeutet es aber, nicht nur Kirche in der Stadt, sondern auch Kirche für die Stadt zu sein? So sinnvoll, berechtigt und beispielgebend Aktionen der genannten Art sind, so wichtig ist es doch zugleich auch, auf die Herausforderungen in der Stadt nicht einfach nur mit der »Optimierung des kirchlichen Dienstleistungsangebots« zu reagieren. Die Berufung von Experten und Expertengremien, die Einrichtung neuer Beratungsdienste u. ä. bergen die Gefahr in sich, ein Problem zu delegieren und damit den Kirchengemeinden eine wichtige Funktion zu nehmen. Die Übernahme neuer Arbeitstechniken, zum Beispiel aus der Sozial- und Gemeinwesenarbeit, kann entlastend wirken, kann aber auch zugleich darauf beschränkt bleiben, den »Effekt« kirchlicher Arbeit zu steigern, ohne jedoch das befreiende Miteinander der Glieder der christlichen Gemeinde und die gemeinsame Wahrnehmung der Aufgaben in der Stadt zu fördern.

Kirche als Gegenüber zur Stadt

(160) Die Kirche inmitten der Stadt ist zugleich deren Gegenüber und gerade dadurch Kirche *für* die Stadt. Die Kirche sucht gerade der Stadt Bestes dadurch, daß sie sich zu ihrer eigenen Sache, dem Evangelium Jesu Christi, bekennt, und sich auf ihre Bestimmung als Kirche besinnt.

Sie bekennt sich zum Evangelium Jesu Christi, indem sie Gottes Recht über seine Schöpfung in der Rechtfertigung des Sünders verkündigt. Diese Vorankündigung findet ihr Zentrum im Gottesdienst. Die Verkündigung bringt zum Ausdruck, daß die menschliche Person ein unbedingter Selbstwert ist und widerspricht Tendenzen, die gesellschaftliche Gruppen (Kinder, Behinderte, Alte), die mit ihren Leistungen hinter denen anderer zurückbleiben, zu Randgruppen werden.

Die Bedeutung der Kirche für die Stadt ergibt sich nicht erst aus dem, was sie in gezielten Aktivitäten für die Stadt tut, sondern in grundsätzlicher Weise aus ihrem Sein als Kirche. Kirche ist Kirche unter der Perspektive Jesu. In der Erinnerung an Jesu Verkündigung des menschenfreundlichen Gottes kann die Kirche zu einer menschlichen, lebensfördernden Institution werden, kann die christliche Gemeinde exemplarische Grundformen menschlichen Miteinanders entwickeln.

Möglichkeiten

(161) Damit ergeben sich Gesichtspunkte und Fragen, die zunächst die christliche Gemeinde als solche betreffen. Kirche versteht sich als Gemeinde von Brüdern und Schwestern. Damit dies deutlich werden kann, müssen freilich
- die Möglichkeiten aktiver Teilnahme und bewußter Mitgliedschaft in der Gemeinde verstärkt werden,
- die Charismen der Gemeindeglieder entdeckt und zur Geltung gebracht werden. Gemeinde

unter der Perspektive Jesu Christi ist eine offene Gemeinschaft, insofern die christliche Gemeinde auch in ihrer Sozialgestalt die göttliche Erwählung, die gerade die Geringsten sucht und diese zu Brüdern und Schwestern macht, zur Darstellung zu bringen sucht.

Die Sozialgestalt der Gemeinde gewinnt Relevanz angesichts von Entwicklungen in den Städten, die eine Segregation von Gruppen, zunehmende Isolierung von Menschen und Kommunikationslosigkeit mit sich bringen. Im Blick auf diese Tendenzen kann von der Existenzform der Gemeinde als Gemeinde Jesu Christi exemplarische Kraft und ansteckende Wirkung auch für das Zusammenleben in der Stadt ausgehen.

(162) Die Kirche sucht der Stadt Bestes, wenn sie für die Stadt im Gebet eintritt (Jer. 29,7). Indem sie aber für sie betet, macht sie sich Gott gegenüber für sie verantwortlich und wird auch tätig für sie eintreten.

Anknüpfungspunkte

(163) Anknüpfungspunkte für solches Tätigwerden ergeben sich bereits in den kirchlichen Handlungsfeldern:

In zahlreichen Gemeinden wird der Zusammenhang vieler sozialer Probleme mit den kronkreten räumlichen Lebensbedingungen in der Stadt durchaus erkannt. Der eigene Lebensbereich wird zum Thema etwa des Konfirmandenunterrichts, wenn die Jugendlichen über mangelnde Spielmöglichkeiten und Treffpunkte klagen. Wenn in einem Beratungsgespräch deutlich wird, wie sehr seelische Depressionen durch bestimmte moderne Bauweisen gefördert werden, bei der Menschen durch ihr dichtes Nebeneinanderleben zum Rückzug in die Privatsphäre und Isoliertheit gezwungen werden, sollte auf die Kommunikationsfeindlichkeit unserer Städte hingewiesen werden. In manchen Gemeinden haben sich aus dieser Erkenntnis Gruppen der Erwachsenenarbeit, Selbsthilfegruppen usw. gebildet, die durch Wahrnehmung gemeindlicher Aufgaben und Freizeitgestaltung versuchen, gegen die Isolierung einzelner Bürger und Familien anzugehen. Zusammenfassend kann man sagen, daß die Aufgaben der Kirchengemeinde für die Stadt dort liegen, wo sich niemand der konkreten Anliegen annimmt: In der Bewußtmachung, Anregung, Anwaltschaft und – wo andere Gruppen bereits im Einsatz sind – in der Zusammenarbeit.

Wächteramt

(164) Die Kirche wird sich in den Austrag von Konflikten und Spannungen in der Stadt hineinbegeben. Sie wird ihr Wächteramt gegenüber und für die Stadt dadurch wahrnehmen, daß sie auf destruktive Tendenzen mit Nachdruck hinweist. Sie ist im Prozeß der Stadt zur Parteinahme aufgerufen, ohne deshalb Partei zu werden.

Die Vision der kommenden Gottesstadt vermag schöpferische Phantasie freizusetzen, kann und soll dazu führen, daß Christen Verantwortung für die Gestaltung der Städte übernehmen. Christen werden sich bei dieser Aufgabe Bundesgenossen suchen, Partner gewinnen, um jene Möglichkeiten zu entdecken, in denen jetzt schon etwas aufleuchtet von der Stadt, der wir entgegengehen.

Mitglieder und ständige Gäste der Kammer der EKD für soziale Ordnung:

Professor Dr. Dr. Theodor Strohm, Heidelberg (Vorsitzender)
Professor Dr. Wilhelm Krelle, Bonn (Stellv. Vorsitzender)
Pfarrer Michael Bartelt, Bochum †
Dr. Philipp von Bismarck, Bonn
Dr. Monika Böhme-Koch, Hannover
Professor Dr. Günter Brakelmann, Bochum
Oberkirchenrat Dr. Joachim Gaertner, Bonn
Personaldirektor Wilfried Geißler, Mülheim
Landwirt Karl Otto Hoffmeister, Kneitlingen
Dipl.-Psychologe Dr. phil. habil. Antoon Houben, München
Dr. med. habil. Wolfgang Huber, Heidelberg
Dipl.-Päd. Dr. Jörg Knoll, Tutzing
Ministerialrat Dr. Ernst Kreuzaler, Bonn
Redakteur Robert Leicht, München
Professor Dr. Rainer Mackensen, Berlin
Dr. Heinz Markmann, Düsseldorf
Pastorin Dr. Christel Meyers-Herwartz, Bonn
Landeskirchenrat Herbert Rösener, Bielefeld
Dr. Walter Sohn, Mülheim
Ministerialdirigent Werner Steinjan, Bonn
Vizepräsident Fritz-Joachim Steinmeyer, Stuttgart
Rechtsanwalt Eduard Thormann, Hamburg
Regierungsdirektor Dr. Dr. Harald Uhl, Bonn
Günter Volkmar, Düsseldorf
Dr. Lothar Wiedemann, Friedewald
Oberkirchenrat Tilman Winkler, Hannover (Geschäftsführung)

Weiter haben an dieser Studie mitgearbeitet:
Pfarrer Klaus Duntze, Berlin
Prof. Dr. Thomas Ellwein, Konstanz
Dr. Rüdiger Göb, Köln
Dr. Rudolf Halberstadt, Düsseldorf
Wiss. Ass. Thomas Mäule, Heidelberg
Dr. Michael Schultz-Trieglaff, Bonn

Anhang:
Schaubilder und Dokumente

Vorbemerkung: Die folgenden Schaubilder sollen zur Veranschaulichung dienen und zum weiteren Nachdenken in bestimmten Problembereichen anregen. Die kirchlichen Stellungnahmen zur Frage der Stadtentwicklung sollen exemplarisch einige Seiten kirchlicher Arbeit dokumentieren.

Folgende Institutionen haben in dankenswerter Weise wichtige Informationen zur Verfügung gestellt: Umweltbundesamt, Berlin; Deutsches Institut für Urbanistik, Berlin; Institut für Raumordnung und Landesplanung, Bonn; Institut für Wohnen und Umwelt, Darmstadt.

I. Agglomerationen in der Bundesrepublik Deutschland

1. Begriffsbestimmung

Agglomerationen werden größere Siedlungen genannt. Das Siedlungsgebiet einer Stadt überschreitet vielfach deren Grenzen und bezieht auch ältere Dörfer ein. Wie die alten Befestigungsgrenzen werden so auch die neuen Verwaltungsgrenzen überschritten, obgleich man immer wieder versucht, die gesamte Siedlungseinheit durch Eingemeindungen in einer kommunalen Verwaltungseinheit (Gemeinde) zusammenzufassen. Größere Agglomerationen erstrecken sich oft über mehrere Stadtgebiete (Beispiel Ruhrgebiet). Als Agglomeration bezeichnet man also auch ein geschlossenes, relativ dicht verbautes Siedlungsgebiet, das sich aus etlichen Stadt- und Dorfgemeinden zusammensetzt, unbeschadet seiner Verwaltungsgrenzen, seiner historischen Siedlungskerne und seiner geographischen Namen, wenn man es als Siedlungseinheit ansieht und benennen will.

Große Agglomerationen werden als *Ballungen* bezeichnet. Nach übereinstimmender Ansicht unterscheiden sich die – außer Berlin (West) – 11 Ballungsgebiete in der Bundesrepublik Deutschland (vgl. Karte) von den übrigen Agglomerationen deutlich in ihrer Siedlungs-, Sozial- und Wirtschaftsstruktur. Die Stadtkreise, die ihren »Kern« bilden, hatten 1970 zusammen mehr als 500.000 Einwohner; die Landkreise, die man ihnen zurechnen muß, weil die fast geschlossene Siedlungsfläche des Kerns weit in sie hineinreicht, hatten 1970 eine Einwohnerdichte von über 300 (1980 über 380) Einwohner je Qkm.

Mittlere Agglomerationen oder *Verdichtungsgebiete* unterscheiden sich sowohl von den Ballungen wie von den kleineren Agglomerationen, zu denen man alle übrigen Städte mit ihrem weiteren Siedlungsgebiet rechnen müßte. Wenn man die Stadtkreise, die nicht den Ballungen angehören und mehr als 150.000 Einwohner (1970) ausweisen, dazurechnet, sind es in der Bundesrepublik wiederum 11 (siehe Karte). Auch ihre Siedlungsgebiete reichen in die benachbarten

Landkreise hinein, manchmal so weit, daß die Einwohnerdichte dieser Landkreise über 300 Einw./Qkm. steigt: Dann werden diese den Verdichtungsgebieten ebenfalls zugerechnet.

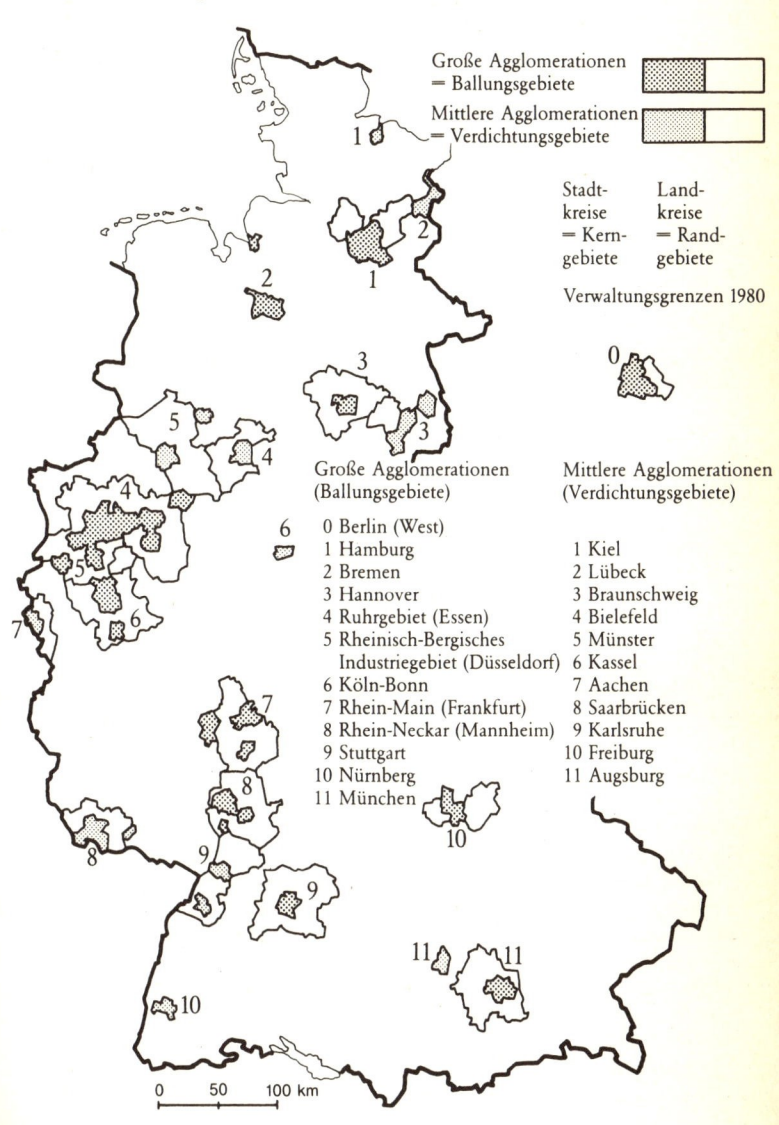

Große Agglomerationen
= Ballungsgebiete

Mittlere Agglomerationen
= Verdichtungsgebiete

Stadt- / Land-
kreise / kreise
= Kern- / = Rand-
gebiete / gebiete

Verwaltungsgrenzen 1980

Große Agglomerationen
(Ballungsgebiete)

0 Berlin (West)
1 Hamburg
2 Bremen
3 Hannover
4 Ruhrgebiet (Essen)
5 Rheinisch-Bergisches
  Industriegebiet (Düsseldorf)
6 Köln-Bonn
7 Rhein-Main (Frankfurt)
8 Rhein-Neckar (Mannheim)
9 Stuttgart
10 Nürnberg
11 München

Mittlere Agglomerationen
(Verdichtungsgebiete)

1 Kiel
2 Lübeck
3 Braunschweig
4 Bielefeld
5 Münster
6 Kassel
7 Aachen
8 Saarbrücken
9 Karlsruhe
10 Freiburg
11 Augsburg

0   50   100 km

2. Einwohnerentwicklung in den Agglomerationen in der Bundesrepublik Deutschland (in Tausend Personen)

Ballungsgebiete		1939	1961	1980
0 Berlin (West)	d	2.750	2.197	1.899
1 Hamburg	d	1.849	2.160	2.096
2 Bremen	d	596	764	767
3 Hannover	d	698	1.003	1.078
4 Ruhrgebiet	i	4.418	5.682	5.829
5 Rhein.-Berg. Ind. Geb.	i	2.101	2.718	2.917
6 Köln-Bonn	d	1.597	2.171	2.529
7 Rhein-Main	d	1.548	2.142	2.518
8 Rhein-Neckar	i	1.230	1.349	1.508
9 Stuttgart	i	1.122	1.815	2.136
10 Nürnberg	i	654	811	956
11 München	d	1.013	1.423	1.920
zusammen		19.370	24.235	26.153
Verdichtungsgebiete				
1 Kiel	d	279	280	250
2 Lübeck	d	155	236	222
3 Braunschweig	i	350	589	620
4 Bielefeld	i	499	745	831
5 Münster	d	648	924	1.051
6 Kassel	d	216	208	196
7 Aachen	i	538	667	744
8 Saarbrücken	i	774	926	912
9 Karlsruhe	d	585	766	867
10 Freiburg	d	110	145	174
11 Augsburg	i	185	209	247
zusammen		4.339	5.695	6.113
23 Agglomerationen		23.709	29.930	32.266
übriges Bundesgebiet		19.242	26.255	29.295
Bundesrepublik insgesamt		42.951	56.185	61.561

Die mit i bezeichneten Agglomerationen sind stärker durch industrielle Beschäftigung, die mit d bezeichneten durch Beschäftigung in den Dienstleistungen (zentralörtliche Funktionen) charakterisiert.

Quelle: Ergebnisse der Studie »Auswirkungen der Bevölkerungsentwicklung auf die Lebensbedingungen in der Bundesrepublik Deutschland«, 1984, (Leitung Prof. Dr. R. Mackensen, Berlin), bearbeitet in den Instituten für Soziologie, TU Berlin, für Systemanalyse und Prognose, Hannover, und für Wohnen und Umwelt, Darmstadt, im weiteren kurz als »ABEL-Ergebnisse« bezeichnet.

3. Entwicklungstendenzen der Agglomerationen nach Modellannahmen (1980–2000)

	Dichte E/qkm	Einw. Mio.	Ausl. %	Einw. Mio.	Ausl. %	Einw. Mio.	Ausl. %
	1980			2000 Var. A		Var. B	
industr. Ballungen	934	12,8	10,7	14,1	15,7	12,9	17,1
zentralörtl. Ballungen	896	13,3	10,1	13,1	16,6	12,5	17,4
industr. Verdicht. Geb.	442	2,8	6,6	3,0	10,0	3,0	9,8
zentralörtl. Verdicht. G.	566	3,4	7,0	3,4	11,2	3,4	11,1
übriges Bundesgebiet	141	29,3	4,4	27,3	7,8	29,0	7,3
Bundesrepublik insges.	248	61,6	7,2	60,8	11,8	60,8	11,8

Die Zuwanderung der Ausländer ist in beiden Varianten nach der Annahme der Bundesregierung eingesetzt. Variante A nimmt eine stärker auf die Agglomeration ausgerichtete, B eine eher ländliche Gebiete bevorzugte Binnenwanderung an.

Quelle: ABEL-Ergebnisse

II. Die weltweite Vergroßstädterung

Einen Eindruck davon, welcher Dynamik wir uns im weltweiten Vergroßstädterungsprozeß gegenüber sehen, geben folgende Schaubilder, denen Berechnungen der UNO zugrunde liegen.

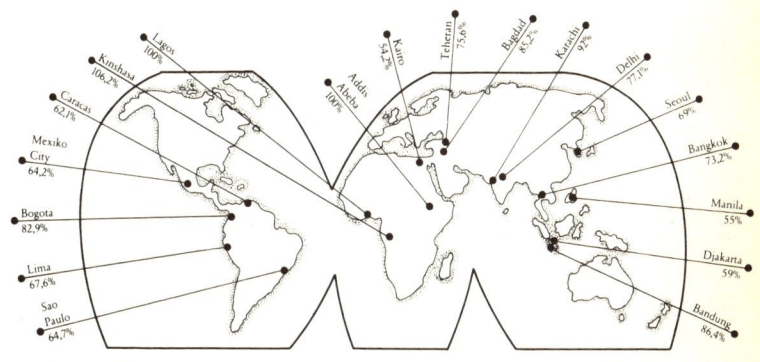

Abb. 1: Die am schnellsten wachsenden Städte.

Die Zahlen geben an, um wieviel Prozent die Bevölkerung in den nächsten zehn Jahren wachsen wird.

Abb. 2: Die Stadtbevölkerung 1950 - 1985
(Schätzungen und Projektionen nach Hauptregionen)

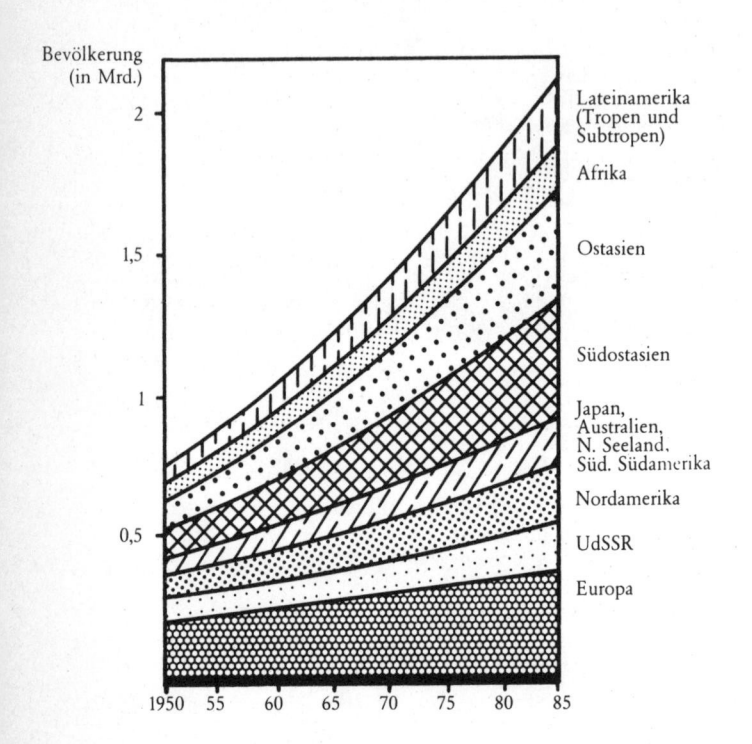

Verstädterung und Vergroßstädterung sind weltweite Prozesse, deren Dynamik regional unterschiedlich ist. Unter den altverstädterten und industrialisierten Teilen der Welt zeigt Europa die geringste Verstädterungsdynamik. Aber auch die UdSSR, Nord-Amerika und Ozeanien (vornehmlich Australien) haben wesentlich geringere Zunahmeraten als die anderen Teile der Welt, sind allerdings am stärksten verstädtert und vergroßstädtert. Für die nähere Zukunft ist keine Abschwächung des weltweiten Urbanisierungsprozesses zu erwarten.

III. Kommunale Gebietsreform und Auswirkungen der Neugliederung

Der schnelle Um- und Ausbau der Stadt- und Siedlungsstrukturen in den fünfziger und sechziger Jahren führte zu einem krassen Mißverhältnis zwischen den traditionellen Leistungsumfängen der Gemeindeverwaltungen und den erhöhten Anforderungen der sozialökonomisch veränderten Gebietseinheiten. Vor allem die kleineren Gemeinden mit ihrer geringeren Verwaltungs- und Finanzkraft waren außerstande, die wachsenden Aufgaben (Infrastrukturausbau, Bauleitplanung, allgemeine Daseinsvorsorge) im Sinne des Grundgesetzes und der Gemeindeordnung zu erfüllen.

Um ein weitgehend einheitliches Leistungsvermögen der Kommunen wiederherzustellen, leiteten sämtliche Bundesländer, mit Ausnahme der Stadtstaaten, eine kommunale Gebietsreform ein, die am 7. Juni 1968 in Rheinland-Pfalz begann und mit der Neuordnung der Ortsstufe in Bayern am 1. Mai 1978 zu einem vorläufigen Abschluß gelangte. Grundlegende Ziele der Reform waren die Anpassung der Gemeindegrenzen an die veränderte Siedlungs- und Verkehrsentwicklung, die Zuordnung der Verwaltungsgrenzen zu den tatsächlichen sozialökonomischen und siedlungsstrukturellen Verflechtungsbereichen, die Stärkung der Verwaltungskraft und Leistungsfähigkeit der Kommunen, der Abbau des Leistungsgefälles zwischen Stadt und Land und die Stärkung der Finanz- und Wirtschaftskraft der Gemeinden.

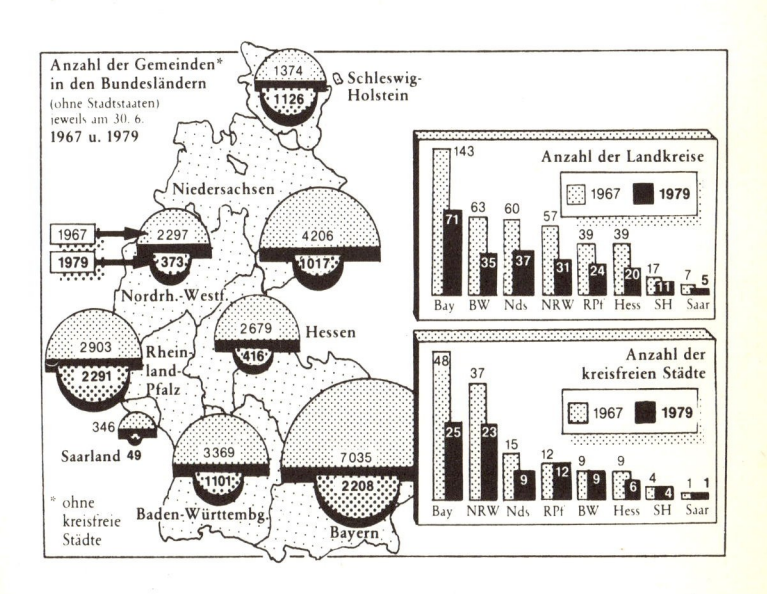

Vor Beginn der Verwaltungsreform bestand die Bundesrepublik aus 24282 Gemeinden und 425 Landkreisen. Innerhalb von neun Jahren – vom 30. 6. 1968 bis zum 30. 6. 1977 – verringerte sich die Zahl der selbständigen Gemeinden um 57% auf 10406. In den Bundesländern, die im Zuge der Verwaltungsreform ausschließlich die Einheitsgemeinde einführten, also in Nordrhein-Westfalen, im Saarland und in Hessen, nahm die Zahl der selbständigen Gemeinden am stärksten ab. Hier bestanden am 30. 6. 1977 zusammen nur noch 869 Gemeinden gegenüber 5308 Gemeinden am 30. 6. 1968. In Schleswig-Holstein und Rheinland-Pfalz dagegen hatte die im ländlichen Bereich überall eingeführte Form der Amtsverfassung bzw. der Verbandsgemeinde nur eine verhältnismäßig geringe Verminderung der Zahl selbständiger Gemeinden zur Folge. Zusammenlegungen und Eingemeindungen verringerten in diesen Bundesländern die Zahl der Gemeinden nur um 16 bzw. 20%.

Positive und negative Ergebnisse

Ergebnisse der territorialen Neugliederung ergeben sich auf folgenden Gebieten:

a) Eine verbesserte Finanz- und Investitionsplanung wird möglich. Hierdurch können im Bereich der Daseinsvorsorge sinnvolle Abgrenzungen vorgenommen werden. Infrastruktureinrichtungen vom Schwimmbad bis zur Kläranlage lassen sich für größere Gebiete planen: Bei der Leistungserbringung werden zentralörtliche Aufgaben und Erfordernisse eher berücksichtigt. Die Gefahr eines zu engen Nebeneinanders gleicher kommunaler Einrichtungen ist vermindert, aber nicht völlig ausgeschlossen.
b) Als Kehrseite des verbesserten und abgestimmten Leistungsangebots kann man die Neigung beobachten, in den neuen Verwaltungseinheiten die Gebühren und Steuern nach oben anzupassen. Vor allem in eingemeindeten Kommunen ergeben sich hierbei erhebliche Mehrbelastungen für den Bürger. Außerdem muß berücksichtigt werden, daß der Bürger aufgrund der Vergrößerung der Gemeinden und Kreise weitere Anfahrtswege zur Verwaltung zurücklegen muß. Auf diese Weise wird der Behördenkontakt eher erschwert als erleichtert.
c) Mit der Vergrößerung der Gemeinde wächst automatisch der Aufgabenstand, auch wenn den Gemeinden keine neuen Kompetenzen zugeordnet werden. Die kommunale Tätigkeit wird generell verantwortungsvoller. Dies gilt zunächst für die Verwaltungsbereiche.
d) Eine Personaleinsparung ist bisher völlig ausgeblieben. Vor allem dort, wo neue Amtsverfassungen eingeführt wurden, entstanden erhebliche Mehrkosten. Durch Zusammenlegungen sind vielfach Überbesetzungen von Stellen eingetreten, ohne daß aber die neuen Stelleninhaber immer den veränderten Anforderungen genügten.
e) Die angestrebte Spezialisierung der Verwaltung mit dem Ziel der Leistungssteigerung des kommunalen Verwaltungsapparates wurde somit nicht im erforderlichen Umfange erreicht, da hierzu die Qualifikation der kommunalen Bediensteten häufig nicht ausreicht.

Mitwirkung der Bürger

Durch die Vergrößerung der Gemeinden und Kreise ist der Abstand zwischen dem Bürger, der Verwaltung und kommunalen Vertretungskörperschaften gestiegen. Der Forderung des kommunalen Verfassungsrechts, die örtliche Verbundenheit der Einwohner zu wahren, wurde vor allem bei der Schaffung großräumiger Einheitsgemeinden nur unzureichend Rechnung getragen ... Die bürgerschaftlichen Mitwirkungsmöglichkeiten haben sich in den neugebildeten Gemeinden und Kreisen grundsätzlich, sieht man von der Verringerung der Zahl der kommunalen Mandate einmal ab, nicht verringert, vielmehr kann der Bürger nun auf eine räumlich größere Gemeinde Einfluß ausüben. Vor allem bei Eingemeindungen wird dies deutlich: Hatte früher der Bürger einer am Stadtrand liegenden Gemeinde nur Mitwirkungsmöglickeiten auf Probleme dieser Gemeinde, so kann er nach Eingemeindung auch auf Entscheidungen Einfluß zu nehmen versuchen, die z. B. das Infrastrukturangebot der eingemeindenden Kommune insgesamt berühren.

Jedoch – und dies ist entscheidend – verstärkt sich mit zunehmender Größe der Verwaltungseinheit die Anonymität. Der Kontakt zur Verwaltung und zu den Entscheidungsträgern im Rat wird erschwert. Zur gestiegenen Anonymität kommt die geringere Überschaubarkeit kommunaler Aufgaben und Probleme. Dies bedingt eine geringere tatsächliche Wahrnehmung rechtlich unveränderter oder gar erweiterter bürgerschaftlicher Mitwirkungsmöglichkeiten.

Quelle: O. W. Gabriel (Hrsg.): Kommunalpolitik im Wandel der Gesellschaft. Hrsg. von der Landeszentrale für politische Bildung Rheinland-Pfalz 1979, S. 146ff.

IV. Aspekte und Tendenzen der Wohnungsversorgung in der Bundesrepublik

Ein Überblick über den Wohnungsmarkt in der BRD läßt erhebliche Versorgungsdisparitäten zutage treten. Versorgungsdefizite ergeben sich insbesondere im Hinblick auf bestimmte soziale Gruppen und auf spezifische Räume: Mehrpersonenhaushalte in Großzentren von hochverdichteten Regionen sind in bezug auf die Wohnflächenversorgung stark benachteiligt. Abbildung 1 dokumentiert den Anteil der mit Wohnraum unterversorgten Wohnungsinhaberhaushalte nach Haushaltsgröße und Gebietstyp in der BRD 1978.

Quelle: 1 – Wohnungsstichprobe 1978 – Sonderauswertung GMD/IWU

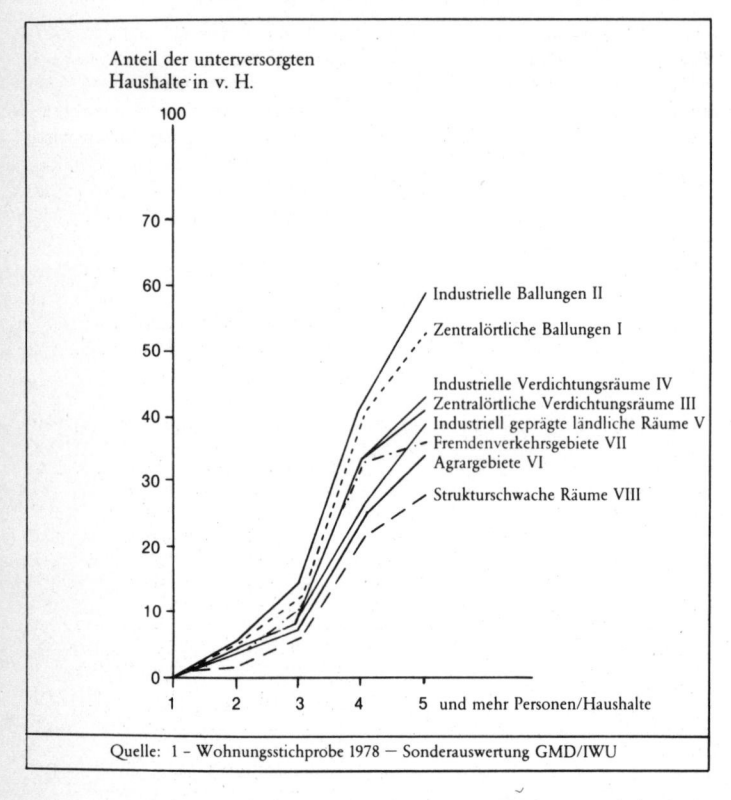

Abb. 1: Anteil der mit Wohnraum unterversorgten Wohnungsinhaberhaushalte nach Haushaltsgröße und Gebietstyp

Anders als es den festgelegten Richtlinien entspricht, nimmt empirisch gesehen der Mietanteil am Einkommen der unteren Einkommensschichten zu (Abbildung 2).

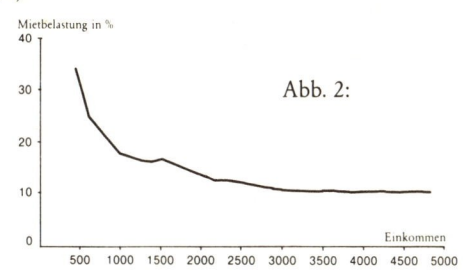

Abb. 2: Durchschnittliche Mietbelastung Hessen 1978
Quelle: Berechnungen des IWU auf der Grundlage der 1%-Wohnungsstichprobe 1978

Im folgenden ist der Versuch unternommen, Entwicklungen des Wohnungsbedarfs und der Wohnungsversorgung unter Berücksichtigung des zu erwartenden Bevölkerungsrückganges aufzuzeichnen. Bei den nachstehenden Tabellen handelt es sich um Modellrechnungen, die wegen der Langfristigkeit des Projektionszeitraums und gewisser Unsicherheiten der Modellannahmen ein relativ hohes Schätzrisiko beinhalten.

Die Tabelle (1) zeigt die Entwicklung der Zahl der Privathaushalte in der Bundesrepublik 1980 – 2040 nach Haushaltsgrößen: Die Zahl der Haushalte steigt noch bis zum Jahr 2000 an, um dann stark abzusinken. Mit der Entwicklung der Zahl der Haushalte ist eine einschneidende Veränderung der Haushaltsgrößenstruktur verbunden.

Haushalte mit ... Personen	1980	1990	2000	2020	2040
	Anzahl in 1000				
1	7.493	8.480	8.535	8.700	7.805
2	7.113	8.375	9.140	9.460	7.825
3	4.387	4.650	4.500	3.880	3.100
4	3.632	3.500	3.250	2.450	2.100
5 u. mehr	2.176	1.525	1.335	990	850
Insgesamt	24.811	26.530	26.760	25.480	21.680
Durchschnittl. Haushaltsgröße	2,48	2,31	2,26	2,13	2,11
Quelle: Statistisches Bundesamt Wiesbaden, Mieterzensus 1980; Berechnungen des Instituts für Wohnen und Umwelt (IWU), Darmstadt					

Tab. 1: Entwicklung der Zahl der Privathaushalte in der BRD 1980-2040 nach Haushaltsgrößen

Tabelle (2) bringt Modellrechnungen zur Entwicklung des Wohnungsbedarfs nach Gebietstypen zur Darstellung. Nach den Modellannahmen der »Konzentrationsvariante« ist der Wohnungsbedarf in den ländlichen Gebiete bereits um die Jahrtausendwende weitgehend gesättigt, während in den Ballungsräumen auch im Zeitraum 2000 - 2040 noch ein zusätzlicher Wohnungsbedarf besteht. Dagegen ist bei der Variante »Dekonzentration«, die der wahrscheinlichen Entwicklung wohl eher entsprechen dürfte, der zusätzliche Wohnungsbedarf zwischen 1980 und 1990 in Ballungsgebieten niedriger; nach dem Jahr 2020 ist der Wohnungsbedarf in nahezu allen Gebietstypen gesättigt.

Gebietstyp	Durchschnittlicher Wohnungsbedarf pro Jahr			
	1980-1990	1990-2000	2000-2020	2020-2040
Variante »Konzentration«				
Zentralörtliche Ballungen	+ 117	+ 93	+ 73	+ 35
Industrielle Ballungen	+ 82	+ 46	+ 19	− 12
Zentralörtliche Verdichtungsräume	+ 22	+ 15	+ 12	+ 2
Industrielle Verdichtungsräume	+ 20	+ 12	+ 7	− 1
Industriell geprägte ländl. Räume	+ 23	+ 10	+ 0	− 11
Agrargebiete	+ 49	+ 22	+ 6	− 16
Fremdenverkehrsgebiete	+ 9	+ 4	+ 2	− 1
Strukturschwache Gebiete	+ 57	+ 20	− 3	− 30
Bundesgebiet	+ 379	+ 222	+ 116	− 34
Variante »Dekonzentration«				
Zentralörtliche Ballungen	+ 90	+ 61	+ 50	+ 1
Industrielle Ballungen	+ 68	+ 35	+ 8	− 23
Zentralörtliche Verdichtungsräume	+ 23	+ 16	+ 14	+ 5
Industrielle Verdichtungsräume	+ 25	+ 10	+ 8	+ 1
Industriell geprägte ländl. Räume	+ 30	+ 18	+ 7	− 4
Agrargebiete	+ 60	+ 32	+ 17	− 6
Fremdenverkehrsgebiete	+ 12	+ 4	+ 4	+ 4
Strukturschwache Gebiete	+ 72	+ 36	+ 12	− 15
Bundesgebiet	+ 380	+ 212	+ 120	− 40
Quelle: Berechnungen des IWU, Darmstadt				

Tab. 2: Modellrechnungen zur Entwicklung des Wohnungsbedarfs in der BRD nach Gebietstypen (1980-2040)

Tabelle (3) zeigt die Entwicklung der Wohnfläche pro Person nach Haushaltsgrößen: Die durchschnittliche Wohnfläche pro Person wird danach größer; die Versorgungsunterschiede zwischen den verschiedenen Haushalten werden sich allerdings in Zukunft weiter verstärken.

Haushalte mit ... Personen	Wohnfläche pro Person in qm				
	1978	1990	2000	2020	2040
1	62,7	69,8	72,0	76,2	79,0
2	39,1	43,5	44,9	47,0	48,2
3	29,4	32,1	32,9	34,1	34,7
4	24,4	26,3	26,8	27,5	27,8
5 und mehr	19,9	21,4	21,7	22,0	22,2
zusammen	32,0	37,4	39,4	43,1	44,5
Quelle: Berechnungen des IWU, Darmstadt					

Tab. 3: Entwicklung der Wohnfläche pro Person in der BRD nach Haushaltsgrößen

Tabelle (4) zeigt die Entwicklung der Wohnfläche pro Person nach Gebietstypen: Das bestehende Versorgungsgefälle zwischen Ballungsgebieten und ländlichen Regionen wird sich langfristig noch vergrößern.

Gebietstyp	Wohnfläche pro Person in qm				
	1978	1990	2000	2020	2040
I Zentralörtliche Ballungen	32,7	37,4	39,2	42,5	44,1
II Industrielle Ballungen	30,1	34,9	36,8	40,2	41,5
III Zentralörtliche Verdichtungsgebiete	32,1	38,8	41,3	46,4	48,5
IV Industrielle Verdichtungsgebiete	31,8	36,9	38,8	42,3	43,6
V Industriell geprägte ländliche Gebiete	33,0	38,7	40,5	44,1	45,6
VI Agrargebiete	32,3	38,4	40,4	44,1	45,3
VII Fremdenverkehrsgebiete	33,7	40,2	42,3	46,5	47,9
VIII Strukturschwache Gebiete	32,8	39,2	41,3	45,0	46,1
Bundesgebiet	32,0	37,4	39,4	43,1	44,5
Quelle: Berechnungen des IWU, Darmstadt					

Tab. 4: Entwicklung der Wohnfläche pro Person in der BRD nach Gebietstypen

V. Verkehrs- und Unfallsituation

Von motorisierten Fahrzeugen stark frequentierte und bevorrechtigte Straßen stellen für den Querverkehr ein Hindernis dar. Wo solche Straßen durch Wohn-, Geschäfts- und Erholungsgebiete mit vielfältigen und intensiven Querbeziehungen verlaufen, macht sich die trennende Wirkung besonders für den Fußgänger- und auch für den Fahrradverkehr beeinträchtigend bemerkbar. Sie führt zu unerwünschten Wartezeiten, u. U. auch zu Umwegen und ist häufig mit Unfallgefahren verbunden, und zwar in besonderen Maße bei Kindern und alten Menschen.

Wie ernst diese Auswirkungen sind, können die Unfallzahlen verdeutlichen. Innerhalb von Ortschaften in der Bundesrepublik verunglückten im Straßenverkehr im Jahre 1978 rd. 330.000 Menschen. Von den Getöteten waren über 70% und von den Verletzten rd. 30% Fußgänger oder Radfahrer, absolut rd. 100.000 Menschen. Darunter waren besonders viele alte Menschen. 55% der getöteten Fußgänger und 35% der getöteten Radfahrer waren 65 Jahre alt oder älter. Unter den verletzten Fußgängern und Radfahrern befinden sich auch überdurchschnittlich viele Kinder. In bezug auf die Zahl der verunglückten Kinder und Jugendlichen im Alter unter 18 Jahren nimmt die Bundesrepublik im Vergleich mit anderen Staaten mit starker Verkehrsdichte in Westeuropa und Amerika eine Spitzenstellung ein (s. Tabelle 1 und 2).

Tabelle 1
Bei Straßenverkehrsunfällen verunglückte Kinder und Jugendliche im Alter unter 18 Jahren in Ländern mit starker Verkehrsdichte +

Land	Verunglückte je 100.000 Einwohner der Altersgruppe[1]	Getötete je 100.000 Einwohner der Altersgruppe[1]
Bundesrepublik Deutschland	852	16
Belgien	790	16
Österreich	759	13
USA[2]	682	13
Großbritannien	637	8
Niederlande	492	12
Dänemark	417	12
Schweiz	384	12
Italien	250	6
Schweden	232	7

+ Quelle: Deutscher Bundestag, Drucksache 8/3153 vom 29. 9. 1979, S. 2
[1] Im Jahr 1977.
[2] Im Jahr 1976.

Tabelle 2
Bei Straßenverkehrsunfällen als Fußgänger oder Radfahrer verunglückte Kinder und Jugendliche im Alter unter 18 Jahren in Ländern mit starker Verkehrsdichte [+]

Land	Verunglückte je 100.000 Einwohner der Altersgruppe[1]	Getötete je 100.000 Einwohner der Altersgruppe[1]
Bundesrepublik Deutschland	397	9
Großbritannien	331	4
Belgien	252	7
Österreich	234	4
Niederlande	210	7
Schweiz	203	8
Dänemark	157	7
USA[2]	145	4
Frankreich[2]	145	4
Italien	82	3
Schweden	59	3

[+] Quelle: Deutscher Bundestag, Drucksache 8/3548 vom 7. 1. 1980, S. 74.
[1] Im Jahr 1977.
[2] Im Jahr 1976.

In der ersten Hälfte der siebziger Jahre war die Zahl der innerhalb von Ortschaften verunglückten Fußgänger zurückgegangen; seit 1975 ist sie etwa gleichgeblieben (s. Tabelle 3). Die Zahl der innerhalb von Ortschaften verunglückten Radfahrer war dagegen von 1970 bis 1975 annähernd konstant und ist seitdem gestiegen. Für beide Verkehrsteilnehmergruppen zusammen ist die Entwicklung seit 1973 mit rund 100.000 pro Jahr innerhalb von Ortschaften Verunglückten etwa gleichbleibend (s. Tabelle 3).

Tabelle 3
In der Bundesrepublik innerhalb von Ortschaften verunglückte Fußgänger und Radfahrer +

Jahr	Fußgänger		Radfahrer		Zusammen
	getötet	verletzt	getötet	verletzt	
1970	4.340	70.410	990	34.541	110.191
1971	3.913	65.743	900	35.037	105.593
1972	3.864	66.459	899	33.808	105.030
1973	3.384	62.425	826	33.864	100.499
1974	3.244	60.240	783	33.780	98.047
1975	2.780	55.502	736	35.105	94.123
1976	2.966	56.799	721	39.416	99.902
1977	2.767	57.735	740	41.797	103.039
1978	2.795	55.396	755	30.731	99.677

+ Quelle: Statistisches Jahrbuch für die Bundesrepublik Deutschland 1972-1980 und Berechnungen des Deutschen Instituts für Urbanistik.

Tabelle 4
zeigt den Anteil der Unfallursache »Geschwindigkeit« an den gesamten Unfallursachen des Bundesgebiets im Jahre 1981. »Geschwindigkeit« erweist sich danach als größte Unfallursache. Jeder 5. Unfall wird durch überhöhte Geschwindigkeit verursacht, bei Unfällen mit Getöteten ist es sogar jeder 3. Unfall.

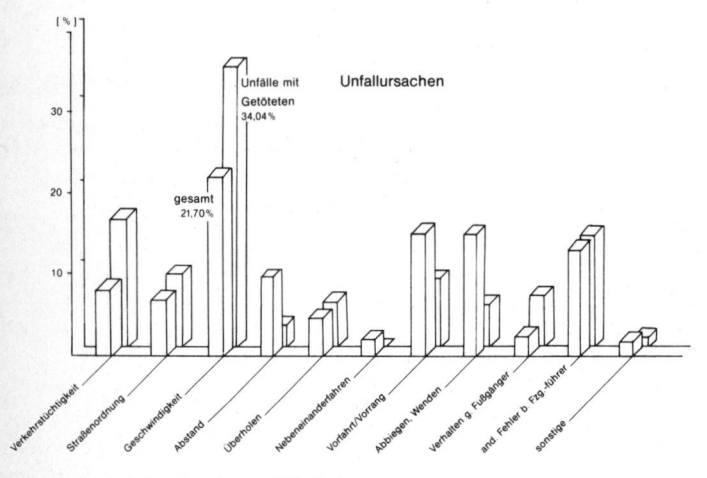

Quelle: Statistisches Bundesamt Wiesbaden

VI. Umweltprobleme der Städte

1. Klimatische Änderungen durch Städte

Element		Vergleich mit ländlicher Umgebung Durchschnittswerte
Verunreinigung	Staubpartikel	10mal mehr
	Schwefeldioxid	5mal mehr
	Kohlendioxid	10mal mehr
	Kohlenmonoxid	25mal mehr
Strahlung	Gesamtstrahlung auf horizontaler Oberfläche	15 bis 20% weniger
	Ultraviolett im Winter	30% weniger
	Ultraviolett im Sommer	5% weniger
Beleuchtung	Sichtbares Licht Sommer	5% weniger
	Sichtbares Licht Winter	15% weniger
Bewölkung	Wolken	5 bis 10% mehr
	Nebel Winter	100% mehr
	Nebel Sommer	30% mehr
Inversionen		60% mehr
Niederschlag	Gesamtbetrag/menge	5 bis 10% mehr
	Tage mit mindestens 3 mm Niederschlag	10% mehr
Temperatur	Jahresmittel	0,5 bis 1° höher
	Winterminima	1 bis 2° höher
Relative Feuchtigkeit	Jahresmittel	6% weniger
	Wintermittel	2% weniger
	Sommermittel	8% weniger
Windgeschwindigkeit	Jahresmittel	20 bis 30% weniger
	Spitzenböen	10 bis 20% weniger
	Windstillen	5 bis 10% weniger
Sichtweite		80 bis 90% weniger

Die Tabelle zeigt die quantitativen Veränderungen des regionalen Klimas durch Städte. Lokale Gegebenheiten lassen die Werte um einiges höher steigen. So zeigen einige Klimaveränderungen in großen Industriestädten (über 1 Mill.) noch extremere Werte:

- 1 Std. Sonnenschein täglich weniger,
- 50% weniger UV-Einstrahlung,
- 10% mehr Regen,
- 25% weniger Wind,
- 100% mehr Nebel,
- 50.000 t Luftverunreinigungen täglich durch Abgase, Öl- und Benzindämpfe usw.

Quelle: Umweltbundesamt (Hrsg.): Ökologisches Bauen, Berlin 1982, S. 58.

2. Luftverschmutzung im Städtevergleich

Städte in Deutschland und aller Welt liegen weit weit über dem Grenzwert der Weltgesundheitsorganisation von 60millionstel Gramm Schwefeldioxid und Staub pro Kubikmeter Luft.

Schwefeldioxid-Belastung		Ein Punkt = 10 μ pro m³ Luft	Staubbelastung	
Meßnetze*	Einzelstationen*	○ bis ● bis ●	Meßnetze*	Einzelstationen*
Karlsruhe Köln Kopenhagen Luxemburg Mainz München New York Nürnberg Washington	Amsterdam Augsburg Den Haag Denver Detroit Freiburg Hongkong Karlsruhe Köln Los Angeles	Mainz New York Nürnberg Oslo Ottawa Regensburg Stuttgart Toronto Ulm Würzburg	○ ○○○○ ○○ bis ●● bis ●● ●● ●●	Dublin Karlsruhe Kopenhagen London Mainz Mannheim Montepellier Wiesbaden	Augsburg Karlsruhe Kassel Mannheim Oslo Regensburg San Francisco Ulm	Wiesbaden Würzburg
Chicago Frankfurt/Main Grenoble Lüttich Marseille Rom Straßburg Warschau	Basel Hagen Lille Ludwigshafen Malmö Mannheim Montreal Osaka Philadelphia	Rotterdam Tokio Zürich	○○○○ ●● ○○○ ●● ●● ●●	Chicago New York Philadelphia Tokio Washington	Frankfurt/Main Mainz Nürnberg Osaka Ottawa Tokio Toronto Vancouver	
Brüssel Hamburg Liverpool London Lyon Mannheim Pittsburgh Wiesbaden	Ost-Berlin Chicago Frankfurt/Main Hamburg Kassel Rouen Wiesbaden		○○○○ ●● ○○○ ●● ○ ●● ●●	Baltimore Boston Houston Köln München	Boston Hamburg Köln Los Angeles New York Tokio	

Antwerpen West-Berlin Charleroi Paris Venedig	○ ○ ○ ○ ○ ○ ○	● ● ● ● ● ● ● ● ●	West-Berlin Detroit Hamburg Nürnberg	Bochum Dortmund Düsseldorf Duisburg Essen Gelsenkirchen	Pittsburgh Recklinghausen Washington
			Bochum Düsseldorf Essen Gelsenkirchen Madrid Manchester Wanne-Eickel		
Genua	○ ○ ○ ○ ○ ○ ○ ○ ○ ○ ○ ○ ○	● ● ● ● ● ● ● ● ● ● ● ● ●	Denver Pittsburgh	West-Berlin Chicago Oberhausen	
			Bottrop Dortmund Duisburg Oberhausen Paris Pittsburgh Recklinghausen		
London-City	○ ○ ○ ○ ○ ○ ○ ○ ○ ○ ○ ○ ○ ○ ○	● ● ● ● ● ● ● ● ● ● ● ●		Baltimore	
Mailand	○ ○ ○ ○ ○ ○ ○ ○ ○ ○ ○ ○ ○ ○ ○ ○ und mehr	● ● ● ● ● ● ● ● ● ● ● ● ● ● ● und mehr		Ost-Berlin Denver Detroit Houston	
			Halle West-Berlin Bilbao Leipzig Mailand		

* Zur besseren Vergleichbarkeit der Werte sind Daten städtischer Meßnetze und Einzelstationen in Cities und Wohnvierteln getrennt angegeben. Quelle: natur 6/1981, S. 95

Bei der Schwefeldioxid-Belastung wird West-Berlin nur von einigen ost- und südeuropäischen Großstädten – insbesondere vom Mailand und Halle – übertroffen. Die Städte des Ruhrgebiets rangieren ebenfalls sehr hoch, auch im Vergleich zu anderen Industriegebieten der Bundesrepublik. Bei den Schwebstaubkonzentrationen werden die deutschen Belastungsgebiete nur von einigen amerikanischen Städten übertroffen.

3. Ökologische Buchhaltung für die Stadt Saarbrücken

Ein neuartiger und umfassender Ansatz zur Bewertung der Einwirkungen von Unternehmungen oder auch eines ganzen Siedlungsgebiets auf die Umwelt bildet die »Ökologische Buchhaltung«. Diese umfaßt alle bedeutenden Umwelteinwirkungen, die von einer Wirtschaftseinheit ausgehen, auf der Basis der Knappheit im ökologischen System.

Tabelle: Ökologische Buchhaltung für die Stadt Saarbrücken, 1980

Bodenverbauung	5 057 ha	901 RE/ha	4 556 560 RE
feste Abfälle	712 420 m³	4,13 RE/m³	2 942 300 RE
Energieverbrauch			4 962 890 RE
· Erdöl	299,6 Mio l	0,0068 RE/l	2 037 280 RE
· Kohle	259 100 t	0,065 RE/t	16 840 RE
· Strom	778,4 GWh	2 460 RE/GWh	1 914 900 RE
· Erdgas	139,8 GWh	1 880 RE/GWh	262 820 RE
· Koksgas	663,7 GWh	352 RE/GWh	233 620 RE
· Fernwärme	350,3 GWh	1 420 RE/GWh	497 430 RE
Wasser			20 526 600 RE
· Wasserverbrauch	17,4 Mio. m³	0,1146 RE/m³	1 994 000 RE
· Wasserverschmutzung	225 848 SE	82,058 RE/SE	18 532 600 RE
Luft			6 602 150 RE
· CO	76 500 t	61,82 RE/t	4 729 230 RE
· SO$_2$	21 030 t	30,81 RE/t	647 930 RE
· NO$_2$	8 400 t	145,2 RE/t	1 219 680 RE
· Staub	4 615 t	1,15 RE/t	5 310 RE
TOTAL			39 590 300 RE

RE = Rechnungseinheiten ökologischer Belastung (je mehr RE desto schädlicher ist etwas)
SE = Schadeinheiten der Wasserverschmutzung

Die ökologische Buchhaltung der Stadt Saarbrücken zeigt, daß mit Abstand die Wasserverschmutzung die größte Umweltbelastung darstellt (fast 50% der gesamten Belastung entstehen in diesem Bereich).

Auch wenn die der ökologischen Buchhaltung zugrunde liegenden Kriterien immer wieder überprüft werden müssen, so ist ihr eminenter Vorteil der, daß sie Unternehmensleitung und Stadtbehörden zwingt, überhaupt einmal die Umwelteinwirkungen aller Einrichtungen, die in ihrem Verantwortungsbereich liegen, zur Kenntnis zu nehmen und sich mit ihnen auseinanderzusetzen.

Darüber hinaus bietet die ökologische Buchhaltung eine wesentliche Entscheidungshilfe, wenn es gilt, verschiedene Umwelteinwirkungen gegeneinander abzuwägen.

Quelle: H. C. Binswanger u. a.: Arbeit ohne Umweltzerstörung. Strategien für eine neue Wirtschaftspolitik. Frankfurt 1983, S. 239 ff. (Ein gebietsbezogenes ökologisches Gesamtkonzept, das o. g. Kriterien reflektiert, findet sich in: M. Küenzlen/Oekotop Autorenkollektiv: Ökologische Stadterneuerung. Die Wiederbelebung von Altbaugebieten. Karlsruhe 1984).

4. Arbeit und Umwelt – Arbeitsplatzpotential ausgesuchter Bedarfsfelder

Vom hessischen Minister für Landesentwicklung, Umwelt, Landwirtschaft und Forsten wurde 1983 ein Investitionsprogramm für Umwelt und Beschäftigung vorgelegt und eine Schätzung der Arbeitsmarkteffekte vorgenommen. Die Angaben stützen sich auf bereits vorliegende Studien zu diesem Thema und Einschätzungen des Ministeriums.

Teilsektoren	Investitionsvolumen in Mrd. DM	Zahl der zusätzlichen Arbeitsplätze	
Gewässerschutz	3,0, bereitgestellt durch eine Erhöhung	8 500 - 9 500	Sanierung der Gewässer, Bau von dezentralen Kläranlagen
Wasserversorgung	0,1, Einführung einer Wasserabgabe	800 (in Hessen)	Sicherung vorhandener und künftiger Wassergewinnungsanlagen
Luftreinhaltung	8 - 12	3 200	Rauchgasentschwefelung bei Großfeuerungsanlagen, Verminderung der Immissionsbelastung von Kraftfahrzeugen
Lärmschutz	5 -8, Einführung einer einmaligen Kfz-Lärmabgabe	60 000 - 80 000	Aktive und passive Lärmschutzmaßnahmen an neuen und bestehenden Straßen, Förderung lärmarmer Kraftfahrzeuge, Lärmschutz am Arbeitsplatz
Abfallbeseitigung	10, Wiederverwertung von Abfällen	4 500	Abfallbeseitigungs- und -verwertungsanlagen

Energieversorgung	80 Finanzierung überwiegend ohne zusätzliche 270 öff. Mittel	200 000 150 000	Ausbau der Kraft-Wärme-Kopplung, verbesserte Wärmedämmung, Gebäudeisolierung
Verkehrspolitik	110	70 000 - 80 000	Verkehrsberuhigungsmaßnahmen, Einrichtung von Rad- und Fußwegenetzen
Stadtsanierung, Dorferneuerung, Wohnungsbau	275	200 000	Qualitative Verbesserung der Stadtgestaltung und Wohnverhältnisse, Sanierung, Neubaubedarf für unterversorgte Bevölkerungsgruppen
Land- und Forstwirtschaft	Umschichtung der Mittel vor allem des EG-Agraretats	Erhaltung von 200 000 derzeit gefährdeten Arbeitsplätzen	Verbesserte Investitionsförderung von Betrieben an ungünstigen Standorten
Naturschutz und Landschaftspflege	0,6, Ausgleichsabgabe für Eingriffe in den Naturhaushalt (Pharma- und Ernährungsindustrie) 13,7	12 000 136 000 (befristet, 2 000 auf Dauer)	Schutz von Biotopflächen in wissenschaftlich erforderlichem Umfang Denaturierung von Fließgewässern

VII. Aspekte der wirtschaftlichen Entwicklung der Städte

Infolge der sozio-ökonomischen Entwicklung der letzten Jahre und der nach wie vor anhaltenden Stadt-Umland-Wanderung werden die großen und größeren Städte in mehrfacher Hinsicht schwer belastet:

– In den alten Wohnquartieren der Kernstädte konzentrieren sich die sozialen Problemgruppen und verursachen erhebliche Aufwendungen für Sozialhilfe und Sozialarbeit.

– Insbesondere in den Zentren der traditionellen Industrieregionen wirken sich mit drastischen, vielfach schon zweistelligen Arbeitslosenquoten die strukturellen und konjunkturellen Beschäftigungskrisen aus.

Nach dem Gemeindefinanzbericht 1983 sind die gesamten Sozialausgaben der Gemeinden gestiegen: 1981/1982/1983 von 16,9 über 18,5 auf 19,3 Mrd. DM = +9% und +4,3%. Der Anteil der sozialen Leistungen in den Gemeindehaushalten ist gestiegen von 7,6% 1961 auf 12,1% 1982 und 12,6% 1983. Die »Operation 82« (2. Haushaltsstrukturgesetz) hat die Gemeinden mit Mehrausgaben von 600 Mio DM belastet; die Haushaltsbegleitgesetze 1983/84 sollen eine Entlastung um 500 Mio DM bringen, führen aber zugleich durch die Kürzungen in der Arbeitslosenversicherung und beim Wohngeld zu neuen, noch nicht bezifferbaren Belastungen.

Zu den sozialen Leistungen führt im einzelnen der Gemeindefinanzbericht 1983 aus: »Die sozialen Leistungen der Kommunen weisen von 1970 bis 1983 einen fast doppelt so starken Zuwachs auf, als die gesamten kommunalen Ausgaben: sie sind heute fast 4 1/2 mal so hoch wie seinerzeit. Diese außerordentliche Steigerung ist überwiegend auf die Entwicklung der Sozialhilfeausgaben in Einrichtungen zurückzuführen ... Die Sozialhilfe außerhalb von Einrichtungen, bei der es sich heute zu rd. drei Vierteln um Hilfe zum Lebensunterhalt handelt, ist zwar deutlich schwächer, aber immer noch stärker gestiegen als die gesamten kommunalen Ausgaben«.

Die Einnahmen der Gemeinden sind dagegen ständig zurückgegangen. Im Gemeinde-Finanzbericht 1983 des Deutschen Städtetages wird resümiert: »Das Bild, das sich für die Gesamtheit aller Gemeinden ergibt, wird allerdings dem fortgesetztem Verfall der Steuereinnahmen in vielen Städten nicht gerecht. Einen Eindruck von diesem Verfall der städtischen Steuereinnahmen vermitteln die Zahlen für die kreisfreien Städte. In allen Jahren seit 1977 bleibt der Steuereinnahmenzuwachs der kreisfreien Städte noch hinter dem der Gesamtheit aller Gemeinden zurück. Diese Tendenz hat sich im vergangenen Jahr vor allem aufgrund der Neuverteilung des Gemeindeanteils an der Einkommenssteuer noch erheblich verstärkt. Damit ist der Anteil der kreisfreien Städte am gesamten Steueraufkommen noch stärker rückläufig als der gesamte gemeindliche Anteil.

Wie von uns vor einem Jahr vorausgesagt, konnten die kreisfreien Städte im vergangenen Jahr insgesamt lediglich über 8 v. H. mehr Steuereinnahmen verfügen als im Jahr 1977. Das entspricht einem jahresdurchschnittlichen ‚Zuwachs' von lediglich 1,5 v. H. Neben den Verlusten durch die Neuverschuldung des Gemeindeanteils an der Einkommenssteuer in den Jahren 1979 und 1982 ist für diese ungünstige Entwicklung vor allem die Entwicklung bei der Gewerbesteuer verantwortlich. Die Gewerbesteuereinnahmen der kreisfreien Städte in den beiden vergangenen Jahren sind praktisch auf das Niveau von 1977 zurückgefallen.

Die in den Städten in der Regel unterdurchschnittliche Entwicklung ihrer Einkommensteuereinnahmen ist vor allem auf die Verluste zurückzuführen, die sie in Abständen von 3 Jahren durch die Umbasierung der Schlüsselzahlen für die Verteilung des Gemeindeanteils an der Einkommensteuerstatistik erleiden. Eine ganze Kette von Fehlentscheidungen des Bundesgesetzgebers ist Ursache für den Verfall der Gewerbesteuer. Die Bemessungsgrundlage der Gewerbesteuer und die Zahl der Gewerbesteuerzahler sind in den vergangenen Jahren durch wiederholte Eingriffe des Gesetzgebers massiv eingeschränkt bzw. reduziert worden. In kurzen zeitlichen Abständen erfolgten

— Anhebungen des Freibetrags für den Gewerbeertrag, in den Jahren 1975, 1978 und 1980 bis auf 36.000 DM,

— Anhebungen des Freibetrags für das Gewerbekapital in den Jahren 1978 und 1981 auf nunmehr 120.000 DM,

— die Einführung eines Freibetrags von 50.000 DM für die Hinzurechnung von Dauerschulden bei der Gewerbekapitalsteuer ab 1981,

— vor allem aber – als schwerster Eingriff – die Abschaffung der Lohnsummensteuer ab 1980, nachdem bereits 1978 ein Freibetrag von 60.000 DM eingeführt worden war.

Dies alles hat dazu geführt, daß die Gewerbesteuereinnahmen der Städte und Gemeinden in zunehmendem Maße von der konjunkturellen Entwicklung und der Ertragslage einer immer geringer werdenden Zahl großer und größerer Gewerbebetriebe abhängig geworden sind. Nach einer Umfrage bei DSt.-Mitgliedstädten hat bereits die Freibetragsanhebung für den Gewerbeertrag im Jahr 1980 dazu geführt, daß nur noch gut ein Drittel aller Gewerbebetriebe Gewerbesteuer zahlen. Daß die für die gemeindliche Aufgabenerfüllung notwendige Stetigkeit der Einnahmeentwicklung durch die genannten gesetzgeberischen Eingriffe in die Gewerbesteuer außerordentlich gelitten hat, zeigen die in den letzten Jahren zum Teil sehr starken Rückgänge der Gewerbesteuereinnahmen in vielen Städten.

Als besonders problematisch haben sich die Eingriffe in die Gewerbesteuer wegen der sehr unterschiedlichen Auswirkungen in den einzelnen Städten und Gemeinden erwiesen. Viele, vor allem strukturschwache Städte haben dadurch weit überdurchschnittliche Verluste zu beklagen. Besonders negativ ist in dieser Hinsicht die Abschaffung der Lohnsummensteuer zu bewerten, weil sie gerade strukturschwachen Städten und Gemeinden einen bedeutenden und stabilisierenden Bestandteil ihrer Gewerbesteuerbasis entzogen hat, ohne

gleichzeitig positive Beschäftigungseffekte in den betroffenen Städten zu initiieren – wie z. B. die nach wie vor weit überdurchschnittlichen Arbeitslosenquoten im Ruhrgebiet zeigen.
Resümiert man die Zuweisungspolitik der Länder in den beiden zurückliegenden Jahren, so zeigt sich insgesamt 1981 wie 1982 praktisch eine Stagnation der Zuweisungen auf 80er-Niveau.«
Einen Eindruck von dem Verfall der städtischen Steuereinnahmen vermittelt nachstehende Tabelle:

Entwicklung der Steuereinnahmen von Bund, Ländern, Gemeinden und EG 1977 bis 1983

| Jahr | Bund[1] | Länder[1] | Gemeinden (Gv)[2] | | | EG | Insgesamt |
| | | | Insgesamt | darunter: Kreisfreie Städte | | | |
				Steuereinnahmen insgesamt	darunter: Gewerbesteuern		
			in Mrd. DM				
1977	144,00	104,13	42,29	17,45	8,35	7,86	298,29
1978	154,08	111,58	43,67	17,88	8,55	8,84	318,17
1979	166,15	121,28	45,21	18,12	8,64	10,14	342,78
1980	176,14	126,88	51,30	20,04	9,45	10,62	364,93
1981	180,47	127,66	50,01	19,06	8,37	12,20	370,34
1982[a]	183,11	131,86	51,00	18,85	8,40	12,59	378,55
1983[b]	187,90	135,00	52,60	19,40	8,70	13,80	389,30
1983[c]	187,98	136,21	53,19	●	●	13,80	391,17
			Veränderungen in v. H.				
1978	+ 7,0	+ 7,2	+ 3,3	+ 2,5	+ 2,4	+12,5	+ 6,7
1979	+ 7,8	+ 8,7	+ 3,5	+ 1,3	+ 1,1	+14,7	+ 7,7
1980	+ 6,0	+ 4,6	+13,5	+10,6	+ 9,4	+ 4,7	+ 6,5
1981	+ 2,5	+ 0,6	− 2,5	− 4,9	−11,4	+14,9	+ 1,5
1982[a]	+ 1,5	+ 3,3	+ 2,0	− 1,1	+ 0,4	+ 3,2	+ 2,2
1983[b]	+ 2,6	+ 2,4	+ 3,1	+ 2,9	+ 3,6	+ 9,6	+ 2,8
1983[c]	+ 2,7	+ 3,3	+ 4,3	●	●	+ 9,6	+ 3,3
1977 bis 1983[c]	+30,5	+30,8	+25,8	+11,2[b]	+ 4,2[b]	+75,6	+31,1
			Anteil an den Steuereinnahmen insgesamt in v. H.				
1977	48,3	34,9	14,2	5,9	3,5	2,6	100
1978	48,4	35,1	13,7	5,6	3,3	2,8	100
1979	48,5	35,4	13,2	5,3	3,2	3,0	100
1980	48,3	34,8	14,1	5,5	3,2	2,9	100
1981	48,7	34,5	13,5	5,1	2,9	3,3	100
1982[a]	48,4	34,8	13,5	5,0	2,2	3,3	100
1983[b]	48,3	34,7	13,5	5,0	2,2	3,5	100
1983[c]	48,1	34,8	13,6	●	●	3,5	100

¹ Ergänzungszuweisungen beim Bund ab- bzw. bei den Ländern zugesetzt. – ² Einschl. Gemeindesteuern der Stadtstaaten. – ᵃ Für Bund, Länder und EG vorläufiges Ergebnis (Wegfall der sog. Kindergeldmilliarde bereits ab 1982 berücksichtigt); für Gemeinden insgesamt Schätzung des Arbeitskreises »Steuerschätzungen« vom 25./26. 10. 1982; für kreisfreie Städte Schätzung des Deutschen Städtetages. – ᵇ Schätzung des Arbeitskreises »Steuerschätzungen« vom 25./26. 10. 1982 bzw. des Deutschen Städtetages (kreisfreie Städte) ohne Berücksichtigung des Haushaltsbegleitgesetzes 1983. – ᶜ Unter Berücksichtigung des Haushaltsbegleitgesetzes nach Schätzungen des BMF.

Eigene Schätzungen und Berechnungen nach Daten des Statistischen Bundesamtes und des BMF.

Quelle: Karrenberg, H.; Münstermann, E.: Gemeindefinanzbericht 1983, »der städtetag« N. F. Jg. 36, H. 2, Stuttgart 1983, S. 73.

Die wachsende Diskrepanz zwischen städtischem Finanzbedarf und Einnahmeentwicklung macht eine Korrektur durch eine Neuordnung des Gemeindesteuersystems zu einer des wichtigsten finanzpolitischen Aufgaben der nächsten Jahre.

VIII. Regionale Arbeitsmarktsituation und -entwicklung

Zwischen 1979 und 1983 ist der Anteil der registrierten Arbeitslosen an allen Arbeitnehmern im Durchschnitt der Raumordnungsregionen von 4,5 auf 10,7% angestiegen. Auf regionaler Ebene wirkte sich dies jedoch nicht einfach als eine allgemeine Niveauverschiebung um 6,2 Prozentpunkte aus. Vielmehr verschlechterte sich die Situation vieler Regionen, die bereits 1979 hohe Arbeitslosenzahlen aufzuweisen hatten, noch mehr, während Regionen, mit niedriger Ausgangsarbeitslosigkeit häufig nur einen unterdurchschnittlichen Anstieg erlebten. Nur eine einzige Region (Landshut) »verbesserte« ihre relative Position von einer über- zu einer unterdurchschnittlichen Arbeitslosenquote (s. Karte).

Gemessen an der Entwicklung der Arbeitslosenquote ist eine Zunahme der Disparitäten zwischen den regionalen Arbeitsmärkten in der Bundesrepublik festzustellen. Das herrschende Nord-Süd-Gefälle im Niveau der Arbeitslosigkeit ist von zunehmender Auseinanderentwicklung geprägt. Dabei verschlechtern die ohnehin bereits schwer von Arbeitslosigkeit betroffenen Regionen ihre Position, während es bisher weniger belasteten Regionen gelingt, ihre gute Position zu halten oder relativ zu verbessern. Nicht einbezogen in das Nord-Süd-Gefälle sind die ländlich peripheren Regionen in Rheinland-Pfalz und Ost-Bayern. Zwar ist dort die relative Zunahme der Arbeitslosigkeit geringer als im Bundesdurchschnitt, die traditionell hohe Sockelarbeitslosigkeit dieser Regionen führt jedoch zu weit überdurchschnittlichen Arbeitslosenquoten sowohl 1979 als auch 1983.

Karte: Arbeitsmarktsituation 1979 und 1983

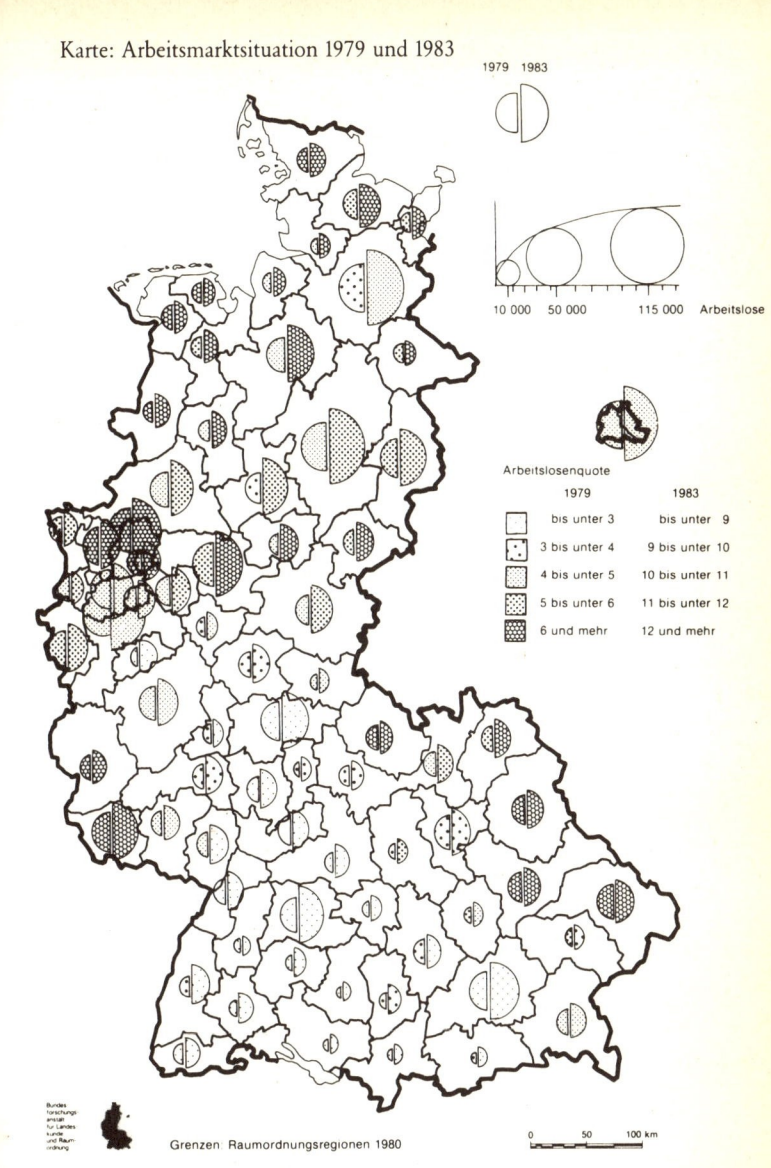

Quelle: Bundesforschungsanstalt für Landeskunde und Raumordnung (Hrsg.): Informationen zur Raumentwicklung, Heft 12/1983, S. 1172.

IX. Ausländerentwicklung in den Großstädten

Die ausländischen Mitbürger verteilen sich nicht gleichmäßig über das ganze Bundesgebiet. Bereits mit deren Anwerbung (zwischen 1960 und 1973) erfolgte eine Konzentration der ausländischen Arbeitnehmer in den Regionen mit dem größten Arbeitskräftebedarf, in den Verdichtungsräumen und deren Zentren, den Großstädten. In den Großstädten lebt heute jeder zweite Ausländer, von den Deutschen nur jeder Dritte.

Abb. 1 Ausländerentwicklung in den Großstädten der Bundesrepublik 1970 - 1982

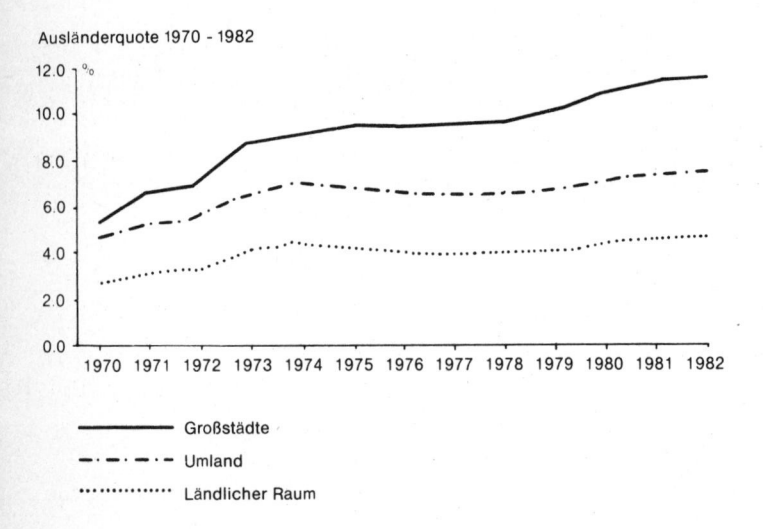

Ausländerquote 1970 - 1982

——— Großstädte
—·—·— Umland
············ Ländlicher Raum

Quelle: Bundesforschungsanstalt für Landeskunde und Raumordnung (Hrsg.): Informationen zur Raumentwicklung. Heft 12/1983, S. 1157.

Entsprechend den jeweiligen politisch-ökonomischen Rahmenbedingungen hat die Zahl der Ausländer in den Großstädten vor allem bis 1973 und nach 1978 stark zugenommen, weitaus stärker im Vergleich zum Umland und zum ländlichen Raum. Das heißt, die regionale Konzentration der Ausländer hat sich verstärkt, absolut und relativ. Deutlich zeigt sich dies an der Entwicklung der Ausländerquote. Sie ist in den Großstädten zwischen 1970 und 1982 von 5% auf über 11% angestiegen, im ländlichen Raum dagegen nur von 2,7% auf 4,5%.

Die Zunahme der ausländischen Wohnbevölkerung in den Großstädten um rd. 400.000 Personen im Zeitraum 1974 - 1982 ist fast ausschließlich bedingt durch eine Zunahme bei Frauen und Jugendlichen (ca. 85%). Die demographische Struktur der Ausländer in den Großstädten hat sich dadurch erheblich gewandelt. 1974 liegt der Anteil der Frauen und Jugendlichen noch unter 50% (48,7%), 1982 ist er schon auf 55% angestiegen; im ländlichen Raum liegt der Anteil bei über 57% (vgl. Abb. 2).

Neben den Veränderungen in der demographischen Struktur ist besonders seit dem Anwerbestopp 1973 eine zahlenmäßig erhebliche, nationalitätsspezifische Schwerpunktverlagerung unter den Ausländern festzustellen (vgl. Abb. 2). Bei stagnierenden oder negativen Wanderungssalden der übrigen Nationalitäten hat – infolge von Wanderungsgewinnen und hohen Geburtenüberschüssen – der Anteil der türkischen Wohnbevölkerung erheblich zugenommen. Jeder dritte Ausländer in den Großstädten ist heute türkischer Nationalität. Die Zahl der Ausländer aus den übrigen ehemaligen Anwerbeländern ist seit 1974 zurückgegangen.

Abb. 2 Veränderung der Alters-, Geschlechts- und Nationalitätenstruktur der Ausländer in den Großstädten

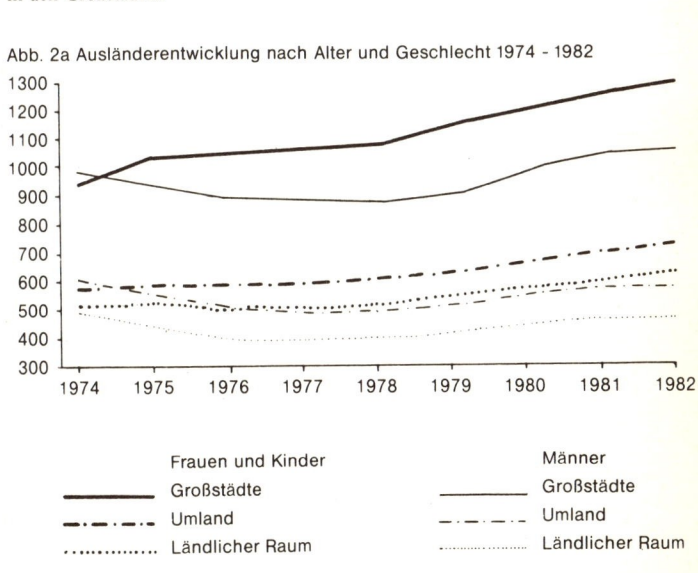

Abb. 2a Ausländerentwicklung nach Alter und Geschlecht 1974 - 1982

Frauen und Kinder	Männer
——— Großstädte	——— Großstädte
–·–·– Umland	–·–·– Umland
·········· Ländlicher Raum	·········· Ländlicher Raum

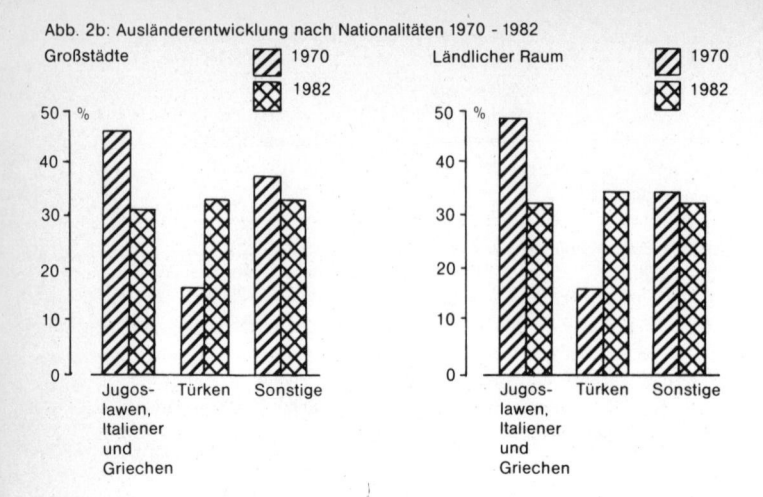

Abb. 2b: Ausländerentwicklung nach Nationalitäten 1970 - 1982

Quelle: Bundesforschungsanstalt für Landeskunde und Raumordnung (Hrsg.): Informationen zur Raumentwicklung, a. a. O., S. 1159

Die regionale Verteilung der türkischen Wohnbevölkerung weicht kaum von der regionalen Verteilung der übrigen Ausländer ab (vgl. Karte 1). Jeweils fast jeder Zweite lebte in einer Großstadt. In einer ganzen Reihe von Kreisen und kreisfreien Städten stellen sie schon mehr als die Hälfte aller Ausländer.

Karte 1 Verteilung der türkischen Wohnbevölkerung 1982

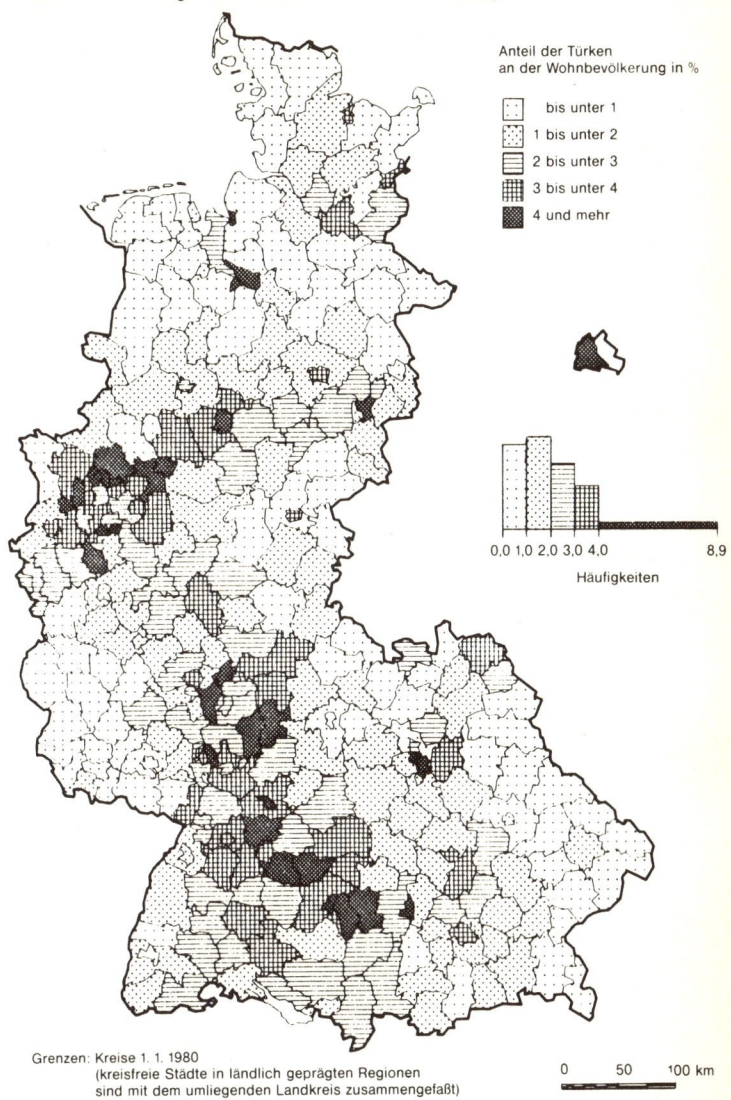

Anteil der Türken an der Wohnbevölkerung in %

- bis unter 1
- 1 bis unter 2
- 2 bis unter 3
- 3 bis unter 4
- 4 und mehr

0,0 1,0 2,0 3,0 4,0   8,9

Häufigkeiten

Grenzen: Kreise 1. 1. 1980
(kreisfreie Städte in ländlich geprägten Regionen sind mit dem umliegenden Landkreis zusammengefaßt)

0   50   100 km

Quelle: Bundesforschungsanstalt für Landeskunde und Raumordnung (Hrsg.): Informationen zur Raumentwicklung, a. a. O., S. 1160.

Die Probleme, die sich aus der quantitativen und strukturellen Entwicklung der Ausländerzahlen in den letzten Jahren aufgestaut und verschärft haben, sind so bekannt, daß ein paar Stichworte hier genügen sollen: Isolierung durch fehlende Sprachkenntnisse, Schulversagen der Kinder in unvertretbar hohem Maße, Chancenungleichheit auf dem Ausbildungs- und Arbeitsmarkt, überdurchschnittliche Arbeitslosigkeit, mangelhafte Wohnungsversorgung, Heranwachsen einer unterprivilegierten zweiten und dritten Ausländergeneration etc. Auf dem Hintergrund dieser Entwicklung sind wirksame integrationspolitische Maßnahmen von entscheidender Bedeutung.

X. Informationstechnologie und Stadtentwicklung

Die Mikroelektronik, insbesondere ihre Anwendung in der Informationstechnologie (Büroautomation und Telekommunikation), wird die Gesellschaft verändern. Dieser Veränderungsprozeß wird schleichend, aber nachhaltig sein und alle Lebensbereiche bis hinein ins Alltagsleben erfassen.
Als Auswirkungen auf die Raumstruktur und die Stadtentwicklung, die sich infolge der neuen technischen Möglichkeiten, der abnehmenden Bedeutung von Entfernung für den Transport und Austausch von Informationen und die dadurch bedingten zusätzlichen Freiheitsgrade, etwa bei Standortentscheidungen, ergeben, ist mit Verschiebungen innerhalb der Ballungsgebiete, zwischen Ballungsgebieten und ländlichem Raum zu rechnen.
Einer Untersuchung des Deutschen Instituts für Urbanistik in den Städten Köln, Frankfurt, Stuttgart und München zufolge lassen sich folgende Wirkungen der Informationstechnologie auf die Stadtentwicklung erwarten:
1. Die ökonomischen Bedingungen und die – auch generationsbedingte – wachsende Akzeptanz werden zu einer relativ schnellen Diffusion der Informationstechnologie führen.
2. Die Informationstechnologie ist nicht selbst Verursacherin räumlicher Entwicklungen, sie verstärkt jedoch vorhandene Trends.
3. Für die räumliche Dezentralisierung ist die Informationstechnologie eine notwendige, aber keine hinreichende Bedingung.
4. Informationstechnologie wirkt im Prinzip räumlich ambivalent. Angesichts hauptsächlich nach außen gerichteter Bewegungen von Einwohnern und Beschäftigten überwiegt daher ihre räumlich dezentralisierende Wirkung. Dort, wo sie auf Zentralisierungserscheinungen trifft, befördert sie auch diese.
5. Die räumlichen Wirkungen konzentrieren sich auf Verdichtungsräume. Ein Ausgleich zwischen diesen strukturstarken Räumen und strukturschwachen ländlichen Regionen ist mittelfristig nicht zu erwarten.
6. Innerhalb der Verdichtungsräume jedoch verstärkt die breite Anwendung informationstechnologischer Neuerungen teilweise nachhaltig den Bedeutungsverlust der Kernstädte gegenüber ihrem Umland.
7. Deutlich fördert die Informationstechnologie die Schwerpunktverschiebung wirtschaftlicher Aktivitäten von Nord nach Süd. Das Nord-Süd-Gefälle läßt sich besonders augenfällig anhand von speziell auf Informationstechnologie und Mikroelektronik ausgerichtete Aktivitäten in südlichen Regionen der Bundesrepublik nachweisen.
8. Bei nachlassendem Wirtschaftswachstum und anhaltenden Beschäftigungsproblemen werden die Freisetzungseffekte der Informationstechnologie die Lage verschärfen.

9. Zusammen mit veränderten Standortpräferenzen können die negativen Beschäftigungseffekte der Informationstechnologie deutliche räumliche Konsequenzen haben. Negative Beschäftigungswirkungen werden vornehmlich in den Kernstädten der Verdichtungsräume, und dort vor allem in den Innenbereichen, auftreten.
10. Neue Arbeitsplätze werden vor allem in neuen und vergleichsweise kleinen Betrieben entstehen. Diese werden sich vornehmlich außerhalb der Kernstädte ansiedeln und dadurch die Dezentralisierung fördern.
11. Generell steigen die Freiheitsgrade unternehmerischer Standortwahl. Auch dies begünstigt dezentrale Standorte. Dennoch wird die Informationstechnologie keine Verlagerungswelle auslösen. Veränderungen erfolgen unmerklich, auf Dauer jedoch nicht konsequenzenlos für das Stadtgefüge und die Nutzungsstruktur.
12. Informationstechnologie macht Teleheimarbeit möglich. Obwohl mittelfristig die Zahl der Heimarbeitsplätze eher gering bleiben wird, sind deutliche Wirkungen für Flächeninanspruchnahme und Verkehrsaufkommen zu erwarten. Auftreten werden diese Wirkungen vor allem in den neunziger Jahren, wenn die technischen Voraussetzungen besser sind.
13. Durch die Auswirkungen der Informationstechnologie werden die Innenstädte verstärkt unter Druck geraten. Weitere Suburbanisierung, wachsendes Gewicht des Umlandes, Entzugseffekte auch im Handel sind dafür charakteristische Erscheinungen, die für den schleichenden Funktionsverlust bestimmend sind.

Quelle: D. Henckel/E. Nopper/N. Rauch: Informationstechnologie und Stadtentwicklung, Stuttgart 1984.

XI. Kirchliche Stellungnahmen zur Frage der Stadtentwicklung

Bei den im folgenden abgedruckten Dokumenten handelt es sich um Erklärungen aus dem kirchlichen Bereich, die die Frage der Verantwortung der Kirche und der Christen für die Stadtentwicklung zum Gegenstand haben. Die vorliegende Studie baut auf den in den Dokumenten enthaltenen Überlegungen auf und führt sie weiter.

Die Resolution der Teilnehmer des Forums »Kirche und Stadt« reflektiert in grundsätzlicher Weise die Aufgabe der Kirche in Hinsicht auf die Stadtentwicklung (1). Die beiden anderen Erklärungen beziehen sich auf konkrete Situationen – Berlin-Kreuzberg (2) und Frankfurt (3) –, suchen die jeweils gegebene Situation zu analysieren, die christliche Gemeinde für die Übernahme von Verantwortung zu sensibilisieren und Richtpunkte für die Stadtentwicklung zu formulieren und dokumentieren so in exemplarischer Weise Aufgaben der Kirche und der Christen in bezug auf die Stadterneuerung. So hat die »Erklärung zur Stadterneuerung in Berlin-Kreuzberg« ein über zehn Jahre anhaltendes Engagement der Kirche ausgelöst und sie zum tragenden Element der Stadtteilerneuerung und der sog. »Strategien für Kreuzberg« werden lassen.
(1) Resolution der Teilnehmer des Forums »Kirche und Stadt« Dortmund 1973, in: K. Duntze, Die Berliner Wohnungspolitik. Ihre sozialen Auswirkungen und die Aufgabe der Kirche, Dokumentation 24/1981, hg. v. Evangelischen Bildungswerk Berlin, Anlage 2.
(2) Erklärung zur Stadterneuerung in Berlin-Kreuzberg, hg. v. d. Evangelischen Kirche in Berlin-Kreuzberg, Berlin 1971.
(3) »Suchet der Stadt Bestes«. Überlegungen und Forderungen zur Frankfurter Stadtentwicklung, hg. v. Arbeitskreis »Stadtentwicklung« der Evangelischen Erwachsenenbildung Frankfurt, Frankfurt 1980.

1. Resolution der Teilnehmer des Forums „Kirche und Stadt" Dortmund, 25. - 27. Mai 1973.

Stadtplanung ist politisches Handeln, das den Zusammenhang von Mensch, Wohnung und Umwelt berücksichtigen muß. Grenzen und Möglichkeiten der Planer sind jedoch abhängig von den gesellschaftspolitischen Zielen und den daraus abgeleiteten rechtlichen Normen.
Dieser Spielraum bietet bei den augenblicklichen Verhältnissen nicht genügend Chancen, humanes Wohnen in der Stadt zu entwickeln. Betroffene der daraus resultierenden Mängel sind insbesondere die Bewohner von Sanierungs- und Neuordnungsgebieten, unter diesen vornehmlich die einkommensschwachen Schichten.

Die bestehenden Entwicklungschancen können von den Planern nicht ohne die Mitwirkung der betroffenen und beteiligten Bürger wahrgenommen werden. Diese aber können in den meisten Fällen ihre Vorstellungen von der ihnen gemäßen Umwelt nicht artikulieren.

Obgleich die Kirche als Träger öffentlicher Belange bisher die ihr vom Gesetzgeber eröffneten Chancen nicht voll genutzt hat, sollte sie in dieser Beziehung als Anwalt der Betroffenen gegenüber dem Planer auftreten.

Aufgabe der Kirche ist es, sich nicht erst im Nachhinein um die Opfer von Fehlentwicklungen in der Stadtplanung zu kümmern. Sie muß bereits mit Beginn des Planungsprozesses Einfluß nehmen, um diese Opfer zu vermeiden. Die Kirche kann in diesem Sinne tätig werden, indem sie

1. ihre Möglichkeiten und die ihrer Gemeindeglieder ernstnimmt und nutzt,
2. kirchliche Arbeitsstellen bzw. -gruppen bildet, die die Gemeinden beraten,
3. Bürgerinitiativen anregt oder unterstützt,
4. die notwendigen Experimente und Forschungsvorhaben fördert,
5. bei der Ausbildung der Pfarrer und kirchlichen Mitarbeiter die Probleme der Stadtentwicklung (insbesondere deren sozialpolitische Probleme) berücksichtigt,
6. Arbeitsgruppen beruft, die die vorbereitende Arbeit in geplanten Neubaugebieten möglichst frühzeitig aufnehmen und
7. diese Fragen zum Gegenstand ihrer Öffentlichkeits- und Bildungsarbeit bis hin zu Denkschriften macht.

2. Erklärung zur Stadterneuerung in Berlin-Kreuzberg

Evangelische Kirche in Berlin-Kreuzberg, Kirchenkreis Kölln Stadt
1 Berlin 61, Nostitzstraße 6/7

Die evangelischen Gemeinden, ihre Pfarrer und Mitarbeiter, die in Kreuzberg leben und arbeiten, stellen mit großer Sorge fest:
Ein Zehntel von Kreuzberg ist 1963 zum Sanierungsgebiet erklärt worden; aber der ganze Bezirk ist in Mitleidenschaft gezogen.
Stadterneuerung will die Lebensqualität der Bevölkerung und ihrer Gegend heben. Das Gegenteil geschieht:
— Kreuzberger werden zerstreut in Stadtrandsiedlungen.
— Die gewohnten Familien-, Nachbarschafts- und Lebenszusammenhänge werden zerrissen.
— Herausgerissen aus der Lebenssicherheit, die das Viertel vermittelte, und unter neuen finanziellen Belastungen (Miete, Umzug, Neuanschaffungen) gelingt es den Umgesiedelten schlecht, neue Beziehungen zu entwickeln.
— Gewerbeketten zerreißen, Kleingewerbe geht ein.
— Das größte Berliner Reservoir an spezialisierten Handwerksbetrieben läuft Gefahr, zerschlagen zu werden.

Oft dauert es mehr als 10 Jahre von der Erklärung zum Sanierungsgebiet bis zur Räumung. In dieser Zeit verkommen Häuser. Die jüngeren Familien ziehen weg, Ausländer, Gefährdete und sozial Schwache rücken nach. Die nicht mehr so beweglichen Alten verzweifeln in einer fremd und unsicher gewordenen Umwelt: *ein Slum wird hergestellt.*

— Die Liebe zum Viertel schlägt um in Zorn über unwürdige Lebensbedingungen, was sich in verstärkter Aggressivität gegen Personen und Sachen äußert.
— Das Vertrauen zu den gewählten Vertretern und zur Verwaltung schwindet rapide.
— Die Bevölkerung empfindet sich und ihre Gegend als abgeschrieben und zur »Müllkippe« bestimmt.

Sanierung zeigt sich hier nicht als Stadterneuerung, die den Menschen eine bessere Lebensqualität verschafft, sondern als Kapitalverwertungsprozeß für Baugesellschaften und Privatleute, als Auftragsfeld für die Bauindustrie, als »Spielwiese« für die Stadtplaner und Architekten.
Mit den Betroffenen wird nicht an der Ermittlung ihrer wahren Bedürfnisse gearbeitet. Statt Partner sind sie nur ein Faktor in der Planung.

Darum fordern wir für Kreuzberg

Zur Erhaltung des gewachsenen Zusammenhangs und der Lebenssicherheit der Menschen:

— Der Altbaubestand muß gepflegt und modernisiert werden.
— Für Abrißobjekte muß ein Zeitstufenplan aufgestellt werden.
— Die besondere Gewerbestruktur muß gefördert werden.
— Die nahen Arbeitsplätze – vor allem für die Frauen – sind unentbehrlich.
— Die Pläne für die Autobahntrassen, die das wenige Grün auffressen und die Gegend zerschneiden würden, sind aufzugeben.
— Die Ballung von Ausländern in Kreuzberg darf die Gegend nicht zerstören.
— Umsetzmieter brauchen Vorverträge für Neubauten in der Nachbarschaft.

Darum muß die Flächensanierung als Prinzip aufgegeben werden.

Zur Erneuerung der Gegend und zur Verbesserung der Lebensqualität:

— Durch ein vielfältiges Angebot von Wohnungen verschiedener Größe und Qualität (in Alt- und Neubauten) soll die Bevölkerungsstruktur erhalten und verbessert werden.
— Durch einen Stadtentwicklungsplan für ganz Kreuzberg müssen die einzelnen Abschnitte der Sanierung aufeinander abgestimmt und mit den benachbarten Quartiersbereichen verbunden werden.
— Durch soziale und gesellschaftskritische Projekte in allen Lebensbereichen muß das soziale Klima verbessert und die Verselbständigung der Menschen gefördert werden.

Wir fordern eine eindeutige Willenserklärung der öffentlichen Stellen zugunsten des Bezirks, eine umfassende Information über die Ziele der Stadtentwicklung und ihre Durchführung.
Die Kreuzberger Bürger sind in wirksamer Weise an der Planung und der Bewertung der Planungsergebnisse zu beteiligen.
Wir bieten den öffentlichen Stellen und allen an der Sanierung beteiligten Gruppierungen unsere in Kreuzberg gesammelten Erfahrungen und unsere Mitarbeit an.

Die evangelische Kirche in Kreuzberg
(Kirchenkreis Kölln Stadt)

3. »Suchet der Stadt Bestes«
Überlegungen und Forderungen zur Frankfurter Stadtentwicklung

Gliederung: 1. Theologische Thesen
             2. Innenstadt
             3. Stadtrand
             4. Umland
             5. Ausländische Mitbürger
             6. Verkehr
             7. Natürliche Umwelt
             8. Energie
             9. Unsere Verantwortung

1. *Theologische Thesen:*

1.1. Gemeinde Jesu Christi sucht der Stadt Bestes. Sie lebt in und mit ihrer Stadt und ihren Bewohnern. Sie nimmt an der Entwicklung der Stadt planend und gestaltend Anteil.
1.2. Gemeinde Jesu Christi erfährt, daß es in der Stadt nicht zum Besten steht. Sie leidet mit ihrer Stadt und ihren Bewohnern. Aus ihrem Auftrag, Menschen in ihrem Leiden zu helfen, ergibt sich auch die Notwendigkeit, die Ursachen des Leidens anzugreifen. Darum will Gemeinde Jesu Christi die Entscheidungen in der Stadt so mitgestalten, daß Menschen besser in ihr leben können.
1.3. Dabei stößt sie auf Gegebenheiten und Interessen, die eine menschenwürdige Stadt in hohem Maße gefährden. Der Geist Jesu befreit sie, diese Gegebenheiten zu hinterfragen und über die Grenzen des »Machbaren« hinaus zu denken.
1.4. Kirche in der Stadt hat den Auftrag, insbesondere für diejenigen einzutreten, deren Interessen und Bedürfnisse in den Auseinandersetzungen um die Probleme der Stadtentwicklung und Stadtveränderung zu kurz kommen. Sie kann dabei nicht in scheinbarer Objektivität und Neutralität verharren, sondern muß in kritischer Solidarität mit den Schwächeren Stellung nehmen und Partei ergreifen.
1.5. Dabei kann die Kirche in der Stadt die Möglichkeiten ihrer Institutionen nutzen, um betroffene Gruppen zu Wort kommen zu lassen. Sie kann eigene und fremde Medien nutzen, um eine öffentliche Diskussion über Probleme der Stadtentwicklung zu ermöglichen.

2. Problemfeld Innenstadt und citynahe Stadtteile

2.1. Situation:

Die Frankfurter Innenstadt ist durch unterschiedliche Funktionen charakterisiert: Arbeiten, Verkehr, Handel, Verwaltung, Wohnen, Kultur, Freizeit und Kommunikation.

Diese unterschiedlichen Funktionen müssen in einem angemessenen Verhältnis zueinander stehen, denn nur durch ein ausgewogenes Verhältnis dieser Bereiche zueinander kann für die hier Wohnenden und für die viel größere Zahl der hier Arbeitenden und für die Besucher der Innenstadt eine erträgliche Lebenssituation geschaffen werden.

Auch die citynahen Wohnbereiche sind – vor allem im City-Erweiterungsgebiet – durch die genannten unterschiedlichen Funktionen charakterisiert. Ihre Primärfunktion als Wohnbereiche ist jedoch durch immer stärkere Ansiedlung von Arbeitsplätzen, durch schleichende Umnutzung von Wohnraum und durch stellenweise unzumutbaren Verkehr zunehmend gefährdet.

2.2. Forderungen

2.2.1. Die Funktionen des Wohnens, der Kultur (insbesondere der Freizeitangebote für Jugendliche) müssen gestärkt werden.

2.2.2. Der Tatsache, daß der Ausländeranteil der Wohnbevölkerung der Innenstadt stark ansteigt, muß in der sozialen Infrastruktur der Innenstadt Rechnung getragen werden. Hier werden in besonderer Weise Hilfen für ausländische Kinder und Jugendliche in Kindergärten, Schulen und Freizeitstätten benötigt. Außerdem sind Bürgerhäuser oder Kulturzentren für ausländische Bürger notwendig.

2.2.3. Die Innenstadt muß vom gewerblichen Durchgangsverkehr befreit werden. Auch der Pendelverkehr der in der Innenstadt Arbeitenden muß eingeschränkt werden (Verzicht auf den Parkplatz in der Nähe des Arbeitsplatzes).

2.2.4. Bauleit- und Bebauungspläne für die Innenstadt und die citynahen Wohnbereiche müssen festlegen, daß noch verfügbares Baugelände vorrangig für die Funktion des Wohnens bestimmt wird.

2.2.5. Eine weitere Ansiedlung von Arbeitsplätzen im Innenstadtbereich ist abzulehnen.

2.2.6. Modernisierungsmaßnahmen sind der Flächensanierung vorzuziehen. Bei allen Modernisierungsmaßnamen ist auf größtmögliche Mischnutzung zu achten.

2.2.7. Durch Gestaltung von Flächen, Straßen und Plätzen (vom Straßenschild bis zum Straßengrün) ist das Stadtbild zu beleben und eine Atmosphäre zu schaffen, die zum Wohnen und Verweilen in der Innenstadt einlädt.

3. *Problemfeld: Stadtteile am Stadtrand*

3.1. *Situation:*

3.1.1. Einige Frankfurter Stadtteile am Stadtrand sind gekennzeichnet durch schnelles Bevölkerungswachstum. Dies wird ermöglicht
- durch die Errichtungen von Wohnsiedlungen oder Trabantenstädten in der Nachbarschaft zu alten Ortskernen und
- durch eine intensive Flachbebauung an den Rändern alter Ortsteile.

Dadurch kann der Ersatz- und Erweiterungsbedarf der bereits in den Ortsteilen wohnenden Familien gedeckt werden. Dadurch können auch Bürger, die aus Frankfurt herausziehen wollen, innerhalb des Stadtgebietes gehalten werden. Dieser schnell ablaufende Prozeß wirft eine Reihe von Problemen auf.

3.1.2. Die Stadtteile am Stadtrand bieten von ihrer natürlichen Umwelt her Anreiz als bevorzugtes Wohngebiet vor allem für junge Familien. Durch den hohen Preis, der für den Wohnraum in diesen Gebieten bezahlt werden muß, wird eine Auslese bewirkt. Im wesentlichen können nur Angehörige der Mittelschicht dieses Geld aufbringen. Dadurch wird schichten-, nationalitäts- und altersbezogen die Zusammensetzung in der Innenstadt zunehmend problematisch (Unterschicht, Ausländer, alte Menschen).

3.1.3. Die vorhandene Infrastruktur an sozialen Einrichtungen wird in den Stadtrandgebieten überlastet, z. B. Überbelegung von Kindergärten (und Wartelisten bis zu 300% der Plätze), fehlende Einrichtungen für Jugendliche etc.

3.1.4. Die sozial unausgeglichene Zusammensetzung in Stadtrandgebieten bringt obendrein die Gefahr mit sich, daß die beweglicheren Mittelschichtangehörigen die anderen aus den sozialen Infrastruktureinrichtungen verdrängen, z. B.: Nur Eltern der Mittelschicht melden in der Regel ihr Kind mehrere Jahre im Kindergarten an, bevor es aufgenommen werden soll. Die anderen landen dann auf einer langen Warteliste und ihre Kinder, die es besonders nötig hätten, liegen auf der Straße. Dies bedingt eine ungünstige Entwicklungsprognose besonders für viele Kinder und Jugendliche.

3.1.5. Das Ausweisen neuer bebaubarer Flächen und die Erwartung, daß das auch in Zukunft so sein wird, führen zu Bodenspekulation und vermindert zudem den Anreiz, alte Gebäude in den Ortskernen zu erhalten. Ähnliche Entwicklungen wie in der gesamten Stadt sind in alten Ortskernen bereits deutlich sichtbar: In oft halb verfallenen Häusern wohnen bis zum vorgesehenen Abriß überdurchschnittlich viele Ausländer. Oder es leben noch einzelne ältere Leute in kaum renovierten Gebäuden, während die jüngere Generation bereits am Ortsrand gebaut hat.

3.1.6. Der Frankfurter Raum ist seit langem ohnehin einer hohen Fluktuation ausgesetzt gewesen. Der dadurch ausgelöste Effekt wird durch hohe Zuzugsquoten in den Stadtrandgebieten enorm gesteigert. Fluktuation und Wachstum der Bevölkerung führen zu einem schnellen Verlust an unmittelbarer Bekanntheit. Die früher vorhandene Bereitschaft zur Nachbarschaftshilfe, die in einigen Bereichen noch gut funktioniert, wird zunehmend ersetzt durch eine Erwartungshaltung an die öffentliche Sozialarbeit. Dies kostet nicht zuletzt den Staat viel Geld.

3.1.7. Der klimatisch ohnehin ungünstige Ballungsraum wird durch weitere Ausweisung von Flächen für die Bebauung durch Wohnen, Industrie und Verkehr zusätzlich belastet. Da aber auch in den Stadtrandgebieten die Erkrankungen der oberen Atemwege bereits jetzt für deutsche Verhältnisse vergleichsweise hoch sind, darf dieser Prozeß auf keinen Fall fortgesetzt werden.

3.1.8. Alle diese Probleme zusammen schaffen bereits heute bei einem erheblichen Prozentsatz der Bürger das Motiv, noch weiter aus der Stadt zu fliehen. Dies würde eine Erhöhung des Verkehrsaufkommens bedeuten, was weiteren Straßenbau nach sich zieht. Wenn dieser Prozeß tatsächlich in großem Umfang in Gang käme, hätte das zur Folge, daß die Bevölkerungszusammensetzung zumindest in den Trabantenstädten noch ungünstiger würde. Denn gerade die Bürger erwägen oft die zweite Stadtflucht in die weitere Umgebung, die erfahrungsgemäß beim Aufbau eines funktionierenden Stadtteils mithelfen. Nur sie haben die finanziellen Mittel, eine zweite Stadtflucht zu verwirklichen. Und es ist abzusehen, daß sie das tun werden, wenn die Entwicklung in den Stadtrandgebieten ungünstig verläuft.

3.2. *Forderungen*

3.2.1. Einer Neuausweisung von Flächen für eine Bebauung mit Wohnraum, Industrie oder Straßen sollte prinzipiell nur zugestimmt werden, wenn im Stadtteil an anderen Stellen, z. B. Grünflächen entstehen. Diese Forderung ist unabdingbare Voraussetzung aller weiteren Überlegungen.

3.2.2. Auch von der Stadtteilentwicklung am Stadtrand her muß darauf hingewiesen werden, daß dringend Anreize geschaffen werden sollen, damit viele Menschen im Bereich der Innenstadt wohnen bleiben.

3.2.3. Bevor neue Gebiete ausgewiesen werden, sollen alle Möglichkeiten ausgeschöpft werden, alte Gebäude in den Orten zu erhalten und bisher für Wohnungszwecke genutzte Liegenschaften auch weiterhin so zu nutzen. Dazu erscheint es u. a. sinnvoll, finanzielle Anreize zu schaffen.

3.2.4. Neue Bauleitpläne und Bebauungspläne müssen so angelegt sein, daß sich später eine sozial und altersmäßig gemischte Bevölkerung ansiedelt (verschiedene Wohnungsformen und -größen, Mischung von Eigentumswohnungen, frei vermieteten Wohnungen und sozialem Wohnungsbau, Ein- und Zweifamilienhäuser).

3.2.5. Im Zusammenhang mit Neubausiedlungen sollen möglichst in Kleinbetrieben wohnnahe Arbeitsplätze bereitgestellt werden, damit nicht zusätzlich Straßen benötigt werden.

3.2.6. Die soziale Infrastruktur ist gleichzeitig mit dem Bau neuer Stadtteile oder größerer Wohngebiete zu errichten, nicht erst Jahre nach deren Bezug.

4. *Problemfeld: Umland*

4.1. *Situation:*

Mehr als 200.000 Berufseinpendler müssen täglich von ihren Wohnungen in den Umlandgemeinden ihre Arbeitsplätze in Frankfurt erreichen können. Das bedeutet, daß die Stadt Frankfurt und das Umland aufeinander angewiesen sind. Ebenso werden kulturelle, schulische, soziale Einrichtungen in Frankfurt von den Bewohnern des Umlandes besucht und in Anspruch genommen.

Die Konzentration europäischer Banken in Frankfurt, der größte Bahnhof und der größte Flughafen des Kontinents verdeutlichen zusätzlich, daß alle Fragen der Stadtentwicklung auch unter überregionalen Aspekten betrachtet werden müssen. Die Bildung des Frankfurter Umlandverbandes war ein Schritt in die richtige Richtung. Die ihm übertragenen Kompetenzen im Bereich der Planung und bestimmter ergänzender Gebiete wie Abwässerbeseitigung und Müllbeseitigung reichen nicht aus, die Funktionen der Kernstadt für die Region z. B. im Bereich der Bildung, Kultur, Sozialwesen, Krankenversorgung etc. sinnvoll zu koordinieren.

4.2. *Forderungen:*

Um zu einer gerechten Versorgung und Belastung aller Bürger der Region zu kommen, wird es notwendig sein, u. a.

4.2.1. die Grenzen des Umlandverbandes zu überprüfen (Einschluß Hanau),

4.2.2. überschaubare Verwaltungseinheiten mit bürgernahen Verwaltungsstellen und Kompetenzen im Bereich Bildung, Kultur, Soziales neu zu bilden,

4.2.3. öffentliche Trägerschaften im Bereich der Kultur, des Schulwesens, der Krankenversorgung und des Sozialwesens auf den Umlandverband zu übertragen.

5. *Problemfeld: Ausländer*

5.1. *Situation:*

5.1.1. In der Phase der wirtschaftlichen Expansion der Bundesrepublik sind viele ausländische Arbeitnehmer zu uns geholt worden.

Wir bedauern, daß Arbeitskräfte in die kapitalstarken Länder »importiert« wurden und daß nicht vorrangig Kapital und Maschinen in arbeitsplatzschwache Gebiete Europas »exportiert« wurden. Die Ausländer haben an unserem wirtschaftlichen Aufschwung mitgearbeitet. Jetzt muß ihnen unsere Solidarität gelten.

5.1.2. Viele Ausländer leben inzwischen seit fast einer Generation hier. Viele ausländische Jugendliche sind hier geboren und kennen ihre Heimat nur aus Ferienaufenthalten. Damit ist die Bundesrepublik faktisch (von Ausländern und Deutschen unbeabsichtigt) Einwanderungsland geworden. Ein großer Teil der ausländischen Mitbürger, insbesondere der in der Bundesrepublik geborenen Ausländer möchte hier bleiben.

5.1.3. Die erforderliche »Integration« der Ausländer in unsere Gesellschaft ist eine Gratwanderung zwischen den Gefahren einer »Germanisierung« einerseits und einer „Ghettoisierung" andererseits: von den ausländischen Mitbürgern kann nicht erwartet werden, daß sie sich unserer Gesellschaft und Kultur vollständig anpassen, noch können sie als völlig eigenständige, abgekapselte Gruppe innerhalb unserer Gesellschaft leben. Stattdessen geht es um Integration in dem Sinne, daß die ausländischen Mitbürger in einem von ihnen selbst zu bestimmenden Maße unter Beibehaltung ihrer kulturellen und nationalen Identität als Bürger der Bundesrepublik leben können.

5.1.4. Diese Integration wird ein schwieriger wechselseitiger Lernprozeß für Deutsche und Ausländer sein, der über Generationen andauern wird: ein Lernprozeß, der beiden Seiten weh tun kann, der aber beiden Seiten auch die Chance der Bereicherung und Fortentwicklung der eigenen Kultur ermöglicht. Ziel dieses Prozesses muß es sein, daß Ausländer verschiedener Nationalitäten untereinander und mit Deutschen zusammen leben. Dazu ist das eigene Bewußtsein der kulturellen und nationalen Eigenständigkeit und der jeweiligen nationalen Geschichte notwendig, aber auch die Anerkennung der Eigenständigkeit des jeweils anderen.

5.1.5. Wesentlicher Faktor für die Frage der Integration und des Zusammenlebens ist die Wohnungsfrage für ausländische Mitbürger. Hier kann es von Vorteil sein, in bestimmten Wohnquartieren nationale Ausländergruppen beieinander wohnen zu lassen, allerdings birgt dies die Gefahr in sich, daß hier nicht nur nationale sondern auch soziale Wohnghettos entstehen. Ebenso kann es sinnvoll sein, auf eine Mischstruktur in den Wohnquartieren hinzuwirken, um so eine Ghettoisierung von Ausländern zu vermeiden.

5.2. *Forderungen:*

5.2.1. Um die oben beschriebene Integration zu erreichen, müssen den ausländischen Mitbürgern organisatorische und institutionelle Vorausetzungen geschaffen werden, ihre kulturelle und nationale Identität zu pflegen bzw. zu finden. Ein Zusammenkommen unterschiedlicher Ausländergruppen untereinander und mit deutschen Bürgern muß ermöglicht werden.

5.2.2. Den in der Bundesrepublik lebenden ausländischen Mitbürgern muß unter bestimmten Voraussetzungen die Möglichkeit gegeben werden, auf Dauer in der Bundesrepublik zu bleiben.

5.2.3. Hier spielt die Klärung und Veränderung der Rechtssituation für Ausländer in der Bundesrepublik eine wesentliche Rolle:
- Die über den Ausländern schwebende ständige Drohung der Ausweisung bei politischer Betätigung oder Kriminalität muß beseitigt werden. In ihrer rechtlichen und sozialen Absicherung müssen sie Bürgern der Bundesrepublik gleichgestellt werden.
- Nach einer bestimmten Aufenthaltsdauer ist Ausländern das Kommunalwahlrecht in der Bundesrepublik zu ermöglichen.
- Auch die deutsche Staatsbürgerschaft ist ihnen nach einer bestimmten Aufenthaltsdauer zu ermöglichen.

5.2.4. In jedem Fall ist auch darauf zu achten, daß Ausländern auch nach langem Aufenthalt in der Bundesrepublik Möglichkeit oder sogar Anreiz geboten wird, mit dem hier angesparten Kapital in das Heimatland zurückzukehren.

5.2.5. Schon heute sollte den Ausländern die Wahrnehmung der Mitbestimmungsrechte in den sie angehenden Fragen ermöglicht und erleichtert werden, zum Beispiel durch Berücksichtigung ihrer Kandidaten für Kindergartenausschüsse, Kirchenvorstände, Mitarbeitervertretungen, Betriebsräte usw.

5.2.6. Bei der Lösung der Wohnungsfrage für Ausländer ist der soziale Wohnungsbau von besonderer Bedeutung. Schließlich wird durch Größe und Preis der angebotenen Wohnungen die Bevölkerungsstruktur sowohl in den Neubaugebieten als auch in alten Stadtteilen weitgehend bestimmt. Dabei sollte auf die Wünsche und Gewohnheiten der Ausländer in bezug auf ihre Wohnung weitgehend Rücksicht genommen werden.

6. *Problemfeld: Verkehr*

6.1. *Situation:*
Ziel der verkehrsplanerischen Maßnahmen in Frankfurt war bisher die Schaffung einer autogerechten Stadt. Die Tatsache, daß Frankfurt die höchste Autodichte pro Einwohner aller Städte in der BRD aufweist, war gleichzeitig Ursache und Auswirkung dieser Politik. Immer mehr Autobahnen und mehrspurige Straßen führen durch bewohnte oder als letzte Naherholungsgebiete genutzte Regionen. Die Umweltbelastungen durch das Auto sind unerträglich geworden. Die Benzinkosten steigen. Die Energiekrise droht. Das hat bei Bürgern und Planern einen Umdenkungsprozeß ausgelöst, den wir begrüßen.

6.2. *Forderungen:*

6.2.1. Verkehrspolitik muß eingebettet sein in die gesamte Stadtentwicklung, wobei das Oberthema stets »Lebensqualität in der Stadt« heißen muß.

Weil »Wohnen« die schwächste Funktion der Stadt ist, ist hier ein besonderer Schwerpunkt zu setzen.

6.2.2. Der falsch verstandene »Perfektionismus« im Straßenbau, der die Stadtentwicklung dem Straßenverkehr unterordnet, muß ein Ende haben.

6.2.3. Dabei kann nur eine reale Reduzierung des Individualverkehrs weiterhelfen, nicht eine Umlenkung der vorhandenen Verkehrsströme.

6.2.4. Das Bewußtsein der Bürger für die Umweltbelastungen und die Schwierigkeiten der Energieversorgung muß so geschärft werden, daß die Bereitschaft wächst, auf große Wagen mit hohem Energieverbrauch und auf den »Parkplatz vor der Tür« zu verzichten. Gleichzeitig muß die Bereitschaft gestärkt werden, kurze Wege zu Fuß oder mit anderen Verkehrsmitteln zu bewältigen.

6.2.5. Daraus folgt die Notwendigkeit eines zügigen Ausbaus der öffentlichen Personennahverkehrsmittel in der Kombinatin von U-Bahn, S-Bahn, Straßenbahn und Bus. Das erfordert auch eine Umverteilung öffentlicher Subventionierung des Individualverkehrs zu Gunsten des öffentlichen Personenverkehrs.

Wir sehen in dieser Forderung allerdings die Gefahr, daß ein guter Ausbau des öffentlichen Personennahverkehrs die ... den Wegzug aus der Innenstadt in die Umlandgebiete mit besserer Wohnqualität fördert. Von daher halten wir den Ausbau des öffentlichen Personennahverkehrs nur im Bereich der Kernstadt für dringlich. In der augenblicklichen Situaton ist dabei dem Ausbau des Querverkehrs gegenüber dem Radialverkehr der Vorzug einzuräumen und durch

6.2.6. ein Angebot von attraktiven Park-and-ride-Plätzen an den wichtigsten Knotenpunkten von S- und U-Bahn zu ergänzen.

6.2.7. In Wohngebieten sind Modelle zur Verkehrsberuhigung zu entwickeln (Wohnstraßen, Verkehrsschwellen, Blumenkübel, Spielstraßen, Einbahnstraßen, Schleifenführung, Sackgassen, Durchgangsunterbrechung usw.)

6.2.8. Fußgängerzonen sollen auch in Wohngebieten eingerichtet werden. Spielstraßen sind dort anzulegen, wo Spielplatzflächen nicht vorhanden sind.

6.2.9. Um die Verwendung alternativer Verkehrsmittel (z. B. Fahrrad) zu ermöglichen, sollen die Anlagen und Fußgängerzonen für Radfahrer geöffnet werden und die öffentlichen Verkehrsmittel für Radfahrer nutzbar gemacht werden. Einem Radwegenetz kommt Priorität zu.

7. Problemfeld: Natürliche Umwelt

7.1. *Situation:*
56% des Frankfurter Stadtgebietes sind laut Statistik als »natürliche Umwelt« ausgewiesen: als Ackerland, Gärten, Wiesen, Parks, Wälder und Gewässer. Diese Zahl signalisiert, daß es noch einiges zu bewahren gibt am »grünen Besitzstand« Frankfurts.

Diese Zahl darf andererseits nicht darüber hinwegtäuschen, daß die natürliche Umwelt in Frankfurt nicht wiedergutzumachende Schäden hat hinnehmen müssen und in besonderer Weise gefährdet ist.
Frankfurt hat besonders die stürmische Wirtschafts- und Verkehrsentwicklung der letzten 20 Jahre mit einer erheblichen Beeinträchtigung seines »Grüns« bezahlen müssen. Freiflächen wurden weitgehend als Verfügungsmasse für Straßenbau, Gewerbeansiedlung und Wohnungsbau angesehen. Die expansive Baupolitik wurde von allen gesellschaftlichen Gruppen, einschließlich der Kirchen, getragen.
Erst in den letzten Jahren wurden die Folgen erkennbar:
- Naherholungsgebiete sind zerstört oder stark gefährdet.
- Durch das Zubauen sogenannter Frischluftschneisen haben sich Klimaverschlechterungen für das Stadtgebiet ergeben.
- Die Reduzierung von »Grün« hat dazu beigetragen, den Wohnwert der Stadt zu verschlechtern.
- Dadurch wurde die Stadtflucht beschleunigt: Frankfurter suchen Wohnung und Erholung außerhalb der Stadt. Der daraus resultierende Berufspendler- und Erholungsverkehr wird zur Begründung eines weiteren Verkehrswegebaus, der den Bestand an natürlicher Umwelt weiter verringert. Ein Teufelskreis.

Im einzelnen:

7.1.1. Der große, einmal zusammenhängende Stadtwald ist durch den großzügigen Ausbau von Autobahnen und Zubringerstraßen zerstückelt worden.

7.1.2. Das Niddatal und die anliegenden Freiflächen sind ebenfalls durch den Bau von Autobahnen beeinträchtigt und durch weitere Straßenbauprojekte gefährdet.
Der Bau von Trabantenstädten im Nordwesten von Frankfurt hat die Versorgung der Stadt durch frische Taunusfallwinde beeinträchtigt.

7.1.3. Enkheimer Ried/Seckbacher Ried/Fechenheimer Wald/Bornheimer Hang sind durch den Bau der A 66 bereits jetzt in Mitleidenschaft gezogen. Sie würden ihren Wert als Naherholungsgebiet für den Frankfurter Osten ganz verlieren, wenn die noch nicht ausgeführten Planungen für die A 66/A 49 Wirklichkeit würden (insbesondere Gefährdung der wohngebietsnahen Kleingärten).
Das Heiligenstockgebiet nordwestlich von Seckbach ist durch eine geplante Wohnsiedlung gefährdet und würde seine Bedeutung als Naherholungsgebiet wie auch als Frischluftschneise verlieren.

7.1.4. Im Hinblick auf das innerstädtische Grün ist besonders die Situation der Wallanlagen problematisch. Obwohl gesetzlich geschützt durch die Wallservitut, sind sie – sozusagen Stück für Stück – bedroht, da inzwischen schon so viele Ausnahmen von der Wallservitut genehmigt wurden, daß Kläger fast schon einen Rechtsanspruch auf Ausnahmegenehmigung geltend machen können. Als ‚Mittelstreifen' des Cityrings

sind die Anlagen zudem nur schwer zugänglich für die Bewohner (besonders für Kinder) der angrenzenden Wohngebiete.
7.1.5. Nachdem zuerst Bürgerinitiativen und Naturschutzverbände auf die fortschreitende Zerstörung bzw. Gefährdung der natürlichen Umwelt Frankfurts hingewiesen haben, hat auch die Stadt den Entwurf eines ‚Freiflächenentwicklungsplans' vorgelegt, in dem es heißt: »Der ‚grüne Besitzstand' muß gewahrt und den Bedürfnissen der Menschen nach Erholung nutzbar gemacht werden – das ist allgemeiner Wunsch.« Diese richtige Erkenntnis wird leider eingeschränkt, wenn anschließend zu lesen ist: »Doch auch dieser Wunsch läßt sich, wie so viele Wünsche, nicht lupenrein erfüllen.« In dieser Einschränkung steckt ein Hinweis auf die Prioritäten: Der Freiflächenentwicklungsplan hatte Rücksicht zu nehmen, besonders auf den Generalverkehrsplan (GVP).
Es ist erfreulich, daß inzwischen alle Parteien an den Straßenbauvorhaben des GVP 76 Abstriche vorgenommen haben.
Dennoch bleibt die Sicherung von Freiflächen in entscheidenden Punkten der Verkehrsplanung nachgeordnet.

7.2. *Forderungen:*
7.2.1. Die noch vorhandenen Freiflächen im Stadtgebiet von Frankfurt sind grundsätzlich in ihrem jetzigen Bestand zu sichern.
7.2.2. Darum sollte der Generalverkehrsplan generell revidiert werden. Auf neue Straßenbauprojekte sollte – wo immer das möglich ist – verzichtet werden.
Einige Beispiele:
- Verzicht auf den weiteren Ausbau der A 66/A 49 und der B 448 durch den Fechenheimer Mainbogen
- Kein Quadratmeter des Frankfurter Stadtwaldes für weiteren Straßenbau
7.2.3. Auf den Bau der A 3003 im Norden ist zu verzichten.
Ebenso muß die Nordumgehung von Bonames (wie auch die alternative Planung der Südumgehung durch das Niddatal) abgelehnt werden. Der Ortskern von Bonames ist durch eine weiträumige Umfahrung zu entlasten. Dabei muß darauf geachtet werden, daß kein zusätzlicher Anreiz für den Individualverkehr geschaffen wird.
7.2.4. Statt neue, große Wohnsiedlungen (Heiligenstock) zu projektieren, sollte zunächst ein Programm zur Wohnraumerhaltung, Wohnraumsanierung und Wohnfeldverbesserung in Angriff genommen werden.
7.2.5. Im Zusammenhang mit der geplanten Bundesgartenschau sollte es vor allem darum gehen, mehr Grün in den dichtbebauten innenstadtnahen Wohngebieten zu schaffen (z. B. durch einen Wettbewerb »grüner Hinterhof«).

8. *Problemfeld: Energie*

8.1. *Situation:*
Die allgemeine weltwirtschaftliche Krise der Energie- und Rohstoffversorgung und die Frage der Umweltbelastung spitzt sich für eine Großstadt wie Frankfurt in besonderer Weise zu:

8.1.1. Der Wasserverbrauch der Großstadt Frankfurt gefährdet die Lebensfähigkeit großer Gebiete im Umland, die zur Zeit noch für Landwirtschaft, Erholung oder Wohnen genutzt werden (Absinken des Grundwasserspiegels in den Trinkwasser-Pump-Gebieten Vogelsberg, Ried u. a.). Gleichzeitig ist festzustellen, daß ein großer Teil des in Frankfurt verbrauchten Wassers nicht Trinkwasserqualität haben müßte.

8.1.2. Der Verbrauch von Heizenergie (Elektrizität, Öl, Gas) fordert Industrie und Wirtschaft zu neuen Überlegungen der Energie-Erzeugung heraus. Die Diskussion um die Nutzung der Atomkraft ist dafür ein deutliches Zeichen. Die möglichen Gefahren und Umweltbelastungen durch Großkraftwerke spitzen sich für die Großstadt Frankfurt besonders zu.

8.1.3. Die Luftverschmutzung ist über der Stadt Frankfurt durch Industrie-, Auto- und Heizungsabgase beängstigend angestiegen. Dies führt zu einer Klimaveränderung, die sich auf den Gesundheitszustand der hier lebenden Menschen niederschlägt.

8.1.4. Die Beseitigung und Ablagerung des anfallenden Mülls und die Frage der Nutzung der in dem Müll enthaltenen Rohstoffen und Energien müssen neu überdacht werden.

8.1.5. Das gilt auch für die Ableitung bzw. Nutzung des Abwassers aus Industrie und Wohnungen. Die Verschmutzung des Mains gefährdet die Umwelt, nicht nur im Rhein-Main-Gebiet. Die im Abwasser enthaltenen Rohstoffe und Energien werden bisher nicht genutzt.

8.2. *Forderungen:*

8.2.1. In dieser Situation müssen wir mit den vorhandenen Energien sparsamer als bisher umgehen. Außerdem müssen Ansätze gefunden und weiterentwickelt werden, die Wiederbeschaffung von Rohstoffen und Energien (Recycling) zu fördern.

8.2.2. An dieser Stelle ist in besonderer Weise die Kirche aufgrund des Schöpfungsauftrags gefragt: Da sie ein wesentlicher gesellschaftlicher und wirtschaftlicher Faktor ist, können von ihr in diesen Bereichen praktische Modelle erwartet werden.

8.2.3. Aufgrund der wirtschaftlichen Überflußsituation der letzten Jahre war ein kritisches Nachdenken kaum erforderlich. Von daher können die hier vorgelegten Vorschläge nur Denkansätze sein, deren technische Verwirklichung hier nicht im einzelnen beurteilt werden kann. Wir meinen aber, daß sich bei einer Änderung der wirtschaftlichen und politischen Zielsetzungen ein weites Feld für technische Entwicklungen und neue Industriezweige ergibt. Hierdurch können auch neue Arbeitsplätze geschaffen werden.

8.2.4. Bei der Wasserversorgung der Großstadt Frankfurt muß überlegt werden, ob zwischen Trinkwasser und Brauchwasser getrennt werden kann, wie es in bestimmten industriellen Bereichen geschieht. Es ist zu prüfen, inwieweit Regenwasser aufbereitet und genutzt werden kann und inwieweit Abwasser durch mechanische und chemische Klärung zur Wiederverwendung aufbereitet werden kann.

8.2.5. Die Einsparung von Heizenergie ist durch verstärkte Maßnahmen der Wärmeisolierung zu fördern. Außerden muß die Nutzung alternativer Wärmeenergien gefördert werden (Sonnenenergie, Energie aus Abwasser- und Abgaswärme, Überschußenergie aus Industriebetrieben usw.).

8.2.6. Die Luftverschmutzung ist durch intensive Abgasfilterung einzuschränken. Die Reduzierung des Straßenverkehrs in der Innenstadt, die Förderung von Grünanlagen und die Berücksichtigung klimatischer Verhältnisse bei der Planung großer Bauvorhaben sind stärker zu bedenken.

8.2.7. Die Frankfurter Müllverbrennungsanlage mit angeschlossener Fernheizung ist ein positiver Ansatz zur Nutzung der Energie der Abfälle. Dasselbe gilt für die in Frankfurt stattfindenen Alt-Glas-Sammlungen. In dieser Richtung kann über die Abnahme und Wiederverwendung von Altpapier, Alt-Autoreifen, Altmetall usw. weiter vorangegangen werden.

9. *Unsere Verantwortung*
Viele der hier vertretenen Forderungen sind nicht allein von den unmittelbar politisch verantwortlichen kommunalen Politikern und Behörden einzulösen.

Diese sind vielmehr darauf angewiesen und werden dazu aufgefordert, im landes- und bundespolitischen Bereich Voraussetzungen für eine menschlichere Stadt zu schaffen.

Kommunalpolitiker sind ebenso darauf angewiesen, daß Bürger mit ihren Vereinigungen und Einrichtungen am Wohl ihrer Stadt mitarbeiten.

Besonders wenden wir uns an die Christen und kirchlichen Instanzen in Frankfurt mit der Bitte, die hier vorgelegten Überlegungen und Forderungen in ihrem Handeln zu berücksichtigen. Sie werden so ihrer christlichen Verantwortung für die Stadt gerecht.

Redaktionelle Verantwortung (ViSdP):
Hans Schulze-Bühlmann
Evang. Erwachsenenbildung, Frankfurt/Main

Chronologische Übersicht

Solidargemeinschaft von Arbeitenden und Arbeitslosen – Sozialethische Probleme der Arbeitslosigkeit
Eine Studie der Kammer der Evangelischen Kirche in Deutschland für soziale Ordnung
Gütersloher Verlagshaus Gerd Mohn, Gütersloh 1982

Landwirtschaft im Spannungsfeld
zwischen Wachsen und Weichen, Ökologie und Ökonomie, Hunger und Überfluß
Eine Denkschrift der Kammer der Evangelischen Kirche in Deutschland für soziale Ordnung
Gütersloher Verlagshaus Gerd Mohn, Gütersloh 1984

Menschengerechte Stadt – Aufforderung zur humanen und ökologischen Stadterneuerung
Ein Beitrag der Kammer der Evangelischen Kirche in Deutschland für soziale Ordnung
Gütersloher Verlagshaus Gerd Mohn, Gütersloh 1984

Die Denkschriften der Evangelischen Kirche in Deutschland

Herausgegeben von der Kirchenkanzlei der EKD.

Band 1
Frieden, Menschenrechte, Weltverantwortung
Mit einer Einführung von Ludwig Raiser.

Band 1.1: 3. Auflage.
247 Seiten. Kt. (GTB 413).
[3-579-00413-1]

Band 1.2: 3. Auflage.
222 Seiten. Kt. (GTB 414).
[3-579-00414-X]

Band 2
Soziale Ordnung, Wirtschaft, Staat
Mit einer Einführung von Eberhard Müller.

Band 2.1: 3. Auflage.
218 Seiten. Kt. (GTB 415).
[3-579-00415-8]

Band 2.2: 302 Seiten.
Kt. (GTB 421).
[3-579-00421-2]

Band 2.3: 443 Seiten.
Kt. (GTB 422).
[3-579-00422-0]

Band 2.4: 239 Seiten.
Kt. (GTB 423).
[3-579-00423-9]

Gütersloher Verlagshaus
Gerd Mohn

Die Denkschriften der Evangelischen Kirche in Deutschland

Herausgegeben von der Kirchenkanzlei der EKD.

Band 3
Ehe, Familie, Sexualität, Jugend
Mit einer Einführung von Erwin Wilkens.

Band 3.1: 2. Auflage.
324 Seiten. Kt. (GTB 416).
[3-579-00416-6]

Band 4
Bildung, Information, Medien
Mit einer Einführung von Gerhard Bromm.

Band 4.1: 301 Seiten.
Kt. (GTB 417).
[3-579-00417-4]

Band 4.3: 175 Seiten.
Kt. (GTB 420).
[3-579-00420-4]

Gütersloher Verlagshaus
Gerd Mohn

Weltreligionen

Was jeder vom Islam wissen muß

Herausgegeben vom Lutherischen Kirchenamt der Vereinigten Evangelisch-Lutherischen Kirche Deutschlands und vom Kirchenamt der Evangelischen Kirche in Deutschland. 3. Auflage. 224 Seiten mit 10 Fotos. Kt. Originalausgabe. [3-579-00786-6] GTB 786

Dieser Band informiert schnell, sachlich und fundiert über den Islam. Textgrundlage bildet die Faltblattserie »Information Islam«, die millionenfache Verbreitung gefunden hat.

Ziel des Buches ist es, durch eine vertiefte Kenntnis des Islam zu einem besseren Verständnis dieser Religion und damit zu einem guten Zusammenleben von Muslimen und Christen beizutragen.

Gütersloher Verlagshaus
Gerd Mohn

Chancen für einen Neubeginn

Woher – wozu – wohin?

Orientierung für junge Leute. Im Auftrag der Jugendkammer der EKD erarbeitet von Hartmut Bärend, Eberhard Cherdron, Erich Eltzner, Elisabeth Eschenbacher, Wolfgang Gerbeit, Ako Haarbeck, Hans-Ulrich Kirchhoff, Ulla Meyer, Raul Niemann, Matthias Otte, Ulrich Parzany und Friedrich-Karl Völkner. 3. Auflage. 160 Seiten mit 12 s/w-Fotos. Originalausgabe. (GTB 821) [3-579-00821-8]

Jugendliche, die sich auf der Suche nach klarer Sinngebung und positiver Lebensgestaltung befinden, stellen nachdrücklicher denn je die Frage: »Wohin sollen wir gehen?«

Die Autoren dieses Bandes geben überzeugende Antworten auf diese Frage, indem sie begründet und engagiert Informationen zum christlichen Glauben vermitteln und Perspektiven für ein sinnvolles Leben darlegen.

Persönliche Erfahrungsberichte und Gebete, Gedanken und Geschichten sowie ein materialreicher Anhang christlicher Texte machen dieses Buch zu einer wichtigen Orientierungshilfe.

Gütersloher Verlagshaus
Gerd Mohn